# 实事求是解难题

建工司法解释
对工程总承包合同纠纷
适用指引

编　著　上海市建纬律师事务所
主　编　朱树英
副主编　韩如波　袁海兵

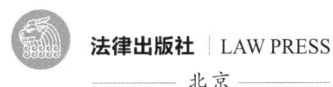
北京

图书在版编目（CIP）数据

实事求是解难题：建工司法解释对工程总承包合同纠纷适用指引／上海市建纬律师事务所编著；朱树英主编；韩如波，袁海兵副主编. -- 北京：法律出版社，2025. -- ISBN 978-7-5244-0097-4

Ⅰ. D923.65

中国国家版本馆 CIP 数据核字第 2025UD7962 号

---

实事求是解难题：建工司法解释对工程总承包合同纠纷适用指引
SHISHIQIUSHI JIENANTI: JIANGONG SIFA JIESHI DUI GONGCHENG ZONGCHENGBAO HETONG JIUFEN SHIYONG ZHIYIN

上海市建纬律师事务所 编 著
朱树英 主 编
韩如波 袁海兵 副主编

策划编辑 肖 越
责任编辑 肖 越
装帧设计 汪奇峰

| 出版发行 法律出版社 | 开本 710 毫米×1000 毫米 1/16 |
| --- | --- |
| 编辑统筹 法商出版分社 | 印张 24.75　字数 380 千 |
| 责任校对 张翼羽 | 版本 2025 年 4 月第 1 版 |
| 责任印制 胡晓雅 | 印次 2025 年 4 月第 1 次印刷 |
| 经　　销 新华书店 | 印刷 北京盛通印刷股份有限公司 |

地址：北京市丰台区莲花池西里 7 号(100073)
网址：www.lawpress.com.cn
投稿邮箱：info@lawpress.com.cn
举报盗版邮箱：jbwq@lawpress.com.cn
版权所有·侵权必究

销售电话：010-83938349
客服电话：010-83938350
咨询电话：010-63939796

书号：ISBN 978-7-5244-0097-4　　　　　　　　定价：108.00 元

凡购买本社图书，如有印装错误，我社负责退换。电话：010-83938349

# 编 委 会

**主　编**　朱树英

**副主编**　韩如波　袁海兵

**撰稿人**　朱树英　韩如波　袁海兵　孙宁连
　　　　　顾增平　徐寅哲　黄克海　李　妃
　　　　　湛栩鹏　郑　冠　汪　铭　唐　亮
　　　　　汪世芳　罗明峰　蒋　峰　甘鹏鑫
　　　　　梁志远　宦祖希　吕　尚　沙　蕊
　　　　　陈子睿　熊应然　杨启之

# 何以应对工程总承包案件缺乏法律规制？

于建设工程领域蓬勃发展、法律实务需求日盛之时，建纬律师的新作行将付梓，作为上海市建纬律师事务所创始主任、建纬研究院院长，我满心欣慰，乐以为序。

当前，工程总承包模式在我国建设工程行业风头正劲，凭借整合资源等优势，成为行业发展的重要趋势。但相较于传统施工总承包模式，工程总承包在权责划分、风险分配、履约流程等方面存在显著差异。现行《最高人民法院关于审理建设工程施工合同纠纷案件适用法律问题的解释（一）》[以下简称《建设工程司法解释（一）》]的制定背景以施工总承包为基准，条文能否直接适用于工程总承包纠纷，诸如合同效力认定、价款结算争议、质量责任划分等核心问题，均存在理论争议与裁判分歧，司法实践往往陷入"参照适用"与"创新裁量"的两难境地。在此背景下，研究《建设工程司法解释（一）》在工程总承包模式中的适用问题，意义重大。

本书以《建设工程司法解释（一）》的适用性为切入点，聚焦工程总承包合同纠纷中的疑难问题，从合同效力、工期认定、质量争议到实际施工人权益保护等多维度展开深度剖析。例如，在工程价款争议部分，既剖析"固定总价合同调价规则"等实务痛点，又提出兼顾公平与效率的解决路径。尤为可贵的是，全书始终贯彻"以实践反哺理论"的务实风格，针对工程总承包特有的"试运行程序"与"竣工验收程序"分离的现状，重构"竣工日期"认定规则；结合《发包人要求》设定的动态性能标准，细化质量缺陷责任的分担原则，为司法实务提供兼具可操作性与前瞻性的参考方案。

一直以来，我积极倡导建纬律师秉持专业立本的宗旨，以笔为剑，以文为刃，积极投身于法律实务研究与成果分享。著书立说，不仅是个人专业经验的沉淀与升华，更是对整个行业发展的责任担当。尤为令人欣慰的是，建纬青年律师承继专业精神，直面工程总承包领域法律适用难题，为行业研究注入新活力，其锐意进取之姿，恰是建纬精神薪火相传的又一生动实践。

期望本书能为行业从业者、法律工作者等提供实用参考，亦盼其成为连接司法实务与学术研究的桥梁，推动行业持续健康发展，更望更多建纬后辈，继续深耕专业，引领发展，为建设工程法治事业添砖加瓦，推动行业研究发挥更大作用。

相信读者可从书中得到启发，于实务中化用智慧，以法律之力护航行业行稳致远。

是为序。

朱树英

2025年3月

# 目 录
## CONTENTS

**第一章 效力问题**

第一条　违反资质管理要求、未依法招投标及违法转分包等对合同效力的影响 / 3

第二条　中标后另行签订的合同实质性内容与中标合同不一致的处理 / 26

第三条　未取得规划审批手续对工程总承包合同效力的影响 / 32

第四条　超越资质等级合同的效力补正 / 43

第五条　劳务分包合同的效力 / 49

第六条　工程总承包合同无效的后果 / 56

第七条　借用资质行为下的连带责任 / 63

**第二章 工期问题**

第八条　开始工作日期的认定 / 71

第九条　竣工日期的认定 / 78

第十条　工期顺延的有效情形 / 87

第十一条　工程质量鉴定对工期的影响 / 98

**第三章 质量问题**

第十二条　发包人基于工程质量不合格享有的减价请求权 / 107

第十三条　发包人对工程质量不合格有过错的情形 / 119

|  |  |  |
|---|---|---|
|  | 第十四条 | 发包人擅自使用未经竣工验收的建设项目 / 139 |
|  | 第十五条 | 工程质量缺陷纠纷下的共同被告 / 158 |
|  | 第十六条 | 工程质量违约或损失反请求可以合并审理 / 166 |
|  | 第十七条 | 工程质量保证金的返还 / 173 |
|  | 第十八条 | 质量保修义务 / 184 |
| **第四章**<br>**价款问题** | 第十九条 | 工程总承包项目的计价标准或计价方法 / 199 |
|  | 第二十条 | 工程总承包项目工程量争议的处理 / 208 |
|  | 第二十一条 | 工程总承包项目中发包人逾期结算 / 217 |
|  | 第二十二条 | 总承包合同背离招标文件、投标文件及中标通知书 / 222 |
|  | 第二十三条 | 非必须招标工程总承包项目经招投标的结算争议处理 / 227 |
|  | 第二十四条 | 多份工程总承包合同无效的处理 / 234 |
|  | 第二十五条 | 工程总承包项目的垫资和垫资利息 / 237 |
|  | 第二十六条 | 工程总承包项目工程款利息标准 / 243 |
|  | 第二十七条 | 工程总承包项目工程款利息起算日 / 247 |
| **第五章**<br>**鉴定问题** | 第二十八条 | 约定固定总价的原则上不予鉴定 / 255 |
|  | 第二十九条 | 达成结算协议的不予鉴定 / 266 |
|  | 第三十条 | 约定受共同委托的第三方造价咨询机构出具的咨询意见约束的不予鉴定 / 273 |
|  | 第三十一条 | 鉴定范围的限制 / 282 |
|  | 第三十二条 | 鉴定申请责任的分配 / 289 |

# 目　录

　　　　　　　　　第三十三条　鉴定主要内容及鉴定材料的质证 / 298

　　　　　　　　　第三十四条　鉴定意见的质证 / 304

**第六章**　　　　第三十五条　优先受偿的主体 / 313

**优先权问题**　　第三十六条　优先受偿权的顺位 / 321

　　　　　　　　　第三十七条　装饰装修价款的优先受偿权 / 328

　　　　　　　　　第三十八条　建设工程质量合格的可主张优先
　　　　　　　　　　　　　　　　受偿权 / 333

　　　　　　　　　第三十九条　未竣工的建设工程质量合格的
　　　　　　　　　　　　　　　　可主张优先受偿权 / 338

　　　　　　　　　第四十条　　优先受偿权的行使范围 / 343

　　　　　　　　　第四十一条　优先受偿权的行使期限 / 349

　　　　　　　　　第四十二条　优先受偿权放弃的效力 / 357

**第七章**　　　　第四十三条　实际施工人直接向发包人主张权利 / 367

**实际施工人**　　第四十四条　代位权诉讼 / 375

**问题**

**编后语** / 383

# 第一章

# 效力问题

本章主要对工程总承包合同效力相关争议的法律适用进行探讨,主要涉及《最高人民法院关于审理建设工程施工合同纠纷案件适用法律问题的解释(一)》[以下简称《建设工程司法解释(一)》]第1条至第7条,相关内容可以分为三个部分:合同无效的情形、无效合同的效力补正、无效合同的处理原则与责任承担。

第一部分,合同无效的情形,对应《建设工程司法解释(一)》的第1条至第3条、第5条。《建设工程司法解释(一)》第1条、第2条、第5条在工程总承包中可以适用:工程总承包合同违反建筑市场主体准入、未依法招标、中标无效以及违法转分包情形应认定无效;通过招投标程序签订的工程总承包合同,招标人与中标人在中标后不得另行签订背离中标合同实质性内容的合同;具有劳务作业法定资质的承包人与总承包人、分包人签订的劳务分包合同,除非合同存在其他无效情形,否则原则上合同有效。而《建设工程司法解释(一)》第3条却不能直接适用于工程总承包合同,因为在工程总承包项目中,签订合同时一般尚不满足取得规划审批手续的条件,规划审批手续的取得通常发生在工程总承包合同的履行过程中,以签订合同时未取得建设工程规划许可证请求确认工程总承包合同无效的,一般不应支持。

第二部分,无效合同的效力补正,对应《建设工程司法解释(一)》的第4条,该条可以在工程总承包合同中参照适用,承包人超越资质等级许可的业务范围签订工程总承包合同,在交付工作成果前取得相应资质等级,工程总承包合同有效。

第三部分,无效合同的处理原则与责任承担,对应《建设工程司法解释(一)》的第6条、第7条。这两条在处理工程总承包合同相关争议时可以适用,在工程总承包合同无效时,可以参照合同约定的质量标准、建设工期、工程价款支付时间、《发包人要求》等内容确定损失大小,借用资质的工程总承包商应对出借资质造成的损失向发包人承担连带责任。

## 第一条 违反资质管理要求、未依法招投标及违法转分包等对合同效力的影响

> **第一条**
>
> 建设工程施工合同具有下列情形之一的,应当依据民法典第一百五十三条第一款的规定,认定无效:
> (一)承包人未取得建筑业企业资质或者超越资质等级的;
> (二)没有资质的实际施工人借用有资质的建筑施工企业名义的;
> (三)建设工程必须进行招标而未招标或者中标无效的。
> 承包人因转包、违法分包建设工程与他人签订的建设工程施工合同,应当依据民法典第一百五十三条第一款及第七百九十一条第二款、第三款的规定,认定无效。

### 工程总承包纠纷的可适用性

《建设工程司法解释(一)》第1条在工程总承包中可以适用。工程总承包合同违反建筑市场主体准入、未依法招标、中标无效以及违反转、分包情形应认定无效。

因第1条涉及的合同无效情形较多,下面将分三个小节对各种情形分别进行具体讨论。

### 一、资质欠缺及借用资质

**应用**

资质管理是建筑业市场管理的重要手段,工程总承包亦应遵循。在资质要

求与合同效力的法律关系上,工程总承包与施工总承包应秉持相同原则。建设工程质量是工程建设的生命,建设工程承包人的建设能力是保证工程质量安全的根本前提。我国建筑市场采用准入制度,以严格的资质认定标准区分承包单位的工程建设能力。工程总承包单位的资质是其人员素质、管理水平、资金数量、技术装备和工程业绩的直观展示,与建筑质量安全有着紧密的联系。资质不足的企业参与工程建设将带来安全隐患,无论是建筑质量、生产安全的控制能力,还是事故后的赔偿能力均难以得到保证。建筑业的资质要求也是维护建筑市场正常交易秩序的必要手段,以资质要求限制建筑业企业的承包范围,避免无资质、低资质单位"以小博大"行为的产生。上述考量在工程总承包模式中同样成立,仍然应当适用。

因此,《建设工程司法解释(一)》第1条第1款第1项、第2项在工程总承包合同中也应适用,承包人未取得建筑业企业资质或者超越资质等级的、没有资质的实际施工人借用有资质的建筑施工/设计企业名义的将会导致工程总承包合同无效。工程总承包合同纠纷在适用这个条款的特殊性时,除了审查工程总承包单位是否具备相应建筑业企业资质外,还应审查是否具备相应的勘察设计资质及其对合同效力的影响。

就工程总承包资质问题而言,争议较大的是承揽工程总承包项目需要的是"单资质"还是"双资质"。

"单资质"可以承担工程总承包项目的观点主要来自2016年住房和城乡建设部(以下简称住建部)发布的《关于进一步推进工程总承包发展的若干意见》中的"(七)工程总承包企业的基本条件。工程总承包企业应当具有与工程规模相适应的工程设计资质或者施工资质"的规定,以及2003年原建设部发布的《关于培育发展工程总承包和工程项目管理企业的指导意见》。此种观点认为工程总承包资格证书废止之后,对从事工程总承包业务的企业不专门设立工程总承包资质,具有工程勘察、设计或施工总承包资质的企业可以在其资质等级许可的工程项目范围内开展工程总承包业务。

我们认为,"单资质"的总承包合同并不违反法律和行政法规的效力强制性规定,应当认定为有效。根据《建筑法》第29条,"单资质"的总承包单位可以将承包工程中的部分分包给具有相应资质的机构,这就给"单资质"的承包单位留下了空间。"单资质"单位承揽工程后,将施工或者设计部分整体分包的做法并不违反《建筑法》第26条、《建设工程质量管理条例》第25条之规定。同时,《建筑法》第13条、《建设工程质量管理条例》第18条、《建设工程勘察设计管理条例》第8条,是对于勘察、设计单位无资质、超越资质或者借用他人资质承接工程行为的禁止,只要总承包单位拥有设计或者施工部分对应的资质即不属于此处的无资质和超越资质承揽工程的行为,当然就不能认定为合同无效。

诚然,在各专业工程主管部门层面,交通运输部《公路工程设计施工总承包管理办法》,住建部、国家发展和改革委员会《房屋建筑和市政基础设施项目工程总承包管理办法》,中国民用航空局《运输机场专业工程总承包管理办法(试行)》均对"双资质"做出了明确要求,工程总承包项目需要"双资质"可能是以后的发展趋势。但就现在的规范性文件而言,并没有法律、行政法规明确否认"单资质"总承包合同的效力,上述规定仍然处于行政管理层面,并不能产生司法层面的裁判效力,严格遵从现行规定是处理案件时的基本原则。

## 依 据

**《建筑法》**

第十三条 从事建筑活动的建筑施工企业、勘察单位、设计单位和工程监理单位,按照其拥有的注册资本、专业技术人员、技术装备和已完成的建筑工程业绩等资质条件,划分为不同的资质等级,经资质审查合格,取得相应等级的资质证书后,方可在其资质等级许可的范围内从事建筑活动。

第二十六条 承包建筑工程的单位应当持有依法取得的资质证书,并在其资质等级许可的业务范围内承揽工程。

禁止建筑施工企业超越本企业资质等级许可的业务范围或者以任何形式用其他建筑施工企业的名义承揽工程。禁止建筑施工企业以任何形式允许其他单位或者个人使用本企业的资质证书、营业执照,以本企业的名义承揽工程。

**《招标投标法》**

第二十六条 投标人应当具备承担招标项目的能力;国家有关规定对投标人资格条件或者招标文件对投标人资格条件有规定的,投标人应当具备规定的资格条件。

**《建设工程质量管理条例》**

第十八条 从事建设工程勘察、设计的单位应当依法取得相应等级的资质证书,并在其资质等级许可的范围内承揽工程。

禁止勘察、设计单位超越其资质等级许可的范围或者以其他勘察、设计单位的名义承揽工程。禁止勘察、设计单位允许其他单位或者个人以本单位的名义承揽工程。

勘察、设计单位不得转包或者违法分包所承揽的工程。

第二十五条 施工单位应当依法取得相应等级的资质证书,并在其资质等级许可的范围内承揽工程。

禁止施工单位超越本单位资质等级许可的业务范围或者以其他施工单位的名义承揽工程。禁止施工单位允许其他单位或者个人以本单位的名义承揽工程。

施工单位不得转包或者违法分包工程。

**《建设工程勘察设计资质管理规定》**

第三十七条 取得工程勘察、工程设计资质证书的企业,可以从事资质证书许可范围内相应的建设工程总承包业务,可以从事工程项目管理和相关的技术与管理服务。

**《公路工程设计施工总承包管理办法》**

第六条 总承包单位应当具备以下要求:

(一)同时具备与招标工程相适应的勘察设计和施工资质,或者由具备相应资质的勘察设计和施工单位组成联合体;

(二)具有与招标工程相适应的财务能力,满足招标文件中提出的关于勘察设计、施工能力、业绩等方面的条件要求;

(三)以联合体投标的,应当根据项目的特点和复杂程度,合理确定牵头单位,并在联合体协议中明确联合体成员单位的责任和权利;

(四)总承包单位(包括总承包联合体成员单位,下同)不得是总承包项目的初步设计单位、代建单位、监理单位或以上单位的附属单位。

**住建部《关于进一步推进工程总承包发展的若干意见》(建市〔2016〕93号)**

(七)工程总承包企业的基本条件。工程总承包企业应当具有与工程规模相适应的工程设计资质或者施工资质,相应的财务、风险承担能力,同时具有相应的组织机构、项目管理体系、项目管理专业人员和工程业绩。

**《房屋建筑和市政基础设施项目工程总承包管理办法》**

第十条第一款　工程总承包单位应当同时具有与工程规模相适应的工程设计资质和施工资质,或者由具有相应资质的设计单位和施工单位组成联合体。工程总承包单位应当具有相应的项目管理体系和项目管理能力、财务和风险承担能力,以及与发包工程相类似的设计、施工或者工程总承包业绩。

**《运输机场专业工程总承包管理办法(试行)》**

第九条第一款　工程总承包单位应当同时具有与工程规模相适应的工程设计资质和施工资质,或者由具有相应资质的设计单位和施工单位组成联合体。工程总承包单位应当具有相应的项目管理体系和项目管理能力、财务和风险承担能力,以及与发包工程相类似的设计、施工或者工程总承包业绩。

**《深化水利工程建设改革稳步推行水利建设项目工程总承包指导意见(试行)》**

八、工程总承包单位应当同时具有与工程规模相适应的工程勘察资质、设计资质和施工资质,或由具有相应资质的勘察设计单位和施工单位组成的联合体。

勘察设计单位和施工单位组成联合体的,应在联合体协议中明确联合体成员单位的责任和权利。联合体中标的,联合体各方应当共同与招标人签订合同,就中标项目向招标人承担连带责任。鼓励勘察设计单位作为牵头单位。

## 判 例

### 案例1-1-1　(2015)冀民一终字第398号

**📄 案情介绍**

西某公司(承包人)与凯某公司(发包人)签订了《某节能发电工程总承包商务合同》(以下简称《总承包合同》)。西某公司具备电力行业(火力发电)专业乙级工程设计资质,但并没有电力行业的施工资质。后双方因工程款产生纠纷,诉讼过程中,就《总承包合同》的效力双方持不同观点。一审法院认为《总承包合同》合法有效,凯某公司不服,提起上诉。

**📄 各方观点**

凯某公司:西某公司仅有工程设计资质,没有建筑业企业资质及工程总承包资质。西某公司的资质证书显示仅有工程设计资质,根据《建筑业企业资质管理规定实施意见》(已失效)第1条的规定,从事建筑工程等应当申请建筑业企业资质,工程设计企业申请建筑业企业资质应按照《建筑业企业资质管理规定》的要求办理。也就是说,西某公司作为工程设计企业,如果承揽建筑工程,必须申请建筑业企业资质,即必须取得工程总承包资质或电力工程施工总承包资质,才能承揽相应工程。但西某公司并没有《工程总承包企业资质管理暂行规定(试行)》(已失效)第3、4条规定的"工程总承包企业资质等级",也没有《建筑业企业资质等级标准》(已失效)所规定的"电力工程施工总承包企业资质",显然西某公司不具备承揽凯某公司工程的资质及资格。

西某公司:西某公司具备电力行业(火力发电)专业乙级工程设计资质,可从事资质证书许可范围内相应的建设工程总承包业务、项目管理、技术管理与服务。凯某公司上诉认为西某公司仅有工程设计资质、没有建筑业企业资质及工程总承包资质的观点和理由是完全错误的,理由如下:(1)西某公司是建设工程总承包企业,非建筑工程总承包企业,建设工程的内涵远大于建筑工程。(2)建设工程总承包企业适用的法律规范是《建设工程勘察设计管理条例》、《建设工程勘察设计资质管理规定》和原建设部颁发的建市〔2007〕86号文件《关于印发〈工程设计资质标准〉的通知》(部分失效)。(3)凯某公司将《建筑业企业资质管理规定实施意见》套用在建设工程企业上,"法律适用主体不当"。(4)凯某公司上诉状中引用的《工程总承包企业资质管理暂行规定(试行)》等部门规章、规范早已失效或者废止。

### 法院裁决要旨

关于《总承包合同》的效力问题。经咨询法院司法技术室并征询住建部门意见,相关部门答复称,西某公司资质证书中载明其具有电力行业(火力发电)专业乙级工程设计资质,可以从事资质证书许可范围内相应的建设工程总承包业务,无须再另行申请工程总承包企业资质;该企业从事工程总承包时,可以不直接施工而分包给其他施工单位,无须再行申请建筑业企业资质。因此,凯某公司上诉主张西某公司不具备相应资质故而《总承包合同》无效的观点,法院不予支持。

## 案例1-1-2 (2016)最高法民终695号

### 案情介绍

2013年9月25日,业主方鸿某安公司与总承包单位达某公司签订《EPC

总包合同》,约定工程采用设计、采购、建造及服务的 EPC 总承包方式。2014年2月21日,总承包单位达某公司与施工总承包方签订《工程施工合同》,约定工程范围包括建筑工程、安装工程。另查明,达某公司具备工程设计电力行业乙级资质。

后达某公司以鸿某安公司拖欠场外道路费和地基处理费为由起诉,鸿某安公司抗辩案涉《EPC 总包合同》无效且未履行。

一审法院认为,案涉《EPC 总包合同》合法有效,达某公司已实际履行了《EPC 总包合同》并无争议,但付款节点未成就,判决驳回其诉请。达某公司不服提起上诉。

### 各方观点

鸿某安公司:达某公司不具有承揽该工程总承包项目的资质,合同无效。

达某公司:达某公司具有该工程总承包项目的资质,合同有效。

### 法院裁决要旨

依照原建设部颁布的《工程设计资质标准》(部分失效)及电力行业建设项目设计规模划分表,涉案工程项目(生物质发电工程)属于电力行业新能源工程。因达某公司具备工程设计电力行业乙级资质,故其可以承担包含该项新能源发电工程在内的电力行业设计业务。关于鸿某安公司主张达某公司设计资质不能进行工程总承包的问题,法院认为,《工程设计资质标准》以及达某公司持有的资质证书中均已明确持有设计资质的主体可以从事资质证许可范围内相应的工程总承包、工程项目管理及其相关的技术和咨询管理服务,故达某公司可以从事总承包业务。关于鸿某安公司主张涉案工程规模为 2×15MW,超出达某公司的资质规模问题,一审法院认为,电力行业建设项目设计规模划分表未对新能源建设项目的设计规模做出划分,故鸿某安公司的该项抗辩理由一审法院不予采信。综上,达某公司可以承担涉案工程 EPC 总承包业务,且鸿某安公司关于达某公司不具备相应资质而《EPC 总包合同》无效的主张,法院不予采信。

## 工程总承包纠纷适用的建议

**(一)履约过程中承包人资质等级降低不影响已签订合同的效力**

在合同履行过程中,承包人可能会因为资质吊销、资质降级或者企业分立等情况,不再具备已承揽项目所要求的相应资质。我们认为,这种变化并不会导致已签订的合同无效。根据《民法典》第502条第1款的规定,"依法成立的合同,自成立时生效,但是法律另有规定或者当事人另有约定的除外"。我国现行法律对于合同效力的判定,原则上是基于"合同成立"这个时点而作出的,而非基于合同履约过程进行判定。如承包人在合同履行过程中不再具备已承揽项目所要求的相应资质,发包人可以通过解除合同寻求救济。

(二)发包人不知借用资质时,应当保护其作为善意相对人的信赖利益

此前,司法实践普遍认为,一旦存在借用资质的行为,所签订的合同均应归于无效。但最高人民法院近年也有裁判认为对于借用资质人与发包人签订的合同,也应区分发包人是否知情来认定其效力,在发包人不知借用资质时,合同不应因借用资质而无效。我们赞同这一观点,具体理由如下:

与发包人对借用资质明知、双方进行通谋虚伪表示的情形存在显著不同的是,在发包人不知借用资质的情形下,出借资质人内心虽然没有承揽工程、履行工程总承包合同义务的真实意思,但是将该意思隐藏于心、对外不表,发包人无法知晓其真实意思与外在表示不一致,也即该种情形中仅存在出借资质人的单方虚伪表示,而发包人意思表示是真实的。

对于单方虚伪表示,学理上亦称为"真意保留"。从保护善意相对人的信赖利益、保障交易安全的角度出发,真意保留不应当产生阻却其外在表示的法律效力,若不存在其他效力瑕疵的事由,则应当将发包人与出借资质人所签订的工程总承包合同认定为有效。

同时,从招投标、缔约、履约到竣工结算,工程项目的建设会经历多个阶段,认定发包人对借用资质是否知情应当按照缔约时的状态进行判断。在举证责任分配上,我们认为,不知情是一种消极事实,而知情是积极事实,原则上应推定发包人不知借用资质行为,如借用资质人与出借资质人主张发包人明知借用资质行为,则应由其进行举证,否则可能对发包人不公平。

## 二、招投标程序

**应 用**

《招标投标法》《招标投标法实施条例》等法律、法规明确规定了必须进行

招标的项目范围。《建设工程司法解释(一)》进一步明确了存在应招未招、中标无效等违反《招标投标法》等强制性规定的情形时,应当依据《民法典》第153条的规定认定合同无效,认定该类行为无效的依据仍然是上述法律和行政法规。

就这个角度而言,既然工程总承包项目也应遵循《招标投标法》《招标投标法实施条例》等法律法规,那么应招未招、中标无效等情形同样会导致工程总承包合同无效。在这个方面,工程总承包与施工总承包并无显著差异。因此,《建设工程司法解释(一)》第1条第1款第3项在工程总承包合同中也适用。

## 依 据

**《民法典》**

第一百五十三条　违反法律、行政法规的强制性规定的民事法律行为无效。但是,该强制性规定不导致该民事法律行为无效的除外。

违背公序良俗的民事法律行为无效。

**《招标投标法》**

第三条　在中华人民共和国境内进行下列工程建设项目包括项目的勘察、设计、施工、监理以及与工程建设有关的重要设备、材料等的采购,必须进行招标:

(一)大型基础设施、公用事业等关系社会公共利益、公众安全的项目;

(二)全部或者部分使用国有资金投资或者国家融资的项目;

(三)使用国际组织或者外国政府贷款、援助资金的项目。

前款所列项目的具体范围和规模标准,由国务院发展计划部门会同国务院有关部门制订,报国务院批准。

法律或者国务院对必须进行招标的其他项目的范围有规定的,依照其规定。

## 判 例

**案例1-2-1　(2020)最高法民申4661号**

**案情介绍**

A公司(承包人)与B公司(发包人)签订《20兆瓦光伏并网发电项目EPC

总承包合同》(以下简称《EPC 总承包合同》)及《补充协议》,两份合同签订均未履行招投标手续。

### 各方观点

A 公司:《EPC 总承包合同》及《补充协议》均无效。《补充协议》系《EPC 总承包合同》的从合同,其效力因主合同无效而无效。

B 公司:《补充协议》并非全部无效,其中仅和《EPC 总承包合同》约定相关的部分存在效力问题。《EPC 总承包合同》因未履行招标程序而无效,但《补充协议》除确认《EPC 总承包合同》项下款项金额和付款进度等内容外,还涉及前期费用、土地出让金等大量既非《EPC 总承包合同》约定,也非《建设工程施工合同》内容的款项及支付条件,而且《补充协议》还增加了 B 公司和联合公司两方。鉴于合同当事人、约定事项等内容均有不同,《补充协议》并非《EPC 总承包合同》的从合同,而为独立合同。

### 法院裁决要旨

案涉光伏发电新能源项目总投资额远超人民币 3000 万元(以下均为同币种),属于法律、法规明确规定必须进行招标的项目。而该案《EPC 总承包合同》《补充协议》均未依法履行招标投标程序,依据最高人民法院《关于审理建设工程施工合同纠纷案件适用法律问题的解释》(法释〔2004〕14 号)(已失效)(以下简称《建设工程司法解释》)第 1 条关于"建设工程施工合同具有下列情形之一的,应当根据合同法第五十二条第(五)项的规定,认定无效:……(三)建设工程必须进行招标而未招标或者中标无效"的规定,原审判决认定《EPC 总承包合同》《补充协议》均违反法律、行政法规的强制性规定,从而判定上述合同为无效合同,进而作出相应判决,适用法律并无不当。

## 案例 1-2-2 (2021)冀 0525 民初 1779 号

### 案情介绍

2019 年 7 月,泰某公司与中某公司作为联合体通过招投标的方式中标某县农村生活污水治理工程项目。2019 年 8 月 14 日,某县环保局与泰某公司、中某公司签订《建设项目工程总承包合同协议书》。

该协议签订后,在履行期间,某县人民法院作出刑事判决书,认定泰某公司法定代表人张某某、泰某公司项目经理杨某某为中标某县农村生活污水治理工程项目,与招标单位某县环保局赵某某(时任某县环保局局长)等人串通。赵某某向负责招标代理工作的赵某指定中标企业,赵某积极参与,共同损害国家利益,情节严重,构成串通投标罪。

**各方观点**

某县环保局:投标人与招标人串通投标的行为违反了《招标投标法》第32条第2款"投标人不得与招标人串通投标,损害国家利益、社会公共利益或者他人的合法权益"的规定,根据《招标投标法》第53条以及《合同法》第52条(已失效,现为《民法典》合同编),《民法典》第143条、第153条、第154条等规定,投标人与招标人串通投标,中标无效。案涉协议因损害国家利益,违反法律、行政法规的强制性规定而无效。

**法院裁决要旨**

泰某公司法定代表人张某某等人与某县环保局原局长赵某某串通投标的行为已被生效刑事判决书认定为串通投标罪,而通过串通投标签订的《建设项目工程总承包合同协议书》损害了国家利益,亦属于违反法律、行政法规的强制性规定的无效民事法律行为,故原告请求依法确认上述协议无效,证据及理由充分,法院依法予以支持。

## 案例1-2-3 (2019)甘民终622号

**案情介绍**

2012年8月1日,高某公司与许某公司签订了《甘肃高某新能源有限公司高台县高崖子滩9MW+1MW+40MW分布式发电与升压站项目工程总承包合同》(以下简称《工程总承包合同》)及《甘肃高某新能源有限公司高台县高崖子滩9MW+1MW+40MW光伏并网发电项目工程总承包框架技术协议》(以下简称《框架技术协议》)。

**各方观点**

高某公司:因涉案工程未进行招投标,《工程总承包合同》及《框架技术协议》违反法律效力性规定,应依法确认合同无效。

许某公司:高某公司作为业主方和前述文件的发文对象,更加清楚诉争工程的发包必须经过招投标这一事实。因此,高某公司理应对工程未经招投标最终被认定为无效承担主要过错责任。

### 📋 法院裁决要旨

国家发展计划委员会令〔第 3 号〕《工程建设项目招标范围和规模标准规定》(已失效)第 3 条规定,关系社会公共利益、公共安全的公用事业项目的范围包括:(1)供水、供电、供气、供热等市政工程项目……。《招标投标法》第 3 条规定,在中华人民共和国境内进行下列工程建设项目包括项目的勘察、设计、施工、监理以及与工程建设有关的重要设备、材料等的采购,必须进行招标……(1)大型基础设施、公用事业等关系社会公共利益、公众安全的项目……。《合同法》第 52 条第 5 项规定,违反法律、行政法规的强制性规定合同无效。最高人民法院《关于适用〈中华人民共和国合同法〉若干问题的解释(二)》(已失效)第 14 条规定"合同法第五十二条第(五)项规定的'强制性规定',是指效力性强制性规定"。《建设工程司法解释》(已失效)第 1 条明确规定,建设工程必须进行招标而未招标的,应认定建设工程施工合同无效。上述法律规定的立法目的是规范招标投标活动,保护社会公共利益和招投标活动当事人的合法权益,保证工程项目质量。该案中,高某公司高台县高崖子滩 9MW + 1MW + 40MW 分布式发电与升压站项目工程系大型电力基础设施、新能源项目属关系社会公共利益、公共安全的项目工程,属于强制招标工程,未经过招标投标程序签订的合同违反法律效力性强制性规定,故依法认定高某公司与许某公司签订的《工程总承包合同》及《框架技术协议》为无效合同。

## 工程总承包纠纷适用的建议

### (一) 工程总承包项目必须招投标的规模确定

《必须招标的工程项目规定》(国家发展和改革委员会 2018 年第 16 号令,以下简称"16 号令")中对施工、物资采购、服务采购三大类的招标限额分别进行了规定。但工程总承包往往同时涉及以上两个或三个方面,如何确定必须进行招投标的工程总承包项目范围及规模成为发包人关心的问题之一。对此,住建部、国家发展和改革委员会《房屋建筑和市政基础设施项目工程总承包管理办法》第 8 条第 2 款规定"工程总承包项目范围内的设计、采购或者施工中,有任一项属于依法必须进行招标的项目范围且达到国家规定规模标准的,应当采用招标的方式选择工程总承包单位"。国家发展和改革委员会办公厅在《关于进一步做好〈必须招标的工程项目规定〉和〈必须招标的基础设施和公用事业项目范围规定〉实施工作的通知》答复中明确：总承包中施工、货物、服务等各部分的估算价中，只要有一项达到"16 号令"第 5 条规定的相应标准，即施工部分估算价达到 400 万元以上，或者货物部分达到 200 万元以上，或者服务部分达到 100 万元以上，则对整个工程总承包项目发包时应当招标。

**（二）自愿招标的项目应当受到《招标投标法》的约束，中标无效也会导致工程总承包合同无效**

工程总承包项目中不乏非利用国有资金的工程项目，如各类民营企业工业厂房。国家发展和改革委员会出台《必须招标的基础设施和公用事业项目范围规定》，对必须招标的大型基础设施和公用事业项目范围进行了明确。根据上述政策文件的精神、要求和部门规章的明确意见，对于非利用国有资金的工程项目，允许民营企业投资人通过自主决定承包人的形式发包，不需要通过招投标形式来签订施工合同。民营投资的工程总承包项目如不违反其他关于必须进行招投标的项目的规定，可以自愿选择是否进行招投标。

但对于这种自愿进行招投标的项目，即非强制招标的项目进行招投标程序后，是否受《招标投标法》的约束，一直以来争议不断。《建设工程司法解释（一）》第 23 条解决了此类争议，其明确规定："发包人将依法不属于必须招标的建设工程进行招标后，与承包人另行订立的建设工程施工合同背离中标合同的实质性内容，当事人请求以中标合同作为结算建设工程价款依据的，人民法院应予支持，但发包人与承包人因客观情况发生了在招标投标时难以预见的变化而另行订立建设工程施工合同的除外。"

我们认为，自愿招标的项目应当受到《招标投标法》的约束。理由除了《建设工程司法解释（一）》第 23 条的直接规定外，还有：（1）从文义解释角度来看，《招标投标法》第 2 条规定，"在中华人民共和国境内进行招标投标活动，适用本法"，可见无论是否属于必须招标范围内的工程，只要是依法进行了招投标活动，都应该受到《招标投标法》的约束。（2）从目的论解释角度来看，《招标投标法》不仅保护当事人自身的利益，更是对社会招投标市场竞争秩序的维护，关系到对不特定投标人的利益保护。因此，对于自愿招标的项目，只要当事人选择了招投标程序，就应当受《招标投标法》的约束。但《招标投标法》明确规定仅适用于"依法必须进行招标的项目"的条款除外，如《招标投标法》第 55 条的适用对象是"依法必须进行招标的项目",自愿招标的项目不适用该条款。

非必须招标项目违反《招标投标法》规定并导致中标无效的,则工程总承包合同也将无效。如最高人民法院(2021)最高法民终1053号案件中,最高人民法院认为:无论是必须招标项目还是非必须招投标的项目,一旦确定采用招投标方式订立合同,即应当受到招标投标法的约束……双方当事人在招投标前已经就涉案工程施工达成一致,并由甘肃建投公司提前进场施工,后续招标投标活动仅为履行手续,存在事实上的串通招投标行为,根据《招标投标法》第53条的规定,投标人互相串通投标或与招标人互相串通投标的中标无效,涉案中标无效,由此双方签署的建设工程施工合同也属无效。

### 三、转包、违法分包

**应 用**

转包、违法分包往往伴随建设工程质量问题产生,对公共安全、公民生命健康权均产生了严重隐患,否认合同效力以抑制该类行为符合立法目的和公共利益。无论是施工合同还是工程总承包合同,均可适用现行规定,只要承包人进行了转包、违法分包,与他人所签订的合同均应属无效。因此,《建设工程司法解释(一)》第1条第2款在工程总承包中可以适用。

工程总承包中违法转、分包的特殊性主要在对违法转、分包行为的认定上,对此,将在"工程总承包适用的建议"部分进行详细论述,本部分不再展开。

**依 据**

《民法典》

第一百五十三条 违反法律、行政法规的强制性规定的民事法律行为无效。但是,该强制性规定不导致该民事法律行为无效的除外。

违背公序良俗的民事法律行为无效。

第七百九十一条 发包人可以与总承包人订立建设工程合同,也可以分别与勘察人、设计人、施工人订立勘察、设计、施工承包合同。发包人不得将应当由一个承包人完成的建设工程支解成若干部分发包给数个承包人。

总承包人或者勘察、设计、施工承包人经发包人同意,可以将自己承包的部分工作交由第三人完成。第三人就其完成的工作成果与总承包人或者勘察、设计、施工承包人向发包人承担连带责任。承包人不得将其承包的全部建设工程转包给第三人或者将其承包的全部建设工程支解以后以分包的名义分别转包给第三人。

禁止承包人将工程分包给不具备相应资质条件的单位。禁止分包单位将其承包的工程再分包。建设工程主体结构的施工必须由承包人自行完成。

**《建筑法》**

第二十九条　建筑工程总承包单位可以将承包工程中的部分工程发包给具有相应资质条件的分包单位；但是，除总承包合同中约定的分包外，必须经建设单位认可。施工总承包的，建筑工程主体结构的施工必须由总承包单位自行完成。

建筑工程总承包单位按照总承包合同的约定对建设单位负责；分包单位按照分包合同的约定对总承包单位负责。总承包单位和分包单位就分包工程对建设单位承担连带责任。

禁止总承包单位将工程分包给不具备相应资质条件的单位。禁止分包单位将其承包的工程再分包。

**《招标投标法》**

第四十八条　中标人应当按照合同约定履行义务，完成中标项目。中标人不得向他人转让中标项目，也不得将中标项目肢解后分别向他人转让。

中标人按照合同约定或者经招标人同意，可以将中标项目的部分非主体、非关键性工作分包给他人完成。接受分包的人应当具备相应的资格条件，并不得再次分包。

中标人应当就分包项目向招标人负责，接受分包的人就分包项目承担连带责任。

**《招标投标法实施条例》**

第二十九条　招标人可以依法对工程以及与工程建设有关的货物、服务全部或者部分实行总承包招标。以暂估价形式包括在总承包范围内的工程、货物、服务属于依法必须进行招标的项目范围且达到国家规定规模标准的，应当依法进行招标。

前款所称暂估价，是指总承包招标时不能确定价格而由招标人在招标文件中暂时估定的工程、货物、服务的金额。

**《建设工程质量管理条例》**

第七十八条 本条例所称肢解分包,是指建设单位将应当由一个承包单位完成的建设工程分解成若干部分发包给不同的承包单位的行为。

本条例所称违法分包,是指下列行为:

(一)总承包单位将建设工程分包给不具备相应资质条件的单位的;

(二)建设工程总承包合同中未有约定,又未经建设单位认可,承包单位将其承包的部分建设工程交由其他单位完成的;

(三)施工总承包单位将建设工程主体结构的施工分包给其他单位的;

(四)分包单位将其承包的建设工程再分包的。

本条例所称转包,是指承包单位承包建设工程后,不履行合同约定的责任和义务,将其承包的全部建设工程转给他人或者将其承包的全部建设工程肢解以后以分包的名义分别转给其他单位承包的行为。

**《建筑工程施工发包与承包违法行为认定查处管理办法》**

第七条 本办法所称转包,是指承包单位承包工程后,不履行合同约定的责任和义务,将其承包的全部工程或者将其承包的全部工程肢解后以分包的名义分别转给其他单位或个人施工的行为。

第八条 存在下列情形之一的,应当认定为转包,但有证据证明属于挂靠或者其他违法行为的除外:

(一)承包单位将其承包的全部工程转给其他单位(包括母公司承接建筑工程后将所承接工程交由具有独立法人资格的子公司施工的情形)或个人施工的;

(二)承包单位将其承包的全部工程肢解以后,以分包的名义分别转给其他单位或个人施工的;

(三)施工总承包单位或专业承包单位未派驻项目负责人、技术负责人、质量管理负责人、安全管理负责人等主要管理人员,或派驻的项目负责人、技术负责人、质量管理负责人、安全管理负责人中一人及以上与施工单位没有订立劳动合同且没有建立劳动工资和社会养老保险关系,或派驻的项目负责人未对该工程的施工活动进行组织管理,又不能进行合理解释并提供相应证明的;

(四)合同约定由承包单位负责采购的主要建筑材料、构配件及工程设备或租赁的施工机械设备,由其他单位或个人采购、租赁,或施工单位不能提供有

关采购、租赁合同及发票等证明,又不能进行合理解释并提供相应证明的;

(五)专业作业承包人承包的范围是承包单位承包的全部工程,专业作业承包人计取的是除上缴给承包单位"管理费"之外的全部工程价款的;

(六)承包单位通过采取合作、联营、个人承包等形式或名义,直接或变相将其承包的全部工程转给其他单位或个人施工的;

(七)专业工程的发包单位不是该工程的施工总承包或专业承包单位的,但建设单位依约作为发包单位的除外;

(八)专业作业的发包单位不是该工程承包单位的;

(九)施工合同主体之间没有工程款收付关系,或者承包单位收到款项后又将款项转拨给其他单位和个人,又不能进行合理解释并提供材料证明的。

两个以上的单位组成联合体承包工程,在联合体分工协议中约定或者在项目实际实施过程中,联合体一方不进行施工也未对施工活动进行组织管理的,并且向联合体其他方收取管理费或者其他类似费用的,视为联合体一方将承包的工程转包给联合体其他方。

第十一条 本办法所称违法分包,是指承包单位承包工程后违反法律法规规定,把单位工程或分部分项工程分包给其他单位或个人施工的行为。

第十二条 存在下列情形之一的,属于违法分包:

(一)承包单位将其承包的工程分包给个人的;

(二)施工总承包单位或专业承包单位将工程分包给不具备相应资质单位的;

(三)施工总承包单位将施工总承包合同范围内工程主体结构的施工分包给其他单位的,钢结构工程除外;

(四)专业分包单位将其承包的专业工程中非劳务作业部分再分包的;

(五)专业作业承包人将其承包的劳务再分包的;

(六)专业作业承包人除计取劳务作业费用外,还计取主要建筑材料款和大中型施工机械设备、主要周转材料费用的。

**国务院办公厅《关于促进建筑业持续健康发展的意见》(国办发〔2017〕19号)**

……除以暂估价形式包括在工程总承包范围内且依法必须进行招标的项目外,工程总承包单位可以直接发包总承包合同中涵盖的其他专业业务。……

**住建部《关于进一步推进工程总承包发展的若干意见》(建市〔2016〕93号)**

（九）工程总承包项目的分包。工程总承包企业可以在其资质证书许可的工程项目范围内自行实施设计和施工，也可以根据合同约定或者经建设单位同意，直接将工程项目的设计或者施工业务择优分包给具有相应资质的企业。仅具有设计资质的企业承接工程总承包项目时，应当将工程总承包项目中的施工业务依法分包给具有相应施工资质的企业。仅具有施工资质的企业承接工程总承包项目时，应当将工程总承包项目中的设计业务依法分包给具有相应设计资质的企业。

（十）工程总承包项目严禁转包和违法分包。工程总承包企业应当加强对分包的管理，不得将工程总承包项目转包，也不得将工程总承包项目中设计和施工业务一并或者分别分包给其他单位。工程总承包企业自行实施设计的，不得将工程总承包项目工程主体部分的设计业务分包给其他单位。工程总承包企业自行实施施工的，不得将工程总承包项目工程主体结构的施工业务分包给其他单位。

## 判例

### 案例1-3-1　（2020）最高法民申6978号

**案情介绍**

因总承包单位将主体结构及关键性工作分包给分包单位，法院认定分包合同无效。

**各方观点**

A公司：二审判决认定案涉《EPC总包合同》《PC工程承包合同》无效错误。《EPC总包合同》《PC工程承包合同》合法有效，C公司不属于《建设工程司法解释》规定的"实际施工人"。

**法院裁决要旨**

根据已查明的有关事实，A公司与B公司就案涉通辽国电中兴30MWp光伏电站项目签订《EPC总包合同》。后B公司与C公司签订《PC工程承包合同》，将其与A公司签订的《EPC总包合同》中的主体结构、关键性工作的范围包括组件、支架的安装、工程整体竣工验收调试分包给C公司。因案涉工程为必须招标的项目,且 B 公司缺乏总承包资质,A 公司未经招投标程序与 B 公司签订的《EPC 总包合同》以及 B 公司与 C 公司就案涉工程的主体结构、关键性工作的范围进行分包所签订的《PC 工程承包合同》违反了法律的规定,依法应为无效。二审法院认定《EPC 总包合同》《PC 工程承包合同》无效并无不当。

### 案例 1-3-2 (2015)冀民一终字第 398 号

#### 案情介绍

仅具备设计资质的工程总承包人 B 公司将土建施工部分全部分包给 C 公司,发包人 A 公司认为该分包行为涉及主体结构施工部分,属于违法分包而无效。

#### 各方观点

A 公司认为:双方在合同第 14.4 款约定"未取得另一方事先书面同意,不得将本合同项目下的任何权利或义务转让给第三方",而 B 公司在未取得 A 公司书面同意的情况下,将全部工程分包给 C 公司,明显违反了合同约定。《合同法》第 272 条规定,"总承包人或者勘察、设计、施工承包人经发包人同意,可以将自己承包的部分工作交由第三人完成","建设工程主体结构的施工必须由承包人自行完成",显然 B 公司违反了强制性法律规定,导致合同无效。《建设工程质量管理条例》第 78 条第 2 款规定,"本条例所称违法分包,是指下列行为:(一)总承包单位将建设工程分包给不具备相应资质条件的单位的;(二)建设工程总承包合同中未有约定,又未经建设单位认可,承包单位将其承包的部分建设工程交由其他单位完成的;(三)施工总承包单位将建设工程主体结构的施工分包给其他单位的……"。在该案中,C 公司并不具备"电力工程施工总承包企业资质"。B 公司未经 A 公司同意私自分包,显然 B 公司属于违法分包。

B 公司认为:首先,A 公司和 B 公司在《总承包工程合同》第四章双方的责任和义务第 4.2.3 条明确约定:承包方负责"合同项目"内施工单位的选择和设备材料的采购及供货等,该条款明确约定了承包方有权选择施工单位。其次,在一审中,B 公司已经向法庭提交了土建施工单位 C 公司的营业执照和资质证明,该公司具备房屋建筑企业一级施工资质,完全能够承建本案土建部分的施工工作。B 公司将该案土建部分施工分包给有资质的 C 公司负责,符合住建部《建设工程质量管理条例》关于分包的规定,不构成违法分包问题。《建筑法》第29条第1款规定的"建筑工程主体结构的施工必须由总承包单位自行完成"这句话,适用的主体是"施工总承包单位",而非"设计总承包单位",即施工总承包企业。建筑主体结构施工部分不能再分包,对于设计施工总承包单位而言,设计部分工作不能再分包,而对工程涉及的施工部分只要分包给有资质的单位是完全符合法律规定的。

### 法院裁决要旨

设计单位从事工程总承包时,可以不直接施工而分包给其他施工单位,无须再行申请建筑业企业资质。《总承包工程合同》第4.2.3条明确约定,B公司负责"合同项目"内施工单位的选择,故A公司上诉主张B公司违法分包合同无效的理由不能成立。此外,B公司营业执照显示其经营范围中"许可经营项目:无","一般经营项目"包括机电成套设备的技术咨询、技术服务和批发等业务,而该案工程涉及的材料采购、服务均属于B公司的经营范围,A公司上诉主张B公司违反特许经营规定的观点不能成立。

## 案例1-3-3 (2022)陕民申813号

### 案情介绍

业主方A公司将EPC项目发包给B设计院和C公司组成的联合体,C公司将部分工程分包给D公司,D公司又将工作内容分包给E公司。

### 法院裁决要旨

法院经审查认为,该案中,A公司作为业主方,将陕能榆阳50兆瓦光伏电站EPC项目发包给B设计院和C公司的联合体,C公司将部分工程分包给D公司,D公司又将部分工程或者全部工程分包给E公司。原《合同法》第272条第3款规定:"……禁止分包单位将其承包的工程再分包……"《建设工程司法解释》(已失效)第4条规定"承包人非法转包、违法分包建设工程……的行为无效……"。该案中,C公司将其承包的部分工程分包给D公司,D公司又将其承包的工程部分再分包给E公司的行为无效,二审法院对合同效力未依职权认定,应予纠正。

## 工程总承包纠纷适用的建议

由于工程总承包所包含的工作内容更广，工程总承包模式下的转包、违法分包的判定标准需要在新的语境下进行新的思考，下文将通过类型化分析进行明确。

**（一）工程总承包模式下的转包、支解分包行为认定**

转包、支解分包均属于承包单位将所承包的工程全部转出的行为，即承包单位承包建设工程后，不履行合同约定的责任和义务，反而将其承包的全部建设工程转给他人或者将其承包的全部建设工程支解以后以分包的名义分别转给其他单位承包。

转包、支解分包行为具有极大的危害性。一方面，总承包单位完全无视双方合同约定，违背诚实信用原则，将合同权利义务完全转出，属于严重的违约行为，致使对方当事人难以控制合同的履行情况，并加大了建设单位面对工期、质量、价款给付问题时的难度；另一方面，转包、支解分包行为使得招标投标程序完全失去意义，抑制建筑市场的健康发展，同时也为工程质量安全留下了高度的不确定性。

若工程总承包单位将勘察设计部分、施工部分一并或分别分包给不同单位，亦应当认定为转包、支解分包行为，其所签订的合同属于无效合同。

**（二）工程总承包模式下的违法分包行为认定**

1. 承包人将工程分包给不具备相应资质条件的单位的

《建筑法》第 13 条属于建筑市场主体准入制度的强制性规定，其以法定资质等级作为建筑企业承揽建筑工程的前提条件。《建设工程质量管理条例》第 18 条、第 25 条分别对超越资质承包勘察、设计、施工工程的行为明文禁止。建筑业企业资质是保证建设工程质量的重要条件，工程总承包单位将其工作分包给无资质或者资质等级不足的单位或个人的，均应当认定为违法分包，所签订的合同应归于无效。

2. 分包单位将其承包的工程再分包的

对于"工程总承包模式下，仅具备设计资质的企业承接工程总承包项目后，将施工整体进行分包，施工分包单位进行再分包是否属于违法分包"的问题存在较多讨论。我们认为,由于目前并没有法律、行政法规的效力强制性规定否定"单资质"签订的工程总承包合同的效力,所以"单资质"的工程总承包在目前的环境下仍是被允许的。

在这一前提下,仅具有设计资质的总承包单位不可避免地需要将施工部分再发包给某一施工单位(仅具有施工资质的,同理,不赘述),此施工单位实为该项目的施工总承包单位。在施工过程中,施工总承包单位可能会对某些专业工程进行专业分包,那这种情况是否属于违法分包中的"再分包"行为?

我们认为,这种情况下,施工总承包单位承包范围远大于专业分包单位,且其本身需要负责施工部分的统筹管理,不宜认定此时的施工总承包单位向下的专业分包属于《建设工程质量管理条例》第78条中的"再分包"行为。若不允许此类分包行为,则施工总承包单位必须自行施工所有的专业工程,与现有法律规范均允许施工总承包单位对下专业分包的现状相矛盾。但需要强调的是,如果专业分包单位将其工作内容再行分包,则属于"再分包"的违法分包行为。

3. 总承包单位将自有资质许可范围内的主体结构部分的勘察设计或施工分包的

根据《房屋建筑和市政基础设施项目工程总承包管理办法》的规定,目前立法规范的工程总承包类型主要包括对工程设计、采购、施工三阶段承包或者设计、施工两阶段承包。实践中,有的项目将勘察工作也纳入合同范围内。所以,在工程总承包中,对于分包行为效力的认定,不能局限于工程的主体结构施工部分,亦要考虑勘察、设计和主体或关键工作不得分包的禁止性规定。

《建筑法》第29条、《招标投标法》第48条第2款以及《建设工程勘察设计管理条例》第19条已经明确规定,承包人对于承接范围内的工程主体结构的勘察、设计、施工不得分包。因此,总承包人将自有资质许可范围内的主体结构部分的勘察设计或施工分包的,均应属于违法分包,所签订的分包合同无效。

4. 工程总承包单位未通过招投标程序进行分包的

《招标投标法》《招标投标法实施条例》未对工程总承包模式下的分包是否必须经过招投标进行明确要求。

国务院办公厅《关于促进建筑业持续健康发展的意见》第3条规定:"……除以暂估价形式包括在工程总承包范围内且依法必须进行招标的项目外,工程总承包单位可以直接发包总承包合同中涵盖的其他专业业务。"《房屋建筑和市政基础设施项目工程总承包管理办法》第 21 条亦明确:"工程总承包单位可以采用直接发包的方式进行分包。但以暂估价形式包括在总承包范围内的工程、货物、服务分包时,属于依法必须进行招标的项目范围且达到国家规定规模标准的,应当依法招标。"

除了属于必须招标范围且达到法定规模标准的暂估价项目必须通过招投标方式分包外,其余工作内容可以直接分包,所签订的分包合同如不存在其他无效事由,则应认定为有效。在司法实践中,(2021)京民申 8110 号、(2018)最高法民终 1108 号等案件均采纳了这一观点。

之所以规定暂估价项目符合条件应以招标方式分包,是因为暂估价项目系总承包招标时不能确定价格而由招标人在招标文件中暂时估定工程、货物、服务的金额的项目,基于这个特征,暂估价部分在招标投标阶段通常直接采用发包人给定的金额,而非进行充分市场竞争。如果不对依法应当招标的暂估价项目在分包时进行招投标,则可能会导致发承包双方利用暂估价项目损害发包人利益,导致发包人难以进行投资控制,规避招标投标程序监管,影响建筑市场正常的公平竞争秩序,损害其他竞争者的权益。

# 第二条 中标后另行签订的合同实质性内容与中标合同不一致的处理

> **第二条**
>
> 招标人和中标人另行签订的建设工程施工合同约定的工程范围、建设工期、工程质量、工程价款等实质性内容，与中标合同不一致，一方当事人请求按照中标合同确定权利义务的，人民法院应予支持。
>
> 招标人和中标人在中标合同之外就明显高于市场价格购买承建房产、无偿建设住房配套设施、让利、向建设单位捐赠财物等另行签订合同，变相降低工程价款，一方当事人以该合同背离中标合同实质性内容为由请求确认无效的，人民法院应予支持。

## 工程总承包纠纷的可适用性

《建设工程司法解释（一）》第2条在工程总承包合同纠纷中仍然适用，招标人与中标人在中标后不得另行签订背离中标合同实质性内容的合同。

### 应 用

《建设工程司法解释（一）》第2条主要是针对《招标投标法》第46条第1款中合同实质性内容的界定。无论是施工总承包项目，还是工程总承包项目，只要采用了或应当采用招投标方式确定承包人，均应当属于《招标投标法》的调整范围。因此，工程总承包项目在此问题上并不具有特殊性，可以适用该条规定。

## 依 据

**《招标投标法》**

第四十六条 招标人和中标人应当自中标通知书发出之日起三十日内,按照招标文件和中标人的投标文件订立书面合同。招标人和中标人不得再行订立背离合同实质性内容的其他协议。招标文件要求中标人提交履约保证金的,中标人应当提交。

**《招标投标法实施条例》**

第三十七条 招标人应当在资格预审公告、招标公告或者投标邀请书中载明是否接受联合体投标。招标人接受联合体投标并进行资格预审的,联合体应当在提交资格预审申请文件前组成。资格预审后联合体增减、更换成员的,其投标无效。联合体各方在同一招标项目中以自己名义单独投标或者参加其他联合体投标的,相关投标均无效。

第五十九条第一款 中标人应当按照合同约定履行义务,完成中标项目。中标人不得向他人转让中标项目,也不得将中标项目肢解后分别向他人转让。

**《工程建设项目施工招标投标办法》**

第四十三条 招标人接受联合体投标并进行资格预审的,联合体应当在提交资格预审申请文件前组成。资格预审后联合体增减、更换成员的,其投标无效。

## 判 例

### 案例2-1 (2021)鲁民申6743号

**案情介绍**

2010年11月30日,图某公司(发包人)与爱某公司(承包人)通过招投标的方式,订立了建设工程施工合同。2010年12月19日原、被告双方签订补充协议,补充协议约定:工程质量为优良,工程工期为2010年12月26日开工,2012年6月25日竣工。工程价款结算、拨付方式、质保金留存比例均与建设工程施工合同不一致。

**各方观点**

图某公司:图某公司与爱某公司签订的建设工程施工合同的补充协议系双

方签订的建设工程施工合同的组成部分。建设工程施工合同第一部分第6条第2款明确约定:双方有关工程的洽商、变更等书面协议或文件视为本合同的组成部分。双方在实际履行过程中都遵循了该补充协议,整个工程承包方式及结算、拨款方式及结算,爱某公司都是依据补充协议进行的。图某公司与山东某有限公司签订的某县公安局干警公寓6#住宅楼建设工程施工合同及补充协议的效力已经由山东省聊城市中级人民法院作出的(2019)鲁15民终924号民事判决书确认,上述建设工程施工合同及补充协议的内容和该案中图某公司与爱某公司签订的合同及补充协议基本一致,该案中的补充协议也应当确认为合法有效。

爱某公司:图某公司主张补充协议应为本合同组成部分,并要求双方按照补充协议约定履行义务,不应得到支持;图某公司主张存在质量问题,但在原审中并未提交任何有效证据,爱某公司按时竣工并交付使用至今,根本不存在质量问题;图某公司认为建设工程施工合同补充协议不存在《合同法》第52条规定的无效情形属于认知错误。

### 法院裁决要旨

关于案涉补充协议的效力问题。爱某公司通过招投标方式中标图某公司的案涉工程,双方为此签订建设工程施工合同并进行了备案,嗣后双方又另行签订了补充协议,对建设工程施工合同中约定的工程质量、工程工期、工程价款结算、拨付方式等事项进行了变更,并作出了让利决算总价5%的约定。诉讼中,爱某公司主张该补充协议无效并要求按建设工程施工合同确定双方权利义务。根据《建设工程司法解释(一)》第2条、《招标投标法》第46条的规定,爱某公司与图某公司签订的案涉补充协议对中标合同进行了实质变更并变相降低了工程价款,爱某公司亦要求确认该协议无效,根据前述规定,一、二审法院判决认定该补充协议无效,于法有据,并无不当。

## 案例2-2 (2020)皖民申955号

### 案情介绍

2014年8月14日,椒某公司作为发包人(甲方)与承包人华某公司(乙方)签订了一份《建设工程施工合同》,合同约定:甲方将全椒天润雅居小区工程发包给乙方,合同总价款为4244万元。2014年8月15日,椒某公司(甲方)与华某公司(乙方)签订了一份《补充协议》,协议约定:经双方协商,乙方承诺在合同总价款的基础上让利17％,以3520余万元的最终价款作为本工程结算的依据。

### 📋 各方观点

二审法院:中标通知书确定的中标价为4244万元,椒某公司与华某公司签订的《建设工程施工合同》约定的合同价款也为4244万元,且为固定价合同。椒某公司与华某公司在签订《建设工程施工合同》后,又签订了《补充协议》,《补充协议》约定了让利17％的内容。最高人民法院《关于审理建设工程施工合同纠纷案件适用法律问题的解释(二)》(已失效)(以下简称《建设工程司法解释(二)》)第1条规定,该让利约定变相降低工程价款,背离了中标合同实质性内容,故《补充协议》无效,对当事人不具有法律约束力。

椒某公司:在一审、二审中,椒某公司、华某公司作为2014年8月15日《补充协议》的合同主体,均认为该合同合法、有效,应当继续履行,作为招标人和中标人并未以该合同背离中标合同实质性内容为由请求确认无效,二审法院径行认定该《补充协议》无效,属于适用法律错误,超出诉讼请求。

### 📋 法院裁决要旨

该案中,椒某公司与华某公司经依法招投标后签订了《建设工程施工合同》,为固定价合同,此后双方又签订了《补充协议》,《补充协议》约定了让利17％的内容。根据司法解释的规定,该让利约定变相降低工程价款,背离了中标合同实质性内容,二审法院据此认定《补充协议》无效,对当事人不具有法律约束力准确。人民法院有权依职权对合同效力进行审查,椒某公司认为二审法院认定《补充协议》无效系超出诉讼请求,属于适用法律错误的理由不能成立。

## 工程总承包纠纷适用的建议

对于建设项目"合同实质性内容"的范围,《建设工程司法解释(一)》第2条列举了工程范围、建设工期、工程质量、工程价款等。此处值得讨论的是,工程总承包中,常常出现联合体投标,如果是以组成联合体方式参与投标,后续联合体成员产生变更,这种变更是否属于《建设工程司法解释(一)》第2条所指向的"合同实质性内容"变更?联合体变更是否会影响合同效力?下文我们将对裁判路径进行详细分析。

**(一)招标项目,联合体成员变更对合同效力的影响**

对于招标项目,联合体成员的变更在各个阶段均可能发生。以下我们将按照"投标阶段——签约阶段——履约阶段"的顺序,对不同阶段联合体成员变更对合同效力的影响应如何判定分别进行讨论。

1. 投标阶段

《招标投标法实施条例》第 37 条规定,"招标人应当在资格预审公告、招标公告或者投标邀请书中载明是否接受联合体投标。招标人接受联合体投标并进行资格预审的,联合体应当在提交资格预审申请文件前组成。资格预审后联合体增减、更换成员的,其投标无效"。联合体是以一个投标人的身份共同投标,如果联合体成员在资格预审后产生了增减、更换,那么原联合体将产生实质变化,以原联合体名义进行的投标应为无效。

实务中,我们也检索到了部分项目在招标公告中对联合体成员更换节点限定在招标文件获取截止时间前。我们认为,招标公告中的这种限制并未违背《招标投标法》及《招标投标法实施条例》的规定,应当有效。因此,如果投标人在约定节点(招标文件获取截止时间)、法定节点(资格预审)后更换了联合体成员,则因未对招标文件进行响应而导致投标无效。

2. 签约阶段

《招标投标法》第 46 条规定:"招标人和中标人应当自中标通知书发出之日起三十日内,按照招标文件和中标人的投标文件订立书面合同。招标人和中标人不得再行订立背离合同实质性内容的其他协议。招标文件要求中标人提交履约保证金的,中标人应当提交。"

联合体中标后,在签约阶段对联合体成员进行变更,属于背离了合同实质性内容,违反了《招标投标法》第 46 条的强制性规定,属于《建设工程司法解释(一)》第 2 条第 2 款所述情形,其所签订的合同应属无效。

若案涉工程为必须招标的项目,中标联合体成员与签约联合体成员不一致,有法院认为,如果发包人未提出异议,且已经接受了变更后的联合体的履行,合同应为有效。法院可能是出于维护交易稳定的角度考虑而作出妥协的结果,此观点值得商榷。《全国法院民商事审判工作会议纪要》第 30 条明确规定,"交易方式严重违法的,如违反招投标等竞争性缔约方式订立的合同",属于违反效力性强制性规定的情形,所签订的合同应属无效。我们认为,中标联合体在签约阶段对成员进行变更,不仅构成违约,还侵害了其他投标人的利益,扰乱了招投标秩序,不应当因为发包人未提出异议就对这种违法行为进行宽容,否则将严重背离《招标投标法》的价值导向,使招标投标的竞争程序流于形式。

3. 履约阶段

在合同履行过程中,联合体成员可能寻求退出联合体。退出联合体成员负责的工作,需要重新选定承包人完成。那么,发包人可否同意联合体变更成员或者通过招投标程序变更联合体成员,变更联合体成员所签订的合同是否有效?

我们认为,不管发包人是否同意联合体变更成员还是通过招投标程序变更联合体成员,其所签订的合同均因违反《招标投标法》的强制性规定而无效。合同部分解除后,被解除部分的工作已经不在联合体的承包范围内,发包人可以将该部分工作发包给新的承包人完成,但该新的承包人不能成为联合体成员。

(二)非强制招标直接发包的项目,联合体成员变更对合同效力的影响

直接发包项目,因不受《招标投标法》约束,联合体成员变更一般不影响合同效力,能否变更成员取决于发包人是否同意。若发包人同意变更联合体成员,则变更有效,但变更后的成员应具备相应的资质,由变更后的联合体继续履行总承包合同,除非另有约定,否则新老成员对各自履行的部分承担责任;若发包人不同意,联合体擅自变更成员,则新老成员之间构成转包,发包人有权要求解除合同;若发包人明知联合体成员变更,放任变更后的联合体继续履行合同,则发包人与变更后的联合体形成事实合同关系,只要不存在其他导致合同无效的情形,则该事实合同有效。

## 第三条 未取得规划审批手续对工程总承包合同效力的影响

**第三条**

当事人以发包人未取得建设工程规划许可证等规划审批手续为由,请求确认建设工程施工合同无效的,人民法院应予支持,但发包人在起诉前取得建设工程规划许可证等规划审批手续的除外。

发包人能够办理审批手续而未办理,并以未办理审批手续为由请求确认建设工程施工合同无效的,人民法院不予支持。

### 工程总承包纠纷的可适用性

在工程总承包项目中,发包人签订合同时一般尚不满足取得规划审批手续的条件,规划审批手续的取得通常发生在工程总承包合同的履行过程中。因此,是否取得规划审批手续对工程总承包合同效力的影响并不能机械适用《建设工程司法解释(一)》第3条的规定,当事人以发包人发包时未取得建设工程规划许可证请求确认工程总承包合同无效的,一般不应支持。因未取得建设工程规划许可证导致工程总承包合同无法继续履行的,当事人可以请求解除工程总承包合同。

**应用**

从民法原理上讲,无效合同从本质上来说是欠缺合同的有效要件,或者具有合同无效的法定事由。从合同有效要件的角度来看,工程总承包合同与其他合同一样,适用《民法典》合同编的相关规定,并不以是否取得规划审批手续作为有效要件之一。从是否存在合同无效的法定事由来看,现行法中并无"签订合同前未取得规划审批手续的工程总承包合同无效"的直接法律规定。《城乡规划法》对于建设工程规划许可手续的规定,是基于无规划许可手续施工会导致空间挤占、规划混乱,且该建筑大概率会被认定为违章建筑。考虑到公共利益,《建设工程司法解释(一)》规定未取得建设工程规划许可证的施工合同属于因违反效力强制性规定而无效。而工程总承包的工作内容、发包时点等与施工总承包存在本质区别。未取得建设工程规划许可证等规划审批手续对工程总承包合同效力的影响,需要从以下几个方面进行逐步分析。

(一) 申领建设工程规划许可证的前提条件

工程总承包项目申领建设工程规划许可证等规划审批手续,仍应按照一般建设项目流程,执行《城乡规划法》及地方城乡规划条例的要求。《城乡规划法》第40条第2款要求建设单位提供"建设工程设计方案"。对于此处"建设工程设计方案"的深度问题,《城乡规划法》并未进行明确规定。根据《建筑工程设计文件编制深度规定(2016版)》第1.0.4条的规定,建筑工程的设计一般分为方案设计、初步设计和施工图设计三个阶段。原建设部〔1990〕建规字第66号文件规定,申请建设工程规划许可证需要取得工程施工图,也就是需要达到施工图设计的深度。该文件年代久远,但目前国家层面上没有更新的文件来替代此文件。经查询各地城乡规划条例,江苏省、上海市、浙江省、深圳市等省市均要求在申领建设工程规划许可证前应当提供施工图,可见,大部分省市对于申领建设工程规划许可证的设计文件深度从严要求,需要完成施工图设计方可申领。

(二) 工程总承包项目发包时点

根据《房屋建筑和市政基础设施项目工程总承包管理办法》第7条的规定,不同建设主体的项目对发包时点的要求不同。企业投资项目在完成核准或备案后可发包,政府投资项目原则上在初步设计审批完成后可以发包。

(三) 工程总承包项目在发包时是否具备申领规划许可证条件

如前所述,目前大多数省市申领建设工程规划许可证均需要完成施工图设计。而依据《房屋建筑和市政基础设施项目工程总承包管理办法》第3条的规定,工程总承包的承包范围至少应当包括设计和施工两个阶段,施工图设计是设计工作的最后一个阶段,即工程总承包承包范围至少应当包括施工图设计。根据前述相关规定和地方实践,完成施工图设计是申领建设工程规划许可证的前提条件,如果要求工程总承包项目在发包时必须取得建设工程规划许可证等规划审批手续,就意味着发包前需要完成施工图设计,显然发包前完成施工图设计与工程总承包发包的时间节点不相符,与工程总承包的承包范围和模式相矛盾。也就是说,在工程总承包项目发包时,通常不具备办理建设工程规划许可证的条件。

**(四)未取得建设工程规划许可证能否进行工程总承包工作**

根据《城乡规划法》第40条、第64条,对未取得规划审批手续不能开工建设当无争议,这也是认定未取得规划审批手续所签订的施工合同无效的法律依据之一。但在法律层面,尚未有禁止未取得建设工程规划许可证时进行设计行为的规定。从各地规定来看,大多数省市取得建设工程规划许可证往往以初步设计文件甚至是施工图设计文件为基础,也即申领建设工程规划许可证需要先进行设计工作。

综上所述,在工程总承包项目发包时,可能并不具备办理建设工程规划许可证的条件,机械适用《建设工程司法解释(一)》第3条第1款,认定未取得规划批准手续的工程总承包合同无效,将与工程总承包的发包范围和发包时点相背离。因此,对没有取得建设工程规划许可证签订的工程总承包合同,对其效力不应作否定性评价。

## 依 据

**《民法典》**

第一百五十三条 违反法律、行政法规的强制性规定的民事法律行为无效。但是,该强制性规定不导致该民事法律行为无效的除外。

违背公序良俗的民事法律行为无效。

**最高人民法院《关于适用〈中华人民共和国民法典〉合同编通则若干问题的解释》(法释〔2023〕13号)**

第十六条 合同违反法律、行政法规的强制性规定,有下列情形之一,由行为人承担行政责任或者刑事责任能够实现强制性规定的立法目的的,人民法院可以依据民法典第一百五十三条第一款关于"该强制性规定不导致该民事法律行为无效的除外"的规定认定该合同不因违反强制性规定无效：

（一）强制性规定虽然旨在维护社会公共秩序，但是合同的实际履行对社会公共秩序造成的影响显著轻微，认定合同无效将导致案件处理结果有失公平公正；

（二）强制性规定旨在维护政府的税收、土地出让金等国家利益或者其他民事主体的合法利益而非合同当事人的民事权益，认定合同有效不会影响该规范目的的实现；

（三）强制性规定旨在要求当事人一方加强风险控制、内部管理等，对方无能力或者无义务审查合同是否违反强制性规定，认定合同无效将使其承担不利后果；

（四）当事人一方虽然在订立合同时违反强制性规定，但是在合同订立后其已经具备补正违反强制性规定的条件却违背诚信原则不予补正；

（五）法律、司法解释规定的其他情形。

法律、行政法规的强制性规定旨在规制合同订立后的履行行为，当事人以合同违反强制性规定为由请求认定合同无效的，人民法院不予支持。但是，合同履行必然导致违反强制性规定或者法律、司法解释另有规定的除外。

依据前两款认定合同有效，但是当事人的违法行为未经处理的，人民法院应当向有关行政管理部门提出司法建议。当事人的行为涉嫌犯罪的，应当将案件线索移送刑事侦查机关；属于刑事自诉案件的，应当告知当事人可以向有管辖权的人民法院另行提起诉讼。

**《城乡规划法》**

**第四十条** 在城市、镇规划区内进行建筑物、构筑物、道路、管线和其他工程建设的，建设单位或者个人应当向城市、县人民政府城乡规划主管部门或者省、自治区、直辖市人民政府确定的镇人民政府申请办理建设工程规划许可证。

申请办理建设工程规划许可证，应当提交使用土地的有关证明文件、建设工程设计方案等材料。需要建设单位编制修建性详细规划的建设项目，还应当提交修建性详细规划。对符合控制性详细规划和规划条件的，由城市、县人民政府城乡规划主管部门或者省、自治区、直辖市人民政府确定的镇人民政府核发建设工程规划许可证。

城市、县人民政府城乡规划主管部门或者省、自治区、直辖市人民政府确定的镇人民政府应当依法将经审定的修建性详细规划、建设工程设计方案的总平面图予以公布。

第六十四条 未取得建设工程规划许可证或者未按照建设工程规划许可证的规定进行建设的,由县级以上地方人民政府城乡规划主管部门责令停止建设;尚可采取改正措施消除对规划实施的影响的,限期改正,处建设工程造价百分之五以上百分之十以下的罚款;无法采取改正措施消除影响的,限期拆除,不能拆除的,没收实物或者违法收入,可以并处建设工程造价百分之十以下的罚款。

**《重庆市城乡规划条例》**

第四十八条 新建、改建、扩建建设项目,建设单位应当依法取得建设工程规划许可证,需要办理乡村建设规划许可证的除外。

建设工程规划许可证按照以下程序办理:

(一)申请建设工程规划许可证。建设单位应当持书面申请、使用土地的有关证明文件(不需办理国有建设用地批准手续的除外)、具备相应资质的设计单位设计的建设工程设计方案等材料向城乡规划主管部门申请核发建设工程规划许可证。需要建设单位编制修建性详细规划的建设项目,还应当提交修建性详细规划。

城乡规划主管部门应当自收到申请之日起五个工作日内作出受理、不予受理的书面决定。

(二)审查建设工程设计方案。城乡规划主管部门应当会同有关部门对建设工程设计方案进行审查,自决定受理之日起二十个工作日内作出审查决定,符合规划条件的,办理建设工程设计方案审查意见,建设单位应当按照审定的建设工程设计方案开展下阶段设计工作;不符合规划条件的,书面要求建设单位修改后提交。

以出让方式取得国有建设用地使用权的建设项目,已在申请建设用地规划许可阶段通过建设工程设计方案审查的,建设单位可以直接开展下阶段设计工作。

(三)核发与公布建设工程规划许可证。施工图设计完成后,建设单位应当将施工图中有关规划的相关材料提交城乡规划主管部门复核,符合审定的建设工程设计方案的,经放线、验线后,城乡规划主管部门应当在十个工作日内核发建设工程规划许可证及附件、附图。城乡规划主管部门应当依法公布经审定的建设工程施工图的总平面图。

随道路等主体工程同步实施的地下管线、综合管廊等地下空间利用工程，道路建设业主应当进行综合管线方案设计并专题审查，统筹处理好各类地下管线的关系，随主体工程一并申请规划许可。

在已建综合管廊内敷设各类管线的，建设单位直接申请办理建设工程规划许可证。

**《江苏省城乡规划条例》**

第三十九条　申请办理建设工程规划许可证应当提交下列材料：

（一）使用土地的有关证明文件；

（二）建设工程设计方案；

（三）建设工程施工图设计文件；

（四）法律、法规规定的其他材料。

按照规定需要建设单位编制修建性详细规划的建设项目，还应当提交修建性详细规划。属于原有建筑物改建、扩建的，还应当提供房屋产权证明。

城乡规划主管部门应当对建设单位或者个人所提供的材料进行审查，符合控制性详细规划和规划条件的，核发建设工程规划许可证，并公布经审定的修建性详细规划、建设工程设计方案的总平面图。城乡规划主管部门在审查过程中，应当根据需要组织专家评审。

建设工程规划许可证应当载明建设项目位置、建设规模和使用功能等内容，附经审定的建设工程施工图设计文件；建筑物、构筑物等建设工程的规划许可证，还应当附经审定的建设工程设计方案。

**《上海市城乡规划条例》**

第三十五条　在国有土地上进行建设的，建设单位或者个人应当向规划行政管理部门申请办理建设工程规划许可证。

申请办理建设工程规划许可证，应当提交使用土地的有关证明文件、建设工程设计方案等材料；规划行政管理部门应当在三十个工作日内提出建设工程设计方案审核意见。经审定的建设工程设计方案的总平面图，规划行政管理部门应当予以公布。

建设单位或者个人应当根据经审定的建设工程设计方案编制建设项目施

工图设计文件,并在建设工程设计方案审定后六个月内,将施工图设计文件的规划部分提交规划行政管理部门。符合经审定的建设工程设计方案的,规划行政管理部门应当在收到施工图设计文件规划部分后的二十个工作日内,核发建设工程规划许可证。

建设单位或者个人在建设工程规划许可证核发后满一年仍未开工的,可以向规划行政管理部门申请延期,由规划行政管理部门决定是否准予延续。未申请延期的,建设工程规划许可证自行失效。国有土地使用权出让合同对开工时间另有约定的,从其约定。

**《北京市城乡规划条例》**

第三十三条 设计单位应当按照规定的资质等级和业务范围承担设计任务。

建设工程设计方案应当依据法律、法规、规章、国家和本市的设计规范和标准进行编制。施工图设计文件应当符合建设工程规划许可证或者乡村建设规划许可证的批准内容。

**《山东省城乡规划条例》**

第四十九条 在国有土地上进行各类建设项目的新建、改建、扩建活动,应当按照下列规定办理建设工程规划许可证:

(一)建设单位和个人持使用土地的有关证明文件、建设工程设计方案等材料,向城乡规划主管部门提出建设工程规划许可申请。

(二)城乡规划主管部门依据控制性详细规划和建设用地规划条件,提出建设工程规划设计要求。建设单位和个人依据规划设计要求提交建设工程设计方案,规划设计要求中需要建设单位编制修建性详细规划的,应当同时提交修建性详细规划。

(三)城乡规划主管部门审核建设工程设计方案、修建性详细规划,对符合规划设计要求的,核发建设工程规划许可证。

建设工程规划许可证应当载明建设项目位置、建设规模和使用功能等内容,并附经审定的建设工程设计方案、修建性详细规划。

**《建筑工程设计文件编制深度规定(2016版)》**

1.0.4 建筑工程一般应分为方案设计、初步设计和施工图设计三个阶段;对于技术要求相对简单的民用建筑工程,当有关主管部门在初步设计阶段没有审查要求,且合同中没有做初步设计的约定时,可在方案设计审批后直接进入施工图设计。

**《房屋建筑和市政基础设施项目工程总承包管理办法》(建市规〔2019〕12号)**

第七条 建设单位应当在发包前完成项目审批、核准或者备案程序。采用工程总承包方式的企业投资项目,应当在核准或者备案后进行工程总承包项目发包。采用工程总承包方式的政府投资项目,原则上应当在初步设计审批完成后进行工程总承包项目发包;其中,按照国家有关规定简化报批文件和审批程序的政府投资项目,应当在完成相应的投资决策审批后进行工程总承包项目发包。

**《建设项目工程总承包合同(示范文本)》(GF—2020—0216)**

2.4.1 发包人在履行合同过程中应遵守法律,并办理法律规定或合同约定由其办理的许可、批准或备案,包括但不限于建设用地规划许可证、建设工程规划许可证、建设工程施工许可证等许可和批准。对于法律规定或合同约定由承包人负责的有关设计、施工证件、批件或备案,发包人应给予必要的协助。

## 判 例

### 案例3-1 (2020)鲁08民终2508号

**案情介绍**

2017年1月20日,水某公司就水浒影视文化体验园(一期)建设项目设计采购施工(EPC)总承包项目进行招标,经依法评标后确定文某公司中标。2017年1月5日,水某公司在招投标前,将涉案项目在梁山县发展和改革局进行了登记备案。2017年6月9日,水某公司与文某公司签订《水浒影视文化体验园(一期)建设项目设计采购施工(EPC)总承包项目合同》(以下简称《EPC合同》),约定:设计范围包括但不限于红线范围内地块及红线外相关区域概念性规划方案设计、景观方案设计、施工图设计等;勘察项目包括详细勘察(含施工期间勘察)、地下障碍物勘察、地下障碍物勘察评价所需的资料,除上述工作外,也包括发包人委托的本项目的其他工程勘察工作。

2018年1月27日,文某公司向水某公司发函解除《EPC合同》。

### 各方观点

承包人文某公司认为：水某公司未按照法律规定办理建设用地规划许可和建设工程规划许可，违反了法律的强制性规定，《EPC 合同》中约定的建设内容对其无效。

发包人水某公司认为：建设工程规划许可证需要提交建设工程设计方案并通过审核后方能取得，而工程方案的设计，是工程总承包单位履行工程总承包合同的约定义务。

### 法院裁决要旨

工程总承包合同的订立与项目的施工建设属于两个不同的独立阶段，从签订工程总承包合同和取得建设工程规划许可证的逻辑顺序来看，建设工程规划许可证需要提交建设工程设计方案并通过审核后方能取得。工程总承包的承包范围包括工程勘察、设计、采购、施工等全部环节，其中设计环节包含了工程方案的设计，是工程总承包单位履行工程总承包合同的约定义务之一。因此，在逻辑顺序上，应当是先签订工程总承包合同并完成工程设计方案，再由建设单位申请办理建设工程规划许可证，时间上必定是工程总承包合同签订在前，规划许可证取得在后。如果以工程总承包合同签订时无法取得的规划许可证来否定合同效力，所有工程总承包合同都将有可能归于无效，这有悖于立法本意，也不利于实现合同目的。根据《城乡规划法》的规定，取得建设工程规划许可证，是建设单位的法定义务。规划许可证的取得与否，不影响工程总承包合同的效力，而取得规划许可证应作为建设单位的法定义务。综上所述，工程总承包合同具有一定的特殊性，不同于传统的建设工程施工合同，不能以建设工程施工合同的效力规范判断建设工程总承包合同的效力。建设工程总承包合同一般在签订时即成立生效，不以取得规划许可证作为工程总承包合同生效的要件。

## 案例 3-2  （2021）最高法民终 450 号

### 案情介绍

2014 年 12 月，新某公司在中某公司招标的"氧化铝节能减排升级改造项目自备煤气站工程"（以下简称自备煤气站）项目中中标。《中标通知书》载明的中标金额为 34401.73 万元。2015 年 3 月 18 日，新某公司与中某公司签订

EPC《商务合同》和《技术协议》,双方对合同价款约定为 33500 万元。

2017 年 7 月 11 日,中某公司取得建设工程规划许可证,载明建设项目名称为"空分装置(4000)—空分厂房、变配电楼(5100)",建设规模"3015.86m$^2$"。

### 📑 各方观点

新某公司认为:案涉自备煤气站至一审审理时,中某公司仍未办理取得建设工程规划许可证等规划审批手续,案涉《商务合同》《技术协议》应当认定为无效。

中某公司认为:该案土建工程所占比重小,符合规划许可证范围。中某公司申请的是对整个项目的建设工程规划许可证,建筑物只占案涉项目很小的比例,且属于化工设备的附属设施,政府规划部门批准的具体内容未完全包含案涉项目,系政府行政权裁量范围,不能以此认定案涉项目未取得建设工程规划许可证。

### 📋 法院裁决要旨

关于案涉《商务合同》和《技术协议》的效力如何认定的问题。新某公司主张上述建设工程规划许可证不足以覆盖全部工程,但是案涉合同为 EPC 合同,新某公司的工程范围不仅包括土建工程,还包括设计、设备购买、安装调试等,土建工程只是其中一部分。新某公司也未提交行政主管部门的认定意见等证据证明除了已经取得的规划许可证,案涉工程还需要另行取得规划许可证。新某公司主张上述建设工程规划许可证已失效,但在建设工程规划许可证到期之前,案涉工程已经竣工并投入使用。故新某公司以此主张《商务合同》和《技术协议》无效的理由不能成立。

## 工程总承包纠纷适用的建议

完成一定的设计工作系取得建设工程规划许可证的前提条件,而工程总承包合同又必然包含设计工作。从现有规定来看,未取得规划许可手续将导致施工合同无效的规范目的仍然是严格禁止无证施工行为,对于工程总承包项目的差异化认定并不会影响该目的的实现。

工程总承包项目在符合办理条件后仍应及时申领建设工程规划许可证,否则可能面临项目被责令停工、遭受行政处罚等风险。如果因发包人原因最终未取得规划审批手续导致工程无法合法建设,承包人可以采用合同解除制度保护自身权益。在工程总承包合同中可就此解除情形做出约定,没有约定的,双方可以协商解除合同;无法协商解除的,因办理建设工程规划许可证是发包人义务,不能取得规划审批手续将造成合同履行不能、无法实现合同目的,承包人可依据《民法典》第563条行使法定解除权。

## 第四条 超越资质等级合同的效力补正

> **第四条**
> 承包人超越资质等级许可的业务范围签订建设工程施工合同,在建设工程竣工前取得相应资质等级,当事人请求按照无效合同处理的,人民法院不予支持。

### 工程总承包纠纷的可适用性

《建设工程司法解释(一)》第4条在工程总承包中可以参照适用,承包人超越资质等级许可的业务范围签订工程总承包合同,在竣工前取得相应资质等级,工程总承包合同有效。

**应 用**

合同效力补正,可以促进交易、维护交易的稳定,但效力补正也必须加以限制,如设置补正的时间节点,否则合同效力将长期处于不确定的状态。

对于超越资质等级签订合同,《建设工程司法解释(一)》将施工合同效力补正的时点设置在"工程竣工前"。主要是考虑到部分承包人在签订合同时已经具备相应资质等级的施工能力,只是因为审批期限而暂时未拿到相应资质。如果承包人能够在工程竣工前取得相应资质,则可以认为其在工程施工时具备了够格的相应施工能力,在工程施工时已经具备了相应的建设资质,对建筑工程质量不会有较大影响,因此可以进行效力补正。值得注意的是,《最高人民法院新建设工程施工合同司法解释(一)理解与适用》一书中提及:"对于合同解除等原因导致工程未施工完毕,一般应以承包人停止建设,将工程实际交付发包人之时,承包人是否取得与承揽工程相适应的资质等级,作为认定合同效力的事实基础。"最高人民法院未对该观点进行详细论述,仅给出了结论。我们认为,得出一观点主要是因为对合同效力的评判应建立在合同订立和履行的基础之上。对于正常竣工的工程,承包人履行合同主义务的结点即为工程竣工,而如果承包人因合同解除、工程烂尾等原因中途退场,则其履行合同主义务的结点为停止建设、退场将工程交付给发包人之日。如果承包人中途退场,由第三人进行后续施工,即使承包人在退场之日至整体工程竣工之日期间取得了相应资质,也不能够反映其在履行合同期间的能力与资质,此时不宜盲目对合同效力进行补正。

对于施工资质的补正,工程总承包合同与施工合同并没有显著区别。但工程总承包合同所涉及的工作范围更广,往往还涉及勘察设计。那么,工程总承包合同中所需的勘察设计资质能否适用效力补正及补正的时间节点就是一个较为值得探讨的问题。

我们认为,勘察设计合同与施工合同均属于建设工程合同大类,不具备勘察设计资质也会导致相应部分的合同无效。从合同类型、资质对效力的影响上来看,勘察设计合同与施工合同具有较高的相似性,存在借鉴的空间。从目的解释角度出发,对工程总承包合同中所需的勘察设计资质有限制地适用效力补正,既能够维护交易的稳定性,也不违反公众利益,不会对工程质量产生较大影响。因此,工程总承包合同中的勘察设计资质可以适用效力补正。

## 依 据

### 《建筑法》

**第十三条** 从事建筑活动的建筑施工企业、勘察单位、设计单位和工程监理单位,按照其拥有的注册资本、专业技术人员、技术装备和已完成的建筑工程业绩等资质条件,划分为不同的资质等级,经资质审查合格,取得相应等级的资质证书后,方可在其资质等级许可的范围内从事建筑活动。

**第二十六条** 承包建筑工程的单位应当持有依法取得的资质证书,并在其资质等级许可的业务范围内承揽工程。禁止建筑施工企业超越本企业资质等级许可的业务范围或者以任何形式用其他建筑施工企业的名义承揽工程。禁止建筑施工企业以任何形式允许其他单位或者个人使用本企业的资质证书、营业执照,以本企业的名义承揽工程。

**《建筑业企业资质管理规定》**

第三条 企业应当按照其拥有的资产、主要人员、已完成的工程业绩和技术装备等条件申请建筑业企业资质,经审查合格,取得建筑业企业资质证书后,方可在资质许可的范围内从事建筑施工活动。

**国务院办公厅《关于促进建筑业持续健康发展的意见》(国办发〔2017〕19号)**

二、深化建筑业简政放权改革

(一)优化资质资格管理。进一步简化工程建设企业资质类别和等级设置,减少不必要的资质认定。选择部分地区开展试点,对信用良好、具有相关专业技术能力、能够提供足额担保的企业,在其资质类别内放宽承揽业务范围限制,同时,加快完善信用体系、工程担保及个人执业资格等相关配套制度,加强事中事后监管……

**江苏省住房和城乡建设厅《关于试行调整部分建筑业企业资质承包工程范围的通知》(苏建规字〔2019〕1号)**

一、调整部分专业承包资质承包工程范围

先行在不涉及建筑主体结构的部分二级专业承包资质中调整承包工程的范围。

符合下列条件的二级专业承包资质企业可以承接一级资质相应的业务。

……

## 判 例

### 案例4-1 (2018)最高法民申752号

**案情介绍**

2012年3月13日,汇某公司与贵某公司签订《建设工程施工合同》,约定由贵某公司作为发包方,将贵某公司整合扩建工程(地面工程)中第一标段单身宿舍工程建筑面积7537平方米工程承包给汇某公司施工,约定工期160天,具体开工日期以发包人书面开工通知为准。

**各方观点**

贵某公司:案涉工程属于招投标工程,招标文件明确规定投标人必须具有二级资质,但汇某公司于2012年3月投标时并不具备二级资质,且招投标过程存在渎职和舞弊的行为,违反了《招标投标法》第26条、第64条的规定,汇某公司不具备招标文件规定的资格条件,其中标应当无效。依据最高人民法院《关于审理建设工程施工合同纠纷案件适用法律问题的解释》第1条第3项的规定,该案施工合同应当无效。

汇某公司:针对资质问题,根据司法解释的规定,施工单位在竣工前取得相应等级的都算有效,我方在2013年8月1日取得了相应资质,因此我方资质是合格的。

### 法院裁决要旨

贵某公司主张因汇某公司不具备资质,案涉《建设工程施工合同》应当无效。该院认为,贵某公司所称涉案工程招投标过程中存在泄露标底、串通作弊等情形,并没有证据证明。且该案中,在案涉单身宿舍楼工程2013年10月31日竣工前,汇某公司已具备房屋建筑工程施工总承包二级资质。据此,二审法院依据最高人民法院《关于审理建设工程施工合同纠纷案件适用法律问题的解释》第5条"承包人超越资质等级许可的业务范围签订建设工程施工合同,在建设工程竣工前取得相应资质等级,当事人请求按照无效合同处理的,不予支持"的规定,认定案涉施工合同有效,并无不当。

## 案例4-2 (2020)最高法民终483号

### 案情介绍

凯某公司(发包人)与三建公司(承包人)于2011年5月签订《建设工程施工合同》。三建公司于2015年4月7日离场,三建公司的特级资质于2015年11月3日获核准,案涉工程于2018年2月竣工,三建公司在竣工前已经取得特级资质。

### 各方观点

三建公司:三建公司的特级资质于2015年11月3日获核准,案涉工程于2018年2月竣工,三建公司在竣工前已经取得特级资质,不存在导致合同无效的情形。

凯某公司:一审判决按照《建设工程司法解释》(已失效)第1条的规定,认定三建公司超资质承揽致该案合同无效是正确的。三建公司应当对合同无效承担相应赔偿责任。该公司在有关诉讼中取得了相应资质,不存在合同无效情形的主张不能成立。

#### 📋 法院裁决要旨

对合同效力的评判应建立在合同订立和履行的基础之上。承包人在订立合同及其后施工的全过程中均不具备相应资质。承包人于 2015 年 4 月 7 日离场时尚不具备相应承建资质,于离场后取得相应资质的事实,不符合《建设工程司法解释(一)》第 5 条规定的情形,对合同效力不产生影响。据此,维持原审法院关于案涉《建设工程施工合同》无效的认定。

### 案例 4-3　(2018)沪 02 民终 8012 号

#### 📄 案情介绍

信某公司(发包人)委托林某公司(设计人)承担某旧城改造建筑方案设计和施工图设计服务,经双方协商一致,签订《建设工程设计合同》,合同明确设计人有权邀请其他设计单位合作。林某公司与案外人 C 公司签订《建设工程设计合同》,将涉案工程方案及施工图设计委托给案外人 C 公司设计。

#### 💬 各方观点

信某公司:林某公司不具备设计甲级资质,邀请其他单位参与设计就是借用其他公司的资质,故双方签订的《建设工程设计合同》应属无效。

林某公司:签约时信某公司对林某公司无资质未有异议,现主张合同无效违反诚信原则。合同履行中,林某公司已经取得了设计甲级资质,故双方签订的合同应为有效。

#### 📋 法院裁决要旨

信某公司与林某公司签订的《建设工程设计合同》系双方的真实意思表示。合同明确设计人有权邀请其他设计单位合作,林某公司亦实际邀请了具有甲级资质的 C 公司合作进行设计,并交付了设计方案。在为后续的设计工作进行磋商时,双方未明确过解除《建设工程设计合同》,现林某公司在该建设工程竣工前已依法取得了甲级资质,符合相关规定。信某公司上诉称双方签订的《建设工程设计合同》为无效合同,法院不予采信。

## 工程总承包纠纷适用的建议

不具备相应资质的工程总承包合同包括两种情况:一是承包人无相应类别资质,如不具备相应的设计资质或/和施工资质,承揽工程总承包项目;二是承包人超越资质等级,如仅具备设计和施工的低资质,承揽需要高资质的工程总承包项目。《建设工程司法解释(一)》第4条仅规定了承包人超越资质等级许可范围签订的建设工程施工合同,可以通过在工程竣工前取得相应资质进行效力补正;但对无相应类别资质的承包人签订的施工合同的效力是否可以得到补正,并没有作出规定。

我们认为,未取得相应类别资质的承包人,在承揽时连最基本的建筑市场准入条件都不具备,其违法性相对于"超越资质等级"更为严重,不能适用效力补正的相关规定。

## 第五条 劳务分包合同的效力

> **第五条**
> 具有劳务作业法定资质的承包人与总承包人、分包人签订的劳务分包合同,当事人请求确认无效的,人民法院依法不予支持。

## 工程总承包纠纷的可适用性

《建设工程司法解释(一)》第 5 条在工程总承包中可以适用,工程总承包中具有劳务作业法定资质的承包人依法与总承包人、分包人签订的劳务分包合同效力可以依据本条进行判定。

### 应用

无论是在施工总承包模式下,还是在工程总承包模式下,都存在劳务分包的情况,工程总承包中的劳务分包并没有特殊性,其效力仍应以《建设工程司法解释(一)》第 5 条作为判断标准。

(一)劳务分包与专业分包不同,进行劳务分包无须经过发包人同意

分包是指已经与发包人签订建设工程施工合同的总承包人将其承包的工程建设任务的一部分交给第三人(分包人)完成。而劳务分包则是将建设工程中的劳务部分转由第三人完成。劳务分包中第三人提供的仅是劳动力,总承包人或专业分包人提供技术和管理,两者结合才能完成建设工程。

总的来说,工程的劳务作业分包,是将简单劳动从复杂劳动中剥离出来单独进行承包,并不属于《民法典》第 791 条第 2 款规定,即在得到发包人同意的情况下,总承包商或勘察、设计、施工承包商可以将部分工作交由第三方完成的

范畴。除非另有约定,否则劳务分包不需要经过发包人的同意。

**(二)劳务分包有单独的资质类别,具备施工劳务企业资质即可承揽各类施工劳务作业**

《建筑业企业资质管理规定》第5条规定,建筑企业资质分为施工总承包、专业承包和施工劳务资质三个序列。原建设部制定的《建筑业劳务分包企业资质标准》,将劳务作业分包企业资质分为13种:(1)木工作业;(2)砌筑作业;(3)抹灰作业;(4)石制作;(5)油漆作业;(6)钢筋作业;(7)混凝土作业;(8)脚手架作业;(9)模板作业;(10)焊接作业;(11)水暖电安装作业;(12)钣金作业;(13)架线作业。但住建部于2014年11月6日发布的《建筑业企业资质标准》明确施工劳务序列不分类别和等级,只要取得施工劳务企业资质,可承担各类施工劳务作业。

**(三)对劳务分包资质的进一步放宽已是大势所趋**

随着国务院"放管服"改革,住建部2016年4月批准在浙江、安徽、陕西三省开展建筑劳务用工制度改革试点,取消劳务资质办理和资质准入。后续,山东省等地也不再将劳务企业资质列入建筑市场监管事项。2020年12月18日,住建部等部门《关于加快培育新时代建筑产业工人队伍的指导意见》第3条指出要"改革建筑施工劳务资质,大幅降低准入门槛"。住建部《关于做好建筑业"证照分离"改革衔接有关工作的通知》第3条规定:自2021年7月1日起,建筑业企业施工劳务资质由审批制改为备案制,由企业注册地设区市住房和城乡建设主管部门负责办理备案手续。企业提交企业名称、统一社会信用代码、办公地址、法定代表人姓名及联系方式、企业净资产、技术负责人、技术工人等信息材料后,备案部门应当场办理备案手续,并核发建筑业企业施工劳务资质证书。企业完成备案手续并取得资质证书后,即可承接施工劳务作业。据此,劳务分包资质的门槛进一步降低,对劳务分包资质监管进一步放宽已是大势所趋。随着资质改革的推进,劳务分包资质已被专业作业承包资质替代,专业作业承包资质的取得也无须采取审批制,因此对不具备劳务资质或专业作业承包资质的情形导致合同无效的认定应当更加审慎。

**依 据**

**山东省人民政府办公厅《关于贯彻国办发〔2017〕19号文件促进建筑业改革发展的实施意见》（鲁政办发〔2017〕57号）**

（十二）改革建筑用工模式。全面落实劳动合同制度，实行建筑工人实名制管理，促进建筑农民工向产业工人转型。施工总承包、专业承包企业应当保有一定数量的骨干技术工人队伍。推动建筑劳务企业转型，取消建筑劳务资质认定，大力发展木工、水电工、砌筑、钢筋制作等以作业为主的专业企业，作为建筑工人的主要载体，逐步实现建筑工人公司化、专业化管理。鼓励具有一定管理能力的班组长组建作业专业企业，符合相关条件的，落实小型微利企业所得税优惠等税收减免扶持政策。

**河北省高级人民法院《建设工程施工合同案件审理指南》（冀高法〔2018〕44号）**

5.以下情形可以认定为非法劳务分包：(1)总承包人、专业分包企业将建筑工程的劳务作业分包给不具备相应资质条件的企业和个人；(2)总承包人、专业分包企业将建筑工程的劳务作业分包给具备相应资质条件的企业，但分包的内容包括提供大型机械、周转性材料租赁和主要材料、设备采购等；(3)劳务作业承包人将承包的劳务作业再分包的。

**北京市高级人民法院《关于审理建设工程施工合同纠纷案件若干疑难问题的解答》（京高法发〔2012〕245号）**

4.劳务分包合同的效力如何认定？

同时符合下列情形的，所签订的劳务分包合同有效：(1)劳务作业承包人取得相应的劳务分包企业资质等级标准；(2)分包作业的范围是建设工程中的劳务作业（包括木工、砌筑、抹灰、石制作、油漆、钢筋、混凝土、脚手架、模板、焊接、水暖、钣金、架线）；(3)承包方式为提供劳务及小型机具和辅料。

合同约定劳务作业承包人负责与工程有关的大型机械、周转性材料租赁和主要材料、设备采购等内容的，不属于劳务分包。

**安徽省高级人民法院《关于审理建设工程施工合同纠纷案件适用法律问题的指导意见》（2009年）**

6.同时符合下列情形的，应认定为劳务分包，所签订的合同有效：(1)实际施工人具备劳务分包企业资质等级标准规定的一种或几种项目的施工资质,承包的施工任务仅是整个工程的一道或几道工序,而不是工程的整套工序;(2)承包的方式为提供劳务,而非包工包料。

### 判 例

#### 案例 5-1 （2020）最高法民终 428 号

**案情介绍**

十九局公司具有建筑工程、公路工程等施工总承包一级资质,桥梁工程、隧道工程等专业承包一级资质,川某劳务公司（以下简称川某公司）具有建筑劳务分包等资质。2015 年 5 月 17 日、25 日,十九局公司与川某公司分别签订编号为 19J-DXGL-LW02、19J-DXGL-LW01 号的《建筑安装工程劳务作业协作施工合同》。2017 年 11 月 10 日,双方就编号为 19J-DXGL-LW01 的《建筑安装工程劳务作业协作施工合同》签订补充协议。

**各方观点**

十九局公司:十九局公司作为案涉工程的总包单位,对工程质量承担责任,但因川某公司未按照图纸施工严重超挖,所增加的费用,按照劳务合同的约定应当由川某公司承担。

川某公司:川某公司主张主材、机械设备系由川某公司提供,案涉工程存在黑白合同,劳务分包合同及补充协议应认定无效。

**法院裁决要旨**

十九局公司将其承包工程中的劳务作业部分发包给有相应资质的川某公司,十九局公司提供施工图纸、专业技术、机械设备和施工主材,川某公司主要义务为完成工程劳务。川某公司虽称主材、机械设备系由川某公司提供,但并未提供证据证明;结合十九局公司与川某公司之间的工程量清单及验工计价单显示均为工作内容和对应单价,可以认定案涉合同系劳务分包合同。根据《建设工程司法解释（一）》的规定,双方签订的《隧道施工合同》及《补充合同》是双方当事人真实意思表示,不违反法律、行政法规的强制性规定,应认定有效。

#### 案例 5-2 （2023）鲁民申 13368 号

**案情介绍**

创某公司临邑分公司于 2021 年 3 月 8 日与乾某某滨州分公司签订了《劳

务分包合同》,工程名称为临邑县名门雅苑居住小区7#楼、8#楼、9#楼、11#楼、12#楼、综合用房及附属车库工程项目,分包范围或工作内容包括工程基础、主体、二次结构、装饰装修、室外工程、竣工验收等劳务作业工程。另合同还约定由乾某某滨州分公司提供部分辅材、机械,结算也是按现场实际完成工程量结算,并约定按照工程进度付款等内容。

### 各方观点

创某公司:首先,司法实践中对于约定由劳务承包方提供辅料、周转设施料、部分机械的,仍属于劳务分包合同的内容,该约定不影响劳务分包合同的性质,不属于名为劳务分包、实为专业分包的情形,分包合同合法有效。创某公司在申请再审阶段提交新证据证实案涉工程除主材之外,升降机等主要机械和辅料均由创某公司租赁、采购、提供,乾某某滨州分公司仅提供案涉工程的劳务工作。其次,案涉《劳务分包合同》虽然约定,创某公司临邑分公司与乾某某公司、乾某某滨州分公司按现场实际完成工程量结算,并约定按照工程进度付款,但该约定并不违反任何法律禁止性规定。创某公司提供的第二组新证据,双方的约定和履行自始至终均未超出劳务分包的范畴。根据《建设工程司法解释(一)》第5条之规定,作为具有劳务作业法定资质的劳务分包人无权请求案涉《劳务分包合同》无效。

乾某某公司:从该合同约定内容看,案涉《劳务分包合同》虽名为劳务分包合同,但合同约定的工程承包内容除工程基础、主体、二次结构、装饰装修、室外工程、竣工验收等劳务作业外;该合同第11条第4款约定除甲方供应材料外的其他材料均由乾某某滨州分公司提供,第5款约定乾某某滨州分公司提供包含且不限于以下满足基础主体、装饰阶段使用的塔吊、施工升降机、物料提升机、汽车泵、地泵、车载泵等全部机械机具;同时合同第12条约定按现场实际完成工程量结算,并约定按照工程进度付款,合同范围内主体阶段施工内容保修期1年,装饰阶段施工内容保修期2年,保修期满后15日内将剩余保证金退还。因此,案涉《劳务分包合同》实质为专业分包合同。在合同履行过程中,除案涉合同第11条第4款规定的主材外,案涉工程基础、主体、二次结构、装饰装修、室外工程等其他所有建筑施工辅材全部由乾某某滨州分公司购买或提供。因此,案涉《劳务分包合同》名为劳务分包合同,实质为专业工程分包合同。该案中,乾某某滨州分公司不具有相应的建筑业企业资质,因此,案涉《劳务分包合同》为无效合同。

### 法院裁决要旨

法院认为,从合同的约定来看,涉案工程包含有专业工程分包内容,并非劳务分包合同,而乾某某公司、乾某某滨州分公司不具有相应的建筑业企业资质,原审法院依据《建设工程司法解释(一)》第1条的规定,认定涉案合同无效正确。创某公司提交新证据,即便能证明其提供了主要机械、辅料,亦不影响对涉案合同性质的认定。

## 案例5-3　(2023)青01民终323号

### 案情介绍

2021年4月,中某公司与弘某公司签订《砌体工程劳务合同》,中某公司将承包的东方云舒云启园项目1、2、4、6号楼所有砌体劳务含二次结构浇筑、预制块制作安装、浇水养护分包给弘某公司。弘某公司雇用丁某某从事砌体工程劳务施工。另查明,中某公司一审中提交的弘某公司营业执照载明弘某公司类型为有限责任公司(自然人独资),经营范围中包括许可项目:建筑劳务分包,各类工程建设活动,房屋建筑和市政基础设施项目工程总承包,施工专业作业等。

### 各方观点

上诉人丁某某观点:一审法院未查明弘某公司是否具有承包东方云舒云启园项目并组织施工的建筑业企业资质、劳务作业法定资质。中某公司将东方云舒云启园项目分包给没有建筑业施工资质和劳务作业资质的弘某公司的行为,违反法律强制性规定,即《建筑法》第29条、《建设工程司法解释(一)》第1条的规定,中某公司与弘某公司签署的《砌体工程劳务合同》无效。

被上诉人中某公司答辩:中某公司在一审中已经提交了分包合同,以及弘某公司的营业执照,不存在违法分包的情况,丁某某与弘某公司是否存在分包,需要由弘某公司说明。中某公司只负责审查弘某公司的资质问题,并认为弘某公司是有执业资质的。

### 法院裁决要旨

劳务分包,又称劳务作业分包,是指施工总承包企业或专业承包企业将其承包工程中的劳务作业发包给劳务分包企业完成的行为。《建设工程司法解释(一)》第 5 条规定:"具有劳务作业法定资质的承包人与总承包人、分包人签订的劳务分包合同,当事人请求确认无效的,人民法院依法不予支持。"该案中,中某公司一审中提交的弘某公司的营业执照载明弘某公司经营范围中包括许可项目:建筑劳务分包等。据此能够认定弘某公司具有建筑劳务分包许可,中某公司作为总承包企业与劳务分包企业弘某公司签订的《砌体工程劳务合同》不违反法律强制规定,应为有效合同。

## 工程总承包纠纷适用的建议

虽然目前对于劳务资质的要求进一步放宽,轻易不应因资质认定劳务分包合同无效,但是,出现以下几种情形时,所签订的"劳务分包合同"仍可能被认定为无效:

1. 以劳务分包之名行专业分包之实。承包人与分包人签订的劳务分包合同,符合形式上合法的分包合同形式,而实质上的合同内容却是专业分包,则应当根据专业分包的相关法律规定对合同效力进行认定,如属于专业工程违法分包,则合同无效。

2. 劳务分包再分包。《房屋建筑和市政基础设施工程施工分包管理办法》第 9 条规定:"……劳务作业承包人必须自行完成所承包的任务。"因此,劳务分包承包人再分包所签订的劳务分包合同无效。

3. 自然人进行劳务承包。《房屋建筑和市政基础设施工程施工分包管理办法》第 8 条第 2 款规定:"严禁个人承揽分包工程业务。"以自然人名义进行劳务承包所签订的劳务分包合同无效。

## 第六条 工程总承包合同无效的后果

**第六条**

建设工程施工合同无效,一方当事人请求对方赔偿损失的,应当就对方过错、损失大小、过错与损失之间的因果关系承担举证责任。

损失大小无法确定,一方当事人请求参照合同约定的质量标准、建设工期、工程价款支付时间等内容确定损失大小的,人民法院可以结合双方过错程度、过错与损失之间的因果关系等因素作出裁判。

### 工程总承包纠纷的可适用性

《建设工程司法解释(一)》第6条在工程总承包中可以适用,但在确定损失大小时,也应参照《发包人要求》的相关内容。

**应 用**

《民法典》第157条规定,"民事法律行为无效、被撤销或确定不发生效力后,行为人因该行为取得的财产,应当予以返还;不能返还或者没有必要返还的,应当折价补偿。有过错的一方应当赔偿对方由此所受到的损失;各方都有过错的,应当各自承担相应的责任"。该规定是对民事法律行为无效的法律后果的统一规定,无论是工程总承包合同还是建设工程施工合同均适用。

在《民法典》第157条的基础上,《民法典》第793条及《建设工程司法解释(一)》第6条细化了无效建设工程施工合同的处理规则,即建设工程施工合同虽然无效,但是对合格工程的价款结算可以参照合同约定折价补偿,损失无法确定的可以参照合同约定的质量标准、建设工期、工程价款支付时间等进行处理。这主要是考虑到虽然建设工程施工合同无效,但承包人投入的人材机已经物化到建筑物实体之上,无法返还,只能采用折价补偿,而折价补偿以及损失赔偿的举证均存在难度,通过鉴定方式举证的周期又较长,对于发承包双方都会造成极重的负担。

值得注意的是,工程总承包项目与合同实质性内容相关联还有一份重要文件《发包人要求》。与施工总承包模式中发包人提供图纸、承包人按图施工不同,工程总承包模式中,承包人一并承接了项目的设计工作,发包人对于项目的内容、范围、规模、标准、功能、质量、安全、节约能源、生态环境保护、工期、验收等需求均是通过《发包人要求》这一载体向承包人传递的,其内涵远大于"质量标准"或"建设工期"。就质量而言,如果仅要求工程总承包项目符合国家强制性质量标准,则可能会使发包人无法实现合同目的,尤其是部分工业项目,关于性能的约定一般均包含在《发包人要求》中,如果未满足《发包人要求》中关于性能的约定,可能会导致该工业项目运行无法盈利,发包人因此产生损失。由此,在工程总承包合同无效时损失大小的认定,还应同时结合《发包人要求》来确定。

## 依 据

**《民法典》**

**第一百五十七条** 民事法律行为无效、被撤销或者确定不发生效力后,行为人因该行为取得的财产,应当予以返还;不能返还或者没有必要返还的,应当折价补偿。有过错的一方应当赔偿对方由此所受到的损失;各方都有过错的,应当各自承担相应的责任。法律另有规定的,依照其规定。

**第七百九十三条** 建设工程施工合同无效,但是建设工程经验收合格的,可以参照合同关于工程价款的约定折价补偿承包人。建设工程施工合同无效,且建设工程经验收不合格的,按照以下情形处理:(一)修复后的建设工程经验收合格的,发包人可以请求承包人承担修复费用;(二)修复后的建设工程经验收不合格的,承包人无权请求参照合同关于工程价款的约定折价补偿。发包人对因建设工程不合格造成的损失有过错的,应当承担相应的责任。

**《建筑法》**

**第三条** 建筑活动应当确保建筑工程质量和安全,符合国家的建筑工程安全标准。

**最高人民法院《关于适用〈中华人民共和国民法典〉合同编通则若干问题的解释》(法释〔2023〕13号)**

第二十四条 合同不成立、无效、被撤销或者确定不发生效力,当事人请求返还财产,经审查财产能够返还的,人民法院应当根据案件具体情况,单独或者合并适用返还占有的标的物、更正登记簿册记载等方式;经审查财产不能返还或者没有必要返还的,人民法院应当以认定合同不成立、无效、被撤销或者确定不发生效力之日该财产的市场价值或者以其他合理方式计算的价值为基准判决折价补偿。

除前款规定的情形外,当事人还请求赔偿损失的,人民法院应当结合财产返还或者折价补偿的情况,综合考虑财产增值收益和贬值损失、交易成本的支出等事实,按照双方当事人的过错程度及原因力大小,根据诚信原则和公平原则,合理确定损失赔偿额。

合同不成立、无效、被撤销或者确定不发生效力,当事人的行为涉嫌违法且未经处理,可能导致一方或者双方通过违法行为获得不当利益的,人民法院应当向有关行政管理部门提出司法建议。当事人的行为涉嫌犯罪的,应当将案件线索移送刑事侦查机关;属于刑事自诉案件的,应当告知当事人可以向有管辖权的人民法院另行提起诉讼。

## 判例

### 案例6-1 (2019)甘民终598号

**案情介绍**

2014年5月,聚能公司与冠阳公司签订《甘肃酒泉聚能20MW光伏发电项目EPC总承包合同》,合同约定由冠阳公司对"聚能公司发电项目"进行设计、施工、采购。冠阳公司承诺在2014年10月10日前取得备案批复、电力接入批复和可研批复,并且在同年9月15日前取得开工许可证,如冠阳公司未能在承诺时间取得相关文件,必须于同年10月17日前将预付款返还给聚能公司。

2014年5月15日,冠阳公司与睿晶公司签订了《中康酒泉聚能风光科技有限公司20MWp发电项目总承包合同》,该合同约定,冠阳公司将其与聚能公司签订的《甘肃酒泉聚能20MW光伏发电项目EPC总承包合同》项目全部转包于睿晶公司,合同总价款为 59600000 元;合同内容包括项目设计、施工、采购。

2017 年 4 月 1 日,聚能公司以冠阳公司未按照双方签订的《甘肃酒泉聚能 20MW 光伏发电项目 EPC 总承包合同》约定的内容、期限取得备案批复、电力接入批复、开工许可为由,要求冠阳公司返还预付工程款 7520000 元。

### 各方观点

一审法院:该案中,依照《建筑法》第 13 条规定,冠阳公司作为施工人并未取得建筑等级资质证书。同时,冠阳公司也未依照《电力施工企业资质管理办法(暂行)》第 5 条"凡在中国境内从事承包电力工程活动的企业,必须按本办法提交有电力主管部门认可的资质等级证书"的规定。因此,聚能公司与冠阳公司签订的《甘肃酒泉聚能 20MW 光伏发电项目 EPC 总承包合同》违反法律法规强制性规定,应认定为无效。依据原《合同法》第 272 条第 2 款规定,冠阳公司将其承包的全部工程转包给睿晶公司违反了上述法律规定,故冠阳公司与睿晶公司签订的《中康酒泉聚能风光科技有限公司 20MWp 发电项目总承包合同》亦应认定为无效。依据《建设工程司法解释(二)》第 3 条,冠阳公司、睿晶公司未取得建设工程和电力工程施工资质,导致合同无效应承担相应的过错责任。聚能公司未能及时办理电力施工所需的相关行政审批手续,且在与承包人签订合同时未严格依照法律规定审查合同相对人的主体资格,导致合同无效,亦应承担相应的责任。

依据原《合同法》第 58 条的规定,"合同无效或者被撤销后,因该合同取得的财产,应当予以返还;不能返还或者没有必要返还的,应当折价补偿。有过错的一方应当赔偿对方因此所受到的损失,双方都有过错的,应当各自承担相应的责任"。据此,聚能公司主张冠阳公司返还预付工程款的请求,符合法律规定,应予支持。关于聚能公司主张由冠阳公司承担逾期罚息损失 1802328 元的问题。经审查,聚能公司作为电力开发建设项目的发包人在签订合同时,并未严格审查承包人的建设工程施工资质和电力工程施工资质,导致合同无效,其理应依法承担相应的责任,故聚能公司主张由冠阳公司承担逾期罚息损失 1802328 元的诉讼请求,不予支持。

冠阳公司:该案基于没有实际履行《甘肃酒泉聚能 20MW 光伏发电项目

EPC 总承包合同》，聚能公司主张返还预付款，非不当得利纠纷，故该案案由应当是返还财产纠纷。

聚能公司：该案案由是建设工程合同纠纷，在南京市中级人民法院对案件作出管辖权终审裁定时已经明确，不存在争议，原判决基于合同无效判定返还预付工程款无误。

睿晶公司：原审案由认定正确，事实认定清楚，适用法律正确。

### 法院裁决要旨

法院认为，聚能公司主张返还预付款，是基于其与冠阳公司签订《甘肃酒泉聚能 20MW 光伏发电项目 EPC 总承包合同》向冠阳公司预付了 752 万元工程款，因该合同没有实际履行，请求予以返还。根据最高人民法院《关于印发修改后的〈民事案件案由规定〉的通知》第 3 条第 1 款"民事案件案由应当依据当事人诉争的民事法律关系的性质来确定"的规定，该案案由应为建设工程施工合同纠纷。

根据原《合同法》第 58 条："……合同无效或者被撤销后，因该合同取得的财产，应当予以返还；不能返还或者没有必要返还的，应当折价补偿。有过错的一方应当赔偿对方因此所受到的损失，双方都有过错的，应当各自承担相应的责任。"双方签订的《甘肃酒泉聚能 20MW 光伏发电项目 EPC 总承包合同》无效，聚能公司与冠阳公司对聚能公司支付预付工程款 572 万元的事实均不持异议。据此，冠阳公司基于《甘肃酒泉聚能 20MW 光伏发电项目 EPC 总承包合同》而收取的预付工程款 572 万元，应当由冠阳公司予以返还。

## 案例 6-2 （2019）甘民终 622 号

### 案情介绍

2012 年 8 月 1 日，高山公司与许继公司签订了《分布式发电与升压站项目工程总承包合同》及《光伏并网发电项目工程总承包框架技术协议》，该光伏并网发电项目未进行招投标。

2014 年 1 月 13 日高山公司以许继公司未按照倒排期要求在 2013 年年底前验收、并网发电，使其失去 1 元上网电价的机会，经多次催促书面告知，升压站送出工程的复核也因许继公司委托设计的蓝图不全而不能提供，施工无法向前推进为由，再次告知许继公司需评估双方继续合作的可能性，不排除终止合同选择有能力的公司合作,以降低损失。

2014年3月4日高山公司向许继公司发出解除合同通知书。

### 各方观点

一审法院:高山公司在该项目申报核准期间,对国家发展和改革委员会和原国家发展计划委员会(现改组为国家发展和改革委员会)规定该工程项目必须经招投标应当是明知的,对造成合同无效应承担主要责任,即60%的责任。许继公司作为承包方明知法律规定必须招投标而未招投标与原告签订合同亦有过错,且也未按照合同约定的时间完工,应承担40%的责任。

高山公司:《建设工程司法解释(二)》第3条第1款规定:"建设工程施工合同无效,一方当事人请求对方赔偿损失的,应当就对方过错、损失大小、过错与损失之间的因果关系承担举证责任。"如果许继公司正常施工,工程如期竣工验收,即使合同无效,也不会给高某公司造成一系列经济损失。一审判决将合同无效的过错责任与工程报废的过错责任混为一谈,导致高山公司除已支付工程款697万元外,还要再给许继公司赔偿损失2146233.24元,两项共计9116233.24元。许继公司不但不承担过错赔偿责任,反而获益。

许继公司:(1)案涉总承包合同系无效合同,一审判决认定高山公司承担因无效而产生的60%的责任,适用法律正确。(2)原《合同法》第58条规定的过错指的是合同无效的过错,一审判决认定高山公司对合同无效存在主要过错,并据此分配损失承担的比例,符合法律的规定。

### 法院裁决要旨

高山公司在该项目申报核准期间,对国家发展和改革委员会和原国家发展计划委员会规定该工程项目必须经招投标应当是明知的,对造成合同无效应承担主要责任,即60%的责任。许继公司作为承包方明知法律规定必须招投标而未招投标与原告签订合同亦有过错,且也未按照合同约定的时间完工,应承担40%的责任。

## 工程总承包纠纷适用的建议

在因一方过错致使合同无效的情况下,过错方应当承担缔约过失责任,无过错方可向过错方主张信赖利益损失。通说认为,主张损失的范围仅限于实际损失,而不包括履行利益,且实际损失必须与无效事由紧密相关,与行为人的过错存在直接因果关系。

在处理施工合同纠纷案件时,若无法确定合同无效造成的具体损失,法院会参照无效合同约定的质量标准、建设工期、工程价款支付时间等因素来量化损失的大小。最高人民法院《关于适用〈中华人民共和国民法典〉合同编通则若干问题的解释》第24条第2款还要求法院"综合考虑财产增值收益和贬值损失、交易成本的支出等事实,按照双方当事人的过错程度及原因力大小"确定损失赔偿额。基于工程总承包纠纷的特殊性,我们在确定总承包合同无效的实际损失时,还需要注意对以下合同内容的参照。

1.《发包人要求》。《发包人要求》中列明了工程的目的、范围、设计与其他技术标准和要求,以及合同双方当事人约定对其所作的修改或补充,能够明确地展示发包人的合同目的。以光伏项目为例,《发包人要求》中往往列明了项目用途、预计发电产能、主要电气设备参数、技术标准以及性能保证指标等具体的要求。以此为依据,可以计算出主要设备的价格上涨幅度、项目正常投产的预计收益及合同被认定无效时同类型工程的合同价格等,并作为发包人向承包人主张损失赔偿时的参考因素。同时,《发包人要求》作为招标文件以及合同文件的重要组成部分,承包人对于上述损失是可以充分预见的。

2.承包人在施工阶段外的工作。现有的参照因素集中于工程的施工阶段,而承包人在施工阶段外进行的工作,就可能无法获得折价补偿,此时应当允许承包人向有过错的发包人主张赔偿损失。例如,若总承包合同因发包人过错无效且无法继续履行(如不符合规划条件),承包人已经依据《建设项目工程总承包合同(示范文本)》第5.3条,按照《发包人要求》对发包人的雇员或其他发包人指定的人员进行了工程操作、维修或其他合同中约定的培训。此时,发包人可能以没有享有实际利益等理由拒绝支付该部分折价款,那么该部分支出应当按照实际损失处理。再如,总承包合同无效,承包人已经完成的勘察工作、设计成果又不确定是否使用的(如项目无法继续进行,或施工图还没有通过图审等),也应当参照相关的价款支付约定确定承包人的损失。

## 第七条 借用资质行为下的连带责任

**第七条**

缺乏资质的单位或者个人借用有资质的建筑施工企业名义签订建设工程施工合同，发包人请求出借方与借用方对建设工程质量不合格等因出借资质造成的损失承担连带赔偿责任的，人民法院应予支持。

### 工程总承包纠纷的可适用性

《建设工程司法解释(一)》第 7 条在工程总承包中可以适用，发包人有权请求挂靠人与被挂靠人对建设工程质量不合格等因出借资质造成的损失承担连带赔偿责任。

### 应 用

连带责任制度的立法价值取向是最大限度地保护权利人的权利能得到充分、及时的实现，该制度的核心价值就在于转移风险，通过扩大责任主体，避免相关主体无力承担责任的风险。就责任承担主体的角度而言，连带责任制度的设立虽有助于责任主体识别责任风险和形成责任意识，但无疑将价值取向的天平偏向了权利人，从而加重了责任主体的法律风险。与一般责任相比，连带责任属于加重责任，其责任主体的弱者地位更为明显。因此，一般责任尚且需要坚持法定主义，那么连带责任更应如此，适用连带责任必须有合同约定或者法律的明文规定。

《建筑法》第 66 条规定，建筑施工企业转让、出借资质证书或者以其他方式允许他人以本企业的名义承揽工程的……对因该项承揽工程不符合规定的质量标准造成的损失,建筑施工企业与使用本企业名义的单位或者个人承担连带赔偿责任。最高人民法院《关于适用〈中华人民共和国民事诉讼法〉的解释》(以下简称《民诉法解释》)第 54 条规定,以挂靠形式从事民事活动,当事人请求由挂靠人和被挂靠人依法承担民事责任的,该挂靠人和被挂靠人为共同诉讼人。上述规定,给资质出借方对发包人因资质问题导致的损失负有连带责任提供了依据。

借用资质行为在工程总承包与施工总承包中并无显著差异。《建设工程司法解释(一)》第 7 条在工程总承包中可以适用,发包人可以请求出借方与借用方对建设工程质量不合格等因出借资质造成的损失承担连带赔偿责任。

## 依 据

《民法典》

第一千一百六十八条 二人以上共同实施侵权行为,造成他人损害的,应当承担连带责任。

《民诉法解释》

第五十四条 以挂靠形式从事民事活动,当事人请求由挂靠人和被挂靠人依法承担民事责任的,该挂靠人和被挂靠人为共同诉讼人。

## 判 例

### 案例 7-1 (2023)新民申 238 号

**案情介绍**

2019 年 1 月 14 日,爱某公司与华某公司签订《建设工程施工合同》,合同约定发包方爱某公司将爱某公司食品生产项目办公楼、1#厂房工程发包给华某公司。

2020 年 4 月 2 日,爱某公司、华某公司、黄某某三方签订《协议书》,协议约定黄某某作为爱某公司食品生产项目办公楼、1#厂房项目的实际施工人,因为 2019 年爱某公司没有按时结算追加工程款,致使黄某某无法及时将工资与材料款发放,现经三方协商,本协议签订后,爱某公司与华某公司于 2019 年 6 月 5 日签订的施工合同同时终止;本协议签订后黄某某不再对该项目进行施工。

后续案涉工程出现质量问题,经鉴定修复费用为 894552.01 元。

### 各方观点

爱某公司:华某公司、黄某某应就质量修复费用承担连带赔偿责任。

华某公司:(1)爱某公司对于黄某某挂靠华某公司施工的事实是明知的。故华某公司与爱某公司之间不存在实质性的法律关系,双方未建立合同关系。(2)依据相关司法解释规定,发包人请求被挂靠人或出借资质方就建设工程质量不合格等因出借资质造成的损失承担连带赔偿责任建立在发包方对挂靠行为不知情的基础之上。(3)爱某公司、华某公司、黄某某三方已就黄某某承担质量责任、华某公司不承担任何责任达成一致约定,且不违反法律的效力性强制性规定。(4)退一步讲,即便法院判令华某公司承担责任,也应为补充责任而非连带责任。

### 法院裁决要旨

关于华某公司是否应对黄某某向爱某公司承担的修复费用等费用承担连带清偿责任的问题。《建筑法》第26条第2款、第66条明确否定了借用资质行为的合法性,故在挂靠情形下,对建设工程质量不合格造成的损失,被挂靠人与挂靠人依法应承担连带赔偿责任。《建设工程司法解释(二)》(法释〔2018〕20号)第4条规定:"缺乏资质的单位或者个人借用有资质的建筑施工企业名义签订建设工程施工合同,发包人请求出借方与借用方对建设工程质量不合格等因出借资质造成的损失承担连带赔偿责任的,人民法院应予支持。"该司法解释在上述法律规定的基础上,又对除建设工程质量不合格造成损失外的其他损失明确了出借资质方的连带责任。在适用上述法律规定及司法解释时,区分发包人在签订施工合同时是否知晓挂靠事实的意义在于,表明其对合同无效后果的发生是否具有过错,是否应当对合同无效产生的损失承担相应责任,但不应拓展至其后因挂靠人或被挂靠人合同履行不当的责任。具体到该案中,根据已查明事实,案涉工程所产生的质量问题系施工原因导致,系黄某某或华某公司合同履行不当产生的责任,即便爱某公司知晓该挂靠事实,亦不影响其依据上述法律及司法解释规定要求被挂靠人华某公司承担连带赔偿责任。

### 案例7-2　(2020)最高法民申2962号

#### 案情介绍

郭某某、王某某作为没有资质的实际施工人借用二建公司的资质承包了某东公司富丽商厦工程项目,后该项目逾期竣工,某东公司起诉郭某某、王某某、二建公司要求赔偿逾期竣工损失。

### 各方观点

某东公司:二建公司、郭某某、王某某应连带赔偿因延期竣工造成的损失。

二建公司:某东公司指导郭某某、王某某挂靠二建公司签订《建设工程施工合同》的行为存在主观恶意。某东公司多次进行工程设计变更,对于工期延误产生了实质影响。2016年4月27日起,某东公司将富丽商厦项目的部分其他工程分包给了二建公司之外的其他承包人,二建公司在此后无法实际控制工程进度,外包导致的工程延期不能要求二建公司承担违约责任。

### 法院裁决要旨

案涉《建设工程施工合同》中约定竣工日期为2015年9月30日,后郭某某和王某某施工过程中承诺2016年5月31日前竣工验收。施工过程中,虽有设计变更,但设计变更在前,郭某某、王某某承诺2016年5月31日前竣工验收在后,表明郭某某、王某某对设计变更不需要再次顺延工期。2016年4月27日签订的《定西富丽商厦工程项目补充协议》载明,因乙方在承包甲方承建的定西富丽商厦项目工程施工过程中未按施工进度组织施工,工程工期严重滞后,为推进工程施工进度,尽可能地降低双方经济损失,乙方同意将地下二层地坪、内外墙涂料、室内外防水及保护层、外墙保温等八项工程交由甲方组织施工班组劳务人员进场施工。根据以上协议内容,即使存在外包工程,工程外包也与施工方未按施工进度组织施工,工程工期严重滞后存在因果关系,且二建公司未能举证证明除外包工程外,其施工范围的其余工程按照2016年4月30日会议纪要和承诺书的承诺在2016年5月31日前已经达到能够完成竣工验收的程度。据此,二审认定工期延误是郭某某、王某某施工原因所致,二建公司出借资质,对工期延误具有过错,应当对280万元的损失承担连带赔偿责任,该认定并无不当,法院予以维持。

## 工程总承包纠纷适用的建议

目前,部分类型的工程总承包项目要求承包人具备"双资质"。为了满足

"双资质"的要求,工程总承包模式中的联合体投标出现得更为频繁。随之而来的就是虚假联合体的出现,多表现为一成员与其他有资质的企业组成联合体参与投标,在投标时,其他有资质的企业就没有承揽工程的意思表示,仅是配合提供相应材料,中标后由无资质的一方实际履行全部合同内容。

根据《招标投标法》第 31 条和《建筑法》第 27 条的规定,联合体本就对发包人承担连带责任。在虚假联合体的情况下,还可以根据借用资质的相关规范对其效力、责任进行判断:根据《建筑工程施工发包与承包违法行为认定查处管理办法》第 8 条、第 10 条的规定,这种虚假联合体的目的在于使不具备资质的联合体成员,利用其他成员的资质获取项目,同样属于借用资质的行为,违反了《建筑法》和《招标投标法》的相关规定,也扰乱了市场准入秩序,亦应按照借用资质的规范对其效力进行判断。

# 第二章

# 工期问题

本章主要对工程总承包项目工期有关争议的法律适用进行探讨,主要涉及《建设工程司法解释(一)》第8条到第11条。核心问题包括在工程总承包模式之下,如何认定开始工作日期、竣工日期,以及工期顺延的问题。本章可分为四个部分:

第一部分《建设工程司法解释(一)》第8条关于工程总承包模式之下开始工作日期的认定。工程总承包模式之下,工期起算点为"开始工作日期",发包人或工程师依约发出的开始工作通知,为判断开始工作时间的重要依据。在发包人或者工程师未发出开始工作通知,亦无相关证据直接证明实际开始工作日期时,则应当综合考虑《发包人要求》、承包人文件(开始工作申请报告、项目进度计划、设计文件……)等认定实际开始工作日期。需要注意的是,发包人或工程师发出开始工作通知时,应满足合同的约定条件,如通知确定的日期尚不具备开始工作条件,则应以条件具备之日为开始工作日期。发包人或者工程师虽未发出开始工作通知,但承包人经发包人同意已经开始工作的,依照诚实信用原则,应认定实际开始工作时间为开始工作日期。

第二部分关于工程总承包模式之下竣工日期的认定。《建设工程司法解释(一)》第9条确立了施工总承包模式下竣工日期的认定规则,该规则与《建设项目工程总承包合同(示范文本)》"通用合同条件""第10条验收和工程接收"中约定的竣工日期认定规则一致,故该条款可在工程总承包审判实践中直接适用。部分工程总承包项目,特别是港口工程、公路工程的总承包项目中,承发包双方可能对竣工日期做出一些特别的约定,则就竣工日期的认定,应遵循合同双方的特殊约定。

第三部分关于工程总承包模式之下工期顺延的问题。《建设工程司法解释(一)》第10条旨在解决施工总承包模式下工期顺延的争议。虽然工程总承包模式与传统施工总承包模式存在较大差别,但是本条规定确立的工期顺延认定规则,还是可直接适用于工程总承包项目。需要注意的是,设计变更在施工总承包模式下通常可顺延工期,但在工程总承包模式下,设计是承包商的承包范围,设计变更通常并不顺延工期。发包人提供的基础资料错误影响工期的,通常可以顺延工期,但需要结合工程总承包合同关于风险分配机制的具体约定分析。

第四部分关于工程总承包模式下质量鉴定与工期顺延的关系分析。《建设工程司法解释(一)》第11条规定的质量鉴定与工期顺延之间的认定规则,可在工程总承包模式之下适用。除非承发包双方有特殊约定,否则承发包双方如就工程的功能要求是否满足发包人要求产生争议并因此进行鉴定,因鉴定一般发生在竣工验收之后,该鉴定一般不会对工期造成影响。

## 第八条 开始工作日期的认定

**第八条**

当事人对建设工程开工日期有争议的,人民法院应当分别按照以下情形予以认定:

(一)开工日期为发包人或者监理人发出的开工通知载明的开工日期;开工通知发出后,尚不具备开工条件的,以开工条件具备的时间为开工日期;因承包人原因导致开工时间推迟的,以开工通知载明的时间为开工日期。

(二)承包人经发包人同意已经实际进场施工的,以实际进场施工时间为开工日期。

(三)发包人或者监理人未发出开工通知,亦无相关证据证明实际开工日期的,应当综合考虑开工报告、合同、施工许可证、竣工验收报告或者竣工验收备案表等载明的时间,并结合是否具备开工条件的事实,认定开工日期。

### 工程总承包纠纷的可适用性

本条款是施工总承包模式之下开工日期认定的规定,在工程总承包审判实践中,不能直接适用。

**应 用**

(一)工程总承包模式下,开始工作所需具备的条件,与承包人的承包范围有重大关联性,而非仅考虑是否具备"施工条件"

工程总承包项目中开始工作时间的认定,应当与司法解释本条款规定的内核精神一致,即应考虑是否具备开始工作的条件,《建设项目工程总承包合同(示范文本)》亦强调工程师按照第8.1款[开始工作]约定发出的开始工作通知,应符合法律规定。工程总承包中,承包人典型的承包范围为设计、施工或设计、采购、施工,但实践中承包范围内容丰富多样,承包范围既可以为"施工图设计+施工+采购",也可以为"方案设计/初步设计+施工图设计+施工+采购",还可以为"勘察+设计+施工+采购",在某些项目中,甚至还可能包括运营等。开始工作条件与承包人的承包范围息息相关,因此认定较为复杂,其往往取决于承包人承接的工作范围与第一道工序的性质,通常应为具备勘察(如有)或设计工作条件的时间,而不像传统施工模式下仅需考虑"施工的条件"。

(二)工程总承包模式之下,工期起算点为"开始工作日期",此与施工总承包模式不同

开工日期,一般指的是施工单位开始施工的日期,是施工总承包模式之下计算工期的起点。依据《建设工程施工合同(示范文本)》(GF-2017-0201)第1.1.4.1目,开工日期包括计划开工日期和实际开工日期。计划开工日期是指合同协议书约定的开工日期;实际开工日期是指监理人按照第7.3.2项[开工通知]约定发出的符合法律规定的开工通知中载明的开工日期。

为区别于施工总承包模式之下的开工日期,以《建设项目工程总承包合同(示范文本)》通用合同条款第1.1.4.2目之约定为参考,开始工作日期包括计划开始工作日期和实际开始工作日期。计划开始工作日期是指合同协议书约定的开始工作日期;实际开始工作日期是指工程师按照第8.1款[开始工作]约定发出的符合法律规定的开始工作通知中载明的开始工作日期,也即工程总承包模式下的工期起算点称为"开始工作日期",强调的是开始工作而非开工,相应地,工程师发出的开始工作的通知,也称为"开始工作通知"而非"开工通知"。

应当指出的是,《建设项目工程总承包合同(示范文本)》中部分条款仍然有"开工""开工通知"的表述方式,如"通用合同条款"第1.1.4.3目约定,实际开始现场施工日期是指工程师发出的符合法律规定的开工通知中载明的开始现场施工日期。显然"开工""开工通知"所对应的为开始现场施工日期,而与整个工期的起算无关。

## 依 据

**《民法典》**

**第五条** 民事主体从事民事活动,应当遵循自愿原则,按照自己的意思设立、变更、终止民事法律关系。

## 判 例

### 案例8-1 (2020)粤07民终4231号

**案情介绍**

安必安公司与宇晟公司于2019年3月25日签订《达安盛绿色家居台山汶村钢结构厂房设计施工总承包合同(二期)》[以下简称《总承包合同(二期)》],约定安必安公司将坐落于广东省台山市喷淋钢结构仓库的设计施工工程发包给宇晟公司。合同工期约定为:"签署合同之后的5个日历天完成方案设计,签署合同之后的10个日历天内完成施工图设计;阳光养生房自2019年3月28日开始施工(以发包方预付款支付之日起计),2019年5月10日前阳光养生房应实现竣工……喷淋钢结构仓库自2019年3月28日开始施工(以发包方预付款支付之日起计),2019年5月30日前喷淋钢结构仓库应实现竣工。"合同关于工期顺延约定:发包方未按约定日期支付工程预付款、进度款,致使施工不能正常进行,则工期相应顺延。安必安公司于2019年4月12日向宇晟公司支付预付款1344150元,后双方对案涉工程开工日期产生争议。

**各方观点**

宇晟公司:安必安公司拖延支付工程预付款导致施工图设计时间相应顺延10天,开工日期相应顺延至2019年4月23日。

安必安公司:《总承包合同(二期)》第8条第2款第5项明确约定只有付款致使施工不能正常进行的,工期才相应顺延,宇晟公司自始至终未就延误的工期及原因以书面形式向安必安公司发出任何报告。

**法院裁决要旨**

安必安公司于2019年4月12日向宇晟公司支付《总承包合同(二期)》的预付款1344150元,根据上述合同约定,阳光养生房和喷淋钢结构仓库工程的开工日期应为2019年4月12日。宇晟公司上诉主张合同约定签署合同后10

个日历天内完成施工图设计,开工日期应相应顺延。从《总承包合同(二期)》约定来看,宇晟公司需在签署之后10个日历天内(2019年4月4日前)完成施工图纸设计,但合同并未在约定的开工日期2019年3月28日前预留10个日历天给宇晟公司完成施工图设计,亦未约定完成施工图设计为开工前的先履行义务,故宇晟公司的该上诉主张,理据不足,法院不予采纳。

## 案例8-2　(2023)云07民终115号

### 案情介绍

翔鹭公司作为发包人与承包人展冀公司签订了《丽江翔鹭房地产开发有限公司EPC工程建设工程设计施工合同》,后翔鹭公司、展冀公司、晶玺公司签订了一份《丽江翔鹭五星级酒店膜结构EPC工程建设工程设计施工合同补充协议》,约定翔鹭公司将其权利义务一并概括转让给晶玺公司,展冀公司同意转让行为,晶玺公司概括承受翔鹭公司在合同中的地位继续履行合同。案涉合同履行完毕后,展冀公司的工作人员在2022年7月4日与晶玺公司的工作人员通过微信沟通时,发送了一份《工期情况说明》,载明:展冀公司承接的丽江翔鹭五星级酒店膜结构EPC工程项目,开工时间为2019年10月28日,竣工时间为2020年3月11日,该单位已于2022年6月组织验收通过,该施工单位已按合同约定完成所有工程,现酒店在正常使用。工期情况说明盖有展冀公司的印章。后双方对开工日期产生争议,展冀公司认为案涉工程实际开工日期应以联系单中载明的2019年12月10日为准。

### 各方观点

展冀公司:根据2019年11月20日展冀公司向晶玺公司发送联系单的内容可以确定,当时展冀公司施工队伍准备进场施工,但是遇到总包方中建三局要向展冀公司收取总包配合费2%的情况。在联系单中,展冀公司要求晶玺公司增补以上配合费,展冀公司表示在收到增补的总包配合费后,将立即缴纳并进场开展现场施工。最终展冀公司在12月10日缴纳了丽江翔鹭项目施工安全保证金1万元后才被允许进场施工。因此展冀公司认为2019年12月10日应为实际开工日期。

晶玺公司:根据双方都提交的《工期情况说明》以及展冀公司在庭审时的自认等证据,案涉工程的开工时间应为2019年10月28日。

> 📋 **法院裁决要旨**

关于开工日期,在双方都提交的证据《工期情况说明》中,展冀公司已经明确开工时间为 2019 年 10 月 28 日,故应当以双方确定的《工期情况说明》中记载的开工时间为准。对展冀公司主张应当根据联系单的内容将实际开工日期认定为 2019 年 12 月 10 日的诉请法院不予支持。

## 工程总承包纠纷适用的建议

**(一)发包人或工程师依约发出的开始工作通知,为判断开始工作时间的重要依据**

一般认为,发包人选择工程总承包模式,往往是为了确保项目在确定的时间、确定的投资额度范围之内完成建设。项目工期是承发包双方都非常关注的一个利益点,开始工作日期作为项目工期的起算点,各方在签订合同时会非常重视,一般都会在合同中作出相应约定。以《建设项目工程总承包合同(示范文本)》为例,合同协议书"合同工期"部分就要求双方对计划开始工作日期进行约定,"通用合同条件"部分对计划开始工作日期、实际开始工作日期分别作出定义,"通用合同条件"第 8.1 款对开始工作通知的发出作出了一般约定,并允许承发包双方在专用条款对开始工作通知发出的条件、流程、时间等进一步作出约定。

《民法典》第 5 条规定,民事主体从事民事活动,应当遵循自愿原则,按照自己的意思设立、变更、终止民事法律关系。意思自治原则为民事活动中的根本原则之一,当事人之间关于开始工作通知发出有约定的,应优先以发包人或工程师依照合同约定发出的开始工作通知判定项目开始工作时间。

**(二)发包人或工程师发出开始工作通知时,应满足合同的约定条件,如通知确定的日期尚不具备开始工作条件,则应以条件具备之日为开始工作日期**

建设工程事关国计民生,建设工程的实施,应当符合法律法规及规范的规定,如就勘察、设计,法律就规定编制建设工程勘察、设计文件,应当符合项目批准文件、城乡规划的要求。这间接对承包人提出了开始工作所需具备的条件,即承包人应先获取项目的批准文件和地块的城乡规划条件,才能开始工作。然而,工程实践中发包人或承包人为争取工程早日竣工或由于其他原因,开始工作通知发出之时,尚不具备开始工作的条件。在此情况之下,应当以条件具备的时间为开始工作日期,这是对《建设项目工程总承包合同(示范文本)》第1.1.4.2目"实际开始工作日期是指工程师按照第8.1款[开始工作]约定发出的符合法律规定的开始工作通知中载明的开始工作日期"的遵守,也是民事活动应遵从守法与公序良俗原则的体现。

综合法律及各类标准的要求,若承包范围内第一项开展的工作内容为编绘设计文件,则开始工作的条件一般应包括:(1)项目批准文件、建设用地规划许可证、可行性研究报告可获得;(2)规划条件、水文地质、工程地质、地形地貌等完整勘察资料可获得;(3)完整现场障碍资料可获得;(4)其他必要的基础数据;等等。

除了满足法定条件外,开始工作通知的发出,也应满足承发包双方约定的条件。工程总承包合同一般都会对开始工作条件作出规定,以《建设项目工程总承包合同(示范文本)》为参考,可能构成承包人开始工作条件的有:(1)发包人按照专用合同条件中的约定提供国外标准、规范的原文版本和中文译本;(2)发包人应按照专用合同条件约定的期限、数量和形式向承包人免费提供前期工作相关资料、环境保护、气象水文、地质条件进行工程设计、现场施工等工程实施所需的文件。

(三)发包人或者工程师虽未发出开始工作通知,但承包人经发包人同意已经开始工作的,实际开始工作时间为开始工作日期

一般而言,承包人在收到开始工作通知后,才正式投入工作。但实践中,基于各种因素承包人在开始工作通知未发出的情况下,经发包人同意后提前开始工作的情况并不鲜见。施工总承包模式下,《建设工程司法解释(一)》第8条第2项规定,承包人经过发包人同意已进场施工的,以实际进场施工日期为准,这是对诚实信用原则、意思自治的遵守,也是利益均衡的要求。第8条第2项规定所确立的原则,应在工程总承包纠纷案件中予以继续适用,即虽未发出开始工作通知,但承包人经发包人同意之后即开始工作的,应以实际开始工作时间为开始工作日期。

需要注意的是,在工程总承包实践中如何界定"已经开始工作"存在较大的困难。施工总承包模式中承包人实际进场施工,可以从人员入住、材料及机械

进场、施工的开展等进行判断(当然要区别施工准备和实际施工)。但在工程总承包模式之下,更多的承包人开始工作,未必需要在项目现场实施,如设计工作、采购工作、确定分包等,对发包人而言,客观上难以提供承包人已经开始工作的证据。承包人已经实际开始工作这一事实固定问题,有赖于发包人提高管理水平,强化证据意识,在项目实施过程中随时发现并固定相关证据,才可以得到解决。

另一个实践中存在的困难是如何界定准备工作与开始工作。以《建设项目工程总承包合同(示范文本)》(GF-2020-0216)为参考,合同签订时双方一般会在"通用合同条件"第8.1.1项列出承发包双方的准备工作,如签订合同时双方未对准备工作做详尽描述,则承包人制定工作计划及实施方案、确定分包人、签订采购合同等工作,属于"准备工作"还是"已经开始工作"将产生重大争议。

**(四)无相关证据直接证明实际开始工作日期的,应当综合考虑《发包人要求》、承包人文件等认定实际开始工作日期**

实务中,存在诸多项目管理不规范,发包人或者工程师未发出开始工作通知,亦无直接证据能够证明开始工作时间或证据之间互有冲突之情形。这种情况下,应综合考虑《发包人要求》、承包人文件(开始工作申请报告、项目进度计划、设计文件等)认定实际开始工作日期。

《建设项目工程总承包合同(示范文本)》"通用合同条件"第1.1.1.6目约定,《发包人要求》:指构成合同文件组成部分的名义为《发包人要求》的文件,其中列明工程的目的、范围、设计与其他技术标准和要求,以及合同双方当事人约定对其所作的修改或补充。《发包人要求》中所确定的开始工作日期系发包人对整个建设项目实施时间的预期,对于认定开始工作日期具有参考意义,可作为认定开始工作日期的参照之一。

除《发包人要求》之外,开始工作申请报告中所记载的开始工作时间系承包人对开始工作的预期;项目进度计划应当包括设计、承包人文件提交、采购、制造、检验、运达现场、施工、安装、试验的各个阶段的预期时间以及设计和施工组织方案说明等,能体现承包人对工程总承包合同履行各个阶段时间的预期;设计工作是工程总承包项目的重要组成部分,设计工作本身需要与采购、施工等阶段的工作做到紧密联系、有序衔接,设计文件能够体现承包人实际开始工作的时间。故这些合同履行文件对于认定开始工作时间具有重要意义,均可作为认定开始工作时间的参考之一。

## 第九条 竣工日期的认定

**第九条**

当事人对建设工程实际竣工日期有争议的,人民法院应当分别按照以下情形予以认定:

(一)建设工程经竣工验收合格的,以竣工验收合格之日为竣工日期;

(二)承包人已经提交竣工验收报告,发包人拖延验收的,以承包人提交验收报告之日为竣工日期;

(三)建设工程未经竣工验收,发包人擅自使用的,以转移占有建设工程之日为竣工日期。

## 工程总承包纠纷的可适用性

本条款原则上可在工程总承包模式之下直接适用,但如承发包双方就竣工日期有特殊约定,应遵循特殊约定。

应当注意的是,工程总承包纠纷案件中,如一方当事人主张以竣工试验通过之日为竣工日期,一般不应得到支持,但合同约定承包人承包范围包括竣工后试验,且明确工程经竣工后试验合格之日为竣工日期的,则应以竣工后试验验收合格之日为竣工日期。

**应 用**

(一)关于竣工后试验与竣工验收之间关联性的争议

工程总承包模式下的"竣工验收"的理解实践中有争议,常见的理解有三种形式:(1)"竣工验收"的内涵仅指建设项目土建部分的施工完成与设备装置的安装完成且经调试完毕,对承包人所完成的工程,根据施工图纸及说明书、国家颁发的施工验收规范和质量检验标准及时进行验收,主要检视的是承包人是否按图进行施工、施工质量是否满足要求。此种理解,事实上与施工总承包模式之下的竣工验收趋向一致;(2)"竣工验收"不仅包括建设项目土建部分的施工完毕与设备装置的安装调试完毕,还包括建设项目在按照合同约定的竣工前试验方法,对工程是否满足《发包人要求》设定的功能、性能、产能、效能的验收标准进行检视。此种理解,与《建设工程施工合同(示范文本)》(GF－2017－0201)"通用合同条款"趋向一致;(3)还有一种观点认为,工程总承包项目发包人的发包目的可以概括为承包人依约向发包人交付满足《发包人要求》规定性能的工程,所以只有通过竣工后试验,才能实现发包人建设本工程的合同目的。故"竣工验收"应当同时检视竣工后试验中暴露出来的质量缺陷、运转故障或安全隐患等问题整改后整个项目是否满足《发包人要求》。

这些理解上的争议,是房建和市政、公路铁路水利基础设施项目、冶金化工工业项目等各种专业工程的验收规定及验收规范中,对验收阶段的划分不统一、验收阶段的称谓不统一,实践中验收的组织主体、验收流程、验收内容、验收目的亦难以统一所导致的。

依据《建设工程质量管理条例》第16条的规定,建设单位收到建设工程竣工报告后,应当组织设计、施工、工程监理等有关单位进行竣工验收。就竣工验收的组织主体,《民法典》亦确定为发包人。法律还规定,工程竣工后,验收合格的,发包人接收该建设工程并投入使用。如果竣工验收不合格,工程依法不应投入使用。

但有些验收规定、规范所称的竣工验收,其验收组织主体,并非为发包人。如《航道工程建设管理规定》所指向的竣工验收,是指航道工程建设项目完工后、正式投入使用前,对工程交工验收、工程质量、强制性标准执行、资金使用等情况进行全面检查验收,以及对工程建设各主体的工作进行综合评价。关于验收的组织主体,依据管理规定的要求,交工验收由项目单位组织设计、施工、监理、试验检测等单位进行,而对竣工验收,则由负责建设项目竣工验收的交通运输主管部门组织实施。《航道工程建设管理规定》要求的基本验收流程为:发包人组织交工验收→试运行(原则上为1年,可以申请延长)→发包人申请竣工验收→主管部门组织竣工验收。这就引出了《建设工程质量管理条例》中所指的竣工验收是《航道工程建设管理规定》中的"交工验收"还是"竣工验收"的争议,《航道工程建设管理规定》中的试运行,是竣工前试验还是竣工后试验的争议。

竣工后试验与竣工验收之间关联性的争议,还有一个争议是承发包双方在合同中的特定约定所导致的。工程总承包强调依约向发包人交付满足《发包人要求》的工程,通常被理解为"交钥匙"特征,为凸显《发包人要求》的重要性,并强化承包人的责任,有的工程总承包合同会特别约定,只有竣工后试验通过之后,才算工程的竣工验收通过,发包人才会支付通常竣工验收通过即支付的进度款并实施竣工验收备案、结算等手续,项目才进入保修期。工程总承包合同体系庞大复杂,这样的特殊约定,确实容易导致竣工后试验与竣工验收之间的关系产生争议。

(二)在没有特别约定情况下,如一方当事人主张以竣工后试验通过之日为竣工日期的,一般不应得到支持

依据《建设工程施工合同(示范文本)》(GF-2017-0201):通用合同条款的约定,在竣工验收之前,承包人应进行启动前试验、启动试验、试运行试验,其中启动前试验目的,为适当的检查和功能性试验,以证明工程或区段工程的每一部分均能够安全地承受下一阶段试验。启动试验的目的,是证明工程或区段工程能够在所有可利用的操作条件下安全运行,并按照专用合同条款和《发包人要求》中的规定操作。而试运行试验包括各种性能测试,以证明工程或区段工程符合《发包人要求》中列明的性能保证指标。依照《建设工程施工合同(示范文本)》的"通用合同条件",如果承发包双方没有特别约定,启动前试验、启动试验、试运行试验应依次进行。

竣工验收之后,如合同有约定,还需要按照约定进行竣工后试验。竣工后试验,顾名思义,其基本特征是工程竣工验收通过并移交发包人之后进行,如果没有特别约定,发包人应提供竣工后试验所需的全部电力、水、污水处理、燃料、消耗品和材料,以及全部其他仪器、协助、文件或其他信息、设备、工具、劳力,启动工程设备,并组织安排有适当资质、经验和能力的工作人员实施竣工后试验。竣工后试验即工程的各项功能的技术指标是否达到合同规定要求而进行的试验。

《建设工程施工合同(示范文本)》关于竣工试验、竣工后试验的阶段划分

及各阶段试验目的的约定,与《FIDIC采购施工(EPC)交钥匙工程合同条件(第2版)》(以下简称《FIDIC银皮书2017版》)文本的约定,基本一致。

从《建设工程施工合同(示范文本)》及《FIDIC银皮书2017版》的约定来讲,以时间的先后为轴线,竣工试验发生在竣工验收之前,是竣工验收的前提,竣工后试验发生在竣工验收通过之后,竣工验收通过是竣工后试验的前提。从逻辑上讲,是否约定有竣工后试验,竣工后试验是否按照约定进行了实施,竣工后试验结果是否满足发包人要求,这些均不应影响竣工验收通过这一基本事实,但会涉及发承包双方合同的权利义务及责任。因此,在没有特别约定情况下,如承发包双方主张以竣工后试验通过之日为竣工日期,一般不应得到支持。

## 依 据

**《民法典》**

**第七百九十九条** 建设工程竣工后,发包人应当根据施工图纸及说明书、国家颁发的施工验收规范和质量检验标准及时进行验收。验收合格的,发包人应当按照约定支付价款,并接收该建设工程。

建设工程竣工经验收合格后,方可交付使用;未经验收或者验收不合格的,不得交付使用。

**《建设工程质量管理条例》**

**第十六条第一款** 建设单位收到建设工程竣工报告后,应当组织设计、施工、工程监理等有关单位进行竣工验收。

**《航道工程建设管理规定》**

**第三十六条第二款** 本规定所称竣工验收,是指航道工程建设项目完工后、正式投入使用前,对工程交工验收、航运枢纽工程阶段验收、工程质量、强制性标准执行、资金使用等情况进行全面检查验收,以及对工程建设、设计、施工、监理等工作进行综合评价。

**第三十七条** 航道工程建设项目合同段完工后,由项目单位组织设计、施工、监理、试验检测等单位进行交工验收,并邀请具体负责建设项目监督管理工作的交通运输主管部门和质量监督机构参加。

**第四十二条** 航道工程建设项目主体工程建成后,应当通过试运行检验工程效果和运行能力。项目单位应当在试运行前将试运行起讫时间、试运行方案、应急预案等报告负责建设项目竣工验收的交通运输主管部门。

第四十四条 航道工程建设项目试运行期限原则上为1年,对不能按期申请竣工验收的项目,项目单位应当向负责建设项目竣工验收的交通运输主管部门申请试运行延期,延长期限一般不得超过1年,对于建设内容复杂的航运枢纽项目延长期限不得超过2年。试运行期满符合运行要求且符合竣工验收条件的航道工程建设项目,应当在试运行期满后6个月内申请竣工验收。

第四十五条 交通运输部负责中央财政事权航道工程建设项目的竣工验收。县级以上地方交通运输主管部门按照规定的职责,负责其他航道工程的竣工验收。

第四十七条 由交通运输部负责竣工验收的航道工程建设项目,项目单位应当通过交通运输部按照国务院规定设置的负责航道管理的机构或者项目所在地省级交通运输主管部门向交通运输部提出竣工验收申请。对于其他航道工程建设项目,项目单位按管理权限向负责建设项目竣工验收的交通运输主管部门提出竣工验收申请。

## 判 例

### 案例9-1 (2015)渝高法民初字第00005号

**案情介绍**

成渝钒钛公司(甲方)与中冶赛迪公司(乙方)签订多份承包合同,合同约定,其"总工期"均为"交工试验日期",工程的验收顺序为:交工试验、工程接收、交工后试验、工程竣工验收。成渝钒钛公司依据各项工程的《工程竣工验收报告书》载明的"投产"时间认为中冶赛迪公司存在"交工试验"时间迟延。

**各方观点**

成渝钒钛公司:案涉炼铁、炼钢、轧钢、煤气柜的投产时间均严重超出合同约定的工期,存在工期延误之情形,根据合同约定,中冶赛迪公司应当承担工期延误违约责任,支付相应工期违约金。

中冶赛迪公司:案涉总包合同通用条款将"交工试验"定义为,工程建筑、安装完工后,被发包人接收前,按合同规定应由承包人负责进行冷试车,包括单机试车、子系统试车、无负荷、联动试车。因此,案涉炼铁、炼钢、轧钢、煤气柜总包工程总工期计算截止点应为交工试验日期。

### 📋 法院裁决要旨

根据各项工程总承包合同约定,总工期均为交工试验日期,工程验收顺序为:交工试验、工程接收、交工后试验、工程竣工验收。结合专用条款第9条关于工程接收时间的约定即"发包人确认工程已按合同约定和设计要求完成土建、安装,且全部单项工程交工试验合格及冷试车合格后24小时内",以及通用条款第10条约定,"交工试验"时间不等于"投产"时间,"交工试验"时间早于"投产"时间。故案涉工程完工日期应为交工试验之日。成渝钒钛公司依据各项工程的《工程竣工验收报告书》载明的"投产"时间认为中冶赛迪公司存在"交工试验"时间迟延的理由不能成立。

## 案例9-2 (2017)最高法民终894号

### 📌 案情介绍

电建公司(承包人)与光大公司(发包人)签订《光伏发电工程承包合同》。"通用合同条款"第1.24.3条约定:工程启动、试运和移交生产验收后进行工程竣工验收,完成工程预验收后,施工单位向建设单位申请工程竣工验收。工程竣工验收委员会由建设单位负责组建,一般由电力行业有关主管部门、审计部门、环境保护、消防、质量监督等行政主管部门和有关专家组成。电建公司于2016年6月30日向光大公司提交的竣工验收申请表附件竣工验收签证光大公司已盖章。2016年10月28日光伏发电项目正式投入运营。光大公司主张竣工验收签证并非其真实意思表示,部分工程尚未完成,且电建公司未申请启动竣工验收程序,要求电建公司承担逾期竣工违约责任。

### 💬 各方观点

光大公司:电建公司提供的"竣工验收签证"不是光大公司的真实意思表示,光大公司加盖公章并非表示涉案工程通过验收质量合格,而是为赶时间争取政府0.95元电价政策而虚构的资料,目的是应付电力并网程序需要。事实上电建公司有33717453.00元合同项下工程尚未完成,也没有向光大公司申请结算启动案涉工程竣工验收程序。

电建公司:案涉工程经电力主管部门验收合格后,已经投入使用,正常并网发电,并且产生了电费收入,光大公司应参照合同约定支付工程款。

### 法院裁决要旨

《建设工程司法解释》(已失效)第14条规定,建设工程未经竣工验收,发包人擅自使用的,以转移占有建设工程之日为竣工之日。根据一审查明的事实,案涉工程虽未经电力主管部门、审计部门、环保、消防、质监等行政主管部门进行综合验收,但光大公司已于2016年6月30日接收了案涉工程且实际投入使用。依据前述司法解释的规定,案涉工程应认定为已经竣工。

## 案例9-3  (2019)沪民终72号

### 案情介绍

2014年10月28日,数众公司(发包人)与安装公司(承包人)签订《上海国际集控数据平台(数众云)项目建设工程EPC总承包合同》,约定本项目于2015年4月30日完成工程验收。2015年4月30日,安装公司、数众公司及监理单位上海宝钢工程咨询有限公司签署《竣工验收报告》,监理验收意见一栏载明,符合要求,验收合格。数众公司主张,2015年4月30日尚有项目未整改完成,消防验收至2015年5月13日尚未完成,只有等消防等专项验收完成后才能进行工程整体验收。根据双方EPC总包合同约定可看出,验收系以发包人用户为准,应以中国移动通信集团上海有限公司验收通过的时间2015年7月14日为工程竣工日期。

### 各方观点

**数众公司**:从监理周报反映,截至2015年4月30日,案涉工程仍存在12大项缺陷未完成整改,大多为根本性质量问题,数众公司鉴于安装公司在工作联络单中承诺对未完成部分工程予以解决,才签署了《竣工验收报告》,并非工程真正符合竣工验收条件。消防验收至2015年5月13日尚未完成,只有消防等专项验收完成后才能进行整体验收。根据双方合同约定,验收应以数众公司用户即中国移动通信集团上海有限公司验收通过的时间2015年7月14日作为工程竣工日期。

**安装公司**:案涉工程通过竣工验收后由各方在竣工验收报告上盖章,确认质量合格,并已交付投入使用,安装公司多次回访,数众公司也在回访信息单上盖章确认质量问题,系争工程的使用方也认可工程的质量和维护。工程竣工验收时间为2015年4月30日。

📋 **法院裁决要旨**

法院认为,根据安装公司提供的 2015 年 4 月 30 日的《竣工验收报告》,数众公司及监理单位均已盖章确认系争工程已完成施工,符合用户要求,验收合格。根据《建设工程消防监督管理规定》(已失效)第 21 条的规定,建设单位申请消防验收,应当提供的材料中包含工程竣工验收报告,数众公司主张需消防验收完成后进行整体验收无依据。另安装公司与数众公司之间的总承包合同并未约定竣工日期以客户出具验收单的日期为准。故数众公司提供的证据不足以否定安装公司提供的《竣工验收报告》载明的事实,该案应当认定系争工程实际于 2015 年 4 月 30 日办理竣工验收手续。

## 工程总承包纠纷适用的建议

**(一)对于航道工程等特定专业的工程,如无特别约定,合同工期原则上应依据交工验收通过日期来确定**

如前所述,《航道工程建设管理规定》不但有竣工验收,还有交工验收。除了航道工程,《公路工程竣(交)工验收办法》亦将公路工程验收分为交工验收和竣工验收两个阶段。笔者认为,此种特定工程中的合同工期,应当依据承发包双方总承包合同关于工期约定的真实意思来确定,如无特殊约定,应依据交工验收通过之日来确定合同工期和缺陷责任期起算。

笔者认为,关于竣工验收,依据《民法典》《建筑法》《建设工程质量管理条例》之规定,其组织主体应该为发包人,验收的目的为发包人对工程质量是否合格作评定。对照航道工程、公路工程的验收规定,交工验收的验收主体为发包人,交工验收是检查施工合同的执行情况,评价工程质量是否符合技术标准及设计要求。验收规定中的"竣工验收",组织者为关联的主管政府部门,竣工验收是综合评价工程建设成果,对工程质量、参建单位和建设项目进行综合评价。从组织主体、验收目的来看,交工验收更趋向《民法典》等关于竣工验收的规定,而"竣工验收"则更应定性为竣工后试验完成的政府主管部门依照规定对工程建设进行的行政管理行为。

另外,从《建设项目工程总承包合同(示范文本)》来看,竣工验收是指承包人完成了合同约定的各项内容后,发包人按合同要求进行的验收,此约定与《民法典》等法律规定、工程行业实践中的通常理解一致。而航道工程、公路工程的验收规定,为部门规章层级,其中对"竣工验收"的定义及规定,在总承包合同没有特别说明的情况下,并不当然成为合同的一部分并对合同双方产生约束力。最高人民法院在贵州凯和建设工程有限公司、天柱县交通运输局等建设工程施工合同纠纷民事再审民事判决书(2021)最高法民再318号中也持有此观点,认为《公路工程竣(交)工验收办法》第十六条关于公路工程需交工验收通车试运营2年后才能进行竣工验收的规定","上述规定未在双方合同中予以约定",所以该规定不能排除建工司法解释的适用。同样的道理,如总承包合同中没有明确约定合同中的竣工验收就是航道工程、公路工程验收规定中的"竣工验收",也即没有对竣工验收重新进行界定的情况下,应当也不能排除《民法典》等规定的适用。对竣工日期的确定,应当依据《民法典》等的规定精神来确定,即通常情况之下,应将交工验收通过之日,作为判断合同工期的依据。

(二)如承发包双方对竣工日期有特别约定的,则应遵从当事人的约定确定竣工日期

如前所述,工程总承包项目之中,各方对"竣工验收"有不同的理解,因此会对竣工验收、竣工日期作出特别的约定。《建设项目工程总承包合同(示范文本)》"8.2竣工日期"对竣工日期的约定,因此也留下了合同各方作特别约定的余地,该条款明确"除专用合同条件另有约定外,工程的竣工日期以第10.1款[竣工验收]的约定为准,并在工程接收证书中写明"。如双方约定不违反法律强制性规定,则应为合法有效并应得到尊重。因此工程总承包建设项目的"竣工日期",应以当事人对于"竣工日期"的约定作为认定依据。基于此,若当事人约定"竣工日期"以竣工后试验通过之日为准,则应以竣工后试验通过或重新进行竣工后试验通过之日为竣工日期。

同样的道理,在航道工程、公路工程中,如合同中明确约定需按专门验收规定,先交工验收后"竣工验收"并以验收规定中的"竣工验收"通过之日为竣工日期,则应以双方的合同约定为准。

# 第十条 工期顺延的有效情形

**第十条**

当事人约定顺延工期应当经发包人或者监理人签证等方式确认,承包人虽未取得工期顺延的确认,但能够证明在合同约定的期限内向发包人或者监理人申请过工期顺延且顺延事由符合合同约定,承包人以此为由主张工期顺延的,人民法院应予支持。

当事人约定承包人未在约定期限内提出工期顺延申请视为工期不顺延的,按照约定处理,但发包人在约定期限后同意工期顺延或者承包人提出合理抗辩的除外。

## 工程总承包纠纷的可适用性

本条规定可直接适用于工程总承包项目。

### 应 用

**(一)承包人工期索赔的实体性要求**

在建筑领域,承包人长久以来有"低中标、勤签证、高索赔"的习惯。利润整体微薄的情况下,索赔和签证一道被称为承包人的"二次经营",对承包人是否因承包项目获利及获利的多少,有着举足轻重的影响。如因项目结算等产生争议而进入争议解决流程,过程中的索赔、签证文件还有着重要的证据作用,可以影响整个诉讼的进程和结果,故又可称为"证据之王"。所以在建筑领域,索赔和签证一直被高度重视。

关于索赔的概念,《建设工程工程量清单计价规范》(GB-50500-2013)

对此界定为:在工程合同履行过程中,合同当事人一方因非己方的原因而遭受损失,按合同约定或法律法规规定应由对方承担责任,从而向对方提出补偿的要求。此与2020年版《建设项目工程总承包合同(示范文本)》的约定基本一致。简言之,索赔可顾名思义地理解为索要赔偿。

在工程总承包合同履行过程中,承包人可提出工期索赔的情形非常广泛。根据索赔依据的不同,可以分为法定依据和约定依据两种,其中法定依据主要有《民法典》第798条、第803条,《建设工程司法解释(一)》第11条。至于约定依据,《建设项目工程总承包合同(示范文本)》"通用合同条件"约定有约80种承包人或发包人可以向对方提出索赔的情况。

工程总承包合同履行过程中承包人可索赔事项众多,但依据笔者观察,《建设项目工程总承包合同(示范文本)》(GF-2020-0216)约定的可索赔情形中,如工期延误为发包人未履行合同约定或者法律规定义务导致,则承包人可提出工期顺延,并同时要求发包人承担承包人因此增加的费用并支付合理的利润;其他的如甲方风险、不可抗力、第三人原因(工程师、分包人)等情形导致工期顺延的,则承包商不一定可同时提出工期、费用、利润的索赔。据此,可将工期索赔分为三种类型:

第一种类型,承包人仅可以向发包人提出工期顺延的索赔。《建设项目工程总承包合同(示范文本)》"通用合同条件"第8.7.4项[异常恶劣的气候条件]约定,承包人采取克服异常恶劣的气候条件的合理措施继续施工,承包人因采取合理措施而延误的工期由发包人承担,即是此种类型。

第二种类型,承包人可同时向发包人提出工期和费用索赔。《建设项目工程总承包合同(示范文本)》"通用合同条件"中共约定有39种此种类型的情形,如"通用合同条件"第1.9款[化石、文物]约定,如发包人、工程师和承包人按有关政府行政管理部门要求对化石、文物采取保护措施,由此增加的费用和(或)延误的工期由发包人承担。

第三种类型,承包人向发包人提出工期和费用索赔的同时,可一并主张合理的利润。《建设项目工程总承包合同(示范文本)》"通用合同条件"中共约定有17种此种类型的情形,如"通用合同条件"第1.12款[《发包人要求》和基础资料中的错误]约定,《发包人要求》或其提供的基础资料中的错误导致承包人增加费用和(或)工期延误的,发包人应承担由此增加的费用和(或)工期延误,并向承包人支付合理利润。

**(二) 承包人工期索赔的程序性要求**

承包人向发包人提出工期索赔,不但应满足法律或合同约定的实体性要求,还需满足约定的程序性要求。

索赔的程序性要求,主要约定在《建设项目工程总承包合同(示范文本)》(GF-2020-0216)"通用合同条件""19.1 索赔的提出""19.2 承包人索赔的处理程序""19.3 发包人索赔的处理程序""19.4 提出索赔的期限"中,可以图2-1简略表示。

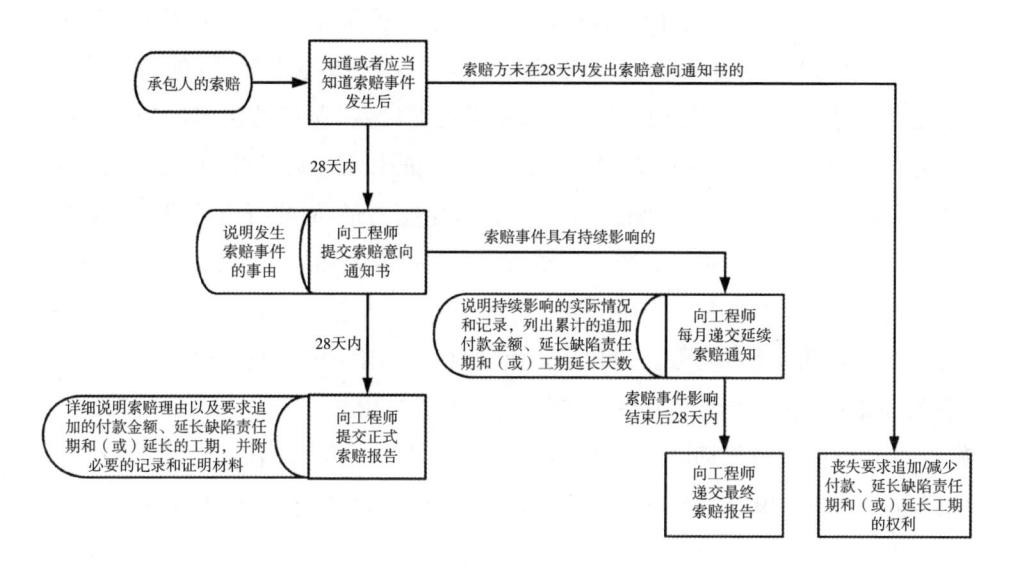

**图 2-1 工程总承包索赔流程**

通过对比《建设项目工程总承包合同(示范文本)》与《建设工程施工合同(示范文本)》(GF-2017-0201)中关于承包人索赔程序的约定,工程总承包模式下承包人向发包人索赔的程序发生了重大的变化,主要有:索赔通知发出对象的变化,索赔通知应向工程师提出;审查期限不再限制在14天内,且只要工程师认为有必要即可要求承包人提交全部原始记录副本;工程师答复期限由28天增加至42天;索赔款项由发包人在当期进度款中进行支付变为在作出索赔处理结果答复后28天内完成支付。

**(三) 承包人应高度重视索赔意向书的提出时间和提出索赔的最终期限**

为确保工期索赔得以成功,承包人需要特别注意索赔程序中的两个极其重要的时间节点,即索赔意向书的提出时间和提出索赔的最终期限。

索赔意向书的提出约定为《建设项目工程总承包合同(示范文本)》"通用合同条件"第19.1款[索赔的提出]。依据约定,承包人应在知道或应当知道索赔事件发生后28天内,向工程师递交索赔意向通知书,如未在前述28天内发出索赔意向通知书,则丧失要求延长工期的权利。《建设工程司法解释(一)》第10条第2款"当事人约定承包人未在约定期限内提出工期顺延申请视为工期不顺延"的规定,在业内已得到广泛的认可,如中铁十六局集团有限公司、北海市美凯龙置业有限公司建设工程施工合同纠纷案【(2020)最高法民终1156号】中,法院认为中铁十六局集团有限公司作为承包人,应按照《施工合同》约定的上述时间、程序及要求进行索赔,不按照《施工合同》的约定进行索赔,应承担《施工合同》约定的"丧失要求追加付款……"的法律后果。在该案诉讼中,中铁十六局集团有限公司没有提供证据证实其已按照《施工合同》的约定向北海市美凯龙置业有限公司提出过索赔主张,而北海市美凯龙置业有限公司对中铁十六局集团有限公司单方提供的索赔材料均不予认可,法院最终没有支持中铁十六局集团有限公司要求顺延工期的要求。最高人民法院在福建省南安市第三建设有限公司和裕置业(福建)有限公司建设工程施工合同纠纷案【(2020)最高法民申4838号】中,持有类似的观点。

提出索赔的最终期限约定为《建设项目工程总承包合同(示范文本)》"通用合同条件"第19.4款[提出索赔的期限]。依据该约定,承包人接收竣工付款证书后,应被认为已无权再提出在合同工程接收证书颁发前所发生的任何索赔,接收证书颁发后发生的索赔,则应在接受最终结清证书前提出。《建设项目工程总承包合同(示范文本)》"通用合同条件"关于索赔的最终期限的约定,与实践中主流的裁判观点亦相一致,如在北京市高级人民法院《关于审理建设工程施工合同纠纷案件若干疑难问题的解答》明确"结算协议生效后,承包人以发包人原因导致工程延期为由,要求赔偿停工、窝工等损失的,不予支持,但结算协议另有约定的除外";最高人民法院在五指山兆通房地产开发有限公司、海南金盛建筑工程有限公司建设工程施工合同纠纷案【(2017)最高法民再97号】中亦明确"除在结算时因存有争议而声明保留的项目外,竣工结算报告经各方审核确认后的结算意见,属于合同各方进行工程价款清结的最终依据。一方当事人在进行结算时没有提出相关索赔主张或声明保留,完成工程价款结算后又以对方之前存在违约行为提出索赔主张,依法不予支持"。

因此,承包人在合同履行过程中,应当注意合同中关于索赔期限的前述约定,以免因时间的延误,导致实体权利的丧失。

然而,实践中关于工期顺延非常复杂,兼之承包人的工程管理相对比较"粗放"、对工程总承包合同关于索赔程序的理解或执行常有一定偏差,以至于承包人未按照约定程序提出工期索赔的情况并不鲜见,如果只要承包人未按照约定程序提出索赔即一律实体失权,将对承包人产生较大影响,故《建设工程司法解释(一)》列出了特殊情况,作出第10条第2款"发包人在约定期限后同意工期顺延或者承包人提出合理抗辩的除外"的规定。该规定应当在工程总承包纠纷案件中延续适用,以保护本就薄利的建工行业的发展。

**(四)承包人是否能成功索赔工期,并不完全取决于工程师的确认**

总结示范文本关于索赔的约定,工程总承包中的工期索赔,有如下特征:

1. 工期索赔是承发包双方未能协商一致的结果,是承包人单方向发包人提出权利的主张,是单方法律行为。承包人只要认为理应顺延工期的,都可以向发包人提出索赔。

2. 承包人的工期索赔是否会得到支持,需要依赖确实、充分的证据,这也是工程索赔能否成功的关键。

同时,因为种种原因,发包人可能会对按约定应当进行确认的工期顺延,不予确认,是故《建设工程司法解释(一)》第10条第1款"承包人虽未取得工期顺延的确认,但能够证明在合同约定的期限内向发包人或者监理人申请过工期顺延且顺延事由符合合同约定"的规定,应继续在工程总承包审判实践中得以应用。

因此,承包人进行工期索赔能否成功,并不完全取决于工程师的确认。如最高人民法院在湖南建工集团有限公司与贵州高速公路集团有限公司建设工程施工合同纠纷案中【(2020)最高法民终941号】认为,虽然案涉合同对索赔程序进行了约定,但据双方原审中提交的证据,湖南建工集团有限公司在施工过程中已通过报告、工程联系单、说明等方式向监理单位反映了相关情况,已积极主张权利,最高人民法院据此认定,湖南建工集团有限公司可主张工期顺延。

## 依 据

### 《民法典》

**第七百九十八条** 隐蔽工程在隐蔽以前,承包人应当通知发包人检查。发包人没有及时检查的,承包人可以顺延工程日期,并有权请求赔偿停工、窝工等损失。

**第八百零三条** 发包人未按照约定的时间和要求提供原材料、设备、场地、资金、技术资料的,承包人可以顺延工程日期,并有权请求赔偿停工、窝工等损失。

### 《建设工程司法解释(一)》

**第十一条** 建设工程竣工前,当事人对工程质量发生争议,工程质量经鉴定合格的,鉴定期间为顺延工期期间。

### 《建设工程工程量清单计价规范》(GB－50500－2013)

**2.0.23** "索赔"在工程合同履行过程中,合同当事人一方非因己方的原因而遭受损失,按合同约定或法律法规规定应由对方承担责任,从而向对方提出补偿的要求。

## 判 例

### 案例10-1 (2021)最高法民终1241号

#### 案情介绍

华兴公司承接欣网视讯公司等开发建设的南京欣网视讯研发大楼工程EPC项目,合同履行过程中因设计变更、甲指分包、发包人未如期提供基础资料、施工进度滞后等导致工期延误834天。

#### 各方观点

华兴公司:案涉工程工期延误是欣网视讯公司的责任。虽华兴公司为案涉EPC工程的总承包人,但华兴公司施工的内容仅为土方开挖和地下室部分施工以及楼面混凝土浇筑,其他工程均系欣网视讯公司指定的专业分包单位施工,分包合同的价款、工期、质量以及结算等实质内容也是由欣网视讯公司决定的,而且在这些指定的专业分包单位中,部分单位施工能力和履约能力极差,严重影响了工程施工的进度,是工期延误的根本原因。

欣网视讯公司：延误工期的责任应由华兴公司承担。华兴公司作为 EPC 合作方，收取了高达 7% 的高额总包管理费，未能尽到总包管理的义务，应当承担工程施工过程中的一切管理责任和风险，包括其自行施工部分与分包单位施工部分。欣网视讯公司与分包单位不存在合同关系，无法向最终责任方追责。

### 法院裁决要旨

根据总包合同约定，承包人应就延误的工期以书面形式向工程师提出报告，经工程师确认后工期相应顺延，工程师收到报告后 14 天逾期不予确认视为同意顺延工期，但未明确承包人未在 14 天内提出申请即视为工期不顺延或放弃权利。依据《建设工程司法解释（二）》（法释〔2018〕20 号）第 6 条规定，应对华兴公司主张工期顺延的抗辩事由予以审查。合同履行过程中存在设计变更、甲指分包、发包人未及时提供基础资料等影响工期的事由，对此欣网视讯公司应承担一定责任，但以上事由不足以导致工期延误 834 天，欣网视讯公司提交的会议纪要等材料可证明华兴公司存在工程监督管理、工程款支付等影响工期的问题，故酌定欣网视讯公司对工期延误承担 40% 次要责任，334 天，华兴公司承担 60% 主要责任，500 天。

## 案例 10-2　（2021）浙 03 民终 5522 号

### 案情介绍

温州中环（发包人）与京城环保牵头的承包商联合体京城环保、青岛荏原环境设备有限公司、中国城市建设研究院有限公司、邢台市政建设集团股份有限公司签订《温州市 240T/D 污泥集中干化焚烧工程合同协议书》，合同约定，工期起算时间：承包商应于 2009 年 11 月 18 日之前完成初步设计。关于完工时间：承包商应于收到初步设计批复文件之后 11 个月内完成全部工程、总调试，达到试运行条件。

该合同第 37.1 条约定工期延迟的事由包括：(1)由业主提出的工程变更；(2)35 款中的不可抗力；(3)34 款中的不可预见事件；(4)业主根据 38 款所做的暂时停工命令；(5)法律法规的变更；(6)合同特别提到的其他事项。该合同第 37.2 条约定，除非合同另有特别规定，承包商应书面通知业主要求完工期延长，同时附上证明所需延长的细节或情况。合同履行过程中，实际开工日期早于取得建筑工程施工许可证日期。温州中环认为京城环保存在工期延误情形，应向其支付工期违约金。

### 各方观点

京城环保:案涉工程的开工日期应当以温州市市政园林局2010年12月9日批准施工许可证时间作为工程工期的起算时间。根据该合同第二部分第37条完工期限的延长,第37.1条约定,由于业主提出的工程变更,完工期应推延。本案施工过程中,京城环保根据温州中环要求而进行的设计变更合计高达19项,其中部分内容属于关键线路,严重影响工期,故应依据温州中环提出的工程变更,相应顺延完工期。

温州中环:《温州市240T/D污泥集中干化焚烧工程合同协议书》明确约定案涉工程的工期为11个月,工期起算时间自收到初步设计批复文件时起至完成全部工程、总调试、达到试运行条件时止。案涉工程于2010年4月28日取得初步设计文件批复,并于2013年2月28日取得试生产批复,实际工期为34个月,已严重延误。

### 法院裁决要旨

没有施工许可证并不必然导致工期顺延。合同约定了工期顺延的事由及程序,京城环保未能提供证据证明其已经按照合同约定向温州中环或者监理单位提交完工期延长的书面申请,仅以该合同第37.1条之约定主张工期顺延,不予支持。

## 工程总承包纠纷适用的建议

**(一)工程总承包中承包人是否可以因设计变更顺延工期,需要重新予以审视**

设计变更是指项目实施过程中,对已批准的初步设计、施工图设计等设计文件所进行的修改、完善、优化等活动。在施工总承包模式下,设计图纸为发包人提供,承包人主要义务为按图施工,故如有涉及设计变更发生,承包人可因此提出工期和费用的索赔。实践中,设计变更是施工总承包模式之下承包人提出索赔最常见也是最重要的情形之一。"设计+施工以及设计+采购+施工"为工程总承包最常见的两种模式,在这两种模式之下,设计为承包人的主要承包内容之一,故设计是否导致工期顺延需重新审视。

笔者认为,设计变更是否会导致工期顺延,关键在于其是否因工程总承包模式中的发包人的"变更"而引起。

依据《建设项目工程总承包合同(示范文本)》"通用合同条件"第1.1.6.3目[变更],工程总承包中的变更:"指根据第13条[变更与调整]的约定,经指示或批准对《发包人要求》或工程所做的改变。"此定义与《FIDIC银皮书2017版》文本对变更的定义基本一致。结合《建设项目工程总承包合同(示范文本)》第13条具体约定来看,工程总承包的变更的构成要素有:

1. 变更的程序要求。工程总承包中的变更有两种约定程序。依据《建设项目工程总承包合同(示范文本)》第13.1款[发包人变更权]的约定,变更的第一种路径为:发包人同意→工程师发出变更指示。依据《建设项目工程总承包合同(示范文本)》第13.2款[承包人的合理化建议]的约定,变更的第二种路径为:承包人提出合理化建议→工程师审查→发包人同意→工程师发出变更指示。因此变更权在业主,工程总承包模式中承包人原因或承包人自行启动的设计变更,通常不会导致工程总承包中变更的后果。

2. 变更的实体要求。依据《建设项目工程总承包合同(示范文本)》对变更的定义,从实体上讲,只有构成对《发包人要求》或工程所做的改变,才能构成变更。

在工程总承包合同履行过程中,可能基于种种原因对设计文件进行修改,如因承包人设计文件本身的错漏碰缺,后对设计文件进行调整修正的。有因发包人引起的设计变更,如承包人依据发包人的审查意见,进行设计变更的。还有承包人依据政府有关部门或第三方审查单位的审查意见进行设计变更的。这些是否构成变更均需要从程序及实体两个构成要素进行分析,而不能一概认为设计变更即为工程总承包的变更。

审判实践中,《发包人要求》编写质量残次不全等,导致设计变更是否构成变更的认定较为困难,但法院一般会依据前述的变更构成要素对是否构成变更进行认定,如在中国电建集团新能源电力有限公司、贵州赤天化桐梓化工有限公司建设工程施工合同纠纷案【(2019)最高法民终1356号】中,最高人民法院明确指出:本案为EPC总承包合同,按照EPC总承包合同的《合同条款》第2条第4款约定的内容,赤天化公司提供的仅是初步设计图纸,而非最终的设计图纸。电建公司作为总承包商,其合同义务不仅仅是按图施工,还包含勘察、施工图设计、设备材料采购等多项工作。虽然电建公司是按照赤天化公司审核过的施工图进行施工,但 EPC 总承包合同条款已经明确约定,凡没有改变本合同中"雇主要求"的变更,由承包商承担因变更引起的费用或工期的改变,不调整合同价格和工期。① 在电建公司没有提交证据证明变更系业主提出的情况下,②初设图到施工图的变更,原则上属于承包商履行其合同义务所必需进行的优化,鉴定单位将该部分认定为"雇主要求的变更"从而计入工程变更范围,是对 EPC 合同的错误理解。

总之,如设计变更系发包人变更而引起,则承包人可依据约定的程序,向发包人提出工期索赔,这是工程总承包与施工总承包的重要差别,也是实践中承包人容易陷入误区的地方之一。

**(二) 发包人提供的基础资料如有错误,承包人未必一定可以顺延工期**

工程总承包实践中还有一个热点且难点的争议,即如果发包人提供的基础资料有错误,承包人是否可以据此获得工期顺延的权利。此争议的源头之一,为《民法典》第 803 条"发包人未按照约定的时间和要求提供原材料、设备、场地、资金、技术资料的,承包人可以顺延工程日期,并有权请求赔偿停工、窝工等损失"的规定,部分承包人据此规定认为,如果发包人提供的基础资料有误,工期顺延是其法定的权利。笔者认为,此种观点有待商榷,要结合双方工程总承包合同的具体约定来判断。

关于基础资料错误的责任承担,《建设项目工程总承包合同(示范文本)》"通用合同条件""1.12《发包人要求》和基础资料中的错误""2.3 提供基础资料""4.7 承包人现场查勘"有相应约定,据笔者观察,《建设项目工程总承包合同(示范文本)》虽要求承包人阅读、复核《发包人要求》以及其提供的基础资料,但未明确一个有经验的承包商应当发现而未发现此等资料中错误的后果,相反在第 1.12 款、第 2.3 款分别明确约定了发包人应对其提供资料的错误承担责任。故总体而言,《建设项目工程总承包合同(示范文本)》"通用合同条件"就基础资料错误的责任分配,更亲承包人,基础资料错误原则上由发包人

---

① 法院从变更的实体要素进行说理。——笔者注
② 法院从变更的程序要素进行说理。——笔者注

承担,承包人仅需对其根据基础数据作出的理解承担责任。

然而实践中,部分发包人为减轻其责任,会对《建设项目工程总承包合同(示范文本)》中约定的基础资料错误的责任分配机制进行调整,在总承包合同之中作发包人不对基础资料的真实性、完整性、准确性负责。承包人应充分对发包人提供的基础资料进行复核,如因基础资料致使承包人工期延误、费用增加,由承包人承担或类似的约定,以将发包人提供的基础资料的错误责任分配给承包人。前述约定,与《FIDIC 银皮书 2017 版》中确定的风险分配机制趋于一致。

关于基础资料错误的责任承担,《FIDIC 银皮书 2017 版》和《生产设备和设计——施工合同条件》约定有不同的机制。国际使用较广的《FIDIC 银皮书 2017 版》文本,其风险分配机制对承包人极其严格。该文本第 5.1 条约定,除"(a)在合同中规定的由业主负责的、或不可变的部分、数据和资料;(b)对工程或其任何部分的预期目的的说明;(c)竣工工程的试验和性能的标准;(d)除合同另有说明外,承包商不能核实的部分、数据和资料"外,发包人不对发包人要求中的任何错误、不准确或遗漏负责,也不对任何数据或资料给出任何不准确性或不完整性的负责。

笔者认为,承发包之间的前述约定,实际上是对《FIDIC 银皮书 2017 版》风险分配机制的一种借鉴,未违反法律、行政法规的强制性规定,原则上应当有效。此观点也为生效判决所佐证。在滁州市环境卫生社会化服务中心与凌志环保股份有限公司建设工程施工合同纠纷案【(2016)皖 11 民终 1150 号】中,法院认为项目招标文件中所载明的 $NH_3-N(mg/L) \leqslant 1500$ 系设计进水参考水质,在设计进水主要污染物指标参考水质表各项数值下方,已明确载明"投标人现场考察并预测未来渗滤液进水水质,今后运行中实际进水水质指标超过或低于本设计进水水质指标,导致处理后出水不达标的风险由投标人承担",因此认定进水水质与招标文件不符的风险应当由承包人承担。

## 第十一条 工程质量鉴定对工期的影响

> **第十一条**
> 建设工程竣工前,当事人对工程质量发生争议,工程质量经鉴定合格的,鉴定期间为顺延工期期间。

### 工程总承包纠纷的可适用性

本条款可适用于工程总承包项目,但应注意"功能"与"质量"的区别,如涉及功能鉴定对工期的影响,应视双方合同约定和具体情况判断是否顺延工期。

### 应 用

**(一)工程总承包项目中"质量"与"功能"之争**

随着工程总承包的推行,工程的质量与工程的功能之间的关系,渐成行业讨论的热点,原因在于:

1.《建设工程司法解释(一)》(法释〔2020〕25号)为建设工程施工合同纠纷案件审判实践中最重要的司法解释,其45个条款之中,有"质量"字眼的条款有16条之多,其中不乏与质量责任承担、无效合同结算、优先受偿权有关的重要规定,建设工程质量是否合格合约,对承发包双方的权利义务影响很大。

2.施工总承包模式之下,承包人的根本任务是按图施工,承包人只需将设计单位的施工图纸,通过施工转化为工程实体后通过竣工验收,即完成了约定的任务,而无须关心工程目的及规模,以及工程建成投产后的性能、产能要求。而工程总承包模式之下,承包人的根本任务是按约施工。承包人向发包人交付的工程,不但需通过竣工验收,还需要评判工程目的是否实现,工程规模、性能、产能是否满足《发包人要求》约定的指标,如果答案为"否",实践中就会产生是否属于质量不合格的争议。

### (二) 工程总承包项目中"质量"与"功能"是有区别的,应为并行的概念

行业之中,就质量的理解通常有三种。一是将质量合格理解为满足法定的最低质量标准,即工程质量应满足国家各种工程建设的强制性标准。二是理解为满足承发包双方约定的质量标准,该约定标准可以高于国家规定的强制性标准,但此类质量标准未将《发包人要求》中的功能性要求考虑在内,只考虑了纯粹的技术性标准。三是理解为满足承发包双方约定的交付标准,此种理解中,承包人交付的工程,从技术角度上应当满足《发包人要求》含质量要求在内的技术要求,且功能上也应当满足《发包人要求》中"功能要求"的约定。

前述三种理解,本质上并无对错之分,在不同的法律规定及不同的合同约定中,随着语境的不同,质量的内涵确有不同,质量与《发包人要求》中的"功能要求"的相互关系也有所变化。综合而言,关于质量的理解,笔者倾向于前述第二种理解,认为质量与功能有相应区别,为并列的两个概念。

1. 从《建设项目工程总承包合同(示范文本)》及管理办法来看,质量、功能为并列的概念

《建设项目工程总承包合同(示范文本)》附件一《发包人要求》中,第一项要求为"功能要求",其中包含了"工程目的""工程规模""性能保证指标(性能保证表)""产能保证指标"四项,而"质量标准"列于该附件的"五、技术要求"之中。由此可以看出,《建设项目工程总承包合同(示范文本)》中质量、功能为并列的概念。

《房屋建筑和市政基础设施项目工程总承包管理办法》第9条规定,工程总承包项目招标文件中的《发包人要求》,一般要列明项目的目标、范围、设计和其他技术标准,包括对项目的内容、范围、规模、标准、功能、质量、安全、节约能源、生态环境保护、工期、验收等的明确要求。在此规定之中,目标、范围、质量和功能为并列的概念。

2. 从立法目的来看,质量为《建筑法》《建设工程质量管理条例》的规制对象,而功能不为前述法律、法规规制对象

《建筑法》为广泛的建筑活动提供了统一的行为规则,建立了建筑企业及从业人员的资质准入制度、工程的发承包基本制度、施工许可制度等制度,但该

法的立法重点,毫无疑问落脚于质量和安全,其他相关制度的建立,其最终目的在于保证建筑的质量和安全性。该法总则的第1条是建筑法立法宗旨的集中体现,第3条对建筑活动必须遵循的保证工程质量和安全的原则规定,正是对该立法目的的集中体现。

依据一般理解,功能通常指的是产品或服务所具备的能力或作用。性能是指产品或服务在执行其功能时的效果,通常与速度、响应时间、资源消耗等方面有关。产能指产品或服务在执行其功能时的效率,通常描述了系统或设备在单位时间内能够产出的产品或服务的数量。项目的功能性要求是评价项目成功与否的关键,但与建筑的质量和安全性没有关联性,并非《建筑法》直接规制的对象。

3. 工程质量责任、质量监管、质量验收和标准,具有法定性,相应地,工程的功能要求不具有法定属性

从是否具有法定属性角度来看,工程质量、功能有本质区别,建设工程质量的法定性,主要体现在以下几个方面:

(1)建设工程质量责任的法定性。为提升工程建设质量水平,《建筑法》等法律法规明确了各方主体的法律责任,建设单位、勘察单位、施工单位等均应依照法律法规的规定进行建筑活动,以保障建设工程的质量。如依照《建设工程质量管理条例》第10条的规定,建设单位不得明示或者暗示设计单位或者施工单位违反工程建设强制性标准,降低建设工程质量。第19条规定,勘察、设计单位必须按照工程建设强制性标准进行勘察、设计,并对其勘察、设计的质量负责。如果违反规定降低工程质量,则监管部门可以依法予以处罚。依照《建设工程质量管理条例》第56条的规定,监管部门如发现建设单位明示或者暗示设计单位或者施工单位违反工程建设强制性标准、降低工程质量,或明示或者暗示施工单位使用不合格的建筑材料、建筑构配件和设备,应当责令建设单位改正,并可处以罚款。依照第63条的规定,对于勘察单位、设计单位未按照工程建设强制性标准进行勘察、设计的,监管部门亦可要求改正并处以罚款。

(2)建设工程质量监督的法定性。根据《建设工程质量管理条例》第43条的规定,国务院建设行政主管部门以及铁路、交通、水利等有关部门,在各自的职责范围内,承担对建设工程质量法律、法规和强制性标准执行情况的监督检查职责。同时,县级以上地方人民政府建设行政主管部门和其他有关部门也应

当按照法定职责,加强对建设工程质量的监督管理工作。这些规定,为建设工程质量监督提供了明确的法律依据和制度保障。

(3)工程质量验收程序、标准的法定性。工程质量的合格或合约与否,通过竣工验收来检视,竣工验收是全面检验工程质量的法定程序,《建筑法》第61条明确要求,未经竣工验收或竣工验收不合格的工程,不得投入使用。依据《房屋建筑和市政基础设施工程验收规定》第6条的相关规定,建设单位组织工程竣工验收时,需要由建设、勘察、设计、施工、监理单位分别汇报在工程建设各个环节执行法律、法规和工程建设强制性标准的情况。

综上所述,笔者认为工程总承包项目的质量标准,具有明显的法定性。

从实践来看,工程的目的、范围,完工之后的性能、产能标准,一般由发包人在发包之前,依据其实际需要进行设定并体现在其编制的招标文件或设计要求之中,监管部门无须对其设定进行监督。如果承包人未实现约定的工程目的、范围、性能、产能,其应当承担的违约责任,由承发包双方在合同中予以约定或依照《民法典》等规定确定,除此之外,无法律要求承包人承担违约责任之外的其他责任,也没有法律规定要求建设行政主管部门对此进行监管。对于功能性要求的检视,依照《建设项目工程总承包合同(示范文本)》以及国际咨询工程师联合会(FIDIC)文本的约定,一般通过竣工试验、竣工验收、竣工后试验来验证,尤其是通过竣工后试验实现。竣工后试验的组织、程序、标准、方式、方法,均由承发包人在合同中约定,竣工后试验未通过的相关责任,也是由承发包双方在合同中予以确定。

因此,对于工程总承包项目,虽功能性要求直接关系到项目的整体效益和发包人的满意度,但属于典型的承发包双方自行议定的范围,法律未强行对之予以规制。

## 依 据

### 《民法典》

第七百九十九条 建设工程竣工后,发包人应当根据施工图纸及说明书、国家颁发的施工验收规范和质量检验标准及时进行验收。验收合格的,发包人应当按照约定支付价款,并接收该建设工程。

建设工程竣工经验收合格后,方可交付使用;未经验收或者验收不合格的,不得交付使用。

**《建筑法》**

**第五十二条** 建筑工程勘察、设计、施工的质量必须符合国家有关建筑工程安全标准的要求,具体管理办法由国务院规定。

有关建筑工程安全的国家标准不能适应确保建筑安全的要求时,应当及时修订。

**第五十四条** 建设单位不得以任何理由,要求建筑设计单位或者建筑施工企业在工程设计或者施工作业中,违反法律、行政法规和建筑工程质量、安全标准,降低工程质量。

建筑设计单位和建筑施工企业对建设单位违反前款规定提出的降低工程质量的要求,应当予以拒绝。

**第五十六条** 建筑工程的勘察、设计单位必须对其勘察、设计的质量负责。勘察、设计文件应当符合有关法律、行政法规的规定和建筑工程质量、安全标准、建筑工程勘察、设计技术规范以及合同的约定。设计文件选用的建筑材料、建筑构配件和设备,应当注明其规格、型号、性能等技术指标,其质量要求必须符合国家规定的标准。

**第五十八条** 建筑施工企业对工程的施工质量负责。

建筑施工企业必须按照工程设计图纸和施工技术标准施工,不得偷工减料。工程设计的修改由原设计单位负责,建筑施工企业不得擅自修改工程设计。

**《建设工程质量管理条例》**

**第十六条** 建设单位收到建设工程竣工报告后,应当组织设计、施工、工程监理等有关单位进行竣工验收。

建设工程竣工验收应当具备下列条件:

……

(四)有勘察、设计、施工、工程监理等单位分别签署的质量合格文件;

……

建设工程经验收合格的,方可交付使用。

**第十九条** 勘察、设计单位必须按照工程建设强制性标准进行勘察、设计,并对其勘察、设计的质量负责。

注册建筑师、注册结构工程师等注册执业人员应当在设计文件上签字,对设计文件负责。

**第四十三条** 国家实行建设工程质量监督管理制度。

国务院建设行政主管部门对全国的建设工程质量实施统一监督管理。国务院铁路、交通、水利等有关部门按照国务院规定的职责分工,负责对全国的有关专业建设工程质量的监督管理。

县级以上地方人民政府建设行政主管部门对本行政区域内的建设工程质量实施监督管理。县级以上地方人民政府交通、水利等有关部门在各自的职责范围内,负责对本行政区域内的专业建设工程质量的监督管理。

**《房屋建筑和市政基础设施项目工程总承包管理办法》**

**第九条** 建设单位应当根据招标项目的特点和需要编制工程总承包项目招标文件,主要包括以下内容:

(一)投标人须知;

(二)评标办法和标准;

(三)拟签订合同的主要条款;

(四)发包人要求,列明项目的目标、范围、设计和其他技术标准,包括对项目的内容、范围、规模、标准、功能、质量、安全、节约能源、生态环境保护、工期、验收等的明确要求;

(五)建设单位提供的资料和条件,包括发包前完成的水文地质、工程地质、地形等勘察资料,以及可行性研究报告、方案设计文件或者初步设计文件等;

(六)投标文件格式;

(七)要求投标人提交的其他材料。

建设单位可以在招标文件中提出对履约担保的要求,依法要求投标文件载明拟分包的内容;对于设有最高投标限价的,应当明确最高投标限价或者最高投标限价的计算方法。

推荐使用由住房和城乡建设部会同有关部门制定的工程总承包合同示范文本。

实事求是**解**难题：建工司法解释对工程总承包合同纠纷适用指引

## 工程总承包纠纷适用的建议

工程总承包项目中，当事人在竣工后试验阶段对功能要求是否合约发生争议，因此进行鉴定的，原则上不影响工期。

依照《建设项目工程总承包合同（示范文本）》"通用合同条件"的一般约定，工程总承包项目完工之后，应先进行竣工试验，竣工试验通过之后才具备竣工验收的条件，竣工验收之后，才由发包人按约实施竣工后试验，承包人按约予以配合，以检视工程的功能要求是否得以满足。此基本流程与国际咨询工程师联合会（FIDIC）文本之约定并无二致。在竣工后试验之时，工程已经为发包人所接收，竣工后试验的全部电力、水、污水处理、燃料、消耗品和材料，以及全部其他仪器、协助、文件或其他信息、设备、工具、劳力，启动工程设备，如无特别之约定，均由发包人安排并实施。

依照示范文本之约定，在总承包合同正常履行的情况下，竣工验收通过之日，即为工期计算的终点，所以竣工后试验为工期之外实施，如竣工后试验未通过，并且承发包双方就未能通过竣工后试验的原因产生争议，需要进行相应的鉴定，无论鉴定结论如何，均不影响工程的工期。

考虑到工程总承包项目在工业项目中被大量使用，不排除有些项目在竣工前试验或竣工验收阶段，发承包双方对工程的功能性是否符合要求产生争议，此时如果启动鉴定，可能会影响工期，此种情况下建议参照司法解释本条款执行，当鉴定结论为符合功能性要求的，应顺延工期。

# 第三章

# 质量问题

本章的内容是《建设工程司法解释(一)》质量规则部分在工程总承包纠纷中的适用。传统施工总承包模式与工程总承包模式在工程质量方面存在以下不一致：首先，采取工程总承包模式的建设项目的质量内涵远超传统施工总承包模式的质量要求，后者更强调土建安装部分的质量符合国家强制性质量标准与设计文件要求，但前者更加强调案涉项目能够满足发包人设定的功能要求、性能目的、生产指标或环保要求等；其次，传统施工总承包模式与工程总承包模式的质量检验程序也有区别，前者为常见的"竣工验收程序"，后者不仅包含"竣工验收程序"，还涵盖"试运行程序"、"性能测试程序"或"竣工后试验程序"。

采用工程总承包模式的建设项目往往存在不同层级的质量标准，总承包人根据不同的质量标准取得对应约定的工程价款，符合"减价规则"的制度设计。同时，发包人对工程总承包建设项目的使用不仅仅存在"实际使用"，也包含"测试使用"，"测试使用"不属于"擅自使用",在未完成竣工验收程序的情况下,不得以发包人"测试使用"为由剥夺发包人就使用部分的工程质量所享有的异议权与追责权。工程总承包建设项目出现质量问题时,允许发包人以总承包人、分包人和实际施工人为共同被告提起诉讼,也允许发包人在承包人提起的建设工程纠纷案件中提出反诉,这响应了《民事诉讼法》有关规定,为保证法律体系的连贯性与承续性,应予坚持。在质量保修责任方面,发包人返还工程质量保证金的时间应当根据工程总承包项目的性能试验要求与竣工验收要求确定,兼顾发包人与总承包人的利益平衡;总承包人未依约履行保修义务的,应当承担相应的违约或损失赔偿责任,若发包人对损失也有过错,也应当承担相应责任。

## 第十二条 发包人基于工程质量不合格享有的减价请求权

> **第十二条**
> 因承包人的原因造成建设工程质量不符合约定，承包人拒绝修理、返工或者改建，发包人请求减少支付工程价款的，人民法院应予支持。

### 工程总承包纠纷的可适用性

解决采用工程总承包模式的建设项目的有关纠纷时，可以直接适用本条。

### 应 用

**(一)减价规则的含义**

本条涉及双务合同中减价规则的适用。《民法典》第582条规定："履行不符合约定的，应当按照当事人的约定承担违约责任。对违约责任没有约定或者约定不明确，依据本法第五百一十条的规定仍不能确定的，受损害方根据标的的性质以及损失的大小，可以合理选择请求对方承担修理、重作、更换、退货、减少价款或者报酬等违约责任。"减价规则，是指在债务人的给付不符合要求的情况下，债权人可以根据缔约时有瑕疵与无瑕疵给付的价值比例减少对待给付。[1] 其本质是对双务合同中一方的给付与对方的对待给付之间失去平衡的交易关系采取的矫正措施，目的在于贯彻等价交换的市场交易法则，救治病态

---

[1] 参见张金海：《论作为独立违约责任形式的减价规则——内在逻辑与制度构造》，载《四川大学学报(哲学社会科学版)》2023年第5期。

的交易关系,维护交易秩序稳定,促进交易流转,实现公平公正。[①]

减价是当合同当事人在履行的过程中遭遇"货不对板""迟延交付"等履行瑕疵或履行出于各种原因难以为继时,法律赋予合同当事人从履约障碍的泥淖中脱困出来的合理措施,有利于合同当事人积极达成变更合意、效率处理履行卡顿,以便于当事人节省自我精力与可控资源投入下一段交易中,进而在宏观上促进交易行为的多多益善。由此可见,减价制度发挥了"自愿原则"的效用,贯彻了"绿色原则"的精神,推动了实现"交易繁荣"的市场追求。减价规则的运用特别重视合同当事人的协商一致与对价公平的理念适用,故减价规则一般适用于双务合同中。工程总承包合同的核心权利义务内容是,承包人向发包人移交满足《发包人要求》的建设工程,发包人依约向承包人支付工程款,发承包双方互负给付义务。故作为双务合同,工程总承包合同也同样适用减价规则。

**(二)减价规则在工程总承包纠纷中的适用理由与适用要求**

1. 适用理由

承包人对工程价款的追求与发包人对实现《发包人要求》的追求构成《建设项目工程总承包合同(示范文本)》的主要目的与核心对价,发包人足额支付工程价款的先决基础是承包人施工完成、验收移交的工程经发包人开展试运行检验、验收检验,再经由最后的"竣工验收"程序所作出的最终评价被认定符合《发包人要求》文件设定的性能标准与使用目的。

若承包人不能满足发包人的整改维修请求,将不符合约定质量要求的建设项目修理直至满足合同目的,则发包人的可期待利益受到侵害,为了救济发包人可信赖的合同对价利益,允许发包人行使减价权利。满足发包人要求减少价款支付责任的需求,是贯彻"平等原则"的应有之义,也是平衡给付与对待给付这一对价关系的必然结果。故解决采用工程总承包模式的建设项目纠纷时,可以直接适用本条。

2. 适用要求

工程总承包建设项目比起传统施工总承包建设项目,只是多了一些性能标准、产能指标、工艺要求等《发包人要求》的期待。因此,工程总承包建设项目

---

① 参见最高人民法院民事审判第二庭编著:《最高人民法院关于买卖合同司法解释理解与适用》,人民法院出版社2012年版,第379、384页。

质量纠纷中,发包人也必须经过要求承包人修理、返工、改建且经过承包人实施上述活动仍然不能满足约定的质量要求后,才能行使减价权利,而不能径直行使减价权利。

审判实践中,法院与仲裁机构也是如此处理的,当承包人移交的工程总承包建设项目存在质量不符合合同约定的问题且无法采取修理、返工、重建、更换、替代等补救措施使给付瑕疵修复到合同期待的状态时,发包人才有权要求减价。针对发包人在诉讼中提出的减价请求,确认减价金额时,一般应将司法鉴定意见、(与性能标准有关的)装置设备的市场价格、当事人在履约过程中各自过错、原定固定总价是否合理、原定风险分配是否合理、部分质量合格的工程在整个价格中的占比等因素纳入综合考量范围。

(三)减价规则在施工总承包纠纷中的具体适用

一般合同纠纷中,减价规则的运用特别简单,债权人行使减价权利的,只要满足债务人的履行不符合合同约定的条件即能径直行使,无须考虑其他条件的满足;且减价权利为形成权,可由债权人单方行使即直接发生减价的法律效果,无须经得对方同意。

但减价规则的适用在建设工程纠纷领域中较为特殊。在建设工程施工合同纠纷中,由于建设工程承载了社会公众对于工程质量安全,不得轻易发生倒塌事故、消防事故或其他安全事故的公共期待,且建设工程质量安全确实牵系成千上万的生命财产安全,涉及不特定公共利益,故相关法律及行政法规在"工程质量"、"组织验收"与"投入使用"方面为建设单位设定了三个义务:(1)建设单位不得违反法律、行政法规和建筑工程质量、安全标准,降低工程质量(《建筑法》第54条);(2)建设单位应当组织设计、施工、工程监理等有关单位进行竣工验收(《建设工程质量管理条例》第16条);(3)建设工程未经验收或者验收不合格的,不得交付使用(《民法典》第799条)。以上三个义务为强制性法定义务,建设单位均应当充分落实到位。建设单位也是必须尽到上述义务的责任主体,不得通过与承包人私下约定的方式规避上述义务、转嫁有关责任;且即便约定,也是无效约定,建设单位不能据以逃脱有关行政处罚责任或刑事责任的制裁。

因此,在承包人施工移交的建设工程存在瑕疵的情况下,发包人须先要求承包人采取修理、返工或者改建等补救措施,使工程质量符合约定的质量标准,或者虽不符合约定标准,但符合国家强制性标准规定的满足安全和使用功能的情况下,发包人才可以接收工程并投入使用。故《建设工程司法解释(一)》第12条明确规定,承包人拒绝修理、返工或者改建时,发包人才能行使减价权利。若承包人修理、返工或者改建后,工程质量仍然不满足国家强制性标准,发包人不得将工程项目投入使用,此时,发包人可以要求承包人承担信赖利益损失、可得利益损失等赔偿责任。

### 依 据

**《民法典》**

第五百八十二条　履行不符合约定的,应当按照当事人的约定承担违约责任。对违约责任没有约定或者约定不明确,依据本法第五百一十条的规定仍不能确定的,受损害方根据标的的性质以及损失的大小,可以合理选择请求对方承担修理、重作、更换、退货、减少价款或者报酬等违约责任。

**《最高人民法院第八次全国法院民事商事审判工作会议纪要(民事部分)(征求意见稿)》**

50、建设工程经竣工验收合格但存在质量瑕疵,发包人适用合同法第二百六十二条规定据实减少支付工程价款数额的,可以参照合同约定、签约时价格信息、工程造价咨询机构出具的咨询意见等径行裁判,尽量缩减委托司法鉴定的次数和范围。

### 判 例

#### 案例 12-1　(2022)鲁 11 民终 1518 号

**案情介绍**

斯必克公司承包山钢日照公司发包的"山钢日照公司炼铁厂一次、二次混合机蒸汽粉尘治理项目 EPC 工程",而后斯必克公司将涉案总工程的建安部分交由鑫铎公司施工。

**各方观点**

鑫铎公司以斯必克公司拖欠工程款为由诉至法院,斯必克公司认为鑫铎公司未完成部分工程且未达到质量标准,提出减少工程价款的抗辩。

**法院裁决要旨**

鑫铎公司与斯必克公司签订的《工程承包合同》虽然约定为固定包干总

价,但鑫铎公司离开施工现场时尚有部分项目未施工,未与斯必克公司核对确认已施工的工程量,亦未由斯必克公司确认承包工程已完工合格,且斯必克公司另行委托施工单位施工涉案承包工程。斯必克公司单方委托的评估报告,鑫铎公司不认可。双方对鑫铎公司施工和未施工的项目内容及工程量均不申请鉴定。基于以上因素,涉案总承包工程已竣工验收,根据公平原则,比照斯必克公司另行委托施工在其单方委托评估涉案工程的占比,自合同约定固定总价款中扣减鑫铎公司未施工部分,确定涉案承包工程的应付工程款。

### 案例12-2 (2021)豫01民再280号

#### 案情介绍

泵业公司作为总承包人承建由发包人天恩公司发包的"2MWp光电惠豫工程太阳能发电项目系统集成总承包"发电建设项目。

#### 各方观点

项目完工后,因天恩公司欠付工程款,泵业公司将天恩公司诉至法院。经法院委托鉴定,发现案涉工程项目所使用的装置设备或性能材料存在以下质量缺陷问题:(1)光伏组件的不合格率为51.6%;(2)逆变器外壳带电、总电量显示不正常、启动时黑屏不能进行操作;(3)电缆绝缘老化;(4)汇流箱空开跳闸后不能合上;(5)动力箱没有外引专用接地线。以上产品均是不合格产品,给天恩公司造成巨大的发电量损失。天恩公司据以要求减少价款。

#### 法院裁决要旨

根据2013年3月9日总承包合同及投标文件五、投标分项报价表可知,主机总价11800000元,附件总价3300000元,备品备件总价50000元,专用工具总价50000元,安装、调试总价1400000元,培训总价50000元,技术服务总价50000元,运输费、保险费总价100000元,设计费250000元,其他150000元,总计17200000元。除主机部分的价款按照泵业公司的完成比例79.5%计算为5400000元×79.5%=4293000元。天恩公司主张按照光伏组件的不合格率51.6%扣除不合格部分的工程价款,参照光伏组件的不合格率51.6%,泵业公司已完成工程量中不合格部分除此另案解决的材料之外的工程款为2215188元(4293000元×51.6%),该部分工程款予以相应扣减。天恩公司的部分上诉理由予以采纳。

## 工程总承包纠纷适用的建议

### (一) 工程总承包中建设工程质量的几种验收标准

工程总承包模式的质量要求包含双重验收标准,一为静态的土建结构质量标准,包括结构稳定、安全承重、依正常目的使用等,通俗而言就是不发生建筑物倒塌事故、零部件脱落问题或者不存在漏水、漏电或隔热、保暖效果不佳的现象;二为动态的使用性能质量标准,包括建设项目的投入标准、消耗标准、性能标准、功能标准、产能标准、效能标准、节能标准等。如某 EPC 建设项目的液体处理装置应当保证在输入一定限制规格的原料(投入标准)、耗费一定量的水电资源(节能标准)或反应材料(消耗标准)、排出一定量的废渣废气废水(环保标准)、达到一定量的转动速率(损耗标准)、处于一定量的干湿度/粉尘度环境(空间标准)的情况下还能保证能够满负荷、稳定、安全可靠、节能、连续、长周期自动运行,并且达到某个产量规模或处理效率的生产效果(产能标准)。只要总承包人完工并移交的建设项目不满足其中任何一项验收标准,均构成"质量缺陷",根据"按质论价"的规则原理,发包人均可以行使减价权。

在这其中,动态的功能使用质量标准,实际上就是 FIDIC 合同范本的"performance criteria",直译过来是"性能标准"。依质量要求程度由低到高划分,性能标准本身存在三个层次:

第一,项目本身的最低性能标准。其英文是"fit for their ordinary purpose(s)",直译过来是"合乎常态目的",可以理解为机械装置设备应当具备的一般的、普遍的、常态的功能,是工程项目内在的、本质的、最低的保障性要求,属于法定性能标准,也是有关性能标准的最低层级要求[1],即便无合同当事人特别约定也应当依法律法规强制性标准、行业特质与交易习惯适用,作为履行考核依据与质量评价标准。比如,对于新基建——数据中心建设项目而言,根据数据中心的使用性质、数据丢失或网络中断在经济或社会上造成的损失或影响程度,《数据中心设计规范》(GB 50174-2017)将数据中心分为 A、B、C 三级,其

---

[1] 参见陈鸣飞、李树祯:《工程总承包模式下建设项目性能标准的探讨》,载《中国工程咨询》2020年第12期。

中 C 级为满足基本需求配置,可靠性和可用性等级最低。而 B 级在 C 级的基础上增设了 C 级所不具备的冗余设施,A 级又在 B 级的基础上增设了 B 级所不具备的容错系统,因此 C 级即为数据中心项目最低性能标准的要求。[①] 第二,发包人可接受的最低性能标准,是指工程建设完成后无法满足发包人在发包人要求或其他合同文件中提出的性能要求的情况下,发包人可接受的最低性能要求。[②] 第三,发包人预期的性能标准,这是发包人对性能标准的预期要求,常常与产能规模、能耗限制、降污减排目的相关联,根据发承包双方的自由约定来确定。

"发包人可接受的最低性能标准"与"发包人预期的性能标准"用一个案例来解释比较直观。在某"新疆风力发电项目"中,发包人在《总承包人合同》中约定的风力发电项目的性能交付标准是"性能试验和 240 小时试运行通过",在配套设计合同中约定的设计标准是"保证其设计使工程有能力在安全、稳定、经济状态下运行,并使其性能达到合同规定的最佳状态";发包人意图实现的产能目标是"年理论发电量为 12921 万 kW·h,预计项目年上网量为 9939.6 万 kW·h,相应单机平均上网电量为 276 万 kW·h,年等效满负荷小时数为 2008h,容量系数为 0.2292",这体现在《可行性研究报告》中。[③] 其中,"风力发电项目在安全、稳定、经济状态下运行通过 240 小时"是"可接受最低性能标准","风力发电项目年理论发电量为 12921 万 kW·h、年上网量为 9939.6 万 kW·h"即为"预期性能标准"。

工程总承包项目的最低性能标准、发包人可接受的最低性能标准与发包人预期的性能标准都属于发包人的质量要求,承包人完成的建设项目有任何一项不满足,均属于"工程质量不符合合同约定",在承包人不能整改、修复至满足预期标准的情况下,发包人有权要求减价。

**(二)"发包人预期的性能标准"必须作为《发包人要求》内容、是合同组成的一部分,才构成发包人行使减价权的前提**

发包人预期的性能标准是发包人的特殊要求,不具备普遍适用性,只有在

---

[①] 参见《数据中心设计规范》(GB 50174 – 2017)第 3.2 条"性能要求"的所有规定。
[②] 参见常设中国建设工程法律论坛第十工作组:《建设工程总承包合同纠纷裁判指引》,法律出版社 2020 年版,第 308 页。
[③] 参见最高人民法院民事判决书,(2019)最高法民终 969 号。

合同中约定为质量要求才能对承包人产生约束力,进而构成发包人行使减价权的前提条件。在上述某"新疆风力发电项目"中,发包人以风力发电项目移交后运行的两年时间内根本未达到"风力发电项目年理论发电量为12921万kW·h、年上网量为9939.6万kW·h"这一"发包人预期的性能标准"为由,主张承包人质量违约,要求承包人赔偿发包人实际发电量与预期发电量之间的差价损失,本质上可以理解为发包人要求承包人减少工程价款并赔偿可得利益损失。但最终法院驳回了发包人的诉讼请求,理由有三:第一,"风力发电项目年理论发电量为12921万kW·h、年上网量为9939.6万kW·h"的"发包人预期的性能标准"仅是《可行性研究报告》预测的理论发电量与上网量,是认定该风力发电项目具有建设价值、具有落地意义的依据;但其并未在《总承包人合同》中构成产能目标方面的质量标准中进行约定,故不能认定属于风力发电项目质量要求的依据,从而对承包人没有约束力。第二,《总承包人合同》约定可接受最低标准是"风力发电项目在安全、稳定、经济状态下运行通过240小时",发包人已经出具《移交生产鉴定书》,认可该风力发电项目的"66台风电机组和配套设施及110kV升压站已全面施工完毕,施工质量合格,240小时试运行正常合格,整体工程预验收合格",说明建设项目已经满足合同约定的交付标准、工程质量合格。第三,风力发电项目发电量不足的原因包括政策性限电、项目移交后设备运维等,发包人无法提供证据证明风力发电项目的发电量不足与承包人的设计施工行为不当有因果关系,应当承担举证不能的不利后果。①

与此相反的案例是,在某"焦炉烟气余热回收及脱硫除尘(脱硝预留)工程项目"中,对于焦炉产生的烟气污染物排放到大气中的国家强制性限制标准为"二氧化硫≤50mg/Nm³",这是最低标准,具有强制性,必须达到,否则无法通过环保验收,整个工程项目不得点火使用,因此排放浓度指标"二氧化硫≤50mg/Nm³"可视为"发包人可接受的最低性能标准"。而发承包双方在合同中约定的烟气排放参数为"二氧化硫≤30mg/Nm³",严于国家强制性标准,故该约定标准属于"发包人预期的性能标准"。建设项目完工后,当地环保局对建设项目进行环保检测,测得建设项目脱硫塔烟气出口二氧化硫排放浓度为36mg/Nm³—42mg/Nm³,均值39mg/Nm³,达到国家二氧化硫≤50mg/Nm³的

---

① 参见最高人民法院民事判决书,(2019)最高法民终969号。

限制要求,故环保部门同意通过环保验收。但是经总承包人整改多次,建设项目的排出烟气的二氧化硫浓度不能降到 30mg/Nm³ 以下,无法满足双方在合同约定的二氧化硫浓度限制指标,故法院驳回了总承包人要求发包人支付剩余工程款的请求,反而判决总承包人向发包人赔偿损失 500 万元。[①]

由此可见,"发包人预期的性能标准"作为最高要求的性能标准,只有约定进工程总承包合同或相关协议中才对承包人产生可预见性、才对发包人产生可期待性,才能发挥要求承包人满足这一性能标准的约束力。若"发包人预期的性能标准"未成为发承包双方合意的一部分,不得作为发包人要求减价及赔偿的基础。

**(三) 工程总承包合同中质量验收标准等级划分与对应价款**

工程总承包建设项目的特点是存在不同维度层次的质量标准,如土建部分的验收标准、单个设备部件的检验标准、单项系统装置的试运行通过标准、整个工程的运转产出能效标准,且前项的质量标准是后项的质量标准的前提基础——若土建部分不能保障安全容载功能,那么就不存在使设备装置的良好运行的空间承受条件;若设备部件不能保持一定的性能标准,那么要求系统装置正常运转则是无稽之谈,从中可以看出,多个质量标准之间有高低层次的划分,每个标准划分之间的质量内涵程度不同。

而减价规则的本质是减少给付与对待给付的内容,表现在数量上,是少一部分内容,则少一部分价款;表现在质量上,则是给付满足某一质量品级,则对应支付事先约定的相应价款。这与建设项目工程总承包合同对于不同质量标准的设定其实是不谋而合的。将品质有别的质量标准与不同的工程款价格一一对应,事先约定在建设项目工程总承包合同的价格条款中,如土建部分完成并经验收合格,则承包人取得 20% 的工程价款;如待组装设备进场并经检验合格,则承包人取得 40% 的工程价款;如设备安装完成且经检查调试满足运转要求,则承包人取得 60% 的工程款;如整个功能系统经试运行后满足发包人要求的各项性能指标,则承包人取得 80% 的工程款;等等。由此发挥的相关法律效果:第一,承包人仅能根据其移交的建设项目所达到的质量品级层次取得对应的工程价款,其不能越过已完工程所满足的质量品级超额取得工程款;第二,若

---

① 参见山西省高级人民法院民事裁定书,(2021) 晋民申 467 号。

发包人已付款不符合承包人已成就的质量标准对应的工程款的,承包人有权要求发包人补足;第三,承包人完工的建设项目未能达到某一较高的质量标准,但承包人又想取得该较高质量标准对应的工程价款的,由承包人自行负担履约成本采取继续履行、返工整改、补充更换等措施,使已完工程满足该较高标准时,才能取得相应工程款。如此一来,发包人根据承包人实际完工成就的工程质量品级支付对应的工程款,承包人凭借其满足的工程质量品级取得相应工程款,且由于这是事先约定好的,在一定程度上可以避免双方当事人就工程质量与应付价款之间的推诿扯皮,也就是说,在建设项目工程总承包合同订立时运用减价规则,更能将减价规则"高效处理质量违约纠纷"这一功能目的发挥得淋漓尽致。

实践中,有不少工程总承包合同将建设项目的质量层级与承包人应得的工程价款一一对应,使得法院根据发包人的减价请求处理工程总承包工程款纠纷时更加便利。如在某"循环化改造二期项目水系统工程设计采购施工(EPC)总承包"建设项目中,发包人支付工程款的条件是:(1)合同签订后支付总价款10%的预付款;(2)土建主体结构完工并经双方验收后支付总价款的20%作为进度款;(3)主要装置及材料进场验收合格后支付10%的进度款;(4)合同的主要装置全部安装就位后支付20%的进度款;(5)合同装置系统联动调试完成,设备经双方签署《系统联动调试验收单》,且合同装置联动调试通过性能测试,达到技术协议约定的性能指标即"合同装置总产水率不低于系统总进水量的85%"后,支付30%的装置验收款;(6)剩余10%作为质保金,在《技术协议》约定的质保期限届满,且合同安装工程及合同装置无任何质量问题后,双方办理退还手续予以退还。由上可知,该建设项目的承包人仅能按照其满足的质量标准取得相应工程价款:土建工程成果质量合格的,取得30%的工程款;所购装置、材料验收合格的,取得10%的工程款;装置设备的安装成果验收合格的,取得20%的工程款;装置系统经联动调试被验证满足"总产水率不低于系统总进水量的85%"的性能指标后,取得30%的工程款;装置系统在质保期内无任何质量问题的,质保期届满取得10%的工程款。在该建设项目的履约过程中,因为装置系统主工艺存在设计缺陷,致使总产水率仅达到了系统总进水量的70%,不满足合同约定的装置性能标准,导致发包人超量排污并支付超额排污费。最终,根据发包人的抗辩请求,承包人最终仅取得了60%的工程款,这就是发包人行使减价权利的法律效果,得到了审理法院的完全支持。①

**(四)发包人行使减价权的前提条件是,发包人通知承包人采取修理、返工或改建等补救措施,承包人拒绝补救措施。这也是发包人要求承包人支付替代修理费用的前提基础**

由于建设工程的投入使用涉及公共安全,法律不允许处于使用状态的建筑存在威胁人身财产安全的质量缺陷或安全隐患。当经排查或验收,发现已完工程的质量不符合约定时,该建设工程存在引发质量安全事故的风险,此时法律要求发包人必须通知承包人采取补救措施,通过修理、返工或改建的手段消除安全隐患、修复质量缺陷,而不允许发包人对质量缺陷与安全隐患置若罔闻,直接通过行使减价权的方式降低工程质量、同意验收通过并投入实际使用。若发包人有违法律的上述要求,有可能被追究刑事处罚责任或触犯"工程重大安全事故罪"。

但在发包人要求承包人修理、返工、改建的情况下,承包人拒绝修理、返工、改建,或已经不具备修理、返工、改建的客观条件,且工程质量符合国家规定的强制性标准时,此时发包人当然有权行使减价权,拒绝支付质量不合约部分对应的工程价款。于此阶段、如此做法对发包人而言是极为有利的,因为发包人不仅通过通知整改的方式使自己洗清了与承包人恶意串通降低工程质量的嫌疑,还通过减少价款的手段使自己摆脱了合同履行停滞不前的僵局状态。反过来说,为了贯彻法律对"发包人不得降低工程质量"的强制性要求,发包人行使减价权利的前提条件是——发包人已经通知承包人对工程质量不合约的问题进行整改,且承包人拒绝整改或不具备整改条件;若发包人在未组织竣工验收或未提出缺陷整改的情况下,针对承包人的付款请求直接要求减少工程价款的,存在恶意降低工程质量的嫌疑,法院应当不予支持。

此问题还涉及《民法典》中替代履行制度的适用。《民法典》第581条规定:"当事人一方不履行债务或者履行债务不符合约定,根据债务的性质不得强制履行的,对方可以请求其负担由第三人替代履行的费用。"要求总承包人对质量不合格的建设项目实施返工修理等整改行为,在性质上属于不得强制总承包人必须落实的债务。若总承包人收到发包人要求返工修理的书面通知后

---

① 参见宁夏回族自治区灵武市人民法院民事判决书,(2022)宁0181民初581号。

在发包人要求的时间内拒不响应整改,发包人无法强制、约束总承包人实施修理行为。但于此情形,发包人可以自行修理或委托第三方修理,且发包人因此支出的修理费用依法属于总承包人违约而给发包人造成的损失,发包人有权要求承包人赔偿修理费用。

在此特别强调的是,若发包人意图有效实现要求总承包人赔偿替代修理费用的追索效果,应当在发现工程质量缺陷时及时向总承包人发出整改通知,总承包人明确表示或以不作为的形式表达不予修理的,发包人才可以替代修理,这是发包人向总承包人索赔替代修理费用的正当性基础。其理由在于:第一,工程质量合格是总承包人的服务成果与总承包人取得对价利益的凭据,因此对工程质量缺陷进行修理不仅仅是总承包人的合同义务,也是总承包人的合同权利,发包人意图替代履行的,属于越俎代庖,应当先履行要求总承包人整改修理的通知义务;第二,发包人将工程质量缺陷的事实告知总承包人并通知其返工修理的,已经充分体现发包人对总承包人合同权利的尊重,总承包人拒不修理的,构成对明知义务的违反,视为对修理权利的放弃,发包人为了避免拖延处理工程质量缺陷造成的扩大损失而自行修理或委托第三方修理,具有正当性与合理性,发包人因此支出的替代履行费用当然构成因总承包人违约而遭受的损失;第三,若发包人在未通知总承包人维修且总承包人未拒绝维修的情况下径直替代修理,不能摆脱发包人与第三方修理人存在恶意串通虚高维修费用并将高额费用风险转嫁总承包人的嫌疑,发包人替代履行的正当性缺失,自然无法向总承包人索赔修理费用。

实践中,法院多循此逻辑作出判决,即发包人要求总承包人支付工程质量缺陷的替代履行费用的,应当提供证据证明其已经通知总承包人修理且总承包人明确表示或以不作为表示拒绝修理,否则法院不支持发包人的费用索赔请求,如(2022)辽02民终1736号民事判决书认为:关于发包人所提交其委托第三方进行维修并产生费用的相关证据,法院认为,发包人提交的证据无法证明其在质保期内向总承包人提出维修通知而被总承包人拒绝履行的事实,故发包人自行委托第三方进行维修所产生的费用不应自总承包人应得质保金中予以扣除。①

---

① 参见辽宁省大连市中级人民法院民事判决书,(2022)辽02民终1736号。

## 第十三条 发包人对工程质量不合格有过错的情形

> **第十三条**
>
> 　　发包人具有下列情形之一，造成建设工程质量缺陷，应当承担过错责任：
> 　　(一) 提供的设计有缺陷；
> 　　(二) 提供或者指定购买的建筑材料、建筑构配件、设备不符合强制性标准；
> 　　(三) 直接指定分包人分包专业工程。
> 　　承包人有过错的，也应当承担相应的过错责任。

### 工程总承包纠纷的可适用性

　　本条原则上可以适用于工程总承包。但需注意的是，本条第1款第1项中的"设计"针对的是由发包人提供的、作为开展工程总承包合同承包范围内设计依据的前期设计文件，并不是传统施工总承包意义下的"施工图设计"。换言之，若工程总承包范围内的施工图纸有缺陷而产生质量缺陷，不能直接依照本条规定追究发包人的质量过错责任，而是应当追因溯源，探寻是合同发承包双方哪一方的原因导致施工图纸有缺陷，进而归责。

### 应用

　　(一) 本条规则实质上是《民法典》第592条规定的"与有过失"规则在建设工程行业纠纷的类型化与具体适用

　　本条的"建设工程质量缺陷"是一种未到发包人缔约目的的违约状态，于发包人而言可能会产生实际损失,该损失是一种合同损失。既然是合同损失,当然受到"可预见性""损益同销""与有过失""止损义务"规则的限制。本条实际上规范的是,发包人作为建设工程实体的受领人,对建设工程质量合格享有可期待的积极利益,若质量不合格则可以视为发包人的合同损失,按照正常逻辑,本应由总承包人承担合同责任,但本条却特别规定,在工程质量缺陷导致发包人受有实际损失的情况下,还要求发包人反而根据自己的过错对损失承担相应的责任,这与《民法典》第592条规定的"与有过失"的内在机理一致。

与有过失,又称"过错相抵""过失相杀",通常是指针对损失的发生或扩大,遭受损失的一方也存在过失时,法院可以减轻加害方赔偿金额或免除赔偿责任。[1] 在损害赔偿法上,以受害人有过失为理由,减免加害人之损害赔偿义务是一个蕴藏朴实的道理[2]——基于自己的过失造成损失,不可转嫁于他人,系当然自明之理。[3] 具体而言,在合同法上,就债务人的违约与债权人的过失加以衡量,或者扩而广之,就双方当事人的行为和违约损失之间的原因力观察权衡,令他们各自承担相应的责任,最终表现为违约方的责任减轻或免除,体现出对损失后果予以公平分担,这是诚信原则和公平原则的当然要求。[4]

本条是"与有过失"规则在建设工程争议纠纷处理领域的类型化与特殊化,不仅适用于传统施工总承包纠纷,也适用于工程总承包纠纷。

一方面,传统施工总承包模式是发包人负责设计,但工程总承包模式是总承包人负责设计,因此工程总承包的总承包人以设计缺陷为由将工程质量缺陷责任推卸到发包人的情况比较罕见。但观察实践,即便工程总承包模式下直接作为施工依据的设计图纸由总承包人负责绘制,但不排除根据项目性质和发包阶段,工程总承包项目的发包人在发包时已经完成方案设计或初步设计。若方案设计或初步设计存在错误、缺陷、遗漏、与《发包人要求》或现实施工环境不符的情形导致工程质量缺陷,仍属于发包人的原因,根据因果归责理论,发包人仍需要对此引发的质量缺陷负责。与此同时,若总承包人负责的设计图纸也因为总承包人深度不足、考虑不周、预见不够而存在缺陷,引发工程质量问题,总

---

[1] 参见韩世远:《合同法总论》(第3版),法律出版社2011年版,第634页。
[2] 参见黄茂荣:《论与有过失》,载《法治研究》2022年第1期。
[3] 参见曾隆兴:《现代损害赔偿法论》,台北,1988年自版,第560页。
[4] 参见崔建远:《论与有过失规则》,载《荆楚法学》2022年第5期。

承包人也应当承担相应的过错责任。从更宏观的视角来看,此时发承包双方即是在各自过错范围内遵照"与有过失"的规范路径承担各自的责任。

另一方面,虽然工程总承包下的发包人基本不负责工程建设的有关事项,只负责保障工程款到位,但实践中不排除工程总承包的发包人要求"甲供材"或者要求"甲指分包"的情形。在工程总承包模式下,若确实存在"发包人提供或者指定购买的建筑材料、建筑构配件、设备不符合强制性标准""发包人直接指定分包人分包专业工程"导致工程质量缺陷,总承包人根据本条要求发包人承担相应的过错责任,也是理所应当的。于此情形,若总承包人在合同履行中存在其他过错,与"甲供材"或者"甲指分包"共同作用导致同一损失,按照"与有过失"规则,发承包人双方也是按照各自过错程度承担责任。

特别说明的是,发包人原因导致工程总承包建设项目质量缺陷的表现形式不局限于本条列举的三类情形,还包括其他情况,如发包人为了降低投资成本明知采用某种工艺技术会拉低工程质量仍然强制要求总承包人实施,发包人无视混凝土硬度形成所应满足的时间跨度需求严重压缩工期,发包人接收工程开展性能试验的期间内未尽到合理的保养维护义务等。在此情况下,根据《民法典》第793条第3款"发包人对因建设工程不合格造成的损失有过错的,应当承担相应的责任"的规定,发包人应当依其过错程度承担相应的责任。

**(二)"与有过失"规则确立损失赔偿责任时考虑合同当事人的各自原因与分别过错,契合工程总承包质量纠纷原因交叉、过错交加、责任交织的特征**

工程总承包建设活动参与主体众多、工作内容庞杂,这意味着建设项目的阶段性成果与最终竣工成果是多方主体、多方资源、多方意志、多方智慧合力一致的结果,呈现出多因一果的特性。譬如,施工图设计能作为建设依据,离不开总承包人绘制、发包人批准以及设计单位与勘察单位交底审查的投入;某项施工工艺技术能够落地,是出于总承包人编制、发包人委托行业专家论证、设计单位对技术文件的可行性与兼容性进行完善、劳务队伍执行、监理单位敦促执行方按照技术文件的工序步骤施工等多方保障而实现的;单项工程的完工,也是总承包人投入设计智慧与人材机施工、监理单位投入质量管理精力、发包人给予工程款经济支持的结果。因此,若工程总承包建设项目出现质量缺陷瑕疵的不利后果,通过因果关系的锁链回溯、锚定原因主体,也是顺理成章的。

例如2016年11月24日发生的"江西丰城发电厂特别重大坍塌事故",事故经过为发电厂项目中的冷却塔、平桥等施工平台完全坍塌坠落,造成73人死亡、2人受伤,直接经济损失高达10197.2万元。① 根据国务院出具的事故调查报告,该损害结果的直接原因是,施工单位在冷却塔筒壁混凝土冷却时间不够、硬化强度不足以至于支撑力发展不足的情况下,违规拆除支护模板,使得筒壁失去模板的支护力而倾斜塌落,将在下方平台上作业的工人全部压覆。② 间接原因是,工程总承包单位对施工方案审查不严、对施工单位缺乏有效管控,未能及时发现和制止施工单位违规拆模的行为;监理单位未按照规定要求细化监理措施,对拆模工序等风险控制点失管失控,未纠正施工单位违规拆模行为。建设单位的原因:第一,无理压缩冷却塔工期,却未组织论证;第二,项目安全质量监督管理工作不力;第三,项目建设组织管理混乱。由此可见,工程总承包建设项目质量缺陷呈现出原因交叉、过错交加、责任交织的特征。

**(三)工程总承包模式中"与有过失"规则的适用**

特别说明的是,在出现工程总承包质量缺陷、需要确定损害赔偿责任承担主体的过程中,当评价发包人的责任时,有可能出现"有原因但无过错"或"有过错但无原因"的场景。

如前所述,建设项目未满足合同设定的产能指标,部分原因在于发包人在其《发包人要求》文件中给到的相关配合数据不明确以及发包人描述的功能要求不明确,即发包人提供的项目基础资料不完善、有瑕疵,或者发包人提供的定位放线数据不符合实际要求,这说明发包人对工程质量缺陷有责任。但是发包人又在合同中明确约定:"总承包人应当负责核实和解释所有发包人提供的基础资料,发包人对这些资料的准确性、充分性和完整性不承担责任。"可以看出发包人将本应由其负担不利后果的基于其自身义务履行不到位产生的归责风险转嫁给承包人。实践表明,该种约定虽有违公平原则,且发包人的目的不纯,但是体现发承包双方的自我利益安排与自由意思表达,法院多予以尊重、支持,

---

① 参见李自光:《江西丰城电厂特大安全事故的反思》,载《建筑》2017年第20期。
② 详细的因果关系:施工单位在冷却塔筒壁混凝土强度不足的情况下,违规拆除模板,致使刚拆除模板的筒壁混凝土失去模板支撑,不足以承受上部荷载,从底部最薄弱处开始坍塌,造成刚拆除模板部位的筒壁及以上筒壁混凝土和模架体系连续倾塌坠落。坠落物冲击与筒壁内侧连接的平桥附着拉索,导致平桥也整体倒塌。参见裴金勇、孙宇冲、赵云胜:《大型水电工程施工的安全管理——江西丰城发电厂冷却塔重特大事故的教训及思考》,载《中国安全生产科学技术》2017年S2期。

而非以"显失公平"为由否认。在有上述约定的情况下,发包人对由其负责提供的基础资料的错误、遗漏或不符存在责任阻却事由,即便其未尽有关义务,由于其已经将此类责任的风险转嫁给承包人,由此产生的不利后果即使有发包人的原因也由总承包人承担。

后者比如,已完建设工程某一部位开裂,存在崩塌、跌落的风险。经调查,该项目中有部分材料是发包人负责采购提供的,且不尽如设计文件要求的质量标准。但即便如此,若发包人采购的质量不合格的材料并未用于发生开裂的工程部位,针对工程开裂崩塌部分造成的损失,也不能要求发包人依照"与有过失"承担相应责任,因为这之间并无因果关系。

上述两个案例也可以清晰说明,认定受害方也承担"与有过失"的责任时,考虑受害人的过错、受害人行为与损害结果之间的因果联系多元因素具有必要性,否则责任边界无序滋蔓,有违公平。

## 依 据

**《民法典》**

第五百九十二条 当事人都违反合同的,应当各自承担相应的责任。当事人一方违约造成对方损失,对方对损失的发生有过错的,可以减少相应的损失赔偿额。

第七百九十三条 建设工程施工合同无效,但是建设工程经验收合格的,可以参照合同关于工程价款的约定折价补偿承包人。建设工程施工合同无效,且建设工程经验收不合格的,按照以下情形处理:(一)修复后的建设工程经验收合格的,发包人可以请求承包人承担修复费用;(二)修复后的建设工程经验收不合格的,承包人无权请求参照合同关于工程价款的约定折价补偿。发包人对因建设工程不合格造成的损失有过错的,应当承担相应的责任。

## 判 例

### 案例13-1 (2022)新民终18号

**案情介绍**

旭日公司(总承包人)承建嘉润公司(发包人)的"一、二期燃煤机组(4×350MW)烟气超低排放改造工程"项目,承包方式为总承包,承包范围包括工程的设备设计、技术服务、土建施工、设备安装、调试等内容。

### 各方观点

旭日公司以嘉润公司拖欠工程款为由诉至法院。经法院委托鉴定,发现案涉工程项目的土建部分质量合格,但是燃煤机组等装置设备因系统设计、材料选择、设备选型不符合《技术协议》要求以及使用运行维护不当以至于无法实现性能标准。就此嘉润公司要求旭日公司承担案涉工程项目的所有维修、整改费用。

### 法院裁决要旨

因案涉工程系 EPC 总包合同,案涉工程的设计、施工及材料购买、安装、维护工作均由旭日公司完成,故对"清单工程"造成质量问题的主要责任应由旭日公司承担;但考虑案涉工程已竣工验收并交付嘉润公司使用至今,截至目前,虽曾多次出现问题并进行了维修,但至今工程设备仍正常运行,在工程设备运行过程中,嘉润公司亦存在维护不当、维修不彻底及维护不及时等问题,对"清单工程"造成质量问题也有一定的过错,故对"清单工程"修复及重做的费用应当按照各自过错责任的比例进行分担。对修复及重做的费用金额应以新疆方诚价格有限责任事务所作出的新方诚价鉴字〔2021〕30 号《价格鉴定意见书》中确定的 20072805 元为依据。故综合该案案情,参照南京砝证检测科技有限公司作出的《产品质量鉴定意见》及《补充意见》、新疆方诚价格有限责任事务所作出的《价格鉴定意见书》,按照嘉润公司、旭日公司各自的过错责任情况,酌定由旭日公司承担案涉工程修复和重做费用 20072805 元 80% 的责任即 16058244 元,嘉润公司承担案涉工程修复和重做费用 20072805 元 20% 的责任即 4014561 元。

## 案例 13-2 (2021)豫 01 民再 280 号

### 案情介绍

泵业公司作为总承包人承建由发包人天恩公司发包的"2MWp 光电惠豫工程太阳能发电项目系统集成总承包"发电建设项目。项目完工后,因天恩公司欠付工程款,泵业公司将天恩公司诉至法院。经法院委托鉴定,发现案涉工程项目所使用的光伏组件、逆变器、电缆、汇流箱均是不合格产品,给天恩公司造成巨大的发电量损失。

> 📋 **法院裁决要旨**

根据北京鉴衡认证中心于 2014 年 7 月 23 日出具的《光电惠豫工程审核报告》，上海新蓦尔检测技术有限公司出具的〔2019〕审字 070050 号质量鉴定报告等，可以认定案涉工程存在质量问题。根据《建设工程司法解释》第 11 条和第 12 条的规定，根据 2013 年 3 月 9 日总承包合同及招标、投标文件的约定，案涉工程的设计、采购、施工等均由泵业公司负责，根据该案证据，不存在上述司法解释第 12 条规定的天恩公司承担过错责任的情形。泵业公司应当按照工程设计要求、技术标准、合同及招投标文件的约定，对光伏组件、逆变器、电缆等材料设备进行检验，有义务使用合格材料，有义务采取措施防止不合格材料用于工程，泵业公司设计、采购、施工，除发电系统容量达不到合同约定外，光伏组件等材料不合格是工程不合格的主要原因。泵业公司应当承担质量不合格的责任。

## 工程总承包纠纷适用的建议

本条原则上可以大部分适用于工程总承包合同纠纷，但是鉴于传统施工模式与工程总承包模式在"设计文件提供方式""质量标准""发承包方式"等方面存在不一致，在适用本条规定处理工程总承包合同纠纷，应当注意以下细节。

（一）在"发包人提供的设计有缺陷"情形下，结合工程总承包模式特殊情形，应当注意的事项

1. 在工程总承包模式下，施工图设计文件缺陷的归责

（1）工程总承包模式中可以作为施工依据的施工图设计文件由总承包人负责编制

《民法典》第 791 条第 1 款规定："发包人可以与总承包人订立建设工程合同，也可以分别与勘察人、设计人、施工人订立勘察、设计、施工承包合同。发包人不得将应当由一个承包人完成的建设工程支解成若干部分发包给数个承包人。"《建设工程施工合同（示范文本）》第 1.6.1 项规定："发包人应按照专用合同条款约定的期限、数量和内容向承包人免费提供图纸，并组织承包人、监理人和设计人进行图纸会审和设计交底……"根据建筑行业交易习惯，传统施工总承包模式下的设计图纸由发包人委托设计单位出具，设计工作有关的事项由发

包人负责,故在发承包双方之间的关系中,设计质量缺陷由发包人自行负担。

《房屋建筑和市政基础设施项目工程总承包管理办法》第3条规定:"本办法所称工程总承包,是指承包单位按照与建设单位签订的合同,对工程设计、采购、施工或者设计、施工等阶段实行总承包,并对工程的质量、安全、工期和造价等全面负责的工程建设组织实施方式。"第18条规定:"工程总承包单位应当建立与工程总承包相适应的组织机构和管理制度,形成项目设计、采购、施工、试运行管理以及质量、安全、工期、造价、节约能源和生态环境保护管理等工程总承包综合管理能力。"《建设项目工程总承包合同(示范文本)》第5.1.1项规定:"承包人应当按照法律规定,国家、行业和地方的规范和标准,以及《发包人要求》和合同约定完成设计工作和设计相关的其他服务,并对工程的设计负责。承包人应根据工程实施的需要及时向发包人和工程师说明设计文件的意图,解释设计文件。"根据上述规范性文件规定,工程总承包的模式是,设计任务由总承包人完成、施工图纸由总承包人出具,故总承包人应当对设计过程与设计成果负责。

由上可知,在传统施工总承包模式下,施工所需的设计文件全部由发包人负责提供,但工程总承包模式却并非如此。工程总承包项目的设计一般分为三个阶段,即方案设计阶段、初步设计阶段和施工图设计(或深化设计)阶段,一步一步层层递进、精炼、深化、完善,形成施工最终依据,即施工图纸。在一般情况下,为了在发包工程总承包建设项目时能够清晰描述《发包人要求》,使得总承包人能够了解发包人的建设意图与建筑物使用要求,发包人有时会自行负责或委托第三方完成方案设计文件、初步设计文件的编写工作,尤其是政府投资项目,根据法律规定发包人应在完成初步设计文件后才能进行工程总承包的发包,并将上述成果提交总承包人作为建设基础资料进行分析、参考。又由于工程总承包模式下,方案设计与初步设计过于笼统、抽象、概括且粗疏,许多特征刻画尚不细致、具体数据尚不明朗、细节描绘也尚不精确,若将其作为能够直接用于施工的参照依据仍间隔一定距离,因此需要总承包人承担一定的设计任务,通过对方案设计或初步设计的细化、深化、强化、优化,逐步修正并贴合《发包人要求》,渐渐使其符合作为施工依据的客观条件。作为直接施工依据的施工图设计文件或深化设计文件则由总承包人自行编写。

(2)若因设计图纸错误导致工程质量缺陷,通常由总承包人承担相应责任,但也要考虑施工图设计文件错误是否为发包人提供基础资料错误所致

当工程总承包建设项目因设计文件缺陷、错误而出现工程质量问题时,应当通过辨明设计文件的来源来区分损失责任的承担主体:一方面,若是发包人提供的方案设计文件、初步设计文件存在错误、遗漏、缺陷或不符合施工实际的客观状况,导致总承包人据以编绘的施工图设计文件或深化设计文件也一并错误,且该错误是总承包人依照《发包人要求》并凭借自身管理能力、施工经验无法发现、察觉并纠正,工程质量缺陷属于发包人的原因,发包人应当对其提供的方案设计文件、初步设计文件有误承担责任;另一方面,若是总承包人自行编绘的施工图设计文件或深化设计文件存在错误、遗漏、缺陷,且该错误不是发包人提供的项目基础资料有错误而导致,工程质量缺陷属于总承包人的原因,总承包人应当对其提供的施工图设计文件、深化设计文件负有缺陷承担责任。

如在某"热电厂1、2号燃煤锅炉脱硫、脱硝工程项目"中,发包人以建设项目存在"未试车成功并未通过72小时的考核期"进而"未能通过性能验收"的质量缺陷问题为由拒付剩余工程款。但经法院查明,建设项目未能通过性能验收的根本原因在于"专有技术和核心催化剂有问题",而"专有技术和核心催化剂"是发包人通过向案外人购买而获得的,故"专有技术和核心催化剂问题"导致建设项目存在"未能通过性能验收"的质量缺陷问题是发包人的原因,与总承包人无关,不应当由总承包人承担不利后果。发包人以此为由拒绝付款的,法院不予支持。[1]

在设计文件错误导致工程质量缺陷的情况下,分析是发包人提供的设计基础材料有错误还是总承包人出具的施工图设计文件有错误,实际上就是"回溯原因",即甄别出引发工程质量缺陷这一恶果的因果链条,铺开追责的路径,也是适用"与有过失"规则的过程。

2.总承包人未尽合同约定的"基础资料复核义务""项目现场踏勘义务""施工风险评估义务",应承担与其过错相应的质量缺陷责任

(1)在工程总承包模式下,总承包人被要求履行合同约定的"基础资料复核义务""项目现场踏勘义务""施工风险评估义务"

需要特别说明的是,即便在工程总承包模式下,发包人对其提供的方案设

---

[1] 参见新疆维吾尔自治区高级人民法院民事判决书,(2019)新民终387号。

计或初步设计的错误、缺陷、遗漏、与《发包人要求》有偏差、与实际施工状况不符等事项负责,并承担由此引发的工程质量缺陷责任,但上述情况仍然掺杂总承包人承担过错相应责任的可能,使工程质量缺陷责任在宏观上呈现出既要求发包人承担责任也要求总承包人承担责任的"责任错杂""过错交织"状态,此处背后的机理即为"与有过失"规则。

之所以会出现上述发承包双方均应当根据"与有过失"规则对质量缺陷承担责任的情形,是因为工程总承包模式特别地要求总承包人履行"基础资料复核义务""项目现场踏勘义务""施工风险评估义务",这是工程总承包模式的特色,是传统施工总承包模式所不具备的要求。该三项义务的具体要求包括:

①有义务审查、发现建设基础资料的错误、缺陷,使其得到改正、纠偏。总承包人应当及时研读审核《发包人要求》、初步设计、勘察文件等基础资料,凭借其施工经验、运用其管理能力发现其中的错误,并将错误反馈给发包人进行矫正、纠偏、补足。此项义务源于《建设项目工程总承包合同(示范文本)》"通用合同条件"第1.12款的规定。

同时,承包人应对基于发包人提交的基础资料所做出的解释和推断负责,此项义务源于《建设项目工程总承包合同(示范文本)》"通用合同条件"第4.7.1项的规定。

②有义务实地踏勘项目现场、观察周围环境,为履行"基础资料复核义务"提供分析数据源。充分了解施工条件与周边环境的有关信息是总承包人履行"基础资料复核义务"的前提基础,因此工程总承包模式要求总承包人在投标报价时必须亲自踏勘项目现场,充分了解工程所在地气象条件、交通条件、风俗习惯以及与完成合同工作有关的其他资料。此项义务源于《建设项目工程总承包合同(示范文本)》"通用合同条件"第4.7.2项的规定。

"项目现场踏勘义务"是一个凝聚多种类似情况、内容高度浓缩的概念,应当根据不同的建设项目性质转化为其他义务类型,但合同目的是不变的。如在某些高污染的烟气处理、污水处理项目中,发包人的目的就是对其生产线排出的废料进行二次处理,剥离某些有害杂质、被除某些重度污染,使废料达到国家的排放环保标准,或者发挥其生产其他能源(如发电)的价值。实践中,"项目现场踏勘义务"在此类项目中会被进一步解释为包括"实测数据义务"。"实测数据义务"的内容是,总承包人不应当轻信发包人提供的进料数据,而是应当根据发包人的实际生产情况亲自提取气源、水源、固体源等输入原料,自行化验并得出成分信息或规模数值,对输入原料数据的浮动区间与变化规律做到心中有数,并在此基础上进行装置选型与工艺设计,才能保证处理效果符合发包人要求的性能指标与产能规模。"实测数据义务"在烟气处理或污水处理项目中一般不可避免,因为发包人提供的进料参数(也就是设计数值)是发包人根据废料(待处理的进料)的过去产出经验得出的数据,但生产数据日新月异,且发包人要求的脱硫、脱硝、除污、除尘、减害等处理效果也比较严格,往往会将未来的产量空间与处理高度一并考虑,这超出仅针对历史数据进行处理所能满足的标准。因此发包人给定的进料数据只能作为设计参考,不能作为设计依据,实际的进料数值需要总承包人自行收集并纳入处理技术的分析范围,才能保证工艺设计不偏离发包人目的的轨道。

实践中存在总承包人未尽"项目现场踏勘义务"导致建设项目不符合性能标准要求,进而被发包人追究质量违约责任的情形。如在某"脱硫除尘一体化改造项目"中,建设项目存在未达到运行指标的质量缺陷,即"系统压力超出技术协议要求,造成引风机电耗增加",使发包人遭受了33599996kW·h的电耗增加损失。对此,发包人要求总承包人承担质量违约的赔偿责任。总承包人抗辩,发包人实际输入的烟气量远高于《技术协议》设定的烟气通过流量这一设计基准值,大量烟气在烟道系统中一下子通过流速变慢,阻力增强——实际的阻力值为791Pa,远远高出理论计算值434Pa,导致烟气系统负荷变大,才引发电耗增加。但最终法院没有采信总承包人的抗辩内容,判令总承包人对发包承担质量缺陷损害赔偿责任,理由在于:其一,根据合同条款要求,建设项目通过性能验收、环保验收是总承包人的负责范围;其二,根据技术规程要求,已建电厂加装烟气脱硫装置时,宜根据实测烟气参数确定烟气脱硫装置的设计工况和校核工况,并充分考虑煤源变化趋势;其三,根据《技术协议》规定,发包人提供的烟气量输入数据仅具有参考意义,并不妨碍总承包人依照技术规程测量实际烟气排放数据,并根据实测数据进行设计施工。总承包人未尽实际测量数据的义务,导致基于错误的数据进行错误的设计,使得建成后的烟道系统不能承受烟气量通过的阻力负荷,引发机组耗电增加,给发包人造成能耗增加的损失,故总承包人应当承担质量责任。①

③有义务分析、评估项目的建设风险与施工障碍,纳入投标报价中,并对由此产生的费用与工期负责。一方面,鉴于发包人的建设专业程度远不及总承包人,且工程总承包模式下发包人丧失了设计单位的监管助力,为了均匀发承包双方因能力参差导致的利益失衡,工程总承包模式抬高了总承包人对于影响建设活动顺利开展的不利情形(如地下施工障碍、异常恶劣气候)的注意义务与预判义务;另一方面,工程总承包模式的特征还体现了利于投资控制,这也是工程总承包模式深受发包人青睐的原因,若将该义务予以延伸,则总承包人应当通过审核研读发包人提供的基础资料以及踏勘观察建设项目的现场周边分析、评估出有可能发生的施工阻挠因素,提出有的放矢的解决措施,将该可能采取的解决措施预估产生的费用或占用的工期,纳入投标报价中,形成合同固定总价,并承诺出现此类情形不调整合同价款,由此实现发包人要求控制建设投资总额的目的。此项义务源于《建设项目工程总承包合同(示范文本)》"通用合同条件"第4.7.2项的规定。

若总承包人未尽到上述合同约定的"基础资料复核义务""项目现场踏勘义务""施工风险评估义务",即便建设项目质量缺陷是发包人提供的《发包人要求》、初步设计(或方案设计)、地勘文件等建设基础资料存在缺陷、错误、遗漏的原因所致,总承包人也在未尽上述义务、履行上述义务不到位的过错范围内承担"与有过失"责任,降低了发包人的责任承担比例。这也是本条第2款"承包人有过错的,也应当承担相应的过错责任"发挥适用效力的情形。

(2)若总承包人不具备尽到"基础资料复核义务""项目现场踏勘义务""施工风险评估义务"所必需的履约条件或客观基础,则不能视为总承包人"有过错",总承包人不应当承担相应过错责任

义务履行的边界并非无休无止、没有限度,过于苛求、勉为其难,只会有失公平正义,破坏交易安全。纵使工程总承包模式对总承包人课以"基础资料复核义务""项目现场踏勘义务""施工风险评估义务",但出于维护对价公平与可预见性对交易秩序的稳定作用,工程总承包模式还设定了总承包人无法或不应、不能履行上述义务而免除相应责任的情形,具体包括以下几个方面。

---

① 参见河南省高级人民法院民事判决书,(2021)豫民终815号。

①无法预见的困难。根据理性主义与过错归责理论,可预见性是归责的正当性基础,目的是防止损失索赔范围的恣意蔓延引发当事人利益失衡;若不存在可预见性,损失发生在当事人的意料之外,则不存在要求当事人担责的正当理由。《建设项目工程总承包合同(示范文本)》"通用合同条件"第4.8款规定了有可能对施工进程形成阻挠的类型事项,包括自然障碍,如地下自然结构、地下水文条件;非自然的物质障碍,如地下管廊、地下工程;污染物,如相邻工地的废料侵染;等等。若采用客观标准判断,上述施工障碍是总承包人在签约时难以凭借其承包经验或施工技术预测得到,并非总承包人投入精力不足、专业过失或现场踏勘缺漏、失误导致无法察觉,则视为总承包人无过错,由此引发的费用增加、损失赔偿或工期延误由发包人承担。《建设项目工程总承包合同(示范文本)》"通用合同条件"第4.7.2项要求总承包人对施工现场及周围环境对工程可能产生的消极影响或施工障碍导致的费用增加、工期延误等不利后果负责,但是又留下了"属于不可预见的困难"的除外情形,就是考虑到现实中有可能出现经总承包人尽力考察仍无法预见的施工障碍、不宜据以过于苛责总承包人的情况。

但是,若发包人已经将在客观上本难以预见、本不属于总承包人控制的事态因素纳入合同条款,约定总承包人对该事态因素所引发的不利后果负责,则进入了"风险分配"的范畴,此时发包人的潜在要求:即便总承包人面对的足以影响合同履行效果的不利事态因素在常态下并非总承包人应当预见或负责的业务范围,但总承包人也有义务作出针对性的技术改进或处理方案,使得建设项目哪怕受到该不利事态因素的消极影响,也依然满足《发包人要求》下的性能指标或产能规模。于此情形,则视为发包人通过约定明示的方式拓宽了总承包人应当预见的风险范围,总承包人盖章签订合同即说明其"已经预见",若确实出现该不利事态因素引发风险,由总承包人承担该危害后果,总承包人不得以该不利事态因素非其可预见、非其可控为由免除责任。如在某"生活垃圾填埋场渗滤液处理站升级改造工程项目"中,发承包双方约定建设项目的功能要求是"渗滤液处理站日处理能力为300吨,净出水率不低于70%,出水不低于210吨,出水水质达到《生活垃圾填埋场污染控制标准》(GB 16889-2008)表2标准"。建成后,在试运行期间,建设项目存在"处理站日最高处理量70吨,远远低于设计日处理量210吨,出水无法达到《生活垃圾填埋场污染控制标准》

（GB 16889 – 2008）相关要求,无法满足运行负荷和排放标准要求"的性能质量缺陷,发包人据以要求总承包人承担质量违约赔偿责任。但总承包人认为,其已经按照发包人和评审专家的要求,以进水水质中"$NH_3 – N$ 指标为 1500mg/L"作为处理规模与改造基础进行设计与施工,建设项目不能达到排放标准,是因为发包人实际导入的进水水质为"$NH_3 – N$ 指标为 2500mg/L",远远超出了建设项目事先要求的处理能力与设计条件,发包人擅自提高性能标准,非总承包人所能预见,建设项目性能要求不达标的责任应当由发包人自行承担。对此,发包人的抗辩理由是,发包人已经在《招标文件》中明确"投标人现场考察并预测未来渗滤液进水水质,今后运行中实际进水水质超过或者低于本设计进水水质指标,导致处理后出水不达标的风险由投标人承担",该内容明确了进水水质变化的风险责任由总承包人承担,即总承包人能够预见实际进水水质与初设进水水质不符导致出水水质不达标的风险,却未采取任何处理或改进措施,因此性能质量不达标的风险应当由总承包人承担,最终法院采信了发包人的观点。[①] 该案即为非常典型的,发包人将本不属于总承包人应当预见、应当控制、应当解决的风险事项约定由总承包人负责,总承包人签约的,视为总承包人已经预见,并视为总承包人承诺承担该不利风险,总承包人不得以"无法预见""非属总承包人原因或过错"为由免除责任。

②无法核查的错误。工程总承包建设项目多涉及工业性能,会涌现较多突破现有行业操作或储备认知的新专利、新工艺、新技术,此时发承包双方对于新的工艺技术能否安全顺利地运用于生产实践中仍处于无参照可依、无先例可循的探索、研究状态,且极有可能失败,无法达到发包人要求的生产规格与产能指标。此情形下建设过程中出现的"失误"有可能已经超出现有客观条件下所能实现的技术操作高度与工艺运用前端,是总承包人凭借自身能力与经验都"无法核查的错误",是总承包人穷尽所有资源、竭尽有限精力都无法避免与解决的问题。在此情况下,即便建设项目存在不能满足发包人要求的功能目的、性能指标的弊端,也不宜过分苛求总承包人承担责任,否则对总承包人不公平,且不利于激发总承包人投身于生产建设工艺创新的积极性、能动性。这也是《FIDIC 银皮书 2017 版》合同条件第 5.1 条"设计义务一般要求"规定的"雇主

---

[①] 参见安徽省滁州市中级人民法院民事判决书,(2016)皖 11 民终 1150 号。

应对雇主要求中的下列部分,以及由(或代表)雇主提供的下列数据和资料的正确性负责:除合同另有说明外,承包商不能核实的部分、数据和资料"的正当性基础。

但是,若该错误是总承包人更留意、更小心、更谨慎一点即能发现并避免的错误,如在采用新的工艺技术之前,倘若聘请专家反复论证新工艺的现实可行性与符合产能目的性,又如,在依新工艺技术安装的生产设备装置启动运转之前,倘若进行多次的试验、有的放矢的消缺、行之有效的整改与反复的论证,检验装置设备的运行安全性、可行性等,则可以及时发现工艺弊端、避免适用错误的工艺方法、作出错误的设计,进而规避工程质量缺陷的不利后果;但因为总承包人侥幸、疏忽大意、未谨慎行事导致采用错误的生产工艺方法,以至于不能匹配发包人要求的生产规模目的,出现工程质量缺陷的,总承包人不得以"采用新工艺超出总承包人的能力范围"为由要求进一步减免质量责任。如在某"工业废品甜叶菊废渣厌氧发酵沼气发电工程项目"中,发包人要求的生产规模与参数指标为"沼气的产量达33615m$^3$/d。项目建成投产后,每年可发电1440万度,余热利用节约标准煤1.83万吨,减少$CO_2$排放5.88万吨,生产有机肥5.6万吨"。在施工过程中,建设项目出现施工失火、储气罐顶塌陷、厌氧罐胀罐等安全事故;在试运行过程中,反应处理装置产生的沼气不足以全功率持续发电,不得不断断续续发电。造成以上工程质量缺陷的主要原因是,总承包人为实现利用甜叶菊废渣厌氧发酵产生沼气的目的,采用的是"改进型升流式厌氧污泥床(UASB)厌氧发酵技术",但在此之前,UASB技术仅处理液态污水,不是专门针对甜叶菊这一固体物质含量很高的废渣的工艺处理技术,且实践中尚无利用UASB处理废渣的成功经验。总承包人在本建设项目中采用了不具备废渣处理针对性的工艺技术,即便作出了处理废渣的改进尝试,但其存在以下履约过错,足以说明其未谨慎行事,以至于能够避免的质量安全事故在现实发生:第一,改进型UASB处理工艺必须经过小试→中试→扩大性生产实验后方可实施设计生产,但未见到这一过程的试验报告和评估报告,说明改进型UASB处理工艺欠缺科学性;第二,整个工程的施工图中缺少详细说明UASB处理工艺的施工图纸,未见实质性的改良成果;第三,脱硫预处理系统未按照强制性规范采取隔离、密封等防护措施;第四,总承包人明知改进型UASB处理工艺在国内尚属首例、仍未成熟,且没有成功的项目案例可供参考,依旧未进行成熟的工艺试验就仓促进行可行性研究、设计、施工;第五,没有对糖渣厌氧发酵产沼气能力进行科学测算、没有经济技术可行性论证报告、没有对厌氧处理中的有毒有害物质进行分析和测定、没有改进型 UASB 厌氧发酵罐处理糖渣的详细资料、科学依据和实验数据。以上种种,能够说明总承包人采用新型工艺技术是盲目乐观、过于自信的态度,以至于未通过脚踏实地的生产试验、技术论证去评估新型废渣处理技术的安全性、可行性,导致未能及时发现关键工艺方面的致命弊端,引发安全责任事故与工程质量缺陷,故该工艺技术错误并非总承包人"无法核查的错误"。总承包人以"新型工艺技术属于国内首例,并没有相应的技术标准参照适用"为由认为不应当对总承包人过高要求,主张总承包人不具有过错进而不应当承担责任,不具有正当性与合理性,最终该主张被法院全部驳回。[①]

③发包人未提供总承包人履行审核复查、修正纠偏义务的所必需的条件保障。工程总承包模式要求总承包人承担绝大部分风险,只要建设项目建成后不符合《发包人要求》,责任均全部归属于总承包人,这是工程总承包模式的特点所在。苛求总承包人承担较重的合同风险责任无可非议,但根据"权责一致"理念,发包人应当保障、尊重并维持总承包人承担责任的能力,主要的表现形式为:第一,赋予总承包人得以采取必要措施避免发生责任后果的权利,如允许总承包人提出合理修正意见,且作为发包人有采纳合理意见的包容性、开放性;第二,给予总承包人采取必要措施的弹性空间与条件保障,如充分尊重总承包人修改意见的表达意愿,给予总承包人为审查发包人文件、复勘现场环境、评估施工风险、出具修改意见所需要的充分时间,这也是《民法典》第 6 条"公平"的要求所在;第三,积极履行协作、配合、沟通、对接义务等"附随义务",如发包人发现工程质量缺陷,应当及时通知总承包人补救,发包人接到总承包人反馈的缺陷补救协同求助信息,也应当及时响应对接处理。合同履行是双方当事人合力促成、协作一致的结果,非单个当事人一己之力所能促成,即便负有义务的一方应当履行,另一方也应当在正常交往需求的范围内予以配合、协助,这也是《民法典》第 7、8 条"诚实信用""公序良俗"的要求所在。若发包人未落实上述保障义务、附随义务,导致总承包人承担风险责任的能力降低,则应当相应减轻总

---

[①] 参见江西省高级人民法院民事判决书,(2015)赣民一终字第 165 号。

承包人的责任承担范围。

　　这就是为什么《FIDIC 银皮书 2017 版》将存在总承包人没有足够时间或资料以仔细研究和核查雇主要求(发包人要求)或进行设计、风险评估和估算或"雇主要严密监督或控制承包商的工作，或要审核大部分施工图纸"[①]等情况的建设项目排除在 EPC 模式适用范围之列的原因。从"过错归责"的角度来看，虽然总承包人有审查文件、预估风险与修正纠偏的义务，但是如果不具备保障总承包人得以充分履行该义务的条件，如履约所需的时间不够、发包人没有兼听纳谏的态度等，则总承包人的过错大幅减轻，不得过分苛求总承包人承担未尽义务的不利后果，而是应当在发包人与总承包人各自过错的范围内确定责任。

　　辨明是发包人基础文件错误原因还是总承包人设计文件错误原因导致工程质量缺陷后，既要判断发包人基础文件错误是否属于总承包人风险负担范围，以及总承包人是否现实尽到审查、矫正、纠偏、改错、查漏、补遗、填缺的义务，又要评价发包人是否满足总承包人查漏补缺、矫正纠偏所需要的条件，以及要求总承包人尽此义务是否超出其理性或能力以至于过分苛求，实际上就是"分辨过错"，并依"错责相当"原理框定责任，这也是"与有过失"规则的应然要求。

　　3. 发包人应当对其提供的《发包人要求》符合其主观功能意图的完整性负责，若《发包人要求》遗漏功能目的，导致工程质量缺陷，由此增加的费用或延误的工期由发包人承担

　　要求发包人对《发包人要求》的文字描述契合自身主观意图的完整性负责，具有合理性。一方面，《发包人要求》是发包人对建设项目功效性能的主观意图，只有发包人自己才知道其要求工程项目发挥何种功能、对工程项目谋求何种效益。同时《发包人要求》也是发包人向总承包人表达其建设目的、使用意愿的最核心的媒介，若《发包人要求》本身描述模糊不清，总承包人根本无从了解发包人追求的质量标准或性能指标，即便总承包人有义务解释、推断、延伸、补充《发包人要求》等由发包人提供的基础资料，但也是在《发包人要求》本身清晰、明朗的情况下才能客观实现的；若《发包人要求》本身存在不周全的缺

---

① 国际咨询工程师联合会、中国工程咨询协会编译：《设计采购施工(EPC)/交钥匙工程合同条件》，机械工业出版社 2018 年版，第 XI 页。

陷，要求总承包人无休无止地揣测发包人的隐含心思并作出推衍引申，实有不公，且容易使当事人陷入不切实际的迷思。另一方面，《发包人要求》与固定总价互为对价，固定总价的价格构成反映了《发包人要求》的所有质量内容，即使《发包人要求》有所"欠缺"，该"欠缺"也是对应固定总价的，若试图弥补该"欠缺"，也应当在固定总价的基础上额外追加费用。因此，若发包人未能在《发包人要求》中清晰、完整地表达自己的功能目的、建设意图，由此增加的费用或延误的工期应当由发包人自行承担。这也是《建设项目工程总承包合同（示范文本）》"通用合同条件"第5.6款[承包人文件错误]①的正当性所在。

如在某"$10 \times 104Nm^3/d$ 液化天然气装置建设项目"中，发包人的建设意图是，交付的天然气装置系统应具备处理苯、新戊烷等重烃气源的性能，不会因为欠缺处理重烃气源的能力而发生运转障碍。实际上总承包人交付的天然气装置系统却因为其中的液化天然气（LNG）装置遗漏了脱重烃单元的设计与装备，使得原料气气源中苯、新戊烷未能得到过程处理而过多堆积，从而引发冷箱、LNG节流阀冻堵，存在功能障碍。就此，发包人提起诉讼，要求总承包人承担功能缺陷的质量违约责任。但追溯合同约定可知，总承包人就天然气装置系统的设计严重依赖于发包人在合同中给定的气体输入成分信息，而发包人提供的输入气体成分仅含二氧化碳与氧气，并不包括苯、新戊烷等重烃气体，总承包人据以设计的处理系统当然也不应当包含对重烃气源的反应消耗或过程处置。也就是说，虽然本项目中发包人有装置设备应当具备脱重烃的主观意图，但其却未明确表示在合同的质量条款或《发包人要求》中，属于《发包人要求》不完整、有欠缺的情形，不应当作为合同目的去约束无法合理预见的总承包人，因此为了弥补装置不具备"脱重烃"的性能缺陷，由此增加的费用与延误的工期均应当由发包人承担。最终，法院驳回了发包人要求总承包人承担功能缺陷违约责任的诉讼请求。②

---

① 参见《建设项目工程总承包合同（示范文本）》"通用合同条件"第5.6款[承包人文件错误]的规定："承包人文件存在错误、遗漏、含混、矛盾、不充分之处或其他缺陷，无论承包人是否根据本款获得了同意，承包人均应自费对前述问题带来的缺陷和工程问题进行改正，并按照第5.2款[承包人文件审查]的要求，重新送工程师审查，审查日期从工程师收到文件开始重新计算。因此款原因重新提交审查文件导致的工程延误和必要费用增加由承包人承担。《发包人要求》的错误导致承包人文件错误、遗漏、含混、矛盾、不充分或其他缺陷的除外。"

② 参见新疆维吾尔自治区高级人民法院民事裁定书，(2021)新民申636号。

由此可见,基于设计错误导致工程质量缺陷的责任归咎呈现出发包人与总承包人各自的"原因交织""过错堆叠"的样态,需再考虑发承包双方各自负责的义务事项、针对错误采取补救措施的履约条件保障、履行障碍的可预见程度、当事人在履约过程中是否遵守诚信原则互相配合协作、当事人对待履约障碍是积极解决态度还是消极对抗态度等因素的基础上梳理发承包双方各自的原因、划分发承包双方各自的错误,并结合事先约定的风险分配界限、对风险分配的约定是否公平合理确认最终的责任承担主体与责任承担范围,这实际上就是综合运用"与有过失"规则确定责任的过程。

(二)针对"提供或者指定购买的建筑材料、建筑构配件、设备不符合强制性标准"应当注意的事项

工程总承包模式的质量要求包含双重验收标准,一为静态的安全承载质量标准,二为动态的功能使用质量标准,前者往往体现在施工合同与设计文件中,后者往往体现在《发包人要求》《设备装置使用说明》《技术要求》等文件中。建筑材料与建筑构配件的采购,工程设备与性能设备的定制、选型、采购等活动处于建设过程的前端,材料或设备本身的质量状态决定了建设项目整体的质量状态,因此建设项目在"安全质量"与"性能质量"两个维度上的要求,反映到原料应用的细节,则是对材料、设备也有"安全质量"与"性能质量"两个方面的要求。发包人负责提供建筑材料或性能设备的工作事项的,应当对"甲供材"所应当满足的质量标准承担不利后果与法律责任。

若发包人提供或指定购买的工程设备或建筑材料不满足《发包人要求》设定的"功能使用质量标准",又以总承包人完工移交的建设项目不满足《发包人要求》为由追究总承包人的质量违约责任,还不允许总承包人适用该条结合发包人提供或指定购买的工程设备或建筑材料不满足《发包人要求》设定的"功能使用质量标准"的事实进行有效抗辩,有违公平原则。因此将本条本项适用于工程总承包模式下的工程质量纠纷时,应当将"发包人提供或指定购买的工程设备或建筑材料不满足《发包人要求》(暨性能指标要求)"纳入适用前提。

(三)针对"直接指定分包人分包专业工程"应当注意的事项

一方面,于总承包人而言,发包人指定分包本就存在割让总承包人的合同利益、加大总承包人统筹协调管理工作的难度的不利负担;另一方面,"指定分包"是发包人强行要求的行为,不体现总承包人的决策意志,是总承包人不可

控的情势。故因发包人指定分包引发工程质量缺陷的,应当由发包人自行承担质量责任。

鉴于工程总承包模式下的发承包形式包括:整体工程施工分包、专业工程施工分包、劳务分包、设计分包,因此发包人直接指定的施工总包单位、专业分包单位、劳务分包单位、设计分包单位所负责的工作范围有错误,导致建设项目存在质量问题的,也应当纳入本条的适用范围。

需要特别说明的是,如果工程总承包合同特别约定总承包人负有指定分包的协调管理义务,并约定了相应的"总包服务费"作为总承包人额外付出管理精力的对价,总承包人应当在未充分尽到总包管理义务、总包监督责任的范围内,依照"与有过失"规则承担过错相应责任。

## 第十四条 发包人擅自使用未经竣工验收的建设项目

**第十四条**

建设工程未经竣工验收,发包人擅自使用后,又以使用部分质量不符合约定为由主张权利的,人民法院不予支持;但是承包人应当在建设工程的合理使用寿命内对地基基础工程和主体结构质量承担民事责任。

### 工程总承包纠纷的可适用性

工程总承包模式就质量检验方面的程序有其特殊性。本条是针对施工总承包的验收程序作出的通性规定,不能反映出工程总承包模式的特殊性,但本条的规范精神在于通过剥夺发包人的质量异议权促使发包人践行"竣工验收组织义务"进而保障公共安全,故本条可以适用于工程总承包模式,只是应注意此处的"擅自使用"仅指未经竣工验收而实施的"实际使用行为",而非未经竣工验收而实施的"试验使用行为"。

### 应 用

(一)本条的规范意旨是,通过对发包人课以"不得就质量不合约主张权利"这一不利责任,规制发包人依法落实竣工验收组织义务,以保障建筑使用安全。该规范精神可以适用于工程总承包项目。

1. 组织竣工验收本就是发包人责无旁贷的法定义务。

《建筑法》第61条第2款规定:"建筑工程竣工经验收合格后,方可交付使用;未经验收或者验收不合格的,不得交付使用。"

《建设工程质量管理条例》第16条第1、3款规定:"建设单位收到建设工程竣工报告后,应当组织设计、施工、工程监理等有关单位进行竣工验收。""建设工程经验收合格的,方可交付使用。"

《民法典》第799条规定:"建设工程竣工后,发包人应当根据施工图纸及说明书、国家颁发的施工验收规范和质量检验标准及时进行验收。验收合格的,发包人应当按照约定支付价款,并接收该建设工程。建设工程竣工经验收合格后,方可交付使用;未经验收或者验收不合格的,不得交付使用。"

根据上述法律、法规规定,工程完工后,经承包人申请,发包人应当组织竣工验收活动。竣工验收是全面考核建设工作,检查已完工程是否符合设计要求和质量约定的重要环节,[①]其主要内容是发包人、承包人、监理方、勘察方、设计方依照有关国家法律、法规、建设规范、验收标准、技术规程、设计要求的规定,评价工程是否验收合格的过程;[②]主要目的是排查出已完工程的质量弊端与安全隐患,及时告知承包人维修整改,以保障建设项目投入使用后的正常与安全。组织竣工验收应当由发包人完成的理由在于,发包人是工程项目的所有人、管理人、物业经营人,而工程项目属于公共场所,涉及不特定多数人的人身财产安全,故作为所有人与管理人,发包人有义务保障工程项目的使用安全,因此组织工程项目竣工验收、核查建筑使用安全是发包人的法定义务,这是义不容辞的,也是责无旁贷的。

2.本条通过要求发包人承担工程质量方面的不利益,惩戒客观上未组织验收,主观上忽视工程质量、使用安全的发包人,体现了法律对未履行组织竣工验收义务的发包人的严厉谴责。

对已完工程组织竣工验收是发包人的法定义务,这是对工程质量的最后一道坚守、把关,体现发包人对社会、对他人的负责态度;若发包人略过组织竣工验收的环节,而是径直将承包人完工移交的建设项目投入实际使用,将提高发生不可逆转的重大人身财产损害赔偿事故的概率。比如某别墅项目的外堡坎即外挡墙工程建成后未经竣工验收直接使用,在使用过程中,在实际设计、施工过程中对边坡处理以及施工工艺等存在先天缺陷,同时又受到外界连续大雨等

---

[①] 参见黄文杰:《建设工程合同管理》,高等教育出版社2004年版,第184页。
[②] 参见常设中国建设工程法律论坛第八工作组:《中国建设工程施工合同法律全书词条释义与实务指引》(第2版),法律出版社2021年版,第818页。

因素影响,外挡墙地基湿软,承受力下降,外堡坎发生垮塌,造成 627 万余元经济损失[1];又如,某公交站亭未经竣工验收即投入使用,未能通过验收发现设计对承托弓构件具体铸铝牌号和热处理状态、强度处理的弊端,引发站亭无法承受大雪的压力而垮塌,导致 1 人死亡、36 人受伤。[2]

组织竣工验收义务是法律公开明示的归属于发包人的法定义务,发包人不组织竣工验收,可见其对不特定公共安全持有漠视态度。为了惩罚发包人未验收的行为,通过严峻的法律责任倒逼发包人严守竣工验收要求,降低建筑事故发生的概率,法律要求发包人承受以下不利益,进行对发包人的严厉谴责以及对安全事故的防患于未然:其一,发包人擅自使用未经竣工验收的工程,应当承担工程合同价款 2% 以上 4% 以下的行政罚款责任[3];其二,发包人使用未经竣工验收的工程造成他人损害的,视为具有过错,应当在其过错范围内承担民事赔偿责任[4];其三,发包人使用未经竣工验收的工程后,除了主体结构或与地基基础有关的质量缺陷外,不得就工程质量缺陷对承包人行使付款抗辩权或追究质量不合格的违约责任。本条呈现的即为第三种不利益法律后果,其立法目的是防止不合格工程流入市场影响工程质量安全,为了惩戒忽视公共安全的发包人,应该由其承担不能主张相应权利的法律后果。[5]

工程质量合格牵系工程投入使用后的公共安全,竣工验收是检视、评价已完工程是否符合设计要求或质量约定的最后手段,未通过竣工验收程序的考察,无法得出工程整体质量是否合格的结论,故竣工验收程序是保护公共利益的最后一道屏障。在发包人未经竣工验收擅自使用建设工程的情况下,本条直接剥夺了发包人就质量问题主张异议或追究责任的权利。之所以如此,是因为发包人利益应当让位于公共利益,以及发包人拒不履行法定义务的恶意、侥幸心态应当被扼杀、被否定的法律理念在发挥作用。一方面,允许发包人追究工

---

[1] 参见四川省绵阳市中级人民法院刑事判决书,(2019)川 07 刑终 373 号。
[2] 参见安徽省合肥市蜀山区人民法院刑事判决书,(2018)皖 0104 刑初 685 号。
[3] 参见《建设工程质量管理条例》第 58 条规定:"违反本条例规定,建设单位有下列行为之一的,责令改正,处工程合同价款 2% 以上 4% 以下的罚款;造成损失的,依法承担赔偿责任;(一)未组织竣工验收,擅自交付使用的;……"
[4] 同《建设工程质量管理条例》第 58 条规定。
[5] 参见刘凯欣:《发包人擅自使用未验收工程裁判路径重构》,载《湖北经济学院学报(人文社会科学版)》2022 年第 4 期。

程质量缺陷责任体现的是发包人自身的合同利益,而竣工验收程序所保障的不特定多数人的人身财产安全属于公共利益,公共利益优于单个法律主体的利益,是利益衡平的原则,是不言自明的道理。若在发包人擅自使用未经竣工验收的建设工程的情况下仍然允许发包人追究质量违约责任,则会导致公共安全隐患风险的指数增长甚至引发公共利益的现实牺牲,但始作俑者发包人仍然得不到惩戒教训,也没有发挥以儆效尤的社会效应,这不是良法追求的效果。另一方面,工程质量合格是承包人取得工程款的对价,工程竣工验收合格是发包人支付工程结算款的成就条件之一,现实中,很多情况下承包单位虽然完成了项目并向发包人提交了竣工验收报告,发包人却会出于种种原因不予组织验收,其中最主要是由于发包人资金紧张,从而故意拖延,①妨碍工程结算款支付条件成就,此时可以认为发包人是为了达到延缓支付工程款的目的,具有主观恶意。在此情况下,剥夺发包人追究质量缺陷责任的权利,也是为了惩戒发包人拒不组织竣工验收、罔顾公共利益安全的主观过错,具有批判、惩罚的意义。

3. 本条可适用于工程总承包纠纷。

由此可见,若穿透本条的责任后果,可以发现本条的规范意义在于规制发包人严格践行竣工验收组织程序,最终以保障公共安全。安全生产"大于天、重于山",无论是施工总承包还是工程总承包,保障生产安全的意识须贯穿整个建筑领域,故本条的规范精神可以适用于工程总承包纠纷。质言之,工程总承包项目未经竣工验收,发包人即擅自使用的,原则上不允许发包人就使用部分的质量问题向总承包人追究责任。

(二) 工程总承包模式中"试验使用"与"擅自使用"的区别

1. 施工总承包模式中检验质量的程序一般只有"竣工验收程序",没有"试验使用程序";发包人擅自使用的情形只包括"实际使用",没有"试验使用"。本条是根据施工总承包的现实状况作出的规定。

工程总承包独有的质量标准包括性能目标,该性能目标的验证并非通过简单的、短暂的、一次性的竣工验收程序就能一蹴而就,而是需要复杂的、长期的、反复的、持久的启动、通电、调试、观察、记录、消缺、整改才能得出最终结论,而

---

① 参见毕琼媛:《建筑工程竣工验收和工程保修法律风险及应对研究》,载《中国工程咨询》2017年第2期。

这一系列的行为蕴含在"试验使用程序"中,目的就是检视、测验建设项目在接连不断的通电、联动或投料状态下是否满足发包人设定的功能、性能、机能、产能、效能等各类指标。在这其中,不可避免地涉及对建设项目的使用,只不过使用的主旨并不在于发挥建设项目的使用价值、获得经济效益,而是在于验证建设项目在输入设定的参数条件、满足一定的环境要求、限制固定的能源消耗下是否能够符合发包人要求的各类性能指标而已,只有检验满足《发包人要求》的情况,发包人才同意对整个项目组织竣工验收,并在验收合格的情况下将整个建设项目投入实际使用。因此,工程总承包模式中"使用"包括"试验使用"与"实际使用"两种状态,工程总承包的验收程序包括"试验使用程序"与"竣工验收程序"。

但传统施工模式的普遍情况是,首先,除了满足国家强制性规范要求或设计文件设定的关于安全承载、质量稳固、外观称心等标准以外,对于更高标准地体现建设项目功能目的、产能效益、性能状态的《发包人要求》,传统施工模式往往不做需求;其次,为了检视工程质量是否符合合同约定或设计图纸,传统施工模式并不要求具备验证建设项目是否满足运转功能要求、投入产出目标的"试验使用程序",仅仅具备"竣工验收程序"即可满足检验目的;最后,传统施工模式多涉及市政基础与房屋建设项目,发包人对建设项目的使用活动就是开放给不特定社会多数人出入使用,即一般理解的对建设项目的"实际使用",没有试运行、没有试开放,那么传统施工模式的"使用"也就不包括"试验使用"。

根据司法实践,本条规定延续了2004年发布的《建设工程司法解释》(已失效)第13条的规定,彼时"工程总承包"模式在我国建筑领域未全面开花甚至寥若晨星,而传统施工模式如日中天,因此本条基本上是根据传统施工模式的现实状况作出的规定,未贴合工程总承包模式的验收要求。传统施工模式下的建设项目的使用大部分是"实际使用",故本条的"擅自使用"仅包括"实际使用"的情形。

2. 工程总承包对性能目标的追求决定其存在配套"试验使用程序"的需求,也存在"试验使用"的使用性质,其中"试验使用"不属于本条所述的"擅自使用"。

工程总承包模式下,一方面,完工时查验的质量状态不仅包括施工安装的静态质量标准,还包括启动运行的动态质量标准,前者是安全承载、安全使用标准,后者是使用性能、生产效能标准,也是《发包人要求》的核心。如在"光伏发电建设项目"中,其静态质量标准,以土建工程部分为例,其中的"光伏组件支架基础"质量要求是其混凝土独立基础的验收应当符合《混凝土结构工程施工质量验收规范》(GB 50204-2015)的规定、其桩基础的验收应当符合《建筑地基基础工程施工质量验收规范》(GB 50202-2002)的规定、其外露的金属预埋件应当作防腐处理,等等[1];其动态质量标准,则是测试在天气晴朗、太阳辐射强度不低于$400W/m^2$的环境条件下,从工程启动开始之时起至其光伏组件面累计接受太阳总辐射量达到$60kW \cdot h/m^2$之时止的期限内,建设项目是否维持无故障连续并网运行的状态[2]。

另一方面,较之于施工总承包模式,工程总承包模式无一例外地在竣工验收程序的基础上额外具备启动验收程序、试运验收程序、移交生产验收程序等,如在"同步数字体系(SDH)光纤传输系统项目"中,其验收程序包括"工程试运行"与"工程终验",前者的测试行为包括在3个月的试运行期间内,通过网管对系统长期误码性能进行连续30天的稳定观测,定期抽测设备指标[3],后者检视行为包括考察主要安装项目是否达到施工质量标准[4],等等。又如在"水泥工厂余热发电工程项目"中,其验收程序包括"启动整套试运行"与"竣工验收",前者包括"空负荷试运行"、"带负荷试运行"与"72h试运行",其中,"空负荷试运行"的实验内容有压力试验、电气试验、超速试验、短路试验、空载试验、常数测定等[5],"带负荷试运行"的实验内容有相应的投入和试验各种保护及自动装置等[6],"72h试运行"的考核内容包括汽水品质合格、发电功率大于设计值的85%等[7];而后者的核验内容是"对工程档案资料进行审核,结合实地察验建筑工程和设备安装情况,对工程质量作出全面的评价"[8];等等。以上程序均

---

[1] 参见《光伏发电工程验收规范》(GB/T 50796-2012)第4.2.3条的规定。
[2] 参见《光伏发电工程验收规范》(GB/T 50796-2012)第6.2.1条第3、6款的规定。
[3] 参见《同步数字体系(SDH)光纤传输系统工程验收标准》(GB/T 51281-2018)第7.2.1条的规定。
[4] 参见《同步数字体系(SDH)光纤传输系统工程验收标准》(GB/T 51281-2018)第7.3.2条第3款的规定。
[5] 参见《水泥工厂余热发电工程施工与质量验收规范》(GB 51005-2014)第14.3.6条的规定。
[6] 参见《水泥工厂余热发电工程施工与质量验收规范》(GB 51005-2014)第14.3.7条的规定。
[7] 参见《水泥工厂余热发电工程施工与质量验收规范》(GB 51005-2014)第14.3.8条的规定。
[8] 《水泥工厂余热发电工程施工与质量验收规范》(GB 51005-2014)第14.4.2条第2款的规定。

是为了检验建设项目在接连不断的通电、联动或投料状态下是否满足发包人设定的功能、性能、机能、产能、效能等各类指标,均可以归类为"试验实用程序"。

由此可见,原则上,工程总承包模式具有两套质量评价标准,即土建部分的质量标准与装置设备部分的性能指标;对应两套验收程序,即"试验使用程序"与"竣工验收程序"。"试验使用程序"往往是"竣工验收程序"的前置程序,即竣工验收之前的程序是"试验使用",竣工验收之后才是"实际使用"的阶段,而"试验使用程序"又是发包人检视验证承包人完工移交的建设项目是否满足发包人设定的功能、性能、效能、产能等目标参数的必需程序,因此发包人通过竣工前试验判断、评价工程总承包建设项目的质量状态是否满足《发包人要求》,符合工程总承包模式的验收流程,符合实现《发包人要求》的现实需要,既是理所应当的选择,也是自然而然的结果。

由此观之,工程总承包中的"发包人使用"行为应当作出两种解读,一为发生在试运行期间(也称试运验收、试行验收)的"试验使用"行为,其目的非在于发挥建设项目的使用价值,实现经济效益,而是在于检视、验证建设项目的运转状态是否满足《发包人要求》设定的功能、性能、机能、效能、产能、耗能等数值标准;二为发生在竣工验收后(也称终验)的"实际使用"行为,其意图才是真正地利用建设项目实现合同目的、换取经济利益。本条所述的"擅自使用"规范制约的是工程总承包模式的第二种使用行为,即在建设工程未经竣工验收情境下,按理应当发生在竣工验收程序之后的"实际使用"行为,并非发生在竣工验收程序之前的"试验使用"行为。

3. 工程总承包模式的固有检验程序包括"竣工验收程序",具备适用本条调整发承包双方法律关系的事实基础;但鉴于工程总承包模式额外追求功能目的与性能指标的特殊性,并具有通过"竣工试验程序"检验指标的需求,故适用本条时需要作出相应调整,以适应现实需要。

工程总承包模式具有适用本条调整发承包双方利益的现实基础:

第一,实践中,锅炉安装项目、新能源发电项目多采用工程总承包的模式进行施工,根据《光伏发电工程验收规范》(GB/T 50796-2012)第7.0.1条的规定,光伏发电建设项目包括竣工验收程序,且竣工验收程序应当在"试运"与"移交生产验收"之后完成;根据《锅炉安装工程施工及验收标准》(GB 50273-2022)第10.0.1条的规定,锅炉带负荷试运行通过后,则可以办理最终的工程验收手续;又根据《风力发电工程施工与验收规范》(GB/T 51121 – 2015)第9.5.1条的规定,在主体工程完工且各专项工程验收、启动验收、移交生产验收完成后的1年内开展竣工验收。由此可见,工程总承包项目均具备竣工验收程序,存在适用本条的现实基础。

第二,前已述及,本条的规范目的是,当发包人擅自使用未经竣工验收的建设项目时,通过剥夺发包人就工程使用部分本应享有的对承包人提出质量异议权利、追究赔偿责任权利的方式,对发包人课以权利不得主张这一于己不利的后果,促使发包人严格践行《建筑法》《民法典》强制要求的竣工验收程序,以保障建设项目投入使用的公共安全。该规范的目的是建筑领域的共同目标,即"保质量、保安全、零事故、零伤亡"。工程总承包模式也不例外,应当沿循本条的规范精神,存在适用本条的现实基础。

但是,在工程总承包建设项目竣工验收之前的试运行期间,虽呈现出生产线或设备装置开火启动、连续运转的状态,表面上与"实际投产使用"的表现形式如出一辙,然而一方面,此"使用"非彼"使用",该阶段发包人的主观心态是验证建设工程质量是否符合事先设定的约束标准(包括《发包人要求》),并没有事先投产使用的意图,也没有放弃竣工验收权利的意思;另一方面,通过试运行程序、竣工试验程序或试验使用程序验证建设项目的性能指标是否满足《发包人要求》,这符合工程总承包模式的交易习惯以及合同设置的验收流程,是合理的、正当的。此时虽然已经投入"使用"的建设项目未经竣工验收,也不应当适用本条规定视为"发包人擅自使用",进而剥夺发包人就"试验使用"建设项目部分本应享有的主张质量异议、追究质量责任的权利,否则不仅违背工程总承包固有的交易习惯,违背发包人的真实意思,还破坏"公平交易"原则。也就是说,在适用本条处理工程总承包纠纷时,应当作出调整,即将"试验使用"情形排除在本条"擅自使用"涵摄情形的范围之外。

### (三) 本条适用于工程总承包纠纷的现实情形

完工后发包人立即将建设项目投入使用(无论是试验使用还是实际使用),使用后长时间既未提出任何质量方面的异议也不组织竣工验收,或者甚至签署认可"通过试运行""验收合格"等书面文件的,不得再对建设项目的土建质量(地基基础与主体结构除外)与性能指标提出异议。

在总承包人已经提交《完工试验申请书》《工程试运行申请书》等使用试验申

请文件后,发包人既不启动使用试验程序(可能是出于妨碍付款条件成就的需要),也不向总承包人提出其对于工程质量的意见或异议;之后发包人又在没有完成使用试验程序或竣工验收程序的情况下将建设项目投入试验使用或实际使用,且经使用一段合理期间后仍未提出有关质量异议,发包人嗣后再以建设项目出现除地基基础或主体结构以外的质量缺陷问题为由要求总承包人承担质量违约责任的,对于总承包人而言不公平,也不符合本条的规范意旨。主要理由在于:其一,总承包人已经提交试验申请,但发包人为了阻挡付款请求消极应对,本就属于"为了不正当目的阻止付款条件请求";其二,总承包人已尽施工义务,完成了自己这边的对价,发包人却以不履行自我应承担的组织试验义务的方式拒绝支付相对应的款项,使等价失衡,违反平等原则;其三,即便建设项目存在质量缺陷或性能不达标的问题,发包人也应当在将建设项目投入使用后的一段合理时间内向总承包人提出异议,要求其及时返修整改,以实现合同目的,但发包人在刚开始使用时并不提出异议,使用一段时间后也不提出异议,却在总承包人要求发包人付款时才提出质量抗辩,不符合商事效率要求,也违反诚实信用原则。

因此在根据工程总承包模式独有特征调整本条的适用条件时,应当综合运用公平原则、平等原则、过错归责原则等理念,考虑以下事实要素:(1)总承包人有无积极提请试验;(2)总承包人有无积极配合发包人开展试运行程序并消缺整改;(3)发包人有无懈怠提出质量异议;(4)发包人是将建设项目投入试运行、试验使用还是实际使用;(5)发包人使用建设项目的时间长短;(6)发包人是否恶意拖欠工程进度款;(7)起诉时建设项目是否深陷无法修复、不可饶恕的质量问题等具体情形,而不能一味支持总承包人提出的"发包人已经对建设项目实际使用而不能提出质量异议"抗辩,或盲目认同发包人提出的"发包人将工程总承包项目投入试运行(或投入使用试验)不属于'擅自使用',发包人依然有权要求总承包人承担质量缺陷违约责任"主张。

### 依 据

**《建筑法》**

第六十一条 交付竣工验收的建筑工程,必须符合规定的建筑工程质量标准,有完整的工程技术经济资料和经签署的工程保修书,并具备国家规定的其他竣工条件。

建筑工程竣工经验收合格后,方可交付使用;未经验收或者验收不合格的,不得交付使用。

**《建设工程质量管理条例》**

第十六条　建设单位收到建设工程竣工报告后,应当组织设计、施工、工程监理等有关单位进行竣工验收。

建设工程竣工验收应当具备下列条件:

(一)完成建设工程设计和合同约定的各项内容;

(二)有完整的技术档案和施工管理资料;

(三)有工程使用的主要建筑材料、建筑构配件和设备的进场试验报告;

(四)有勘察、设计、施工、工程监理等单位分别签署的质量合格文件;

(五)有施工单位签署的工程保修书。

建设工程经验收合格的,方可交付使用。

**《民法典》**

第七百九十九条　建设工程竣工后,发包人应当根据施工图纸及说明书、国家颁发的施工验收规范和质量检验标准及时进行验收。验收合格的,发包人应当按照约定支付价款,并接收该建设工程。

建设工程竣工经验收合格后,方可交付使用;未经验收或者验收不合格的,不得交付使用。

### 判 例

**案例 14-1　(2022)宁 03 民终 1396 号**

#### 案情介绍

盛联公司(总承包人)承建通达公司(发包人)发包的"110 万吨/年焦化配套工程脱硫脱硝除尘工程"项目,工程 EPC 总承包,为"交钥匙"工程,合同最终目的是要确保该装置可以达到技术协议约定的脱硫脱硝除尘达标排放标准,即"二氧化硫≤30mg/m³,氮氧化物≤130mg/m³,颗粒物≤10mg/m³,含氧量 8%"。案涉项目于 2021 年 7 月 8 日投入试运行。

#### 各方观点

盛联公司主张:(1)通达公司于 2021 年 7 月 8 日已经实际使用案涉项目;(2)2021 年 7 月 23 日、8 月 10 日、9 月 30 日单次检测都能够证明建设项目的烟囱尾气排放内容满足技术协议约定的脱硫脱硝除尘达标排放标准;(3)通达公司已经签发"同意验收"的证明。由此提出案涉工程质量合格,并要求通达公司支付剩余欠付工程款 300 多万元。

通达公司提出以下理由拒绝付款:(1)启动试运行是检验工程质量的必经程序,启动试运行后发现工程存在缺陷要进行消缺。所以,试运行不等于擅自使用,更不等于投入使用,工程试运行不能证实案涉工程完工、合格。(2)本项目中质量合格的标准包括"脱硫脱硝除尘操作系统满足满负荷、稳定、安全可靠、节能、连续、长周期自动运行"并且"排放标准满足二氧化硫≤30mg/m³,氮氧化物≤130mg/m³,颗粒物≤10mg/m³,含氧量8%",盛联公司提供的环保检测报告只能证明后者,不能证明前者。(3)通达公司已经举证证实盛联公司已完工程在烟气排放合格的情况下,焦炉产能无法达到要求,盛联公司已完工程不能满足"脱硫脱硝除尘操作系统满足满负荷、稳定、安全可靠、节能、连续、长周期自动运行"的标准。

### 法院裁决要旨

根据《建设工程司法解释(一)》第 14 条的规定,建设工程未经竣工验收,发包人擅自使用后,又以使用部分质量不符合约定为由主张权利的,人民法院不予支持。该案中,案涉工程于 2021 年 7 月 8 日投入试运行。2021 年 9 月 27 日,通达公司向盛联公司发送工作联系函,提出关于焦炉烟气脱硫脱硝工程存在的问题,并要求盛联公司予以整改。2021 年 9 月 29 日,盛联公司针对该工作联系函回复通达公司。2021 年 10 月 21 日,盛联公司出具《通达脱硫脱硝工程验收申请单》,通达公司朱某龙、郭某峰均备注"同意验收",应视为通达公司认可盛联公司已施工工程。现通达公司一直未组织人员对案涉工程进行验收,应视为案涉工程已验收并具备付款条件。关于通达公司主张案涉工程存在质量问题,其不应支付下剩工程款及质保金的上诉理由,经核:首先,通达公司在该案中并未提交充分证据证明案涉工程存在质量问题。其次,2021 年 7 月 23 日、9 月 30 日,吴忠市科信环境检测有限公司分别出具吴科信委托字〔2021〕第 1189 号检测报告、吴科信委托字〔2021〕第 1621 号检测报告,检测结果均为合格。2021 年 11 月 2 日,通达公司在网上进行环境保护自主验收公示。再次,2022 年 1 月 7 日,通达公司杨某兵、郭某峰出具《脱硫脱硝项目安装运行情况》,载明"吴忠市通达煤化工有限公司焦炉烟气配套脱硫脱硝除尘工程 EPC 总承包合同于 2020 年 12 月 4 日签订,承包方为山东盛联环保工程有限公司。本项目按照合同进行制作、安装,符合技术要求,设备运行正常"。最后,通达公司虽于 2022 年 1 月 2 日与安徽威达环保科技股份有限公司签订《110 万吨/年焦炉烟气脱硫脱硝系统整治完善项目合同书》,约定由安徽威达环保科技股份有限公司对案涉工程存在的问题进行整治、完善。但该合同中约定的处理后烟气数据二氧化硫浓度、氮氧化物浓度均与《吴忠市通达煤化工有限公司煤化配套脱硫脱硝除尘工程 EPC 总承包合同》中约定内容不一致,无法证实系对盛联公司已完工工程的完善。综上,盛联公司有权向通达公司主张剩余 300 万元工程款。

## 案例 14-2　（2022）新 28 民终 377 号

### 案情介绍

盛业公司（发包人）与原告胜利公司（总承包人）签订《承包合同》,合同第 2 条约定:总承包是指胜利公司以总承包人的资格向盛业公司总承包迪那 1-3 井钻前、钻井、完井、录井、测井、施工期间废弃物及污物处理、钻后治理、地面工程等工程作业和所需材料。

### 各方观点

胜利公司认为,案涉工程于 2018 年 6 月 20 日投产,合同约定质保期为 1 年,现已 2022 年,故盛业公司应当返还 7750 万元质保金。

盛业公司认为,涉案合同是 EPC 合同,EPC 合同集工程的设计、采购、施工为一体,即"交钥匙"工程,承包人交付一个完整、合格、能达到业主的建设和生产要求的工程。因胜利公司交付的工程无法达到合同目的,盛业公司无奈只能寻找更专业的施工方对瑕疵工程拆除后重建,为此支付井口改造费 500 万元,应当从质保金中扣除。

### 法院裁决要旨

关于胜利公司应否承担井口改造费 500 万元的问题。《建设工程司法解释（一）》第 14 条规定:"建设工程未经竣工验收,发包人擅自使用后,又以使用部分质量不符合约定为由主张权利的,人民法院不予支持;但是承包人应当在建设工程的合理使用寿命内对地基基础工程和主体结构质量承担民事责任。"

该案中已经查证盛业公司于 2018 年 6 月 20 日投产使用未经竣工验收的工程，根据上述司法解释规定盛业公司以质量不符合约定主张权利的，不能得到支持。盛业公司在一、二审中也并未提供案涉工程存在质量问题，或者井口改造是胜利公司施工的原因所导致的有效证据，且最高人民法院作出的（2021）最高法民申 1858 号民事裁定书，已经驳回了盛业公司提出的案涉工程存在质量问题等诉讼主张。综上，对盛业公司提出胜利公司承担井口改造费用的上诉主张，缺乏事实基础和法律依据，依法不予支持。

## 工程总承包纠纷适用的建议

**（一）在工程总承包模式下，应通过限缩解释，将本条的"擅自使用"严格限制在"实际使用"的范畴中，不得包括"试验使用"。发包人仅对建设项目开展试运行使用的，不构成"擅自使用"，不当然发生发包人质量异议权被剥夺的效果**

承前所述，工程总承包模式下使用建设项目的行为性质区分为"试验使用"与"实际使用"，但《建设工程司法解释（一）》第 14 条制裁的是发包人在未经竣工验收的情况下"实际使用"建设项目的不法行为，而"试验使用"是合同约定的检验程序，是检验总承包人的建设成果是否满足《发包人要求》这一合同目的的重要手段，多在竣工验收之前完成，符合当事人的意思自治，因此"试验使用"不属于《建设工程司法解释（一）》第 14 条的惩处范围之列。因此，面对总承包人提出的"发包人擅自使用未经竣工验收的建设工程，不得就工程质量行使权利"的有关主张，法官应当通过查明行业交易习惯、识别发承包双方的交易模式，辨明合同中有关"试运验收""竣工验收"的条件、内容与差异，甄别发包人的"使用"行为是出于检验建设项目性能标准的意图还是出于获取经济效益的目的，进而作出是否依照《建设工程司法解释（一）》第 14 条的规定剥夺发包人质量异议权的决断。

如在某"500t/d（27.5%）双氧水工业生产线工程总承包（EPC）建设项目"中，合同约定如下验收程序：(1)竣工前试车。联动试车和投料试车起始日须经发承包双方商定同意后确定，从投料试车之日起 6 个月为合同装置的投料考核期，在考核期间装置连续运转 72 小时并达到设计保证值时，即为生产考核合格。(2)试车期间整改。若投料试车和生产考核不合格，双方首先应协商改进继续试运,此后双方再探讨原因,总承包人应积极协助发包人查找原因,直至装置正常开车。(3)竣工验收。总承包人指挥发包人实施联动试车和投料试车,负责处理试车中暴露的设计问题与工程质量问题,直至考核结束达产达标,并协助发包人完成竣工验收。(4)合同装置未经竣工验收或竣工验收未通过的,发包方不得占用或使用,否则发包方占有或使用之日视为实际竣工日。建设项目完工后,其双氧水装置于2015年6月26日开始试车。试车10个月后,总承包人发函要求发包人启动对双氧水装置进行72小时的生产考核程序,但发包人以"因整改未完成,工作液成分不达要求,目前不具备考核条件"为由拒绝,总承包人遂先后三次派出技术人员进行缺陷整改与技术指导,可仍未实现达产达标的效果。后发承包双方均未进行考核。事实上,由于双氧水装置存在生产不正常、生产质量没达标(标准)的问题,故发包人未支付工程尾款。对此,总承包人以"双氧水装置虽未经竣工验收,但发包人已占有、使用投产,应视为装置合格"为由诉至法院要求发包人全额支付工程款。然而法院并未支持总承包人的主张,理由是:其一,总承包人的双氧水生产技术存在瑕疵,导致建设项目不能满足约定"500t/d"的产能标准。其二,发包人是在试车考核期内占有、使用建设项目,其占有、使用的主旨是检视、验证"双氧水装置连续运转72小时是否达到设计保证值",并要求总承包人"处理试车中暴露的设计问题与工程质量问题",其目的不是"投产使用"。故该纠纷不能适用《建设工程司法解释(一)》第14条的规定,也不能据此规定免除总承包人的相关质量责任。其三,法院支持了发包人就建设项目未能达产达标提出的反诉请求,并根据质量不能满足产能标准的部分即按照建设项目的日产量470吨作减价处理。[1]

在上述案例中,一方面,合同已经明确约定试车考核期间由发包人实施、总承包人指导,若发包人不实际占有、使用建设项目,根本无法完成合同要求的考核活动,以占有、使用建设项目为由要求发包人承担不得提出质量异议的不利后果,是强人所难;另一方面,发包人在2015年6月26日之后的占有、使用行为的目的是考察双氧水生产装置的产能指标,性质为"试验使用",而非"实际使用",该"试验使用"行为符合工程总承包模式的习惯,不得视为"擅自使用"。因此总承包人主张"发包人擅自使用视为认可工程质量",是混淆事实,不应予

---

[1] 参见河南省高级人民法院民事判决书,(2020)豫民终1145号。

以支持。

**(二)虽构成"擅自使用"也不宜直接剥夺发包人就"未满足性能标准"的质量异议权**

1. 从公平的角度考虑,不宜直接以"发包人未竣工验收即使用"为由剥夺发包人就"性能标准"部分享有的质量异议权、追责权。

在工程总承包模式下,未经竣工验收即擅自使用建设项目不能成为剥夺发包人就"性能标准"提出质量异议权利的正当性基础,理由如下:

首先,工程总承包下的发包人有关建设项目性能、产能、效能、耗能、功能方面的《发包人要求》是其最核心的合同目的与追求目标,是发包人追求的重中之重,为了工程总承包模式的普遍推广运用、提高发包人适用工程总承包模式的积极性,不应当轻易剥夺发包人就"性能标准"享有的质量追责权利。

其次,在施工总承包模式的语境下,发包人擅自使用未经竣工验收的建设工程的,不得以质量不符合约定为由主张权利,其中的"质量不符合约定"包括除了主体结构或地基基础质量不符以外的所有情形,但仍然局限于"安全承载""设计要求"这一静态质量要求的范围内。而常态下工程总承包模式的质量验收标准不仅包括土建部分合乎"安全承载""设计要求"这一静态质量要求,还包括设备机组、装置系统满足"性能标准""功能目的"这一动态质量要求。也就是说,工程总承包的质量内涵更为丰富,已经远远超出了《建设工程司法解释(一)》第14条的效力影响范围。

最后,试运行程序多安置在竣工验收程序之前,未经试运行即投入使用可能包含未经竣工验收的情形,此时虽然剥夺发包人的质量异议权具有警醒、威慑发包人践行验收程序以保障公共安全的意义,但一方面,该保障不必要非得以牺牲发包人就"性能标准"的质量异议权为代价不可,仅仅否认发包人就"性能标准""主体结构或地基基础质量安全"以外的质量异议权,对发包人起到的警示作用与惩戒作用已经足够;另一方面,保留发包人对"性能标准"的异议权、追责权,更体现公平。

第一,《建设工程司法解释(一)》第14条本就是为常态下仅具有竣工验收程序的施工总承包模式所量身定制的,施工总承包本身的质量底蕴就比较单薄,原则上仅包含施工质量与安全稳固要求,以发包人未组织竣工验收这一项过错剥夺发包人就"主体结构或地基基础质量"以外的质量异议权,还能够堪堪维持发承包双方的利益平衡。但工程总承包模式的质量内涵较为厚重——不仅包括施工质量，还包括设计质量、设备装置定制质量；不仅包括工程实体安全承载、使用正常的需求，还包括对装置设备功能、性能、产能、耗能、效能、输入资源等参数的限制要求，仅以发包人未组织竣工验收这一项过错即否认发包人就"主体结构或地基基础质量"以外的所有质量异议权，会导致发承包双方利益的严重失衡。

第二，传统施工总承包模式下的一般质量缺陷问题对发包人的空间安全使用需求的影响不大，如墙体渗水、屋顶渗漏、地面空鼓、墙皮脱落、不影响主体结构安全的墙体裂缝等，建筑物还能堪堪维持其用，即便剥夺发包人就此的追责权利，对发包人伤害也不大；但是工程总承包模式下发包人所追求的"性能标准"与发包人的经济效益相挂钩，如不能满足性能标准，影响发包人的投产使用，往往会给发包人造成上千万元的经济损失，且一旦一个生产装置因某个关键参数（如污水排放要求、烟气排放限制、无法处理某一类输入原料）不能达标、全部报废从而需要重新搭设，则造成社会资源的巨大浪费，若轻易剥夺发包人就"性能标准"的质量异议权，这对发包人的打击是非常严重的，对发包人也是严重不公平的。

第三，相较于传统施工总承包下的发包人的质量利益，工程总承包的发包人的质量利益内容更多，分量更重。承前所述，《建设工程司法解释（一）》本就是针对传统施工总承包作出的规范，此前提下，本条剥夺擅自使用未经竣工验收的建设工程的发包人对于除了"地基基础和主体结构质量不符"以外的所有针对工程质量缺陷的异议权与追责权，无视评价总承包人对同一工程质量缺陷的过错，遗漏总承包人出于故意或重大过失引发工程质量缺陷也需要严厉非难与追究责任的周全考量，违反"错责相当"，对发包人不公平，其正当性与合理性本就有所欠缺。也就是说，本条在传统施工总承包纠纷下的适用是显失公平的。在发包人质量利益小的施工总承包模式中适用本条尚且如此，何况在发包人质量利益更大的工程总承包模式中，直接适用本条只会造成更严重的利益失衡。

因此，出于鼓励工程总承包模式普遍适用、维护公平的目的，不宜直接以"未经竣工验收擅自使用"为由剥夺发包人就"性能标准"提出的质量异议权与追责权。

2.从规范作用的角度考虑,也不宜直接以"发包人未试运行(性能检测)即使用"为由剥夺发包人就"性能标准"部分享有的质量异议权、追责权。

未经试运行(性能测试)即擅自使用建设项目也不能成为剥夺发包人就"性能标准"提出质量异议权利、责任追索权利的正当性基础。第一,法律要求发包人贯彻竣工验收程序的目的在于,通过实际使用前的验收过程,排查事故隐患、整改缺陷问题、落实安全措施,保障投入使用后的公共利益与公共安全;但试运行程序的主要目的是验证建设项目是否符合事先设定的"性能标准",是否"达产达标",与保障公共安全的关联性不大(虽然有的试运行也测试安全运转性能,但没有竣工验收程序对公共安全的保障那样系统、周全与完善)。既然试运行程序欠缺保障公共安全的重大意义,在发包人未开展试运行程序、性能测试程序的情况下,依葫芦画瓢适用《建设工程司法解释(一)》第14条的规定全盘否认发包人就"性能标准"部分提出质量异议的权利,既不具备该条天然的惩戒与规范功能,还损害发包人的合同目的与对价公平。因此,以"未经试运行"为由剥夺发包人就"性能标准"的追责权,实质意义不大。第二,启动试运行程序是发包人的权利,不似竣工验收程序那样是发包人的法定义务,即便发包人不执行,也不能视为发包人有过错,不能在未竣工验收的基础上叠加发包人的过错程度评价,进而作为要求发包人承担更重责任的理由。第三,"工程未经竣工验收擅自使用的,发包人不得就工程质量主张权利"本就是法律拟制,法律拟制只有在法律明文规定的情况下才具备约束效力,法律并未规定"发包人未开展试运行活动即使用建设项目的,不能就功能、性能方面的质量标准主张权利",故不应当受到《建设工程司法解释(一)》第14条制度机理所体现的观念影响,以"未经试运行"为理由否认发包人就"性能标准"的质量异议权,否则有违民事活动中"法无禁止即自由"的基本原则。

总而言之,"未经试运行程序"不能作为调节发包人过错的"砝码",进而为证成"发包人既未试运行又未竣工验收,具有双重过错,其不得主张的质量权利范围应当相应扩大,包含对性能标准的异议,以体现错责相当"这一错误观点提供支撑。

**(三)即使建设项目未经竣工验收,但有证据证明建设项目客观上"试运行合格""经发包人同意竣工验收"的,发包人不得再就工程质量主张异议,但其仍然可以要求总承包人承担质量保修责任**

竣工验收是验证工程质量是否合格的程序,竣工验收后形成竣工验收文件,但并非只有竣工验收文件才能证明工程质量合格。若发包人通过分部分项过程验收并签认相关验收报告的方式认可工程质量,或发承包双方经开会形成的会议纪要确认工程质量符合合同约定,也可以作为认定建设项目质量合格的依据。虽然建设项目未经竣工验收,但总承包人有证据证明发包人曾经通过其他方式认可工程质量合格,发包人又以工程质量问题为由主张权利的,法院不予支持,但是仍然允许发包人要求总承包人承担工程质量保修责任。

如在某"20MW 分布式光伏发电项目工程总承包项目"中,发承包双方约定工程价款支付至 100% 的条件之一是"全部工程竣工合格"。后总承包人要求发包人支付工程尾款,发包人以建设项目"未办理移交手续""存在质量问题"为理由认为自己不应付款。而法院认为,虽然建设项目未经竣工验收,但是以下文件可以证明建设项目质量合格:(1)《工程质量监督检查并网通知单》,证明建设项目通过并网发电验收;(2)《20MW 扶贫电站项目竣工验收会议纪要》,证明建设项目在并网发电后已经安全运行 81 天,发电 660 万度,建设单位、设计单位、施工单位、监理单位均同意竣工验收;(3)《山西阳曲项目工程款洽谈会会议纪要》,证明建设项目在并网发电后已经安全运行 107 天,项目初步验收合格。由以上事实可知,项目电站已初步验收合格,达到竣工验收条件,并已实际移交发包人,且并网发电成功,至今正常安全运行;即便发包人认为存在"设计不合理导致光伏组件阴影遮挡面积未达到要求"质量问题亟待整改,但该问题未对建设项目正常运行造成实质性影响,不能对抗总承包人要求支付工程尾款的主合同权利,可以通过保修责任予以解决。故发包人以工程质量缺陷为由拒绝支付工程尾款,与事实不符,不予支持。①

**(四)将本条适用于工程总承包模式时,建议适当调整裁判规则**

当工程总承包建设项目发生质量纠纷、适用本条演绎推理时,可以按照以下内容调整适用过程,优化适用效果:

1. 建设项目未经竣工验收,发包人擅自投入实际使用后,又以"未竣工验收,付款条件不成就"为由主张"不应付款""拒绝付款"的抗辩的,不予支持。

2. 建设项目未经竣工验收,发包人擅自投入实际使用后,又以"性能标准"以外的使用部分质量不符合约定为由主张权利的,人民法院不予支持。发包人

---

① 参见最高人民法院民事判决书,(2019)最高法民终 250 号。

以"性能标准"部分的质量不符合约定为由主张权利的,应当根据发包人与总承包人双方各自过错予以认定。

3. 发包人根据合同约定将建设工程投入试运行(或试验)使用,即使建设工程未经竣工验收,也不属于擅自使用。发包人以使用部分质量不符合约定为由主张权利的,人民法院应予支持。

4. 经总承包人申请使用试验,发包人拒不开展使用试验也不开展竣工验收,在擅自使用未经竣工验收的建设工程后的合理期间未提出异议,又以使用部分质量不符合约定为由主张权利的,人民法院不予支持。

5. 无论何种情形,承包人均应当在建设工程的合理使用寿命内对地基基础工程和主体结构质量承担民事责任。

6. 建设项目未经竣工验收或未经试运验收,即使发包人擅自使用,承包人也应当承担保修义务。

## 第十五条 工程质量缺陷纠纷下的共同被告

> **第十五条**
>
> 因建设工程质量发生争议的,发包人可以以总承包人、分包人和实际施工人为共同被告提起诉讼。

### 工程总承包纠纷的可适用性

与传统施工模式一致,工程总承包模式也会涉及转包、分包或挂靠等问题。法律已有规定,挂靠关系、转包关系与分包关系下的当事人应当就其各自关系所负责的工程范围的质量问题对发包人承担连带责任。基于该实体责任的连带性,在程序上,具有上述关系的当事人可以作为共同被告参与到同一个质量纠纷诉讼中,以便法官查清事实、辨明责任。故工程总承包模式可以直接适用本条。

### 应 用

法律明确规定,承包人和与其有合同关系的第三人应就第三人负责范围的工程质量向发包人承担连带责任,这是承包人与第三人可以作为共同被告的实体基础。

针对承包人与跟其有合同关系的第三人在第三人负责的工程范围内基于工程质量缺陷造成的损失,无论是违约损失还是侵权损失,承包人均应当与第三人向发包人承担连带责任,该第三人包括分包承接人、转包承接人、违法分包承接人与挂靠人,后三类统一称为"实际施工人"。对此,法律有明确规定:

(1)合法分包情形下的质量连带责任。《建筑法》第55条规定:"建筑工程实行总承包的,工程质量由工程总承包单位负责,总承包单位将建筑工程分包给其他单位的,应当对分包工程的质量与分包单位承担连带责任分包单位应当接受总承包单位的质量管理。"《民法典》第791条第2款规定:"总承包人或者勘察、设计、施工承包人经发包人同意,可以将自己承包的部分工作交由第三人完成。第三人就其完成的工作成果与总承包人或者勘察、设计、施工承包人向发包人承担连带责任。……"

(2)违法分包或转包情形下的质量连带责任。《建筑法》第67条规定:"承包单位将承包的工程转包的……对因转包工程或者违法分包的工程不符合规定的质量标准造成的损失,与接受转包或者分包的单位承担连带赔偿责任。"

(3)挂靠情形下的质量连带责任。《建筑法》第66条规定:"建筑施工企业转让、出借资质证书或者以其他方式允许他人以本企业的名义承揽工程的,……建筑施工企业与使用本企业名义的单位或者个人承担连带赔偿责任。"

承包人与分包人(或实际施工人)就分包人(或实际施工人)的承接范围内的工程质量缺陷承担连带责任,有其充分性、现实合理性与规范必要性。其一,承包人与分包人(或实际施工人)对于工程质量损失具有基础事实的牵连性与部分成立要件的一致性,这是成立连带的事实基础。首先,质量损害结果性质是一致的,即发生质量缺陷的工程部位既是承包人的工程范围也是分包人(或实际施工人)的承接范围,是同一受损对象。其次,承包人与分包人(或实际施工人)具有共同的过错,即在合法发承包关系下出现工程质量缺陷,承包人具有未充分履行总包质量管理把控义务的过错[1],分包人(或实际施工人)具有未履行质量保障义务的过错[2],而在违法发承包关系下(转包、挂靠、违法分包),承包人也具有恶意违反法定发包要求的过错[3]。此时双方的过错形态虽然不

---

[1] 参见《建筑法》第55条规定:"建筑工程实行总承包的,工程质量由工程总承包单位负责……"《建设工程质量管理条例》第26条第3款规定:"建设工程实行总承包的,总承包单位应当对全部建设工程质量负责……"该条例规定了承包人作为总包单位的总包质量管控义务。

[2] 参见《建设工程质量管理条例》第27条规定:"总承包单位依法将建设工程分包给其他单位的,分包单位应当按照分包合同的约定对其分包工程的质量向总承包单位负责,总承包单位与分包单位对分包工程的质量承担连带责任。"该条规定了分包单位的质量保障义务,可以类推使用到实际施工人身上。

[3] 参见《建筑法》第28条规定:"禁止承包单位将其承包的全部建筑工程转包给他人,禁止承包单位将其承包的全部建筑工程肢解以后以分包的名义分别转包给他人。"该条规定了承包人依法发包的法定义务。

一样,但在"有过错"的层面上是一致的。最后,因果发展的作用方向也是一致的,即无论是承包人管理失当的过错,还是分包人(或实际施工人)质量违约的过错,均一并指向同一工程质量缺陷的不利后果,成为后果的共同肇因。其二,工程质量缺陷是法律强烈反感的现实后果,要求承包人对他人原因(仅出于分包人或实际施工人的原因)造成的质量问题承担连带责任,体现出法律更严厉的非难性,符合保障公共利益的现实需求,这是成立连带的溢出功能。有些连带责任的成立并不以因果关系作为前提,如"共同危险行为",这实质上是以立法者的意志替代因果关系的评价,只要满足法条规定的事实构成,各债务人便要对全部债务负责,突破了"因果归责"原则。但如此要求是有正当性考量的,因为与不考虑因果的法定连带责任条款有关的后果具有强大的社会危害性和可非难性,此时法律通过忽略因果,直接要求当事人担责,体现出其更强烈的否定性评价,进而使每个受连带责任拖累的当事人均按照法律标准行事,这一价值考量溢出了连带债务的规范目的。[1]《建筑法》规定的工程质量缺陷下的连带责任也有该层意味,现实中很有可能出现承包人对分包人(或实际施工人)引发的工程质量问题根本没有过错和原因的情形,比如承包人有证据证明已经对分包人(或实际施工人)三令五申保障工程质量,承包人没有任何有关违反法定质量保障要求的行为,其已尽高度注意义务与总包管理义务,但是《建筑法》仍然要求承包人就所有因其发包出去的工程所发生的质量问题承担连带责任,展现出法律对工程质量责任的严重谴责、要求承包人在工程质量保障方面日进优益的目的,具有保障公共安全的现实意义。其三,有利于保障发包人的建设工程利益的最大化,这是成立连带的规范目的。连带债务作为私法上对债权人利益的最大保障方式之一,其规范目的在于以两个以上的债务人的能力来确保债权人的利益得以最大化地实现,允许债权人可以请求部分或者全部债务人履行全部债务,确保"债权人优位"。[2] 作为建设项目的权属人、经营权人、管理权人,发包人可以通过对建设项目的使用、经营或处分享有经济利益,若建设项目存在工程质量缺陷,则会严重侵害发包人经济利益的实现。为了全面保

---

[1] 参见张定军:《连带债务发生明定主义之反思》,载《法学研究》2023年第2期。
[2] 参见李中原:《连带债务中免除和时效届满的涉他效力模式——从连带性的规范基础出发》,载《苏州大学学报(法学版)》2022年第2期。

障发包人实现建设项目的利益,要求承包人与分包人(或实际施工人)承担连带责任,发包人得以任意选择其中一方满足其全部债权,体现了连带债务完全维护"债权人优位"、全面保障债权实现的功能。

当事人的诉讼地位很大程度上是由当事人之间的实体法律关系决定的,如在程序上被列为共同被告的当事人,常常是因为他们在实体法律关系上存有共同共有、连带责任保证、共同侵权等关系。[1] 连带责任是共同被告在实体法上的根源,共同被告是连带责任在程序法上的映射。法律规定,分包人或实际施工人应当就工程质量缺陷问题与承包人承担连带责任,在程序中的表现形式即为,他们均具备共同被告的诉讼地位。

## 依 据

### 《建筑法》

第二十九条 建筑工程总承包单位可以将承包工程中的部分工程发包给具有相应资质条件的分包单位;但是,除总承包合同中约定的分包外,必须经建设单位认可。施工总承包的,建筑工程主体结构的施工必须由总承包单位自行完成。

建筑工程总承包单位按照总承包合同的约定对建设单位负责;分包单位按照分包合同的约定对总承包单位负责。总承包单位和分包单位就分包工程对建设单位承担连带责任。

禁止总承包单位将工程分包给不具备相应资质条件的单位。禁止分包单位将其承包的工程再分包。

第五十五条 建筑工程实行总承包的,工程质量由工程总承包单位负责,总承包单位将建筑工程分包给其他单位的,应当对分包工程的质量与分包单位承担连带责任。分包单位应当接受总承包单位的质量管理。

第六十六条 建筑施工企业转让、出借资质证书或者以其他方式允许他人以本企业的名义承揽工程的,责令改正,没收违法所得,并处罚款,可以责令停业整顿,降低资质等级;情节严重的,吊销资质证书。对因该项承揽工程不符合

---

[1] 参见最高人民法院民事审判第一庭编著:《最高人民法院新建设工程施工合同司法解释(一)理解与适用》,人民法院出版社2021年版,第157页。

规定的质量标准造成的损失,建筑施工企业与使用本企业名义的单位或者个人承担连带赔偿责任。

第六十七条　承包单位将承包的工程转包的,或者违反本法规定进行分包的,责令改正,没收违法所得,并处罚款,可以责令停业整顿,降低资质等级;情节严重的,吊销资质证书。

承包单位有前款规定的违法行为的,对因转包工程或者违法分包的工程不符合规定的质量标准造成的损失,与接受转包或者分包的单位承担连带赔偿责任。

**《民法典》**

第七百九十一条　发包人可以与总承包人订立建设工程合同,也可以分别与勘察人、设计人、施工人订立勘察、设计、施工承包合同。发包人不得将应当由一个承包人完成的建设工程支解成若干部分发包给数个承包人。

总承包人或者勘察、设计、施工承包人经发包人同意,可以将自己承包的部分工作交由第三人完成。第三人就其完成的工作成果与总承包人或者勘察、设计、施工承包人向发包人承担连带责任。承包人不得将其承包的全部建设工程转包给第三人或者将其承包的全部建设工程支解以后以分包的名义分别转包给第三人。

禁止承包人将工程分包给不具备相应资质条件的单位。禁止分包单位将其承包的工程再分包。建设工程主体结构的施工必须由承包人自行完成。

**《建设工程质量管理条例》**

第二十七条　总承包单位依法将建设工程分包给其他单位的,分包单位应当按照分包合同的约定对其分包工程的质量向总承包单位负责,总承包单位与分包单位对分包工程的质量承担连带责任。

## 判　例

### 案例15-1　(2020)陕05民初46号

**案情介绍**

中机国能公司和两晶公司作为联合体总承包人承接扶贫公司发包的"集中光伏发电EPC总承包"项目,双方合同约定计价方式为固定装机总价,合同预估价格49300万元,按照固定单价8.5元/瓦计,总项目预计共58MW。后两晶公司将总项目的11.8MW分包给晨源公司,晨源公司将11.8MW分包给泰力松公司。项目竣工后,在试运营过程中,两晶公司发现该11.8MW的光伏项目衰减率过高、发电量达不到要求。

### 各方观点

两晶公司将晨源公司与泰力松公司作为共同被告一并起诉至法院,要求二者就光伏项目质量缺陷问题承担连带赔偿责任。

### 法院裁决要旨

在案件审理中,两晶公司提出案涉工程衰减率不符合国家标准,存在质量问题,向法院提出鉴定申请。根据《建筑法》第55条"建筑工程实行总承包的,工程质量由工程总承包单位负责,总承包单位将建筑工程分包给其他单位的,应当对分包工程的质量与分包单位承担连带责任。分包单位应当接受总承包单位的质量管理"的规定。《建设工程司法解释》(已失效)第25条规定"因建设工程质量发生争议的,发包人可以以总承包人、分包人和实际施工人为共同被告提起诉讼"。根据上述法律、司法解释规定,建设工程发生质量纠纷,限定于由承包人、分包人和实际施工人共同向发包人承担责任。该案中两晶公司和中机国能公司联合体承包合阳县××户集中光伏发电项目设计、设备采购、施工总承包项目,是该工程的承包方,系该工程质量的责任主体,两晶公司将总项目的11.8MW分包给晨源公司,晨源公司将11.8MW分包给泰力松公司,两晶公司、中机国能公司、晨源公司、泰力松公司就工程质量共同向发包人承担责任,因此,提出工程质量问题的权利人应为发包人,两晶公司作为承包人,不是该案适格的反诉原告主体。关于两晶公司提出的鉴定申请,不予准许。

## 案例15-2 (2019)青2801民初2203号

### 案情介绍

华电格尔木公司(建设单位)将"华电格尔木二期20MWp并网光伏电站工程项目"总承包给电力咨询公司(工程总承包单位)承接,后电力咨询公司将工程项目的土建部分与安装部分分包给电力工程公司(土建安装工程承接单位),电力工程公司又将其中的土建部分分包给博尔公司(土建工程承接单位),朱某(土建工程实际施工人)挂靠博尔公司完成土建工程的施工任务。项目完工交付使用后,电力咨询公司发现博尔公司负责的光伏组件水泥基础存在严重的质量问题。

### 各方观点

电力咨询公司将博尔公司与朱某作为共同被告,诉至法院,要求其二人连带承担土建部分工程质量不合格的赔偿责任。博尔公司抗辩,电力咨询公司只是工程总承包单位,不是发包人,无权依照《建设工程司法解释(一)》第15条要求博尔公司与朱某承担连带责任。朱某抗辩土建部分质量问题是发包人使用不当造成的,与其无关。

### 法院裁决要旨

依据《华电格尔木二期20MWp并网光伏电站工程土建及安装施工合同》约定,涉案工程的建设单位即业主为华电格尔木公司,系工程发包人。电力咨询公司与电力工程公司签订《华电格尔木二期20MWp并网光伏电站工程土建施工项目施工分承包合同》分包工程土建部分与安装部分,电力工程公司又将其中的土建工程分包给被告博尔公司,被告朱某借用被告博尔公司的资质对其中的土建工程进行实际施工,因此第三人电力工程公司应当为华电格尔木二期20MWp并网光伏电站工程土建及安装工程的分包人。《建设工程司法解释(一)》第25条规定,因建设工程质量发生争议的,发包人可以以总承包人、分包人和实际施工人为共同被告提起诉讼。该案电力咨询公司并非涉案工程的发包人,即使其作为总承包人,在工程质量出现问题,完成对建设单位的工程质量维修赔偿责任后,应当根据与电力工程公司的合同约定,向电力工程公司进行追偿。依据合同相对性原则,电力咨询公司与电力工程公司系《华电格尔木二期20MWp并网光伏电站工程土建施工项目施工分承包合同》的双方当事人,因此电力咨询公司并非涉案工程的发包人,不应直接要求实际施工人朱某及借用资质单位博尔公司承担赔偿责任,故电力咨询公司要求被告博尔公司和被告朱某承担相应的赔偿责任的诉讼理由不能成立,法院不予支持。

## 工程总承包纠纷适用的建议

### (一)"总承包人与设计分包人""总承包人与设备供应商"可以作为本条项下的"共同被告"

工程总承包的承包范围包括设计、采购、施工,基于该特殊性,以及充分落实本条是为了便利当事人参与诉讼以便于法院查清事实,在总承包人采购定制的装置设备不满足《发包人要求》、总承包人向下分包的设计成果违反国家强制性要求或合同约定导致工程质量缺陷,引发发包人提起工程质量纠纷诉讼时,发包人也可以将总承包人与设备供应商或总承包人与设计分包人作为共同被告,一并追加进来参与诉讼活动。

**(二)本条的"发包人"仅指建设单位,"总承包人"仅指工程总承包单位,"分包人""实际施工人"仅指与"总承包人"构成直接合同关系的主体**

根据"合同相对性"的基本原理,在工程总承包模式下,本条的"发包人"也仅指"建设单位",总承包人也仅指"总包单位",且本条的适用情形也应当仅局限在"三个主体、两层法律关系"发承包关系中,即"分包人""实际施工人"必须是与总承包人直接构成合同关系的主体,不宜无限延伸。

### 第十六条 工程质量违约或损失反请求可以合并审理

> **第十六条**
> 发包人在承包人提起的建设工程施工合同纠纷案件中,以建设工程质量不符合合同约定或者法律规定为由,就承包人支付违约金或者赔偿修理、返工、改建的合理费用等损失提出反诉的,人民法院可以合并审理。

## 工程总承包纠纷的可适用性

工程总承包纠纷可以直接适用本条。

### 应 用

**(一)总承包人要求发包人支付工程款,发包人要求总承包人承担质量缺陷责任,构成本诉与反诉的关系,法院可以合并审理**

《民诉法解释》第 221 条规定:"基于同一事实发生的纠纷,当事人分别向同一人民法院起诉的,人民法院可以合并审理。"第 233 条第 1、2 款规定:"反诉的当事人应当限于本诉的当事人的范围。反诉与本诉的诉讼请求基于相同法律关系、诉讼请求之间具有因果关系,或者反诉与本诉的诉讼请求基于相同事实的,人民法院应当合并审理。"

所谓反诉,是指在民事诉讼中,被告针对原告提出的、与本诉有牵连关系的诉讼,旨在抵消、吞并原告的诉讼请求。[1] 反诉虽然依赖于本诉产生,是基于与

---

[1] 参见成阳:《反诉的提出与审理,法官这样说》,载微信公众号"上海市一中法院"2020 年 9 月 15 日,https://mp.weixin.qq.com/s/8v-MEN5Ur5faePQculwmmQ。

本诉"同一法律关系"或者"同一事实"而提起,但又独立于本诉。[1] "同一事实"是指各诉所依据的事实关系与法律关系应当具有牵连性,具体表现为一致性或者重叠性。[2] "同一事实"的评价根源于案件事实,案件事实是法律关系产生的前提,基于同一事实可产生不同的法律关系,或同一法律关系但有不同的请求权,当事人据此分别起诉,则前后两诉可能存在共通的事实或法律问题,前诉就此所作出的判断毫无疑问会对后诉裁判施加一定影响,因而有合并审理的必要。[3]

合并审理,即诉的合并,是反诉制度发挥效果的产物,其目的在于扩大民事诉讼程序解决纠纷的能力,使诉讼请求或诉讼标的之间有法定牵连关系的诉能够在一个诉讼程序中解决,进而实现提高诉讼效率,避免矛盾判决之效果,从而实现提升司法公信力、案件公正审理之终极效果。[4] 目前理论界的趋势是,减少"同一事实"的认定条件,扩大"牵连性"的涵盖范围,以便将与本诉相关联之民事纠纷尽可能地纳入反诉程序中来,充分发挥反诉制度提高诉讼效率,避免矛盾判决之功能。[5]《民诉法解释》虽然对反诉牵连性作了规定,但是仔细分析就会发现该规定意在确定反诉与本诉符合该规定时法院应当合并审理,并不是说该三种情形之外的情形不属于牵连性之范围,因为反诉并不以与本诉合并审理为必要条件,这也为我国放宽反诉与本诉牵连性提供了契机。[6]

本条实际上是反诉制度在建设工程质量缺陷纠纷的具体运用,也体现出最高人民法院将反诉的情形类型化,扩大诉的合并的范围,减少当事人另案起诉增加的成本,进而提高审判效率的意图。一方面,总承包人要求发包人支付工程欠款,发包人要求总承包人承担工程质量缺陷责任,本就是基于同一建设工程施工法律关系、基于同质的施工行为而产生的,具有牵连关系但方向不同的

---

[1] 参见孟莉莉、高鹏:《"抗辩"与"反诉"要点与选择之梳理》,载《中国律师》2023年第9期。

[2] 参见最高人民法院民法典贯彻实施工作领导小组办公室编著:《最高人民法院新民事诉讼法司法解释理解与适用》(上),人民法院出版社2022年版,第470页。

[3] 参见陈晓彤:《比较法视角下中国判决效力体系化研究》,中国社会科学出版社2020年版,第170页。

[4] 参见张晋红:《诉的合并有关问题的思考——兼论提高民事诉讼效率的有效途径》,载《广东商学院学报》2002年第4期。

[5] 参见毛立华、吴正金:《反诉制度之管见——谈反诉"牵连性"与再反诉》,载《研究生法学》2001年第4期。

[6] 参见张亮、闫城宇:《我国民事再反诉制度之建构》,载《河北法学》2024年第4期。

两个请求——若施工行为所形成的建设成果质量合格,则总承包人要求发包人付款的请求成立;若工程质量不合格,则发包人向总承包人追究质量赔偿责任的请求成立。符合反诉的牵连性要求。另一方面,总承包人提起要求发包人支付剩余工程款的诉讼后,发包人也针对性地向总承包人提起追究质量缺陷责任的诉讼,其意图就是通过发起诉讼请求攻击来抵消、吞没总承包人的诉讼请求,减少自己的支付金额,进而保全自身的利益,符合反诉的目的性要求。因此,对于总承包人提出的付款诉讼请求,以及发包人提出的质量责任承担诉讼请求,法院将二者合并审理,是当然之理。如在(2021)晋02民终1713号民事判决书中,总承包人本诉要求发包人支付159余万元的工程款及相应逾期利息,发包人反诉要求总承包人支付在质保期内因发包人先行处理屋顶防漏缺陷所产生的150万元维修费用、移交完成的维修保修手册并履行太阳能板清洗义务。对此,法院依照本条规定,将本诉和反诉合并审理。①

**(二)发包人的权利请求若是构成了反诉,但其仅以抗辩的方式主张的,有可能承担法院不予审理的不利诉讼风险**

需要注意的是,若总承包人提起付款诉讼后,发包人对总承包人提出的质量责任承担请求主张超出了总承包人的诉讼请求范围,但发包人在一审时未以反诉的方式提出请求,而是仅以抗辩的方式提出主张的,在二审时又以相同的质量责任承担主张未获支持作为上诉理由的,有可能突破"不告不理"原则,可能承担被二审法院以"超出诉讼请求"为由驳回上诉请求的诉讼不利风险。如在(2019)豫12民终1543号民事判决书中,总承包要求发包人支付尚欠合同款与逾期付款损失,发包人要求总承包人支付违约赔偿款和工作服欠款,抵销总承包人所述赔偿款,但发包人仅是以抗辩而非反诉的方式提出该项要求,一审法院未支持发包人的扣款请求。后发包人以抵销抗辩未被支持为由提起上诉,二审法院以"发包人(一审被告)提出的质量违约金等问题超过总承包人(一审原告)的诉讼请求范围,具有独立的请求给付内容,但在一审审理过程中未提起反诉,本院不予审理"为由未支持发包人该项上诉请求。②

上述司法实践情况实质上涉及"抗辩"与"反诉"的区分。从目的上看,抗

---

① 参见山西省大同市中级人民法院民事判决书,(2021)晋02民终1713号。
② 参见河南省三门峡市中级人民法院民事判决书,(2019)豫12民终1543号。

辩作为实体法上的权利,是阻止请求权行使的权利,抗辩成功导致请求权的行使遇到障碍,其本身作为防御性规范,不需要提出诉讼请求。而反诉则是针对对方当事人在同一诉讼过程中提出的诉讼请求。如果说抗辩是盾,则反诉是矛,抗辩是防御,反诉是进攻。① 从内容上看,如果被告的主张内容逾越了原告诉讼请求的范围,且具有独立的请求给付的内容,则被告的主张就落入了反诉的范畴;该两个条件均不满足的,则仍属抗辩的内涵。② 依该观点,如果被告主张的是不应当承担责任或应当从原告请求的款项中"减价""扣款",性质属于抗辩;如果被告主张原告也应当向被告"支付"违约金、损害赔偿费,应予相互"抵扣",则性质属于反诉。③ 本条描述的情形是,发包人以工程质量不合格为由要求总承包人支付违约金,或赔偿基于修理、返工、重建产生的合理费用,其性质上属于具有独立请求给付的内容,故发包人应当以反诉的形式主张,若发包人仅以抗辩的形式主张,极有可能承担一审法院不予支持、二审法院不予审理的诉讼不利后果。

## 依 据

**《民事诉讼法》**

第一百四十三条 原告增加诉讼请求,被告提出反诉,第三人提出与本案有关的诉讼请求,可以合并审理。

**《民诉法解释》(法释〔2022〕11号)**

第二百三十二条 在案件受理后,法庭辩论结束前,原告增加诉讼请求,被告提出反诉,第三人提出与本案有关的诉讼请求,可以合并审理的,人民法院应当合并审理。

第二百三十三条 反诉的当事人应当限于本诉的当事人的范围。反诉与本诉的诉讼请求基于相同法律关系、诉讼请求之间具有因果关系,或者反诉与本诉的诉讼请求基于相同事实的,人民法院应当合并审理。反诉应由其他人民

---

① 参见王利明:《对待给付判决:同时履行抗辩的程序保障——以〈民法典合同编通则解释〉第31条第2款为中心》,载《比较法研究》2024年第1期。
② 参见庞小菊:《论抗辩与反诉的界定》,载《南京师大学报(社会科学版)》2009年第1期。
③ 参见最高人民法院民事审判第一庭编著:《最高人民法院新建设工程施工合同司法解释(一)理解与适用》,人民法院出版社2021年版,第164-165页。

法院专属管辖,或者与本诉的诉讼标的及诉讼请求所依据的事实、理由无关联的,裁定不予受理,告知另行起诉。

## 判 例

### 案例16-1 (2023)藏民终19号

**案情介绍**

拉萨祁连山公司作为业主,将该公司"年产120万吨熟料新型水泥生产线(带低温余热电站)项目"发包给南京凯盛公司,承包模式为EPC工程总承包,项目总投资6.966亿元左右。后南京凯盛公司将项目标段的土建工程部分分包给江苏中祥公司,并与其签订《土建工程施工合同(B标段)》,江苏中祥公司又将所承接内容全部转包给苏州树铭公司,且苏州树铭公司无相应的建设资质。

**各方观点**

苏州树铭公司将江苏中祥公司诉至法院要求其支付工程款,江苏中祥公司以代替苏州树铭公司承担维修责任、支出130310元维修费用为由提出该维修费用应当由苏州树铭公司承担的抗辩。

**法院裁判要旨**

《建设工程司法解释(一)》第16条规定"发包人在承包人提起的建设工程施工合同纠纷案件中,以建设工程质量不符合合同约定或者法律规定为由,就承包人支付违约金或者赔偿修理、返工、改建的合理费用等损失提出反诉的,人民法院可以合并审理",该案虽然系分包合同法律关系双方之间的诉讼纠纷,但在没有直接相关法律规定的情况下,可以参照适用上述法律规定。根据该规定,江苏中祥公司如果认为苏州树铭公司建设工程施工质量不符合合同要求,其后期找第三方进行整改维修产生的费用应当由苏州树铭公司承担,必须就该项请求提起反诉,但该案中,其仅以该理由请求抵扣工程款,属于抗辩而非反诉,对该项反驳主张法院不予审理。江苏中祥公司该项上诉请求法院不予支持。

### 案例16-2 (2023)云05民终959号

**案情介绍**

五冶公司(总承包单位)与启迪公司(发包单位)签订《保山启迪科技城项

目第二标段设计施工总承包（EPC）合同》，承接"保山启迪科技城项目第二标段工程"项目的设计施工任务。2021年3月29日项目竣工验收合格后，被告启迪公司与原告联系整改案涉工程未果，另找他人进行了整改。

### 各方观点

五冶公司将启迪公司诉至法院，要求启迪公司支付尚欠工程款与预期付款利息；启迪公司在答辩中主张整改维修金98505.78元、工程逾期导致被告延期交房的赔偿款99722.46元、施工过程中原告应承担的罚款232000元应从欠付工程款中予以扣减。

### 法院裁判要旨

关于被告启迪公司在答辩中主张的整改维修金98505.78元、工程逾期导致被告延期交房的赔偿款99722.46元、施工过程中原告应承担的罚款232000元应从欠付工程款中予以扣减的问题，《建设工程司法解释（一）》第16条规定，"发包人在承包人提起的建设工程施工合同纠纷案件中，以建设工程质量不符合合同约定或者法律规定为由，就承包人支付违约金或者赔偿修理、返工、改建的合理费用等损失提出反诉的，人民法院可以合并审理"。根据该条法律规定，如被告启迪公司主张上述费用应提起反诉，该案中被告启迪公司未提起反诉，故该案不对上述费用作处理。

## 工程总承包纠纷适用的建议

1.发包人的下列要求应当以提起反诉的形式主张，避免法院以发包人未提起反诉为由不作审查的不利诉讼局面：（1）请求总承包人支付质量不达标的违约金；（2）请求总承包人支付质量不合格引发的损害赔偿费用；（3）请求总承包人支付因发包人出于解决工程质量问题而委托第三人修理、返工、重作而支出的费用；（4）因不能修复合格，请求总承包人返还超付的工程款。

2.面对总承包人提出的付款请求，发包人要求总承包人支付违约金、赔偿损失、采取返工/修理/重建/更换配件等补救措施、移交操作维护手册/竣工验收资料/备品备件/运行培训资料的，应当及时以反诉的形式在总承包人发动的本诉中提出，有利于效率推动发包人自身利益的实现。

3.在工程总承包模式下,本条的"损失"还可以包括发包人委托第三方咨询单位对总承包人重新出具的修正后的设计图纸进行审查所遭受的审图服务费用支出损失、购买装置设备的替换件所遭受的费用支出损失,等等。

4.发包人提出上述工程质量委托第三方修理费用的反请求,应以发包人按合同约定向总承包人提出要求修复而总承包人拒绝修复或反复维修不能修复为前提,如果不具备这个条件,将可能导致其委托第三方修复费用要求总承包人承担时,法院不予支持。

## 第十七条　工程质量保证金的返还

**第十七条**

有下列情形之一,承包人请求发包人返还工程质量保证金的,人民法院应予支持:

(一) 当事人约定的工程质量保证金返还期限届满;

(二) 当事人未约定工程质量保证金返还期限的,自建设工程通过竣工验收之日起满二年;

(三) 因发包人原因建设工程未按约定期限进行竣工验收的,自承包人提交工程竣工验收报告九十日后当事人约定的工程质量保证金返还期限届满;当事人未约定工程质量保证金返还期限的,自承包人提交工程竣工验收报告九十日后起满二年。

发包人返还工程质量保证金后,不影响承包人根据合同约定或者法律规定履行工程保修义务。

### 工程总承包纠纷的可适用性

一方面,我国法律并不禁止工程总承包项目中发包人预留工程质量保证金以督促、确保总承包人践行保修义务;另一方面,总承包人享有提交竣工验收报告的程序性权利去提示、敦促发包人组织竣工验收是所有建设工程项目的通用规程,故本条可以适用于工程总承包模式项下的有关纠纷。

相较于传统施工总承包模式,工程总承包模式还多出一道完工试验程序(使用试验、试运行),因此,在工程总承包模式下,也可以将完工试验程序届满之日作为缺陷责任期的起算点,如此一来,可以在发包人未组织竣工验收程序的情况下更全面地保障总承包人的利益。

**应用**

（一）现行法律、法规不禁止发包人从总承包人应得工程款中暂时扣除部分金额作为担保总承包人履行工程保修义务的质量保证金,发包人保留质量保证金的时间为"缺陷责任期"

《建筑法》《建设工程质量管理条例》均规定了总承包人的工程保修义务,但建设项目竣工并移交发包人后,与总承包人相关的管理人员、劳务人员均全部撤场,质保期内亟待修复的建设项目与撤离的总承包人在物理空间上相隔甚远,使得发包人追究质量保修责任的债权目的较难落实,就此,工程质量保证金制度应运而生,为总承包人落实工程质量保修义务提供金钱保证。其主要效用是,若总承包人在工程质量保修期内未呼应发包人的维修整改需求落实有关补救措施,妨害发包人对工程建筑的合理使用目的,使得发包人不得不为了防止损失进一步扩大自行维修或委托第三方维修,甚至损失扩大导致建筑物毁损、第三人遭受额外的财产或人身损失,发包人有权使用本属于总承包人但结算时事先暂扣出来不予支付给总承包人（一般为3%—5%）的工程价款,即质量保证金,直接用于覆盖发包人替代总承包人落实保修义务所支出的修理费用损失,以及赔偿总承包人拒不维修所引发的其他损失,等等。发包人使用本属于总承包人的工程质量保证金去填补基于总承包人不完全履行保修义务所造成的相关损失具备正当性,这本就是总承包人不履行法定义务而应当承担的不利益,针对已经填补损失的金额,合同约定的发包人有权持有质量保证金的时间届满后,总承包人也不得要求发包人返还,除非发包人使用后仍有剩余。若总承包人不愿承受质量保修金被终局扣除的不利后果,则应当充分响应发包人的请求尽到保修义务并实现修复效果,这充分说明了质量保证金具有强效的担保能力。

为了平衡发承包双方的利益,质量保证金扣留时间不宜持续太久,故《建设工程质量保证金管理办法》第2条规定,发包人扣留总承包人一小部分的工程价款作为担保资金的时间不得超过2年,原则上从工程竣工验收之日起计算,该时间即为"缺陷责任期"。由此,可以对缺陷责任期下个定义,即发包人依约从应付的工程款中扣留并保有一部分资金作为工程保修义务的有效期限。

(二)"缺陷责任期"与"工程保修期"是不同的期限制度,其时间届满的法律效果互不干涉影响,这是本条最后一款"发包人返还工程质量保证金后,不影响承包人根据合同约定或者法律规定履行工程保修义务"的理论基础

"工程保修期"与"缺陷责任期"的性质不同,区别如下:第一,功能性质不同,"工程保修期"是承包人履行工程保修义务的有效期间,"缺陷责任期"是发包人有权扣除并保留质量保证金用作保证工程保修义务切实履行的有效期间。第二,期限限制不同,依《建设工程质量管理条例》第 40 条的规定,"工程保修期"由当事人自由约定,但不得低于诸如防水防渗漏功能相关的工程不得低于 5 年、电气管线、给排水管道不得低于 2 年等法定最低限制;依《建设工程质量保证金管理办法》第 2 条的规定,"缺陷责任期"也由当事人自由约定,但不得高于 2 年的法定最高限制。第三,届满后果不同,"缺陷责任期"届满后,若非出于承包人未尽工程保修义务产生需要扣除质量保证金的情形,发包人应当将结算时扣除的质量保证金无息返还总承包人;"工程保修期"届满后,承包人无须承担保修责任,仅在工程质量缺陷是由其施工不当引发的过错范围内对由此导致的人身财产损害承担侵权赔偿责任,该责任承担实质上脱离了保修责任的范畴。由于实践中"工程保修期"往往长于"缺陷责任期",即便"缺陷责任期"届满,"工程保修期"的时间跨度仍未流逝完毕,存之于内的保修义务约束性仍有效持续,故才会有本条第 3 款"发包人返还工程质量保证金后,不影响承包人根据合同约定或者法律规定履行工程保修义务"的规定。

即便"工程保修期"与"缺陷责任期"存在本质上的不同,也应当看到二者基于工程总承包义务的牵连而产生的同一性,即其规制目的均是确保工程保修义务的履行,只不过"缺陷责任期"多了一层工程质量保证金作为义务担保而已。既然"工程保修期"与"缺陷责任期"均出于保障工程保修义务执行的同一目的,那么其二者的起算时间应保持一致性,才符合其规范要求。若"缺陷责任期"已经届满,但是承包人应尽的工程保修义务尚未开启,不利于发包人享有的工程保修利益的保障与实现;若"缺陷责任期"开始的时间晚于"工程保修期"开始的时间,则又过于伤害承包人的对价工程款利益。故将"工程保修期"与"缺陷责任期"的起算时间保持趋同,是较为妥当的。

**（三）本条确立"缺陷责任期"起算时间的原则：有约从约，没有约定的以"竣工验收合格"作为起算时间。若发包人原因未能实施竣工验收，则以"承包人提交竣工结算报告之日起 90 日届满后"作为起算时间**

"竣工验收合格"是发包人经法定组织验收程序后，对建设项目是否符合合同约定、《发包人要求》、设计文件要求、工程建设规范以及国家强制性质量安全验收标准作出的认可评价，是国家允许建设项目投入实际使用的标志性事件，是建设项目由建设施工期过渡到使用经营期的转折点。在建设施工期内，承包人能够占有、控制建设项目，其核心义务是工程质量保障义务，是一种自检自查自补自修的义务；在使用经营期内，建设项目已经移交给发包人占有、控制，发包人在使用的过程中发现质量缺陷问题、影响其正常合理使用的，才通知承包人前来修复、更换、处理。此时承包人的义务是工程质量保修义务，是一种经发包人通知后才需要承担的修理义务。而"缺陷责任期"是发包人有权扣留部分结算工程款用于担保工程保修义务切实履行的期间，类似于"保证期间"，工程保修义务从"竣工验收合格"之后开始产生，那么"缺陷责任期"从"竣工验收合格"之后开始，是合情合理的。

承前所述，组织竣工验收是发包人的法定义务与约定义务，发包人不履行竣工验收的组织义务的，违反法律规定与合同约定，具有过错，应当由其承担因此产生的不利风险与有害后果。故将发包人原因竣工验收未能完成以至于无法进入"缺陷责任期"的责任归属于发包人，并由发包人承担"视为缺陷责任期已经开始计算"的不利益，以承包人提交竣工验收报告作为起算时间，提前起算"缺陷责任期"，以使承包人早日获得完全工程款，体现了对发包人的违法诘难，兼顾了承包人的价款利益，值得赞同。

**（四）工程总承包模式也具备竣工验收程序，并存在总承包人提交竣工验收报告的要求，故本条适用于工程总承包模式下的质量保证金返还纠纷**

《建设项目工程总承包合同（示范文本）》"通用合同条件"第 10.1.2 项［竣工验收程序］规定："除专用合同条件另有约定外，承包人申请竣工验收的，应当按照以下程序进行：(1) 承包人向工程师报送竣工验收申请报告，工程师应在收到竣工验收申请报告后 14 天内完成审查并报送发包人。……"

无论是传统施工总承包模式还是工程总承包模式，在大多数情况下，竣工验收程序均是不可或缺的质量检验程序。并且，在发包人组织竣工验收之前，总承包人应当向发包人报送竣工验收报告,告知发包人建设项目已经具备竣工验收的条件,应当启动竣工验收程序,符合本条规定的"缺陷责任期"起算时间的认定情形,故本条可以直接适用于工程总承包模式下的质量保证金返还纠纷。

但值得注意的是,工程总承包的质量检验程序在竣工验收程序的基础上还额外具备竣工前的试运行(性能测试)程序与竣工后试运行(性能测试)程序,且常态下建设项目通过试运行(性能测试)的验证标准后,发包人才认可工程质量合格并同意接收使用,此时总承包人的工程保修义务才开始形成,才产生使用质量保证金担保义务的必要性,就此起算"缺陷责任期"才有意义。

### 依 据

**《建设工程质量保证金管理办法》**

第二条 本办法所称建设工程质量保证金(以下简称保证金)是指发包人与承包人在建设工程承包合同中约定,从应付的工程款中预留,用以保证承包人在缺陷责任期内对建设工程出现的缺陷进行维修的资金。

缺陷是指建设工程质量不符合工程建设强制性标准、设计文件,以及承包合同的约定。

缺陷责任期一般为1年,最长不超过2年,由发、承包双方在合同中约定。

第八条 缺陷责任期从工程通过竣工验收之日起计。由于承包人原因导致工程无法按规定期限进行竣工验收的,缺陷责任期从实际通过竣工验收之日起计。由于发包人原因导致工程无法按规定期限进行竣工验收的,在承包人提交竣工验收报告90天后,工程自动进入缺陷责任期。

第十条 缺陷责任期内,承包人认真履行合同约定的责任,到期后,承包人向发包人申请返还保证金。

第十一条 发包人在接到承包人返还保证金申请后,应于14天内会同承包人按照合同约定的内容进行核实。如无异议,发包人应当按照约定将保证金返还给承包人。对返还期限没有约定或者约定不明确的,发包人应当在核实后14天内将保证金返还承包人,逾期未返还的,依法承担违约责任。发包人在接到承包人返还保证金申请后14天内不予答复,经催告后14天内仍不予答复,视同认可承包人的返还保证金申请。

**《保障中小企业款项支付条例》**

**第十二条第一款** 除依法设立的投标保证金、履约保证金、工程质量保证金、农民工工资保证金外,工程建设中不得收取其他保证金。保证金的收取比例应当符合国家有关规定。

### 判 例

#### 案例 17-1 (2022)新民终 125 号

##### 案情介绍

江南环保公司承接锦疆公司发包的"3×165+1×260t/h 锅炉烟气脱硫工程"的设计、采购和施工。2018 年 7 月 18 日,江南环保公司、锦疆公司及工程监理单位三方在《性能考核报告》中的《性能考核签证书》上签字并加盖公司印章。《性能考核签证书》载明:"工程形成脱硫能力,满足设计条件下的脱硫需要;……工程已完成 168 小时性能考核,各项指标达到设计要求,该装置于 2018 年 7 月 18 日移交业主,进入质保期。"

##### 各方观点

江南环保公司要求锦疆公司支付质保金,锦疆公司认为江南环保公司拒绝履行质保义务,其无权要求支付质保金。

##### 法院裁判要旨

工程质量保证金的返还应首先遵循当事人约定,合同约定的缺陷责任期届满,发包人应当返还质量保证金。该案中,双方签订的《脱硫工程承包合同》及《技术协议》中均约定工程质保金为合同总价 5%,计 248.5 万元,质量保证期(缺陷责任期)为:机械竣工后 18 个月或 168 小时性能考核通过后 12 个月,以先到为准。根据先前诉讼的生效民事判决及《性能考核签证书》内容可以确认:案涉工程于 2018 年 7 月 18 日通过 168 小时性能考核并移交给工程发包人锦疆公司,并开始计算缺陷责任期,故案涉工程自 2018 年 7 月 19 日开始计算缺陷责任期,12 个月后即 2019 年 7 月 18 日缺陷责任期届满。江南环保公司在双方约定的工程质量保证金返还期限届满后,向锦疆公司主张支付工程质量保证金,支付条件已成就,法院予以支持。

## 案例 17-2　（2023）新 23 民终 50 号

### 案情介绍

2015 年 4 月 1 日,中广核公司(发包人)与杭能公司(总承包人)签订《新疆呼图壁种牛场养殖废弃物生产生物天然气项目 EPC 总承包合同》一份。2016 年 8 月 19 日,中广核公司(建设单位)、监理单位、勘察设计单位、总承包施工单位出具竣工报告结论为合格,同意使用。

### 各方观点

杭能公司要求中广核公司支付工程款并返还工程质保金。中广核公司认为,合同约定支付质保金的前提是保运期内达到设计额定产气量,但因杭能公司的设计缺陷和施工缺陷,至今未达到设计额定产气量,故质保金的付款条件未成就。

### 法院裁判要旨

首先,2016 年 8 月案涉工程竣工验收,杭能公司提起诉讼时已远远超过 2 年的缺陷责任期,故案涉工程质量保证金返还期已届满。其次,上诉人中广核公司主张案涉工程质量存在问题,故不应支付工程尾款。根据《建设工程司法解释(二)》第 8 条第 2 款的规定,发包人返还工程质量保证金后,不影响承包人根据合同约定或者法律规定履行工程保修义务,中广核公司向杭能公司支付工程质保金后,并不影响杭能公司承担工程质量责任。最后,中广核公司上诉认为案涉工程质量不合格,杭能公司构成根本违约,故中广核公司有权拒付剩余工程款。经审查,中广核公司就工程质量问题提出反诉请求,并在一审中提出鉴定申请,但在鉴定过程中,因中广核公司未能提供满足鉴定条件的设备,致使鉴定机构长达半年之久无法正常开展鉴定工作,从而终止鉴定工作。现有证据不足以证明中广核公司的反诉请求,故中广核公司的上述上诉意见缺乏依据,法院不予采纳。综上,一审法院判决中广核公司支付欠付工程款及利息并无不当,法院予以维持。

# 工程总承包纠纷适用的建议

（一）工程总承包模式下不仅存在竣工验收程序，还具备试运行程序（性能试验程序），故"缺陷责任期"的起算点还应当考虑试运行程序（性能试验程序）的实施状态

《建设项目工程总承包合同（示范文本）》"通用合同条件"第9.1.1项规定："承包人完成工程或区段工程进行竣工试验所需的作业，并根据第5.4款[竣工文件]和第5.5款[操作和维修手册]提交文件后，进行竣工试验。"第9.1.3项规定："……承包人进行试运行试验。当工程或区段工程能稳定安全运行时，承包人应通知工程师，可以进行其他竣工试验，包括各种性能测试，以证明工程或区段工程符合《发包人要求》中列明的性能保证指标进行上述试验不构成第10条[验收和工程接收]规定的接收，但试验所产生的任何产品或其他收益应归属于发包人。"第10.1.1项规定："工程具备以下条件的，承包人可以申请竣工验收：（1）除因第13条[变更与调整]导致的工程量删减和第14.5.3项[扫尾工作清单]列入缺陷责任期内完成的扫尾工程和缺陷修补工作外，合同范围内的全部单位/区段工程以及有关工作，包括合同要求的试验和竣工试验均已完成，并符合合同要求；……"

"竣工试验"即为试运行程序，是工程总承包模式常态下必须经历的质量检验程序。由上可知，一方面，试运行程序是考核、验证建设项目的装置设备、生产系统是否满足性能保证指标的质量检验程序，即通过点火启动、单体试运、联动运转、投料试产的方式检验建设项目在性能规格、功能目的、效能参数、产能指标、耗能限制、节能目标等方面是否符合《发包人要求》；另一方面，试运行程序完成也是发包人启动竣工验收的必要触发条件，若未经过性能测试或性能测试不能通过，发包人有权要求总承包人持续修理、整改，直至满足合同约定的性能指标与功能目的为止，此时发包人有理由延后组织竣工验收的时间。

本条规定，若组织竣工验收的客观条件已满足，即合同范围内的建设工作已经全部完成、竣工试验已经通过且竣工资料已经移交，但发包人出于自身原因拖延组织竣工验收，应当以承包人提交竣工验收报告之日起90日届满之日作为"缺陷责任期"的起算点，这在传统施工总承包模式下，是合理的。但在特

别包含试运行程序(性能测试)的工程总承包模式中,假设存在这么一种情形:在总承包人的主持调试、消缺整改下,试运行程序已经完成,且建设项目已通过试运行验收标准,倘若此时总承包人遗漏提交竣工验收报告,发包人无正当理由也不组织竣工验收,僵化运用本条,会导致该情形下的"缺陷责任期"起算时间无从识别出来;若此情形还叠加了"发包人已经将建设项目投入实际使用""发包人未提供证据证明存在土建方面与性能方面的质量缺陷"的因素,可以说明发包人已经基于总承包人的建设行为享受对价工程利益,此时若不将"缺陷责任期"的起算时间提前到试运行通过暨性能标准测试合格之日,对总承包人而言不公平,而且纵容滋生发包人通过操控组织竣工验收来支配质量保证金付款条件的不法行为。因此,在工程总承包模式下,特定情形下将"通过试运行程序"暨"性能测试验收合格"作为认定"缺陷责任期"起算事件的基础事实,是有必要的。

**(二)试运行程序(性能试验程序)在竣工验收程序后开展的,此时认定"缺陷责任期"的起算时间应当尊重发承包双方的真实意思,如果双方约定以"试运行(性能试验)合格之日"为缺陷责任期起算点,应依双方当事人的特别约定**

实践中,依本条规范意旨,法院多以"竣工验收合格"作为"缺陷责任期"的起算时间,如在"(2023)新02民终324号"一案中,法院认为"双方均确认案涉工程于2018年12月20日竣工验收,合同约定质保期自安装完毕验收通过之日起1年,至2019年12月20日,合同约定的质保期已届满,发包人应当按照约定返还质保金。"[1]又如,在"(2022)藏04民终184号"一案中,法院认为"发承包双方对封闭式廊道及厢房制作安装项目于2019年6月12日竣工验收合格,根据双方约定工程质量保证金返还期限为2021年6月12日,承包人请求发包人返还工程质量保证金符合双方约定。一审法院认定发包人按约支付质保金剩余款项28957.34元,并无不当。"[2]再如,在"(2023)新23民终50号"一案中,法院认为"涉案工程于2016年8月19日竣工验收合格,按照合同约定缺陷责任期最长不超过2年,故质量保证金的返还期限应为2018年8月19日,承包人提起诉讼时已远远超过两年的缺陷责任期,故案涉工程质量保证金返还

---

[1] 新疆维吾尔自治区克拉玛依市中级人民法院民事判决书,(2023)新02民终324号。
[2] 西藏自治区林芝市(地区)中级人民法院民事判决书,(2022)藏04民终184号。

期已届满,发包人应予返还。"① 建设项目经竣工验收合格是总承包人完成核心建设任务的标志,是建设项目从建设施工期转为质量保修期的关联点,以竣工验收合格作为缺陷责任期的起算点,具有合理性。

但在某些工程总承包建设项目中,性能指标考核程序是在通过竣工验收程序后才开展,如"洁净厂房建设项目"的验收程序包括"竣工验收""性能验收""使用验收",其中"性能验收"在"竣工验收"之后进行,且必须在"洁净厂房竣工验收合格,并经核实批准"后才能实施②,"性能验收"的目的是确认洁净室或洁净区的性能参数是否满足产品生产运行的要求③;同时,《建设项目工程总承包合同(示范文本)》"通用合同条件"第12条也规定了"竣工后试验"的程序,即允许发承包双方在竣工验收程序后开展性能试验程序,性能试验未通过的,总承包人应当承担调整、修补、赔偿发包人的费用损失、支付违约金等违约责任。④ 由此可见,在性能测试程序置于竣工验收程序之后的建设项目中,"竣工验收合格"不能周延概括得出建设项目符合发包人要求的"性能目的"的结论。甚至有的工程总承包建设项目根本没有"竣工验收"的概念,仅有认定试运行考核通过的标准范式,如在某"3×165+1×260t/h 锅炉烟气脱硫工程的设计、采购和施工项目"中,发包人支付至85%工程款的条件是"机械竣工",支付至95%工程款的条件是"竣工的机械通过168小时性能验收",剩余5%工程款作为质保金,自"机械竣工后18个月或168小时性能考核通过(以先到为准)后12个月"届满后支付。⑤ 在这里,无论是"机械竣工"还是"通过168小时性能验收",都很难归类于我们常态理解的"竣工验收"。在上述情况下,仍坚持以"竣工验收合格"作为认定"缺陷责任期"的起算时间,有可能会陷入以下尴尬境地:有的当事人喜欢约定发生在竣工验收后的性能考核程序通过之后才开始计算缺陷责任期,延长总承包人承担质量保证金担保责任的时间,这隐含了发包人支付的相应对价,是当事人的真实意思表示,故应当依约以性能考核通过

---

① 新疆维吾尔自治区昌吉回族自治州中级人民法院民事判决书,(2023)新23民终50号。
② 参见《洁净厂房施工及质量验收规范》(GB 51110–2015)第14.4.2条的规定。
③ 参见《洁净厂房施工及质量验收规范》(GB 51110–2015)第14.5.1条的规定。
④ 参见《建设项目工程总承包合同(示范文本)》"通用合同条件"第12.4款[未能通过竣工后试验]的所有规定。
⑤ 参见新疆维吾尔自治区高级人民法院民事判决书,(2022)新民终125号。

作为启动"缺陷责任期"的触发事件,而非以"竣工验收合格"作为触发事件,否则有违意思自治原则。有的工程总承包合同并没有"竣工验收"的概念,若强行以"竣工验收合格"作为"缺陷责任期"的起算时间,则导致在现实中根本找不到对应法律事实的客观事件,有违证据采信与事实认定的原则。因此,在先竣工验收后性能考核的情形下,应当特别尊重发包人对于建设项目性能指标考核的要求及关联缺陷责任起算点的特别约定。

## 第十八条 质量保修义务

> **第十八条**
>
> 因保修人未及时履行保修义务,导致建筑物毁损或者造成人身损害、财产损失的,保修人应当承担赔偿责任。
>
> 保修人与建筑物所有人或者发包人对建筑物毁损均有过错的,各自承担相应的责任。

### 工程总承包纠纷的可适用性

工程保修制度是所有建设项目必须落实的制度,工程保修义务是总承包人必须履行的法定职责。总承包人不履行法定保修义务,视为具有主观过错,导致建筑物毁损、人身伤亡或财产损失的,应当承担赔偿责任,是"溯因归责""过错归责"的必然要求。依理,工程总承包纠纷可以直接适用本条。

### 应 用

(一)无论是施工总承包模式还是工程总承包模式,工程保修义务均为总承包人的法定义务,此有法律明文规定

工程保修义务不仅牵系发包人的对价利益,也与公共人身财产安全相关联。一方面,保障工程质量是建设项目从立项开始起到竣工验收再到投入实际使用的期间内一以贯之的义务要求,这涉及承包人必须履行的一系列义务,包括按照图纸设定与国家质量规范施工、使用的材料设备满足国家强制性质量标准、整改返工的工程质量符合设计或约定要求、已完工程质量符合验收标准、履行工程质量保修义务等,以上义务构成了施工合同的质量瑕疵担保责任体系,

保障发包人得以享有现实使用质量符合约定的建设项目这一合同利益。

另一方面，建设工程是一项系统性工程，诸多工程质量问题往往需要经过一定使用期限才能显现。竣工验收这一技术手段对认定工程质量有其局限性，无法保证通过竣工验收或交付使用后的工程不存在任何影响使用价值发挥的质量问题。工程质量问题与公共安全挂钩，为了确保交付使用的建设工程质量，我国立法将严守质量标准的精神延展到完成竣工验收后的一定使用期间，要求施工单位及承包人对竣工验收合格的建设工程质量问题承担修复义务，由此形成了建设工程质量保修责任制度。[1]

在传统施工总承包的框架下，《建筑法》第 62 条、《建设工程质量管理条例》第 41 条、《房屋建筑工程质量保修办法》第 4 条均规定了总承包人的工程质量保修义务。

工程保修义务是确保建设项目使用质量的重要保障，也是工程总承包价款的对价组成部分。较之于传统施工总承包，工程总承包下的承包人工作任务更繁杂、质保责任更重大，要求总承包人负担工程保修义务，也是理所应当的，对此，有关工程总承包的国家规范性文件诸如《运输机场专业工程总承包管理办法（试行）》第 26 条、《房屋建筑和市政基础设施项目工程总承包管理办法》第 25 条、《民航专业工程总承包管理办法（征求意见稿）》第 29 条均规定了"保修期内工程总承包单位应当根据法律法规规定以及合同约定承担保修责任"，由上可知，工程保修义务是总承包人不可推卸的法律义务。

（二）总承包人就其不履行法定保修义务所引发的损失承担损害赔偿责任，是"过错归责""因果归责"的当然要求

综上所述，工程保修义务是总承包人的法定义务，且建筑行业的长期习惯是要求总承包人签订《工程质量保修书》，承诺为发包人提供工程质量保修服务，故工程保修义务也是总承包人的约定义务。既然工程保修义务既是法定义务也是约定义务，意味着对于在工程质保期内响应发包人的请求，实施修理、返工、更换损坏配件、重新安装、维护等践行保修义务的有关行为，总承包人在客观上背负极高的注意期待，且总承包人就其未尽工程保修义务所造成的危害后

---

[1] 参见郑思清：《质量保修责任期间的计算争议及破解——以类型化认定质量保修责任为视角》，载《山东法官培训学院学报》2023 年第 6 期。

果是能够高度预见的。过错就是行为人未尽自己应尽和能尽的注意而违反义务,因而为法律所不容忍的行为意志状态①,总承包人违反法律规定或自身承诺,未充分履行保修义务的,其实质上辜负了法律对其落实保修行为的注意期待,背离了法律对其明明预见相关危害结果仍然不尽义务导致危害结果发生的作为要求,此意义上可以视为总承包人持有主观过错。损害如果产生要求赔偿的权利,那么此种损害是过错和不谨慎的结果,②总承包人不履行工程保修义务引发实际损失的,其应当就损失负赔偿之责,发包人或受害人由此取得要求总承包人赔偿的权利,这实际上是"过错归责""因果归责"的当然结果。

（三）工程总承包的质量内涵在工程承载安全的基础上还额外包括"性能标准"的要求,故发包人要求总承包人履行保修义务的范围不仅包括土建结构的质量瑕疵,还包括装置设备未满足约定的性能标准

不同于传统的施工总承包项目,工程总承包模式在实践中较多的在能源类、化工类、生产、生活基础设施类（如污水处理厂）项目中使用。除了完成最为基本的土建、安装任务以外,作为集设计、施工于一体的工程总承包人需要对此类工程总承包项目在投入运营以后的有关运转性能予以保证。而对于此类工程总承包项目的建成后的评判,除了传统施工总承包视角下的土建、安装质量无瑕疵以外,就工程设计、施工、设备联动等综合要素予以考量,以实现符合发包人要求的性能指标,也是其题中应有之义。③ 总承包人应尽的保修义务是建设项目工程在投入实际使用后的质量保障服务的延伸,不仅包括常见的针对屋顶漏水、墙面开裂、照明系统故障、电梯设备故障等问题的修复,还包括针对装置设备的本身故障或不满足"性能指标"而实施的重新安装、更换配件、复次调试、重新试运行等活动。

具体而言,该"性能指标"是高度浓缩以下有关装置机能、技术规格、生产标准要求的集成概念,包括:（1）排放规格,即在某些脱硫脱硝烟气处理、污水净化处理的项目中,发包人对经处理的排放物的性质要求,比如在某"石油化工总厂集中供热锅炉烟气排放提标改造项目"中,发包人要求的烟气排放规格

---

① 参见王卫国:《过错责任原则:第三次勃兴》,中国法制出版社 2000 年版,第 253 页。
② 参见王利明:《论比较过失》,载《法律科学（西北政法大学学报）》2022 年第 2 期。
③ 参见常设中国建设工程法律论坛第十工作组:《建设工程总承包合同纠纷裁判指引》,法律出版社 2020 年版,第 306 - 307 页。

是"排放的氮氧化物浓度不超过315mg/nm³(9% O₂,千基)下,新建SNCR系统的脱销效率≥40%,同时排放浓度<190mg/nm³(9% O₂,千基),氨逃逸小于8mg/nm³"①;又如,在某"工业园区循环化改造二期项目清净下水系统工程"中,发包人要求的排放标准是"产水量及水质要求总产水率不低于系统总进水量的85%"②。(2)产能指标,即发包人意图实现的生产数量要求,常见的有发电项目中的发电量规模,如在某"8.76MW分布式光伏发电项目"中,发包人要求的发电指标是项目于2018年4月30日前全部建成及并网发电,实际装机容量符合备案容量8.76MW,使得建设项目得以获取0.85元/kW·h光伏上网标杆电价或0.42元/kW·h国家补贴③;又如,某3.0MW(8.0MW)低温饱和蒸汽余热发电项目中,发包人对某一台的发电要求为"蒸汽总量为66.5t、0.8MPa装机容量为8MW,实际发电量为6000kW·h"④。(3)耗损限制,即装置设备为生产出符合发包人要求的产品而对设备系统的伤害不能超出发包人设定的尺度,这也许与降低安全隐患、延长设备使用寿命有关,如在某"5号机组脱硫除尘一体化改造项目中,发包人要求吸收塔阻力"在投运初期和投运一年后的阻力不超过2350Pa",目的是不能超出引风机出口烟道设计承压2700Pa,避免给引风机造成电耗增加,给电力机组生产带来重大安全隐患。⑤ (4)设备性能,即在某些情况下,为了满足发包人的生产要求,某一单个装置必须具备的机能性质,如在某"3×220t/h高温高压煤粉炉+2×30MW汽轮发电机组工程项目"中,为了承受参数为"压力大于9.5MPa(G),温度535-10+5℃"的通过蒸汽,发包人要求总承包人安装的主蒸汽母管应当满足"DN450(φ30×45),材质12Cr1MoVG,标准GB 5310-1999,流量:正常340t/h,最大400t/h"的性能要求。⑥ (5)工艺流程,即发包人事先设定要求总承包人按部就班遵照采用的工艺标准,如在某"2#脱硫塔改造工程建设项目"中,为了保证"锅炉烧高硫煤时脱硫塔的脱硫效果",发包人要求采用"炉外氨法脱硫"这一脱硫工艺技术,具

---

① 新疆维吾尔自治区克拉玛依市中级人民法院民事判决书,(2023)新02民终324号。
② 宁夏回族自治区灵武市人民法院民事判决书,(2022)宁0181民初581号。
③ 参见河南省高级人民法院民事判决书,(2021)豫民终374号。
④ 参见河北省高级人民法院民事判决书,(2020)冀民终348号。
⑤ 参见河南省高级人民法院民事裁定书,(2020)豫民终77号。
⑥ 参见贵州省高级人民法院民事判决书,(2015)黔高民初字第68号。

体操作步骤是"锅炉烟气采用氨法脱硫,脱硫塔采用1炉1塔,不设烟气旁路、单炉出口、脱硫塔出口加设硫在线监测,脱硫后烟气进入烟囱排放。锅炉烟气脱硫的硫酸铵溶液加上锅炉届区外输送过来的硫酸铵溶液一起进入硫酸铵回收系统"①。(6)原料参数,即发包人要求,在限定了原料输入参数或供应规格的条件下,建设项目仍然能够达到预期的产出规模,如在某"种牛场养殖废弃物生产生物天然气项目"中,为产出沼气,发包人提供规格为"粪便数量1133t/d,粪便总固体(TS)含量9.7%,玉米秸秆数量:黄贮15t/d(TS80%)"的原料,在限定该原料要求的基础上,建设项目所产出的沼气应当满足如下两个标准:一为产量达到36626m$^3$,其中甲烷含量达到60%;二为将产出的沼气提纯成天然气后,产量达到22200m$^3$/t,其中甲烷含量达到97%。② (7)品牌供应,即发包人指定某一运转设备、装置系统或者技术来源必须与固定品牌供应商合作,如在某"30万吨/年煤制乙二醇项目"中,发包人指定主要技术由固定品牌供应商提供:①气化:科林公司;②耐硫变换:国内技术;③低温甲醇洗:大连理工学院;④dmo合成:日本宇部公司;⑤乙二醇合成:日本高化学及东华科技;⑥硫回收:国内技术、厂商待定③;等等。除此之外,发包人要求处理系统、生产端口、装置设备等必须满足的反应速率参数、生产能效目标、能源消耗限制、环保降污要求、杂质剥离效率不能满足合同约定的,均属于"性能标准"未达标,构成"工程质量不合格",应当纳入发包人要求总承包人承担保修义务的范围。

**(四)保修义务的落实与保修费用的承担是截然不同的概念,保修义务与保修费用的责任人不一定是同一主体,应当注意区分**

根据《建设工程质量管理条例》第41条、《房屋建筑工程质量保修办法》第4条的规定,保修义务的履行主体是施工单位。保修义务的落实需要施工单位付出人工费、交通差旅费、维修器械使用费或构配件更换采购费,甚至有可能包括修复方案设计费、修复方案专家论证费等,以保证保修义务的充分履行、实现保修效果。以上费用的支出,属于保修费用的承担。

保修义务的落实与保修费用的承担是性质不同的责任形式,其责任主体也

---

① 山西省高级人民法院民事判决书,(2019)晋民终601号。
② 参见新疆维吾尔自治区昌吉回族自治州中级人民法院民事判决书,(2023)新23民终50号。
③ 参见最高人民法院民事判决书,(2018)最高法民终732号。

不一定归属于同一人。第一,保修义务侧重于保修行为的践行、落实,而保修费用侧重于经济成本的承受、负担。第二,法律规定保修义务的实施主体是总承包人(施工单位),保修义务是总承包人的法定义务,只要在竣工验收后的保修期限内发生工程质量缺陷,总承包人均应当响应发包人的要求实施返工、修理、更换、整改等保修行为,否则总承包人将因不执行义务要求承担行政处罚责任与因其拒绝维修导致损失扩大的民事赔偿责任。保修费用是否必须由总承包人承受,法律不作强制性要求。第三,引发保修期限内工程质量缺陷的原因多样,有可能是总承包人设计施工缺陷引发,有可能是发包人使用维护不当导致,也有可能是第三方蓄意破坏产生,但无论出于何种原因,法律均强制要求总承包人是保修义务的承担主体,因为总承包人以往的施工经验可以为其高效率完成保修服务提供便利,在保障建筑安全方面具有更优地位。但是完成保修义务所产生的保修费用不一定是总承包人承担,依照"过错归责"理论,保修费用由引发工程质量缺陷的责任主体承担——倘若是总承包人设备选型错误导致工程交付使用后不合格的,由总承包人自行承担保修费用;倘若是发包人未按照操作使用手册的说明超负荷使用工程或维护不当导致工程质量缺陷的,由发包人向总承包人支付保修费用。

因此,总承包人(施工单位)是保修义务的法定承担主体,但是落实保修义务所支出的保修费用不一定由总承包人负担,而是由过错责任人承担,总承包人先行垫付支出的,过错责任人应当将保修费用赔偿给总承包人。这符合"过错归咎""责任归因"的规范要求,也是本条第2款规定"保修人与建筑物所有人或者发包人对建筑物毁损均有过错的,各自承担相应的责任"的题中之义,是正当的、合理的、符合现实要求的。

**(五)实务中,总承包人不履行保修义务从而给发包人造成的损失往往是发包人因替代维修而支出保修费用所遭受的财产损失,若工程质量缺陷是施工原因导致,总承包人应向发包人赔偿维修费用**

《民法典》第581条规定了替代履行制度,即合同一方当事人不履行债务,且该债务不得强制履行的,另一方当事人有权替代履行,由此产生的费用由不履行债务一方的当事人承担。实践中因总承包人不履行保修义务从而给发包人引发的损失往往是发包人为替代保修支出费用而遭受的费用支出损失。承前所述,根据过错归责,工程质量缺陷是总承包人施工不当导致的,则总承包人应当向发包人赔偿维修费用。

如在某"能源基地20MW牧光互补复合型光伏发电项目"中,发承包双方约定"外送线路、接地极、电器管线、给排水管道、设备安装和装修工程的质量保修期,为2年",建设项目于2019年12月31日已并网使用。2020年3月6日,因升压站设备故障造成设备毁损,发包人发出书面通知要求总承包人前来维修,但总承包人迟迟不作回应,发包人无奈之下只能委托第三方完成设备维修更换和恢复供电相关措施,产生费用64万余元。后发包人向法院请求应当由总承包人承担该64万余元的修复费用支出损失,作为其未对发包人尽保修义务的替代责任。法院以"案涉工程范围内的相关设备故障及毁损仍在总承包人的保修期内,总承包人应当承担保修义务"为由支持了发包人的诉求,要求总承包人向发包人支付该64万余元的维修费用。[①]

## 依 据

**《民法典》**

第七百九十五条 施工合同的内容一般包括工程范围、建设工期、中间交工工程的开工和竣工时间、工程质量、工程造价、技术资料交付时间、材料和设备供应责任、拨款和结算、竣工验收、质量保修范围和质量保证期、相互协作等条款。

**《建筑法》**

第六十二条 建筑工程实行质量保修制度。建筑工程的保修范围应当包括地基基础工程、主体结构工程、屋面防水工程和其他土建工程,以及电气管线、上下水管线的安装工程,供热、供冷系统工程等项目;保修的期限应当按照保证建筑物合理寿命年限内正常使用,维护使用者合法权益的原则确定。具体的保修范围和最低保修期限由国务院规定。

第七十五条 建筑施工企业违反本法规定,不履行保修义务或者拖延履行保修义务的,责令改正,可以处以罚款,并对在保修期内因屋顶、墙面渗漏、开裂等质量缺陷造成的损失,承担赔偿责任。

**《建设工程质量管理条例》**

第四十一条 建设工程在保修范围和保修期限内发生质量问题的,施工单

---

[①] 参见西藏自治区高级人民法院民事判决书,(2022)藏民再24号。

位应当履行保修义务,并对造成的损失承担赔偿责任。

**《房屋建筑工程质量保修办法》**

第四条 房屋建筑工程在保修范围和保修期限内出现质量缺陷,施工单位应当履行保修义务。

第十二条 施工单位不按工程质量保修书约定保修的,建设单位可以另行委托其他单位保修,由原施工单位承担相应责任。

第十九条 施工单位不履行保修义务或者拖延履行保修义务的,由建设行政主管部门责令改正,处10万元以上20万元以下的罚款。

**《运输机场专业工程总承包管理办法(试行)》**

第二十六条 工程保修书由建设单位与工程总承包单位签署,保修期内工程总承包单位应当根据法律法规规定以及合同约定承担保修责任,工程总承包单位不得以其与分包单位之间保修责任划分而拒绝履行保修责任。

**《房屋建筑和市政基础设施项目工程总承包管理办法》**

第二十五条 工程保修书由建设单位与工程总承包单位签署,保修期内工程总承包单位应当根据法律法规规定以及合同约定承担保修责任,工程总承包单位不得以其与分包单位之间保修责任划分而拒绝履行保修责任。

**《民航专业工程总承包管理办法(征求意见稿)》**

第二十九条 ……工程保修书由建设单位与工程总承包单位签署,保修期内工程总承包单位应当根据法律法规规定以及合同约定承担保修责任,工程总承包单位不得以其与分包单位之间保修责任划分而拒绝履行保修责任。

### 判 例

**案例18-1 (2021)晋02民终1713号**

#### 案情介绍

力诺公司承包同达公司发包的"3MWp金太阳示范EPC总承包工程"项目,双方约定"屋顶防漏质保期为5年"。工程项目于2014年底完成并竣工验收使用,但从2016年8月起安装了3MWp金太阳示范项目的屋顶开始漏水,同达公司在2016年9月自行对房顶渗漏进行修复并更换受损的风管、风机等设备,为此支付维修款550000元;2018年5月至11月上述厂房又发生漏水,同达公司对安装太阳能板的建筑物屋顶渗漏进行了维修,支付维修款650000元;

2019年6月同达公司再次对安装了3MWp金太阳示范项目而漏水的屋顶进行维修,并支付了维修款300000元。

### 各方观点

同达公司将有关质量保修纠纷诉诸法院,要求力诺公司支付屋顶漏水维修款。力诺公司抗辩,同达公司没有提供证据证明厂房屋顶漏水与总承包施工有因果关系,自工程移交使用后也没有提出过任何质量异议,由此主张其不应当承担维修款赔偿责任。

### 法院裁判要旨

根据力诺公司一审提交的2015年2月2日《山西同达药业太阳能系统存在问题情况》载明,同达公司将案涉太阳能系统运行过程中存在的问题,向力诺公司反馈并要求予以解决,该通知系由刘某雪签字并记载"原件已带回公司盖章,2月10日之前公司给出书面承诺",可以证实刘某雪系力诺公司就案涉太阳能项目与同达公司进行联络的具体工作人员,双方之间存在通过刘某雪沟通联系案涉太阳能工程的质量问题的习惯和事实。现同达公司主张通过刘某雪通知了力诺公司履行屋顶漏水保修义务,而力诺公司辩称刘某雪已经离职且无联系方式,无法核实通知情况,故力诺公司应承担举证不利的责任。法院对同达公司关于履行了质保维修通知义务的事实予以采信。《建设工程司法解释(一)》第18条第1款规定,因保修人未及时履行保修义务,导致建筑物毁损或者造成人身损害、财产损失的,保修人应当承担赔偿责任。案涉太阳能工程施工合同约定的屋顶防漏质保期为5年,现案涉屋顶漏水发生在质保期内,而力诺公司未按约定履行保修义务,故同达公司对漏水位置维修及更换相关设备的损失及维修费用,应由力诺公司承担。

## 工程总承包纠纷适用的建议

(一)建设项目在质量保修期间内发生质量问题,发包人未通知总承包人前来维修而是自行维修或委托第三方维修,总承包人不认可维修费用,发包人要求总承包人承担维修费用的,法院不予支持

在工程质保期内,建设项目发生工程质量缺陷问题的,发包人应当优先通

知总承包人抵达缺陷现场修理并要求限期内完成修理效果;总承包人拒不到达现场修理、经反复修理不能达到修复后的合理使用效果的,发包人应当及时采取补救措施,自行维修或委托第三方维修。

在这里,发包人需要尽到两个义务,一为通知义务,二为止损义务。前者是发包人的附随义务,这是促进合同实现圆满履行效果的必要之举,基于当事人必须通力合作,完成其交易或者实现其意思的正当理念。质言之,即合同一方当事人不能袖手旁观,只待对方履行其合同义务,还应协助、监督甚至根据对方的履行行为采取预防性的措施。① 在工程总承包质保纠纷中,通知义务重要意义体现在,总承包人是工程质保责任人,在质保期内出现工程质量缺陷时,发包人应当使总承包人了解工程质量问题的有关情况,以便于总承包人充分尽到维修义务,以免除自身赔偿责任的承担,这也是诚实信用原则的应有之举。若发包人既不通知总承包人前来维修,嗣后又要求总承包人承担不维修的赔偿责任,对总承包人不公平。后者是发包人的"不真正义务",其内容在于若通知后总承包人拒不维修或经多次维修也未见成效,发包人作为受害人也应当通过自我维修或委托他人维修以尽到止损责任,以防止损失进一步扩大。根据"自己责任""自我负责"之损失赔偿理念,发包人对自己的利益负有合理照看、保护义务,若发包人不积极阻止损失扩大,对于损失不当扩大的部分,发包人应当自行承担。

实践中,常见发包人懈怠、疏于将质保期内工程质量的缺陷事实与修复需求通知总承包人的原因而丧失要求总承包人承担修复费用的权利。如在某"离网光伏发电示范项目"中,建设项目经竣工验收合格后,在工程质保期内,发包人以建设项目实际年发电量不满足合同要求的 120 万度、不符合质量标准为由要求总承包人履行保修义务,又以总承包人未履行保修义务而应当承担建设项目年发电量减少的财产损害为由要求总承包人赔偿损失。对此,法院驳回了发包人的诉讼请求,理由是:一方面,合同约定的质量标准是技术指标满足"1.274MW(功率)",并未将年发电量作为质量标准,故不能以发包人单方主张的年发电量标准作为发电量损失计算的标准。另一方面,发包人并未提交证

---

① 参见吴志宇:《合同法与有过失规则的目的解释——以"过错"认定为中心》,载《经贸法律评论》2024 年第 1 期。

据证明其已向总承包人提出质保维修请求,要求总承包人履行保修义务,因此也就不能认定总承包人存在不履行质保义务的情形,也不能认定总承包人存在怠于履行保修义务之侵权行为。[1]

**(二)发包人超出质量保修期间才主张总承包人维修工程质量存在缺陷的,法院不予支持**

《建设工程质量管理条例》第41条规定:"建设工程在保修范围和保修期限内发生质量问题的,施工单位应当履行保修义务,并对造成的损失承担赔偿责任。"第40条规定:"在正常使用条件下,建设工程的最低保修期限为:(一)基础设施工程、房屋建筑的地基基础工程和主体结构工程,为设计文件规定的该工程的合理使用年限;(二)屋面防水工程、有防水要求的卫生间、房间和外墙面的防渗漏,为5年;(三)供热与供冷系统,为2个采暖期、供冷期;(四)电气管线、给排水管道、设备安装和装修工程,为2年。其他项目的保修期限由发包方与承包方约定。建设工程的保修期,自竣工验收合格之日起计算。"

《房屋建筑工程质量保修办法》第4条规定:"房屋建筑工程在保修范围和保修期限内出现质量缺陷,施工单位应当履行保修义务。"

由上述规定可知,总承包人承担保修义务的条件是,一为待修理的工程质量缺陷发生在保修期内;二为待修理的工程质量缺陷依约构成总承包人的保修负责范围。以上条件缺一不可,欠缺任何一项均构成总承包人拒绝履行保修义务的正当性理由。若发包人在工程质量保修期届满后才提出要求总承包人实施保修行为的意见,法院一般不予支持。如在"10兆瓦并网光伏发电项目35kV开关站EPC工程"中,合同约定整个项目的保修期为1年,建设项目于2017年6月22日竣工验收合格并使用,发包人于2020年1月2日才起诉总承包人要求其支付工程维修费用327万元与发电量损失590.17万元,被法院以"已超过双方当事人合同约定的1年保修期"为由驳回了诉讼请求。[2]

**(三)应当注意本条与《建设工程司法解释(一)》第14条以及《民法典》第1252条第2款的衔接适用**

综上所述,无论在施工总承包模式还是在工程总承包模式下,工程保修义

---

[1] 参见浙江省温州市中级人民法院民事判决书,(2020)浙03民终3544号。
[2] 参见青海省高级人民法院民事判决书,(2020)青民终138号。

务均是总承包人的法定义务,为了维护《建筑法》《建设工程质量管理条例》的权威性与法律要求落实工程保修义务不容有失的强制性,不宜适用《建设工程司法解释(一)》第14条的规定、以"发包人擅自使用未经竣工验收的建设项目"为由剥夺发包人要求总承包人履行工程保修义务的权利。换言之,在建设项目未经竣工验收但发包人擅自使用的情况下,属于质量保修期间,总承包人仍应当履行工程保修义务;总承包人未及时履行保修义务的,应当依照本条规定承担相关赔偿责任。

《民法典》第1252条第2款规定,已经竣工且交付使用的建筑物、构筑物倒塌、塌陷造成他人损害的,由引发倒塌、塌陷的所有人、管理人、使用人或者第三人承担侵权损害赔偿责任。[①] 此处的第三人,既包括其过错行为直接导致建筑物等倒塌的第三人,也包括对建筑物等存在缺陷有过错的原施工单位,[②]也就是总承包人。实践中,总承包人"对建筑等存在缺陷有过错"包含以下两种情形:其一,总承包人违反法律规定、工程建设规范、设计文件要求、施工合同约定、技术操作规程等,导致工程质量缺陷,在发包人通过竣工验收程序尚未发现且还来不及通知总承包人修复的情况下发生倒塌、塌陷;其二,在质量保修期内,出现工程质量缺陷,经发包人通知与要求,总承包人无正当理由拒不修理或未能修复正常,导致工程质量缺陷状态持续或安全隐患加深,引发工程倒塌、塌陷。第二种情形为本条规定的情形,总承包人未尽工程保修义务,违反法定要求,视为具有过错,应当承担侵权损害赔偿责任。

---

[①] 参见《民法典》第1252条第2款规定:"因所有人、管理人、使用人或者第三人的原因,建筑物、构筑物或者其他设施倒塌、塌陷造成他人损害的,由所有人、管理人、使用人或者第三人承担侵权责任。"
[②] 参见张新宝:《中国民法典释评 侵权责任编》,中国人民大学出版社2020年版,第288页。

# 第四章

# 价款问题

　　本章主要就《建设工程司法解释(一)》中与工程价款有关的规定能否适用于工程总承包项目工程价款的有关争议进行探讨,涉及《建设项目司法解释(一)》第19条至第27条。相关内容分为两个部分:

　　第一部分涉及6个条文,主要从计价标准或计价方法、工程量争议、逾期结算、总承包合同背离招投标文件及中标通知书、多份合同无效的结算等方面探讨工程总承包模式下工程价款结算的有关问题。工程总承包项目的合同价格形式虽以固定总价为主,但也涉及计价标准和计价方法问题,同时,工程总承包模式下通常将设计工作也纳入承包范围,设计风险由工程总承包单位承担,设计变更并不必然导致合同价款调整。因此,《建设工程司法解释(一)》中关于计价标准或计价方法、工程量争议的有关规定不能直接在工程总承包合同争议中予以适用。而发包人逾期结算审核,总承包合同背离招标文件、投标文件及中标通知书以及多份合同无效的结算问题在工程总承包项目中也较常见,且相关规则与施工总承包合同并无太多差异,故《建设工程司法解释(一)》中的该部分规定在工程总承包合同争议中可直接适用。

第二部分涉及3个条文,主要围绕垫资和垫资利息、工程款利息标准和拟制的利息起算时间展开。尽管该3个条文直接适用于工程总承包合同不会产生矛盾,但是诸如"拟制的利息起算时间与建设工程价款优先受偿权起算时间的协调"等涉及各方重要利益的问题仍然存在,因此,本章也就该类问题展开。

## 第十九条 工程总承包项目的计价标准或计价方法

**第十九条**

当事人对建设工程的计价标准或者计价方法有约定的,按照约定结算工程价款。

因设计变更导致建设工程的工程量或者质量标准发生变化,当事人对该部分工程价款不能协商一致的,可以参照签订建设工程施工合同时当地建设行政主管部门发布的计价方法或者计价标准结算工程价款。

建设工程施工合同有效,但建设工程经竣工验收不合格的,依照民法典第五百七十七条规定处理。

### 工程总承包纠纷的可适用性

工程总承包模式与施工总承包模式在承包范围上的最明显差异是,施工总承包合同及施工总承包单位的承包范围不包括设计工作,而工程总承包合同及工程总承包单位的承包范围除了施工,还包括设计工作(既可能是施工图设计,也可能是包括方案设计、初步设计、施工图设计在内的设计工作)。因此,在工程总承包项目中,除非《发包人要求》变化导致设计变更,设计工作的风险通常属于承包商的风险范围,设计变更并不必然导致合同价款调整。本条第 2 款在工程总承包模式下并不能直接适用,但本条第 1 款和第 3 款在工程总承包模式下可适用。

## 应 用

**(一)工程总承包建设项目的合同价格形式主要有总价合同和成本加酬金合同。故本条第1款"当事人对建设工程的计价标准或者计价方法有约定的,按照约定结算工程价款"对工程总承包项目纠纷可直接适用**

根据住建部《关于进一步推进工程总承包发展的若干意见》(建市〔2016〕93号)的规定,工程总承包项目可以采用总价合同或者成本加酬金合同,合同价格应当在充分竞争的基础上合理确定,合同的制订可以参照住建部、国家市场监督管理总局(以下简称市场监管总局)联合印发的《建设项目工程总承包合同(示范文本)》。因此,在工程总承包项目中,主要存在两种合同价格形式,即总价合同和成本加酬金合同。具体如下所述。

1.总价合同

所谓总价合同,是指合同中确定一个完成项目的总价,工程总承包单位据此完成项目全部内容。在总价合同中,发包人的风险最小,其主要承担不可抗力产生的风险、因《发包人要求》错误或变更而增加费用和(或)工期延误的风险,及合同约定的其他风险。工程总承包单位除了承担合同明确约定的风险,还要承担价格风险、工程量风险。价格风险一般包括:(1)价格计算错误的风险,即纯粹是因计算错误而引起的风险;(2)漏报项目的风险,在总价合同中,工程总承包单位所报合同价格应包含完成合同工作所需要的全部费用,此时漏报项目属于工程总承包单位的风险;(3)合同约定幅度内的市场价格变动风险。工程量的风险一般包括:(1)工程量计算错误的风险;(2)合同中工程范围不确定或不明确、表达含混不清,或者预算时工程项目未列全造成的工程量争议;(3)投标报价设计深度不够造成的误差或随着设计阶段深入产生的工程量差。

2.成本加酬金合同

与总价合同不同的是成本加酬金合同,它是根据工程总承包项目的实际成本和支付给工程总承包单位的酬金(管理费和利润)来确定工程报价的。在这种价格模式下,发包人承担工程量和价格的全部风险,同时工程总承包单位对于设计优化、节约投资没有动力,实践中较少使用。

**(二)工程总承包合同采用固定总价合同价格形式的,总价以不调整为原则,调整为例外**

住建部、国家发展改革委发布的《房屋建筑和市政基础设施项目工程总承包管理办法》(建市规〔2019〕12号)第16条第1款规定:"企业投资项目的工程总承包宜采用总价合同,政府投资项目的工程总承包应当合理确定合同价格形式。采用总价合同的,除合同约定可以调整的情形外,合同总价一般不予调整。"住建部、市场监管总局发布的《建设项目工程总承包合同(示范文本)》中的"合同协议书"第4.2款规定,"合同价格形式为总价合同,除根据合同约定的在工程实施过程中需进行增减的款项外,合同价格不予调整,但合同当事人另有约定的除外"。"通用合同条件"第14.1.1项规定:"除专用合同条件中另有约定外,本合同为总价合同,除根据第13条[变更与调整],以及合同中其他相关增减金额的约定进行调整外,合同价格不做调整。"因此,采用固定总价的工程总承包合同,在发包人要求确定的承包范围内与约定的风险范围之内,合同价款是固定不予调整的。

同时,《房屋建筑和市政基础设施项目工程总承包管理办法》第6条第2款规定:"建设内容明确、技术方案成熟的项目,适宜采用工程总承包方式。"对建设内容明确、技术方案成熟的项目,在发包时双方可以比较客观合理地测算合同价格,因其具备采用固定总价包干的方式进行发承包的条件和基础,固定总价包干也便于发挥工程总承包模式的优势特征。因此,《建设项目工程总承包合同(示范文本)》主要规定了固定总价这一种合同价格形式。

在工程总承包模式下,工程总承包单位的承包范围由发包人要求和合同约定来确定,工程总承包单位应该按照合同约定和发包人要求完成承包工作并交付工作成果。在发包人要求没有发生变化,且未发生约定的风险范围之外的事项时,合同价款通常不予以调整。

**(三)在工程总承包模式下,因设计变更导致工程总承包建设项目的工程量或者质量标准发生变化通常并不会导致合同价格调整**

在工程总承包模式下,施工图设计工作一般属于工程总承包单位的承包范围,如果发包人要求没有变化,工程总承包单位负责的设计工作发生变更导致工程量或质量标准发生变化,工程总承包单位是无权要求调整合同价款的。这是工程总承包模式的主要特征,也是工程总承包合同的魅力以及风险所在。工程总承包单位相较于施工总承包模式下的承包商往往承担着更大的风险,但是也可以得到更多的利益。因此不能简单按照施工总承包的相关规则来处理工程总承包项目中的相关问题。根据《建设项目工程总承包合同(示范文本)》"通用合同条件"第1.1.6.3目的规定,变更是指"经指示或批准对《发包人要求》或工程所做的改变"。此处的变更,是经发包人同意对《发包人要求》或工程做出相应改变的变更,可能会引起工程量或质量标准发生变化。这种情形下,工程总承包单位是可以根据合同约定的程序申请调整合同价款的,即工程总承包模式下,因设计变更导致工程总承包建设项目的工程量或者质量标准发生变化,工程总承包单位要求调整合同价款的,一般不予调整,但因发包人原因构成变更的,工程总承包单位可以要求调整合同价款。

**(四)因变更引发工程价款需要调整时,按合同约定变更估价**

《建设项目工程总承包合同(示范文本)》"通用合同条件"第13.3.3.1目[变更估价原则]规定:"除专用合同条件另有约定外,变更估价按照本款约定处理:(1)合同中未包含价格清单,合同价格应按照所执行的变更工程的成本加利润调整;(2)合同中包含价格清单,合同价格按照如下规则调整:①价格清单中有适用于变更工程项目的,应采用该项目的费率和价格;②价格清单中没有适用但有类似于变更工程项目的,可在合理范围内参照类似项目的费率或价格;③价格清单中没有适用也没有类似于变更工程项目的,该工程项目应按成本加利润原则调整适用新的费率或价格。"《建设工程价款结算暂行办法》(财建〔2004〕369号)第10条规定,"变更合同价款按下列方法进行:1.合同中已有适用于变更工程的价格,按合同已有的价格变更合同价款;2.合同中只有类似于变更工程的价格,可以参照类似价格变更合同价款;3.合同中没有适用或类似于变更工程的价格,由承包人或发包人提出适当的变更价格,经对方确认后执行。如双方不能达成一致的,双方可提请工程所在地工程造价管理机构进行咨询或按合同约定的争议或纠纷解决程序办理"。因此,由于发包人原因引起变更的,对该变更引发的工程价款调整在合同没有约定,双方又不能协商一致的,可以参照签订工程总承包建设项目合同时当地建设行政主管部门发布的计价方法或者计价标准结算工程价款。

(五)工程总承包合同合法有效,在竣工后试验前工程项目不符合《发包人要求》的,发包人可以主张工程总承包单位承担修复、减少价款或赔偿损失的违约责任。如不符合发包人要求致使合同目的不能实现,发包人可主张解除合同

竣工试验是指在竣工验收前进行的试验,是保证建设项目符合国家相关强制性标准、竣工验收标准和发包人设计要求等的基础和重要环节,也是对工程项目的设计、采购、施工范围完成情况和质量的全面考核。竣工验收是指工程总承包单位完成了合同约定的各项内容后,发包人按合同要求的范围和标准、《发包人要求》及国家相关规定等进行的验收。竣工后试验是指发包人竣工验收并接收工程后负责组织的试验,旨在检验工程在投产后是否可以达到《发包人要求》中的性能指标和产能指标。竣工试验或竣工验收、竣工后试验阶段的实验或验收结果未能实现《发包人要求》的,根据《民法典》第 563 条和第 577条的规定,发包人可以向工程总承包单位主张承担继续履行、采取补救措施或者赔偿损失等违约责任,甚至解除合同。

**依　据**

**《民法典》**

第五百七十七条　当事人一方不履行合同义务或者履行合同义务不符合约定的,应当承担继续履行、采取补救措施或者赔偿损失等违约责任。

**《房屋建筑和市政基础设施项目工程总承包管理办法》(建市规〔2019〕12号)**

第三条　本办法所称工程总承包,是指承包单位按照与建设单位签订的合同,对工程设计、采购、施工或者设计、施工等阶段实行总承包,并对工程的质量、安全、工期和造价等全面负责的工程建设组织实施方式。

第十六条　企业投资项目的工程总承包宜采用总价合同,政府投资项目的工程总承包应当合理确定合同价格形式。采用总价合同的,除合同约定可以调整的情形外,合同总价一般不予调整。建设单位和工程总承包单位可以在合同中约定工程总承包计量规则和计价方法。依法必须进行招标的项目,合同价格应当在充分竞争的基础上合理确定。

**《建设项目工程总承包合同(示范文本)》(GF-2020-0216)**

第一部分　合同协议书

……

2.合同价格形式:

合同价格形式为总价合同,除根据合同约定的在工程实施过程中需进行增减的款项外,合同价格不予调整,但合同当事人另有约定的除外。

……

第二部分　通用合同条件

……

13.1　发包人变更权

13.1.1　变更指示应经发包人同意,并由工程师发出经发包人签认的变更指示。除第11.3.6项[未能修复]约定的情况外,变更不应包括准备将任何工作删减并交由他人或发包人自行实施的情况。承包人收到变更指示后,方可实施变更。未经许可,承包人不得擅自对工程的任何部分进行变更。发包人与承包人对某项指示或批准是否构成变更产生争议的,按第20条[争议解决]处理。

……

13.2　承包人的合理化建议

……

13.2.2　除专用合同条件另有约定外,工程师应在收到承包人提交的合理化建议后7天内审查完毕并报送发包人,发现其中存在技术上的缺陷,应通知承包人修改。发包人应在收到工程师报送的合理化建议后7天内审批完毕。合理化建议经发包人批准的,工程师应及时发出变更指示,由此引起的合同价格调整按照第13.3.3项[变更估价]约定执行。发包人不同意变更的,工程师应书面通知承包人。

……

14.1.1　除专用合同条件中另有约定外,本合同为总价合同,除根据第13条[变更与调整],以及合同中其他相关增减金额的约定进行调整外,合同价格不做调整。

……

## 《建设工程价款结算暂行办法》(财建〔2004〕369号)

第十条 工程设计变更价款调整

(一)施工中发生工程变更,承包人按照经发包人认可的变更设计文件,进行变更施工,其中,政府投资项目重大变更,需按基本建设程序报批后方可施工。

(二)在工程设计变更确定后14天内,设计变更涉及工程价款调整的,由承包人向发包人提出,经发包人审核同意后调整合同价款。变更合同价款按下列方法进行:

1. 合同中已有适用于变更工程的价格,按合同已有的价格变更合同价款;

2. 合同中只有类似于变更工程的价格,可以参照类似价格变更合同价款;

3. 合同中没有适用或类似于变更工程的价格,由承包人或发包人提出适当的变更价格,经对方确认后执行。如双方不能达成一致的,双方可提请工程所在地工程造价管理机构进行咨询或按合同约定的争议或纠纷解决程序办理。

(三)工程设计变更确定后14天内,如承包人未提出变更工程价款报告,则发包人可根据所掌握的资料决定是否调整合同价款和调整的具体金额。重大工程变更涉及工程价款变更报告和确认的时限由发承包双方协商确定。

收到变更工程价款报告一方,应在收到之日起14天内予以确认或提出协商意见,自变更工程价款报告送达之日起14天内,对方未确认也未提出协商意见时,视为变更工程价款报告已被确认。

确认增(减)的工程变更价款作为追加(减)合同价款与工程进度款同期支付。

## 判 例

### 案例19-1 (2015)川民终字第138号

**案情介绍**

四川省西点电力设计有限公司(以下简称西点公司)与四川协鑫硅业科技有限公司(以下简称"协鑫公司")就协鑫公司110kv开关站及线路工程签订《四川协鑫硅业科技有限公司110kv开关站及供电线路工程EPC承包合同》(以下简称《承包合同》),合同约定本工程承包商范围内的合同价格为40833100元整,工程为包干价,合同期内不作调整。如业主额外增加项目,相应进行费用增加。双方就部分项目未实施应扣除相应价款发生争议。

### 各方观点

协鑫公司认为,合同约定不是固定总价合同,协鑫公司不应按合同约定的固定总价付款。其理由为合同中约定"如部分项目取消,应从承包总价中扣除",实际上西点公司有价值约500万元的项目没有实施,应从合同承包总价中扣除。

西点公司认为,双方签订的《承包合同》为固定总价承包合同,不因除不可抗力和国家政策、法律变化、项目变更以外的其他因素而调整合同总价。其中,合同约定本工程为包干价且合同内项目为包干性质,合同期内均不作调整。

### 法院裁判要旨

四川省高级人民法院认为,案涉《承包合同》是固定总价承包合同,合同内约定,如有部分项目不需实施,双方按照承包商计价原则和程序从合同总承包费用中扣除,但是现协鑫公司与西点公司均未提交证据证明在实际履行合同过程中案涉工程项目有取消或增加工程内容的情形,因此,根据现有证据不能认定西点公司没有完成涉案工程项目。协鑫公司关于涉案工程要以审计部门审计的价格作为结算工程款依据的上诉理由不能成立,法院不予支持。

## 案例19-2 (2020)最高法民终481号

### 案情介绍

新疆某某公司为发包人,北京某某公司为总承包人,新疆某某公司将本工程项目设计、采购、施工及开车任务委托总承包商进行EPC工程总承包,合同总价7800万元。案涉项目使用国有资金投资,未进行招投标程序,合同已实际履行。双方均认可已向北京某某公司支付工程款合计71624151.67元。双方就案涉项目是总价合同还是据实结算发生争议。

### 各方观点

北京某某公司认为,在EPC合同履行过程中,双方的往来函件证明双方已实际将固定总价变更为据实结算。2013年4月7日北京某某公司向新疆某某公司发送的函件表明7800万元为暂定价的原因是设计概算未完全完成。2016年4月19日及25日双方的往来函件中,新疆某某公司对7800万元为暂定价并未表示异议。同时,新疆某某公司在项目建设中聘请了造价审计机构新疆宝中工程造价咨询有限公司(以下简称宝中公司),其出具的 6 本报告清楚反映出进度款的支付情况、双方据实结算的法律事实及结算依据。

新疆某某公司认为,一审判决认定设计费、材料采购费、施工服务费、工艺流程打通(试车)费用均包含在合同内的建设工程款中,该合同为固定总价合同。价格变动的商业风险应当由北京某某公司自行承担。

### 法院裁判要旨

最高人民法院认为,约定合同价款为固定总价并非不能变更,根据合同的约定,在符合"通用合同条件"第 23.1 款约定的情形时,按照该部分第 31 条"变更价款的确定"的约定,可对合同价款进行变更。北京某某公司未提供证据证明出现了合同约定的价款调整的情况。新疆某某公司于 2013 年 4 月 7 日致北京某某公司的函中并未就合同约定的工程款进行变更,双方也未就进行变更达成一致。案涉 6 本报告系新疆某某公司委托宝中公司出具的,是为了对工程进度款的支付进行审核,工程款支付证书是审核中的过程资料,并非最终的支付依据,因此工程款支付证书不能证明双方是据实结算。综上,北京某某公司上诉主张双方对合同约定的价款变更为据实结算的上诉理由不能成立。

## 工程总承包纠纷适用的建议

工程总承包项目中,承包人的承包范围一般包括设计,也即设计的义务由承包人承担,故承包人仅以设计变更导致工程量或质量标准发生变化而要求调整合同价款的,原则上不予支持,但是确因发包人原因导致变更,承包人要求调整合同价款的,应予支持。调整规则依双方签订的工程总承包合同的相关约定进行,这既符合工程总承包的基本规则,也与双方的意思表示相一致。

## 第二十条 工程总承包项目工程量争议的处理

> **第二十条**
>
> 当事人对工程量有争议的,按照施工过程中形成的签证等书面文件确认。承包人能够证明发包人同意其施工,但未能提供签证文件证明工程量发生的,可以按照当事人提供的其他证据确认实际发生的工程量。

### 工程总承包纠纷的可适用性

本条无法直接适用于工程总承包模式,工程总承包模式下除合同另有约定外,通常工程量的变化并不引起合同价格的调整。如工程总承包纠纷中发生工程争议需根据《建设项目工程总承包合同》的约定,区分不同情形作出判断。

### 应用

**(一)签证的概念**

中国建设工程造价管理协会发布的《工程造价咨询业务操作指导规程》(2002 年)将工程签证解释和定义为"按承发包合同约定,一般由承发包双方代表就施工过程中涉及合同价款之外的责任事件所作的签认证明"。2013 版《建设工程工程量清单计价规范》(GB 50500-2013)第 2.0.24 条则将其定义为"发包人现场代表(或其授权的监理人、工程造价咨询人)与承包人现场代表就施工过程中涉及的责任事件所作的签认证明"。

《〈最高人民法院新建设工程施工合同司法解释(一)〉理解与适用》中将工程签证解释为发承包人或其代理人就施工过程中涉及的影响双方当事人权利义务的责任事件所作的补充协议,是发承包双方就施工过程中某一问题的补充协议,构成对之前签订的建设工程施工合同内容的变更,而且往往变更的是工程量、工程价款、工期等核心内容,签证内容无论涉及费用、工期还是工程量,都是对双方当事人权利义务的重新确定,最终指向工程价款的结算。

实践中,工程签证的概念有广义与狭义之分。狭义的工程签证,是指工程承发包双方就施工现场发生的建设工程施工合同约定之外的工程量达成的计量、计费或计工期的协议。狭义的工程签证概念区别于工程变更、索赔,三者之间的区别是:工程变更是合同内的施工项目发生变化;工程签证针对的是已经发生的但不包括在施工合同内的施工项目;而索赔是无过错方向有过错方提出的补偿要求。而广义的工程签证是指工程发承包双方在施工过程中,对确认额外工程量、支付特定费用、顺延/缩短工期、赔偿损失/补偿等所达成的双方意思表示一致的补充协议,可成为工程结算增减工程造价的凭据。

**(二)施工总承包模式下,合同价格与施工图工程量或实际完成的工程量具有严格的对价关系;而工程总承包模式下,工程总价与工程量不具备严格的对价关系**

1. 施工总承包模式下,合同价格与施工图工程量或实际完成的工程量具有严格的对价关系

施工总承包模式下的承包人是"按图施工",即承包人所需要完成的工程量限定在施工图设计文件中,且承包人按照发包人提供的设计图纸析解出应完成的工程量而向发包人报价。

对于采用施工总承包模式的固定总价合同,发承包方签约时存在明确的施工图纸,因此对应施工总承包合同中的总价可以根据图纸计算出明确的工程量范围,该范围之内的工程量应当采用合同约定的固定价格进行结算,固定总价与施工图包干工程量对应;对于采用施工总承包模式的可调价格合同,合同总价是根据竣工工程量,结合计价定额或者工程量清单综合单价计算得出,基本的结算逻辑是"按实结算",合同总价同样与实际完成的工程量对应。

因此,施工总承包模式下,无论采取固定总价合同还是可调价格合同,合同价格与施工图工程量具有严格的对价关系。

2. 工程总承包模式下,工程总价与工程量不具备严格的对价关系

工程总承包模式下,双方缔约时,通常仅具有概念图、方案图或初步设计图,尤其在国际项目中,有些国际项目招标时连图纸都不具备,仅有工程项目要

求文件,其工程量范围及标准在发承包阶段均难以明确具体地界定。这一本质区别具体反映到司法鉴定领域则体现为工程总承包的总价究竟对应何等的工程量,这是工程造价鉴定工作的一项难题,也是司法实践的争议焦点。对于固定总价模式的工程总承包合同,合同约定的承包范围和风险范围内的项目在履约过程中出现量的差异时,基于工程总承包是"按约施工"而非"按图施工",量差并不必然涉及结算时合同价格的调整。

**(三)施工总承包与工程总承包模式下,发包人与承包人对工程量变化的风险负担原则不同**

1. 施工总承包模式下,除非工程量变化是承包人原因导致的,否则原则上发包人对工程量的变化负责,工程量的变化必然导致合同价格的调整。

施工总承包模式下,承包人仅在设计图纸框定的工程量范围内对发包人负责,若非出于承包人的原因或非出于合同约定应由承包人负责的风险原因而致实际工程量发生变化,如发包人设计变更、发包人增加工程量、基于政策要求导致工程量变更等,由此引发的价款增加由发包人负责。

2. 工程总承包模式下,原则上应采用总价合同,且以固定总价为原则,除合同另有约定外,并不按照实际工程量及单价进行结算,工程总承包单位应对工程量变化负责,除非构成对《发包人要求》的改变,即"工程变更"。

《建设项目工程总承包计价规范》(T/CCEAS001-2022)第3.2.3条规定,"建设项目工程总承包应采用总价合同,除工程变更外,工程量不予调整。总价合同中也可在专用合同条件约定,将发承包时无法把握施工条件变化的某些项目单独列项,按照应予计量的实际工程量和单价进行结算支付。发承包双方可根据本规范第6章的规定在合同中约定合同价款调整的内容,形成可调总价合同,据此进行调整,否则视为固定总价合同,合同价款不予调整"。《房屋建筑和市政基础设施项目工程总承包管理办法》第16条第1款即规定:"企业投资项目的工程总承包宜采用总价合同,政府投资项目的工程总承包应当合理确定合同价格形式。采用总价合同的,除合同约定可以调整的情形外,合同总价一般不予调整。"同时,《建设项目工程总承包合同(示范文本)》"通用合同条件"第14.1.1项规定,"除专用合同条件中另有约定外,本合同为总价合同,除根据第13条[变更与调整],以及合同中其他相关增减金额的约定进行调整外,合同价格不做调整"。第14.1.2项中第3点规定,"价格清单列出的任何数量仅为估算的工作量,不得将其视为要求承包人实施的工程的实际或准确的工作量。在价格清单中列出的任何工作量和价格数据应仅限用于变更和支付的参考资料,而不能用于其他目的"。

工程总承包模式下,与合同总价对价的并非实际工程量,而是《发包人要求》,为实现明确约定的《发包人要求》所涵盖的工程量全部属于工程总承包单位的风险范围,《发包人要求》所限定、包含的工程量即使有变化,原则上也不引发价款的变更。

**(四)施工总承包与工程总承包模式下,工程量争议对结算编制与审核的影响不同,工程总承包模式下只有当工程量争议属于合同中允许调整部分时,才需要对新增工程量予以审核或者认定**

1.施工总承包合同结算中,应当对所有的已完工程量或者工程量争议进行审核

在进行施工总承包结算审核时,发承包双方首先需对已完工程量进行核对,即便是固定总价的施工总承包合同,在结算中如果确实发现工程量较施工图签约的工程量有所减少,且系承包人未按图施工等责任事件时,发包方有权要求减少工程价款;如果发生设计变更或包干总价范围以外新增工程导致工程量增加,原则上应当对新增工程量予以认定并增加合同价款。

2.在进行工程总承包结算审核时,仅需对合同中允许调整部分进行审核,对合同中固定总价部分不再另行审核

工程总承包模式下,对合同所约定的固定总价部分结算时原则上不再另行审核。如四川省住建厅《关于四川省房屋建筑和市政基础设施项目工程总承包合同计价的指导意见》第6条【结算编制与审核】第1款中规定,"采用总价合同或者总价与单价组合式合同的工程总承包项目在结算和决算审核时,仅对符合工程总承包合同约定的可调整部分进行审核,对工程总承包项目总价合同、总价与单价组合式合同中按合同约定实施完成的总价部分不再另行开包审核"。《广西壮族自治区房屋建筑和市政基础设施项目工程总承包计价指导意见(试行)》第2条【工程总承包招投标计价规定】第6款规定,"无论是方案设计后还是初步设计后的工程总承包项目,工程竣工结算均按照合同约定进行编制和审核。竣工结算审核时,仅对符合工程总承包合同约定的固定总价允许调整部分及按实结算的暂估价进行审核,对工程总承包合同中固定总价包干部分

不再另行审核(不包括工程总承包单位擅自降低建设标准、缩小建设范围、减少功能需要等情况)"。《杭州市房屋建筑和市政基础设施项目工程总承包项目计价指引》第5.4条规定,"对于采用总价合同的工程总承包项目,在工程结算审核(审计)时,固定总价部分不再重新计算工程量和费用,重点审核工程项目的建设规模、标准及所用的主要材料、设备等是否满足《发包人要求》,以及是否符合合同的风险条款约定"。

**(五)工程总承包模式下发生工程量争议时,应当由工程总承包单位对该争议工程量属于EPC合同中可以调整部分承担举证责任**

《建设工程司法解释(一)》第20条规定,"当事人对工程量有争议的,按照施工过程中形成的签证等书面文件确认。承包人能够证明发包人同意其施工,但未能提供签证文件证明工程量发生的,可以按照当事人提供的其他证据确认实际发生的工程量"。根据该规定,认定"实际发生的工程量"前提仍然是工程总承包单位能够证明"发包人同意",如果工程总承包单位未经发包人同意擅自施工,则该部分工程量同样不予认定。由此可见,该条中规定的"实际发生的工程量"仍然是法律事实上最终导致合同价格调整的工程量,而并非强调或考量客观实际发生的工程量。在工程总承包结算中,由于工程量与合同价格不形成对价关系,发承包双方对工程量变化的风险负担规则发生变化,同时结算中仅仅对可以调整部分或合同约定按实结算的暂估价部分的工程量进行审核,因此工程总承包单位应对工程量争议是否属于调整范围承担举证责任。

**(六)工程总承包模式下,不再强调工程量签证这一概念,应当重视《建设项目工程总承包合同(示范文本)》规定的"工程变更"**

根据《建设项目工程总承包合同(示范文本)》的相关规定,导致合同价款调整的工程量变化情形,实际已经通过"工程变更"予以规定。工程总承包模式下,可以调整工程量或进行合同总价的"工程变更",通常包含:(1)发包人改变《发包人要求》;(2)发包人提出设计变更,且该变更突破了《发包人要求》对应的工作内容;(3)发包人提供的《发包人要求》、勘察文件、初步设计文件有缺漏,导致工程总承包单位报价有缺项、漏项,为了满足《发包人要求》又不得不增加工程项目或工程量;(4)发包人对增加的工程量予以确认、同意调整合同价款。对于构成"工程变更"的事项,则应当按照合同约定的变更程序处理。尽管在工程实践中仍然存在工程签证这一文件,但根据《建设项目工程总承包合同(示范文本)》,工程总承包合同中已经不再强调签证这一概念,各方当事人应谨慎在工程总承包模式下办理工程签证,以免引发争议。

### 依 据

**《房屋建筑和市政基础设施项目工程总承包管理办法》(建市规〔2019〕12号)**

第三条 本办法所称工程总承包,是指承包单位按照与建设单位签订的合同,对工程设计、采购、施工或者设计、施工等阶段实行总承包,并对工程的质量、安全、工期和造价等全面负责的工程建设组织实施方式。

第十六条 企业投资项目的工程总承包宜采用总价合同,政府投资项目的工程总承包应当合理确定合同价格形式。采用总价合同的,除合同约定可以调整的情形外,合同总价一般不予调整。

建设单位和工程总承包单位可以在合同中约定工程总承包计量规则和计价方法。

依法必须进行招标的项目,合同价格应当在充分竞争的基础上合理确定。

**《建设项目工程总承包计价规范》(T/CCEAS001-2022)**

3.2.3 建设项目工程总承包应采用总价合同,除工程变更外,工程量不予调整。

总价合同中也可在专用合同条件约定,将发承包时无法把握施工条件变化的某些项目单独列项,按照应予计量的实际工程量和单价进行结算支付。

发承包双方可根据本规范第6章的规定在合同中约定合同价款调整的内容,形成可调总价合同,据此进行调整,否则视为固定总价合同,合同价款不予调整。

6.3.1 因发包人变更发包人要求或初步设计文件,导致承包人施工图设计修改并造成成本、工期增加的,应按照合同约定调整合同价款、工期,并应由承包人提出新的价格、工期报发包人确认后调整。

6.3.2 发包人提出的工程变更引起施工方案改变并使措施项目发生变化时,承包人提出调整措施项目费,应事先将拟实施的方案提交发包人确认,并应详细说明与原方案措施项目相比的变化情况,拟实施的方案经发承包双方确认后执行,并应按照本规范第6.3.1条的规则确定措施项目费调整。

若承包人未事先将拟实施的方案提交给发包人确认时,应视为工程变更不引起措施项目费的调整。

**四川省住房和城乡建设厅《关于四川省房屋建筑和市政基础设施项目工程总承包合同计价的指导意见》(川建行规〔2022〕12号)**

六、结算编制与审核

(一)工程总承包项目竣工结算应按照有关计价依据规定和合同约定进行编制和审核,合同工期较长的,应在合同中明确约定过程结算的节点。采用总价合同或者总价与单价组合式合同的工程总承包项目在结算和决算审核时,仅对符合工程总承包合同约定的可调整部分进行审核,对工程总承包项目总价合同、总价与单价组合式合同中按合同约定实施完成的总价部分不再另行开包审核。

**《杭州市房屋建筑和市政基础设施项目工程总承包项目计价指引》**

5.4 对于采用总价合同的工程总承包项目,在工程结算审核(审计)时,固定总价部分不再重新计算工程量和费用,重点审核工程项目的建设规模、标准及所用的主要材料、设备等是否满足《发包人要求》,以及是否符合合同的风险条款约定。

**《广西壮族自治区房屋建筑和市政基础设施项目工程总承包计价指导意见(试行)》(桂建发〔2020〕4号)**

(六)竣工结算编制及审核。无论是方案设计后还是初步设计后的工程总承包项目,工程竣工结算均按照合同约定进行编制和审核。竣工结算审核时,仅对符合工程总承包合同约定的固定总价允许调整部分及按实结算的暂估价进行审核,对工程总承包合同中固定总价包干部分不再另行审核(不包括工程总承包单位擅自降低建设标准、缩小建设范围、减少功能需要等情况)。

**《建设项目工程总承包合同(示范文本)》(GF-2020-0216)**

第一部分 合同协议书

……

2. 合同价格形式:

合同价格形式为总价合同,除根据合同约定的在工程实施过程中需进行增减的款项外,合同价格不予调整,但合同当事人另有约定的除外。

……

### 第二部分　通用合同条件

……

**13.1　发包人变更权**

13.1.1　变更指示应经发包人同意,并由工程师发出经发包人签认的变更指示。除第11.3.6项[未能修复]约定的情况外,变更不应包括准备将任何工作删减并交由他人或发包人自行实施的情况。承包人收到变更指示后,方可实施变更。未经许可,承包人不得擅自对工程的任何部分进行变更。发包人与承包人对某项指示或批准是否构成变更产生争议的,按第20条[争议解决]处理。

……

**13.2　承包人的合理化建议**

……

13.2.2　除专用合同条件另有约定外,工程师应在收到承包人提交的合理化建议后7天内审查完毕并报送发包人,发现其中存在技术上的缺陷,应通知承包人修改。发包人应在收到工程师报送的合理化建议后7天内审批完毕。合理化建议经发包人批准的,工程师应及时发出变更指示,由此引起的合同价格调整按照第13.3.3项[变更估价]约定执行。发包人不同意变更的,工程师应书面通知承包人。

……

14.1.1　除专用合同条件中另有约定外,本合同为总价合同,除根据第13条[变更与调整],以及合同中其他相关增减金额的约定进行调整外,合同价格不做调整。

……

### 判　例

#### 案例20-1　(2021)甘民终232号

**案情介绍**

2013年10月18日,清洁能源公司(发包人)与天津电建公司(承包人)在甘肃省敦煌市签订EPC合同,将敦煌光电产业园330KV升压站配套5座110KV升压站7#站项目EPC总承包工程交由天津电建公司承建。合同补充协议书约定：签约合同价为 32600568 元，其中建筑安装工程费为 12711654 元，勘察设计费为 1350000 元，工程设备费为 18538914 元。合同签订后，天津电建公司于 2013 年 11 月 20 日开工，2014 年 8 月竣工，2015 年 1 月 25 日试运行并投产。2015 年 1 月 26 日各方验收形成《工程验收鉴定书》。在合同履行过程中，清洁能源公司向天津电建公司出具工程委托书和工程增补单，要求天津电建公司就站外道路、站外道电源的土方等进行施工。双方结算时因该部分工程是否应当增加工程造价发生争议。

### 各方观点

清洁能源公司认为，天津电建公司诉称的新增工程量包含在合同约定的工程承包范围内，不属于合同承包范围外的新增工程量。涉案工程为 EPC 总承包模式，涉案工程的设计是由天津电建公司负责，其应当充分考虑相关附属设备，该附属设备应当包含在工程承包范围内，不属于增加的工程量。

天津电建公司认为，其已就案涉工程新增工程量进行充分举证，且该等新增工程量属于清洁能源公司的合同外委托事项，应当对新增工程量进行认定。

### 法院裁判要旨

法院经审理认为，从上述证据和事实来看，可以认定：（1）上述两份工程委托书的施工内容属合同范围外。（2）天津电建公司已按清洁能源公司的委托要求完成了上述施工内容，且在分项验收及整体验收过程中均显示验收合格。（3）监理单位对于上述施工内容进行了审核确认。（4）上述合同范围外进行施工系接受发包方清洁能源公司的委托，依据合同专用条款第 15.3.2 项"……C. 发包人原因引起的变更导致费用增加的予以调整"的约定，应予调整。

## 工程总承包纠纷适用的建议

在工程总承包模式下，工程总承包单位仅以工程总承包合同履行的工程量发生变化为由要求调整合同价款的，原则得不到支持，但工程总承包单位能证明该工程量变化属于"工程变更"等合同可调整价款的情况除外。

# 第二十一条 工程总承包项目中发包人逾期结算

**第二十一条**

当事人约定,发包人收到竣工结算文件后,在约定期限内不予答复,视为认可竣工结算文件的,按照约定处理。承包人请求按照竣工结算文件结算工程价款的,人民法院应予支持。

## 工程总承包纠纷的可适用性

本条为工程价款的结算情形之一,工程总承包模式可以直接适用本条。

### 应 用

(一)该条款为工程结算的"默示推定条款",旨在当发生发包人拖延结算时,承包人有权依据报送的竣工结算文件主张工程价款

实践中,发包人、承包人一般使用以下几种形式对结算默示条款进行约定:(1)双方使用示范文本,仅通过合同通用条款明确约定结算默示条款;(2)双方使用示范文本,在合同专用条款中明确约定结算默示条款;(3)双方使用非示范文本合同,在合同中明确约定结算默示条款;(4)双方在补充协议中明确约定结算默示条款。在前述第(2)(3)(4)种情形下,当事人关于逾期不回复视为发包人认可承包人结算报告的约定是由当事人自行约定的,意思表示较为明确,结算默示条款适用无争议。

但对于第 1 种仅在通用条款中约定结算默示条款的情形,能否适用该条款存在较大争议。一种意见认为,仅在通用条款中明确约定结算默示条款的,可以适用。部分法院认为通用条款虽系格式文本,但双方当事人在订立合同时可

选择适用或不适用,如需补充或修改,可在专用条款内约定;在双方当事人未通过专用条款做出另行约定的情况下,通用条款作为合同组成部分,对双方当事人均具有约束力。在发包人以自己不作为的行为阻碍合同履行的情况下,不应排除承包人适用合同通用条款实现其工程价款请求权的权利。另一种意见认为,通用条款中载明的结算默示条款不能适用,只有当事人在专用条款中专门约定了结算默示条款时才能适用。部分法院认为通用合同条款一般是指工程建设主管部门或行业组织为合同双方订约的便利,针对建设工程领域的共性问题,给订约双方提供的可通用的合同条款和范本。通用合同条款作为格式条款,不是合同双方事先通过谈判,协商一致后确定的条款。因此,双方是否达成了"发包人在约定期限内不予答复即视为认可承包人提交的竣工结算文件"的一致意思表示,应以专用合同条款的约定为认定依据。

针对前述通用条款与专用条款的关系,目前的普遍观点为二者之间并非替代与被替代、否定与被否定的关系,专用条款是针对相应通用合同条款的细化、完善、补充、修改和另行约定。在适用通用条款及专用条款时,如果专用条款是对通用条款的具体细化和补充,则应结合两部分条款的内容,综合认定合同双方主体的真实意思表示,以明确双方的权利与义务。例如,通用条款中约定,"未在约定期限提出意见,视为认可",同时在专用条款中约定,"提出意见的期限应为 50 个工作日",此时应将通用和专用条款进行结合理解,即双方约定内容的完整表述为,"未在 50 个工作日内提出意见,视为认可"。如果专用合同条款是对通用合同条款的修改,或二者之间的合同约定存在冲突,则优先适用专用合同条款的约定。

最后,鉴于司法实务中对于第 1 种情形的争议较多,针对发包人及承包人也有不同的建议。对于发包人而言,应当重视合同的重要性,审核合同的约定是否符合自己的真实意思。如采用建设项目工程总承包合同示范文本,但不适用结算默示条款的,应在专用条款或补充协议中明确约定发包人在约定期限内不予答复的,并不视为认可承包人提交的竣工结算文件。如果工程总承包合同中确实约定了结算默示条款,在结算过程中应当注意结算文件的审核期限,避免因为逾期答复而承担不利后果。如对结算文件存在异议,应在约定期限内及时提出异议,并保留异议的相关证据。如果已经逾期回复,可以考虑与承包人重新达成新的结算补充协议、会议纪要等。对于承包人而言,如果有谈判空间,建议在专用条款或补充协议中明确约定发包人在约定期限内不予答复即视为认可承包人提交的竣工结算文件。在结算时,注意收集保留承包人提交竣工结算文件的证据。如果发包人逾期不予以结算,应及时主张权利。

**(二) 如何理解发包人在约定期限内的答复**

发包人针对竣工结算资料在约定期限内所作的答复是否应具合理性,该问题在司法实践中争议很大。一种观点认为,只要发包人在约定期限内提出异议即可,即使其异议理由不合理,也可以排除"默示条款"的适用;另一种观点认为,发包人不但应当在约定期限内提出异议,而且其所提的异议也应当具有合理性,应当具体针对竣工结算文件的内容进行答复,否则应当适用"默示条款"。

对建设工程项目的结算审核既是发包人的权利,同时也是发包人的义务,发包人应当针对承包人报送的结算资料自行或委托专业的机构、人员进行审核,仅简单在约定期限内提出异议,特别是以不合理的理由提出异议,其阻止"默示条款"适用的意图非常明显,此种情形既会拖延项目结算,也会助长发包人的不诚信,更是未尽职履行义务。因此,第二种观点更显公平合理。另外,从"默示条款"的约定本意来看,其最主要的作用是使承发包双方对工程价款的争议及时确定下来。如果双方对工程价款无争议,按此执行即可。如果有争议,则应进行协商或共同委托造价咨询,仍达不成一致,承包人可以依约申请仲裁或诉讼,在仲裁或诉讼程序中启动司法鉴定以确定工程造价。换言之,通过发包人进行实质性审核后,或进行答复,或提出异议,双方可以及时确定是否对工程价款存在争议,使争议迅速回归到正常的纠纷解决途径。从这个意义上讲,发包人进行的答复或异议也应当具体针对竣工结算文件中的内容,否则会导致发包人通过概括性答复的方式继续拖延结算,损害承包人合法权益。

### 依 据

**《民法典》**

**第一百四十条** 行为人可以明示或者默示作出意思表示。

沉默只有在有法律规定、当事人约定或者符合当事人之间的交易习惯时,才可以视为意思表示。

**江苏省高级人民法院《关于审理建设工程施工合同纠纷案件若干问题的解答》(审委会会议纪要〔2018〕3号)(已失效)**

建设工程施工合同专用条款中明确约定发包人收到竣工结算文件后,在合同约定的期限内不予答复视为认可竣工结算文件,当事人要求按照竣工结算文件进行工程价款结算的,应予支持。建设工程施工合同专用条款中未明确约定,当事人要求按照竣工结算文件进行工程价款结算的,不予支持。

建设工程施工合同专用条款有此明确约定,发包人有证据证明在合同约定的期限内提出异议的,承包人要求按照竣工结算文件进行工程价款结算的,不予支持。

建设工程施工合同无效的,不影响该条款约定的效力。

### 判 例

#### 案例21-1 (2020)云71民初3号

**案情介绍**

2013年4月,新钢公司就云南新钢综合物流园区专用铁路项目采用EPC总承包模式进行工程建设,经招投标后交大公司中标。2013年5月18日,双方签订了《合同协议书》,协议约定:项目承包范围为云南新钢综合物流园区专用铁路项目EPC总承包工程(含中谊村火车站改扩建接轨改造工程,包括岩土工程勘察、设计、工程施工、设备采购、竣工验收、质量保修、总承包方协助建设方实现机车通车、办理铁路部门相关手续、提供技术支持和服务)。根据工程量清单所列的预计数量、单价和总额价计算的签约合同总价为332826475元……甲方在收到乙方提交的竣工结算报告和完整的竣工结算资料后的30日内,经审查并提出修改意见,协商一致后,由乙方自费修正,并提交最终的竣工结算报告和最终的结算资料。甲方接到乙方根据第14.12.1款的约定提交的竣工结算报告和完整的竣工结算资料的30日内,未能提出修改意见,也未予答复,视为甲方认可了该竣工结算资料作为最终竣工结算资料。双方因是否应以交大公司报送的竣工结算资料作为结算依据发生争议。

**各方观点**

交大公司认为:交大公司编制完成竣工结算资料并报新钢公司审核,但新钢公司未在合同约定期限内进行审核,则应以其报送的结算资料作为结算依据。

新钢公司认为:交大公司仅凭单方编制的结算即主张如此高额的工程尾款,没有事实和法律依据。

### 法院裁判要旨

法院认为,合同通用条款就新钢公司逾期不审核视为新钢公司认可交大公司的竣工结算资料进行了约定,该条款合法有效。综合该案实际情况,交大公司向新钢公司提供竣工结算资料后,新钢公司仅做了"经过初步查阅贵公司报送的结算资料,不足以支撑如此高额的竣工结算送审价"的答复意见,该答复意见并没有具体针对竣工结算文件的内容,与竣工结算文件内容无关的答复视为没有答复。在新钢公司以自己不作为的行为阻碍合同履行的情况下,不应排除交大公司适用上述合同通用条款实现其工程价款请求权的权利。故交大公司要求被告按照其竣工结算资料的总价结算工程价款的诉讼请求于法有据,法院予以支持。

## 第二十二条 总承包合同背离招标文件、投标文件及中标通知书

> **第二十二条**
> 
> 当事人签订的建设工程施工合同与招标文件、投标文件、中标通知书载明的工程范围、建设工期、工程质量、工程价款不一致,一方当事人请求将招标文件、投标文件、中标通知书作为结算工程价款的依据的,人民法院应予支持。

### 工程总承包纠纷的可适用性

可以直接适用。该条款意在维护建设工程招标投标市场秩序,无论是施工总承包还是工程总承包模式,经过招标投标确认中标后,双方当事人的建设工程合同即已达成。随后签订的书面合同如在工程范围、建设工期、工程质量和工程价款方面与招投标文件及中标通知书不一致,则会破坏招标投标秩序的公正性,损害其他投标人的利益,此情况下一方当事人请求将招标文件、投标文件、中标通知书作为结算工程价款的依据的,人民法院应予支持。

### 应 用

通过招投标方式进行发承包的工程总承包项目,发承包双方之间形成的合同文件可能包括招标文件、投标文件、中标通知书、建设工程项目总承包合同等。当各种合同文件之间的约定内容不一致时,应当依据哪些合同文件确定当事人之间的权利与义务,这在此前的司法实践中一直存在争议。尤其是对招标文件、投标文件以及中标通知书是否能够作为确定发承包双方之间已经成立合

法有效的工程总承包合同的问题，一直存在争议。最高人民法院《关于适用〈中华人民共和国民法典〉合同编通则若干问题的解释》的颁布，进一步对招标文件、投标文件及中标通知书的合同性质进行了明确。

**（一）中标通知书送达工程总承包单位时，工程总承包合同即成立并生效**

实践中对中标通知书的性质认定的主要争议的根源在于对《招标投标法》第46条的理解不同。《招标投标法》第46条规定，招标人和中标人应当自中标通知书发出之日起30日内，按照招标文件和中标人的投标文件订立书面合同。因为该条规定了中标通知书发出后，招标人和中标人之间仍然要签订书面的合同书，同时《民法典》第789条又规定，建设工程合同应当采用书面形式，故就有观点认为中标通知书仅仅是具备预约合同的性质，当事人未签订书面的工程合同的，建设工程合同未成立、不生效。此类观点均不可取，理由如下所述。

1.《民法典》第471条已经明确规定，当事人订立合同，可以采取要约、承诺方式或其他方式。第473条规定，招标公告属于要约邀请，相对应的投标行为即属于要约，中标通知书则属于承诺。根据《民法典》第483条的规定，承诺生效时合同即成立。

2.《招标投标法》第46条规定招标人和中标人应在中标通知书发出之日起30日内签订书面合同的立法本意是强调招标人与中标人双方在中标通知书发出之日起30日内，应当按照招标文件和投标文件订立书面合同并不得签订与招标文件、投标文件实质性内容不一致的合同，而并非不签订书面合同，各方的合同关系即不成立。否则，《招标投标法》第59条就不会规定，招标人、中标人违反《招标投标法》第46条规定的，行政主管部门可以责令改正，拒不改正的则可以按中标金额的一定比例处以罚款。另外，之所以要求签订书面合同，也是为了便于行政主管部门对招投标双方进行必要的行政监管。

3.最高人民法院《关于适用〈中华人民共和国民法典〉合同编通则若干问题的解释》第4条明确规定，"采取招标方式订立合同，当事人请求确认合同自中标通知书到达中标人时成立的，人民法院应予支持。合同成立后，当事人拒绝签订书面合同的，人民法院应当依据招标文件、投标文件和中标通知书等确定合同内容"。该条司法解释则为中标通知书法律性质的争论明确画上了句号，即中标通知书到达中标人时，建设工程合同已经成立，无论是否签订书面的合同书，均不影响以招标文件、投标文件和中标通知书确定已经成立的建设工程合同的内容,并据此确定发、承包双方之间的权利和义务。

**(二)当事人签订的书面工程总承包合同实质性内容与招标文件、投标文件及中标通知书不一致时,应以招标文件、投标文件及中标通知书作为结算价款的依据**

1.工程总承包本质上仍是建设工程组织实施的一种方式

《民法典》第78条规定,"建设工程合同是承包人进行工程建设,发包人支付价款的合同。建设工程合同包括勘察、设计、施工合同"。《房屋建筑和市政基础设施项目工程总承包管理办法》第3条规定,工程总承包是指承包单位按照与建设单位签订的合同,对工程设计、采购、施工或者设计、施工等阶段实行总承包,并对工程的质量、安全、工期和造价等全面负责的工程项目建设组织实施方式。工程总承包和施工总承包是目前建设工程领域主要的施工组织实施方式。

2.采用招投标方式选择工程总承包单位的,应当遵守《招标投标法》的相关规定

通过招投标方式选定工程总承包单位的,仍然要遵照《招标投标法》及《招标投标法实施条例》的相关规定。实践中,大量的工程总承包项目也是采用招投标方式确定工程总承包单位的。根据《招标投标法》第46条之规定,只要是通过招投标程序选择工程总承包单位的,招标人和中标人均应当按照招标文件和中标人的投标文件订立书面合同,并不得再行订立背离合同实质性内容的其他协议。

**(三)工程总承包模式下的《发包人要求》包含诸多内容,不全构成实质性内容,对于《发包人要求》的变更是否构成实质性变更,应当具体对照本条规定的情形予以判断**

《发包人要求》是《建设项目工程总承包合同(示范文本)》的重要组成部分,作为"专用合同条件"后的第一个附件,与"专用合同条件"具备同等效力。通常情况下,《发包人要求》主要从功能要求、工程范围、工艺安排或要求、时间要求、技术要求、竣工试验、竣工验收、竣工后试验、文件要求、工程项目管理规定及其他要求,共11个方面表述发包人对建设项目的特性特征、基本需求和合同目的等。上述内容并不都属于实质性条款,项目建设过程中允许双方当事人对具体的实施要求诸如工艺安排、验收程序、时间、文件格式、项目管理规定等

进行变更,这也更符合科学规律。因此,对于《发包人要求》的变更是否构成实质性变更,应当具体对照本条规定的情形予以判断。

## 依 据

**《民法典》**

第四百七十一条 当事人订立合同,可以采取要约、承诺方式或者其他方式。

第四百七十三条第一款 要约邀请是希望他人向自己发出要约的表示。拍卖公告、招标公告、招股说明书、债券募集办法、基金招募说明书、商业广告和宣传、寄送的价目表等为要约邀请。

第四百八十三条 承诺生效时合同成立,但是法律另有规定或当事人另有约定的除外。

第四百八十四条 以通知方式作出的承诺,生效的时间适用本法第一百三十七条的规定。

承诺不需要通知的,根据交易习惯或者要约的要求作出承诺的行为时生效。

**最高人民法院《关于适用〈中华人民共和国民法典〉合同编通则若干问题的解释》(法释〔2023〕13号)**

第四条 采取招标方式订立合同,当事人请求确认合同自中标通知书到达中标人时成立,人民法院应予支持。合同成立后,当事人拒绝签订书面合同的,人民法院应当依据招标文件、投标文件和中标通知书等确定合同内容。

**《招标投标法》**

第四十六条第一款 招标人和中标人应当自中标通知书发出之日起三十日内,按照招标文件和中标人的投标文件订立书面合同。招标人和中标人不得再行订立背离合同实质性内容的其他协议。

**《招标投标法实施条例》**

第五十七条 招标人和中标人应当依照招标投标法和本条例的规定签订书面合同,合同的标的、价款、质量、履行期限等主要条款应当与招标文件和中标人的投标文件的内容一致。招标人和中标人不得再行订立背离合同实质性内容的其他协议。

## 判 例

### 案例 22-1 (2021)最高法民终 450 号

#### 案情介绍

2014 年 12 月,新煤化工设计院(上海)有限公司(以下简称新煤化工)在中国铝业股份有限公司河南分公司(以下简称中铝公司河南分公司)招标的"中国铝业股份有限公司河南分公司氧化铝节能减排升级改造项目自备煤气站工程"(以下简称自备煤气站)项目中中标。中标通知书载明的中标金额为 34401.73 万元。2015 年 3 月 18 日,新煤化工与中铝公司河南分公司签订 EPC《商务合同》和《技术协议》,双方对合同价款约定为 33500 万元。双方因究竟是按中标价还是合同价结算发生争议。

#### 各方观点

中铝矿业有限公司(以下简称中铝矿业公司)认为:中标价与合同价之间的差价不是工程款,是新煤化工在招投标过程中基于项目所用设备减少而自行减少的相应价款,是双方自主自愿的行为。中铝矿业公司接受新煤化工的报价澄清后,双方又在商务合同中予以确认,在诉讼中提出异议,有违诚实信用。新煤化工调整报价不构成对中标合同的实质性变更。

新煤化工认为:《商务合同》中的工程款比《中标通知书》下调了 9017300 元,应以《中标通知书》的价格确认为合同价格。

#### 法院裁判要旨

最高人民法院认为,《建设工程司法解释(二)》(法释〔2018〕20 号)(已失效)第 10 条规定:"当事人签订的建设工程施工合同与招标文件、投标文件、中标通知书载明的工程范围、建设工期、工程质量、工程价款不一致,一方当事人请求将招标文件、投标文件、中标通知书作为结算工程价款的依据的,人民法院应予支持。"根据已经查明的事实,2014 年 12 月,《中标通知书》载明的中标金额为 34401.73 万元。2015 年 3 月 18 日,新煤化工与中铝公司河南分公司签订《商务合同》,其中,第 5 条"合同工程价款"载明:根据 2014 年 12 月 8 日中铝公司河南分公司的《中标通知书》,该合同工程第 2 条"工程承包范围及内容"的总价款为 33500 万元。《商务合同》签订在《中标通知书》之后,约定的工程价款和《中标通知书》载明的工程价款不一致,根据上述司法解释的规定,应当以《中标通知书》载明的金额认定合同内工程价款。

# 第二十三条 非必须招标工程总承包项目经招投标的结算争议处理

> **第二十三条**
>
> 发包人将依法不属于必须招标的建设工程进行招标后,与承包人另行订立的建设工程施工合同背离中标合同的实质性内容,当事人请求以中标合同作为结算建设工程价款依据的,人民法院应予支持,但发包人与承包人因客观情况发生了在招标投标时难以预见的变化而另行订立建设工程施工合同的除外。

## 工程总承包纠纷的可适用性

可以直接适用。非必须招标的项目但发包人采取招标方式发包的,根据《招标投标法》第 2 条的规定,其招标投标也应受《招标投标法》约束,原则上不应另行签订背离中标合同实质性内容的工程总承包合同。

### 应 用

实践中有观点认为,对于非必须招标的工程项目进行招投标后,可以允许当事人双方另行签订实际履行的合同。持此观点者认为非必须招标项目,发包人本身即可以通过直接发包的方式选择工程总承包单位,出于充分尊重合同双方当事人意思自治的原则,应一定程度上尊重当事人的缔约方式自由。而相较于依法必须招标的项目而言,即使非必须招标项目违反了招标程序,只要招投标双方真实意思一致,则不会对市场秩序造成损害,也不会对招标人和中标人的权益造成损害,同时弱化招投标程序对工程发承包的规制作用也是建筑行业未来发展的趋势,故应当充分尊重非必须招标项目当事人的缔约自由。上述观点有一定的合理性,但不可否认的是,《招标投标法》仍是我国地域范围内规范招投标活动的基本法律,从维护招标投标市场秩序、保护其他投标人利益的角度考虑,对非必须招标项目但采取招标方式发包的仍应以中标合同作为结算依据为一般原则,同时赋予当事人双方在客观情况发生了招投标时难以预见的变化时对合同进行变更的权利,这样也能更好地平衡双方当事人的权利与义务。

### (一)非必须招标工程项目招标后以中标合同作为结算工程价款的依据是一般原则

1.《招标投标法》的适用范围并未区分依法必须招标项目和非必须招标项目的招标投标活动

《招标投标法》是我国进行招标投标活动的基本法律,该法第2条明确规定,在中华人民共和国境内进行的招投标活动均应适用该法。因此,从适用范围上来看,《招标投标法》的适用并未区分依法必须招标项目和非必须招标项目的招标投标活动。

2.非必须招标项目的招投标活动,除保障招标人和中标人权益外,也要充分保障其他投标当事人的合法权益

《招标投标法》规范的法益是国家利益、社会公共利益以及参与招标投标活动当事人的合法权益。实质上,《招标投标法》的规范目的有二:一为确保涉及公共利益建设项目的安全性、稳固性,且当建设项目的资金来源是国家资金或国际组织或者外国政府贷款援助资金时,确保上述资金使用的正当性、安全性、合理性;二为保障招投标程序公平、公正、公开的公示力与公信力。如果对非必须招标项目通过招标程序后,允许招标人与中标人随意另行签订与中标合同实质性内容不一致的实际履行合同,将会损害其他投标当事人的合法权益,更会损害国家招投标程序公平、公正、公开的公信力,也失去了招标活动的意义,不应予以倡导。

3.发包人对非必须招标项目是否采用招标程序享有选择自由,但一旦选择采用招标程序后,即应受《招标投标法》的约束

对于非必须招标项目,发包人可以选择直接发包、竞争性谈判等非招标方式签订合同,这本身已经赋予发包人选择缔约方式的自由,但任何自由均应在法律规定的权限和范围内行使才有价值和意义。一旦选择招标方式,即意味着

当事人应当预见并自愿接受《招标投标法》约束的法律后果，当然也必须遵守法律确定的规则，而不能将法律规定的招投标程序以及违反招投标程序应承担的法律责任视若无睹。

结合以上三点原因，发包人将依法不属于必须招标的建设工程进行招标后，与工程总承包单位另行订立的建设项目工程总承包合同背离中标合同的实质性内容，当事人请求以中标合同作为结算建设工程价款依据的，人民法院应予支持。在建设项目本身并不具备《招标投标法》规定的、强制招标的前提性质的情况下，发包人仍然采用招投标程序选择工程总承包单位的，为了维护招投标程序的"三公"的权威性与公信效力，本条仍然不允许当事人背离中标合同的实质性内容另行签订施工合同，但是鉴于此种情形下的建设项目并非必须招标的项目，其中的招标投标程序的强制性与不可撼动性被削弱，本条给例外承认背离中标合同实质性内容而另行签订的施工合同的效力保留了一个理由，即"发生了在招标投标时难以预见的变化"，比如政策调整或者市场供求关系异常变动等原因造成的招投标时无法预见的价格变化，符合《民法典》第533条规定的情势变更制度的精神。该条讨论的是非必须招标的项目基于情势变更允许当事人另行签订施工合同，该规则同样适用于必须招标的项目基于情势变更而另行签订施工合同的情形。

(二)"客观情况发生了难以预见的变化"应当与正常的商业风险区分，并从严把握

1. 可能构成"难以预见的变化"的情形

一般情况下，难以预见的变化可以由多种情形引起，包括政治、军事、经济、社会、自然等领域所出现的各类突发状况，工程总承包活动中难以预见的变化情形包括原材料、工程设备价格异常涨跌，工程规划和发包人原因的设计重大变化，物价飞涨，合同基础丧失，汇率大幅度变化，国家经济危机，金融危机，通胀严重，宏观调控，重大政策调整等。因为现实生活中的各类情形复杂多变，司法实践中应当根据不同案件的具体情况，对是否构成难以预见的变化予以综合认定。

2. "难以预见的变化"程度达到足以动摇合同基础的地步即可变更合同约定

从《民法典》第533条规定的情势变更条款来看，并不要求客观情况的重

大变化需要导致合同基础丧失或合同目的无法实现,而是当重大变化已经影响合同关系的建立或者正常履行,即继续履行将会对一方当事人显失公平。从这一层面上来看,相较于最高人民法院《关于适用〈中华人民共和国合同法〉若干问题的解释(二)》(已失效)第26条规定的情势变更适用标准有明显的放宽,更有利于维护合同双方当事人权利与义务的公平。

3. "难以预见的变化"应当是招投标时双方无法预见且不属于商业风险的变化

工程项目总承包合同行为本质上仍属于商业行为,招投标双方作为成熟的商事主体应当对合同的订立和履行有充分的市场调研和预判。一方面,如果某种重大变化情形,招投标的一方已经在招投标前充分预见,而另一方未能预见,则属于商业能力的欠缺,此时该重大变化情形即不属于"不可预见",因此,无法预见应为当时招投标双方均无法预见。另一方面,商业风险属于从事商事活动固有的风险,例如没有达到异常变动的价格涨跌。以常见的原材料价格为例,不能简单地以交易习惯(如涨跌超过5%时可以调整价格)作为判断是否异常波动的标准,而应当是结合一定历史期间内原材料价格下跌或上涨的最大幅度进行评价,同时还应考虑此类价格波动增加的成本所占合同额的比重及对合同目的实现的影响等。

诚实信用是合同行为的基本原则,风险自负则是商业行为的基本准则,工程总承包项目的招投标双方作为成熟的有经验的市场主体,均应当对供求关系、价格涨落的变化进行调研并对合同履行将可能产生的风险进行充分预判,中标合同一旦订立,双方应当严格遵守和履行,不应随意变更。对是否属于招投标时不能预见的重大变化,应当结合是否事先无法预见、风险程度远超正常的合理预期、风险是否可控等市场因素,在个案中具体情况、具体分析,并从严把握。

### 依 据

**《招标投标法》**

第二条 在中华人民共和国境内进行招标投标活动,适用本法。

第四十六条第一款 招标人和中标人应当在中标通知书发出之日起三十日内,按照招标文件和中标人的投标文件订立书面合同。招标人和中标人不得再行订立背离合同实质性内容的其他协议。

**《招标投标法实施条例》**

第五十七条第一款　招标人和中标人应当依照招标投标法和本条例的规定签订书面合同,合同的标的、价款、质量、履行期限等主要条款应当与招标文件和中标人的投标文件的内容一致。招标人和中标人不得再行订立背离合同实质性内容的其他协议。

**《民法典》**

第五百三十三条　合同成立后,合同的基础条件发生了当事人在订立合同时无法预见的、不属于商业风险的重大变化,继续履行合同对于当事人一方明显不公平的,受不利影响的当事人可以与对方重新协商;在合理期限内协商不成的,当事人可以请求人民法院或者仲裁机构变更或者解除合同。

人民法院或者仲裁机构应当结合案件的实际情况,根据公平原则变更或者解除合同。

**最高人民法院《关于适用〈中华人民共和国民法典〉合同编通则若干问题的解释》(法释〔2023〕13号)**

第三十二条　合同成立后,因政策调整或者市场供求关系异常变动等原因导致价格发生当事人在订立合同时无法预见的、不属于商业风险的涨跌,继续履行合同对于当事人一方明显不公平的,人民法院应当认定合同的基础条件发生了民法典第五百三十三条第一款规定的"重大变化"。但是,合同涉及市场属性活跃、长期以来价格波动较大的大宗商品以及股票、期货等风险投资型金融产品的除外。

合同的基础条件发生了民法典第五百三十三条第一款规定的重大变化,当事人请求变更合同的,人民法院不得解除合同;当事人一方请求变更合同,对方请求解除合同的,或者当事人一方请求解除合同,对方请求变更合同的,人民法院应当结合案件的实际情况,根据公平原则判决变更或者解除合同。

人民法院依据民法典第五百三十三条的规定判决变更或者解除合同的,应当综合考虑合同基础条件发生重大变化的时间、当事人重新协商的情况以及因合同变更或者解除给当事人造成的损失等因素,在判项中明确合同变更或者解除的时间。

当事人事先约定排除民法典第五百三十三条适用的,人民法院应当认定该约定无效。

> **判 例**

### 案例 23－1 （2019）最高法民终 1356 号

📋 **案情介绍**

2007 年 11 月，贵州赤天化桐梓化工有限公司(以下简称赤天化公司)就赤天化公司将桐梓煤化工一期工程热电及公用工程对外进行招标。中国电建集团新能源电力有限公司(以下简称电建公司)中标，电建公司投标文件的《商务部分(上册)》中的投标报价汇总表载明，设计费用 16554518 元、项目管理费用 828 万元、采购费用 267908802 元、施工费用 221391676 元、技术服务及培训费 4330440 元、税费 3499824 元，合计 521965260 元。后赤天化公司与电建公司签订 EPC 总承包合同，合同附件 17"合同费用清单"的"汇总表"载明，设计费用 1374 万元、项目管理费用 726 万元、采购费用 235868514 元、施工费用 196697313 元、技术服务及培训费 3799780 元、税费 3070908 元，总计 460436515 元。双方因结算发生争议，电建公司主张按照中标通知书载明的 521965260 元结算，赤天化公司主张按照 EPC 合同载明的 460436515 元结算。

📑 **各方观点**

电建公司认为，赤天化公司签订合同以及履行合同义务期间，属于国有企业。根据《招标投标法》第 3 条第 1 款第 2 项的规定，案涉工程项目属于必须招投标项目。电建公司的投标总价为 521965260 元，赤天化公司向电建公司发出了中标通知书。EPC 总承包合同约定的工程价款为 460436515 元，因此案涉合同违反了《招标投标法》第 46 条以及《招标投标法实施条例》第 57 条的规定，应属无效，应以投标价作为结算依据。

赤天化公司认为，赤天化公司并非国有企业，项目资金系其自筹，案涉工程项目不属于法律、行政法规规定必须招投标的项目，且案涉工程项目已经审批立项，EPC 合同虽然对中标金额进行了调减，但这是双方实际履行的合同，应以 EPC 合同约定的金额结算。

⚖️ **法院裁判要旨**

最高人民法院认为，发包人赤天化公司将依法不属于必须招标的建设工程进行招标后，与承包人电建公司另行订立了背离中标合同实质性内容的条款，且不存在《建设工程司法解释(二)》(已失效)第 9 条但书规定的情形,该等约定违反《招标投标法》第 46 条第 1 款第 2 句及《招标投标法实施条例》第 57 条的规定,构成《合同法》第 52 条第 5 项规定的情形,应当确认无效。依照《建设工程司法解释(二)》第 9 条的规定,当事人请求以中标合同作为结算建设工程价款依据的,人民法院应予支持。电建公司此项上诉理由成立,其以投标文件价款为结算依据的请求,应予支持。

## 第二十四条 多份工程总承包合同无效的处理

> **第二十四条**
>
> 当事人就同一建设工程订立的数份建设工程施工合同均无效,但建设工程质量合格,一方当事人请求参照实际履行的合同关于工程价款的约定折价补偿承包人的,人民法院应予支持。
>
> 实际履行的合同难以确定,当事人请求参照最后签订的合同关于工程价款的约定折价补偿承包人的,人民法院应予支持。

### 工程总承包纠纷的可适用性

可以直接适用。当多份建设工程总承包合同均无效的情况下,实际履行的合同体现了当事人的真实意思表示,符合当事人的预期,按实际履行合同折价补偿也避免了一方当事人利用合同无效而获利。实际履行合同的确定原则,在施工总承包和工程总承包模式下应并无区别,保持认定标准一致有利于司法裁判的统一。

### 应 用

**(一)工程总承包合同无效"折价补偿"的前提条件是工程质量合格**

工程总承包合同是工程总承包单位进行工程设计、采购、施工,发包人支付价款的合同。对于工程总承包单位而言,其主要合同义务为按期按质完工并交付工程。工程总承包合同虽被确认无效,但此时工程总承包单位投入已物化成工程的部分无法返还,在此情形下只能进行折价补偿。因此,工程质量合格系发包人支付工程价款或折价补偿的必要前提条件。若工程质量不合格,且经修复后仍不合格,则工程总承包单位无权请求参照合同关于工程价款的约定折价补偿。

(二)如何确定实际履行的合同

对于实际履行合同的审查认定,应把握以下几个方面:

1.首先应审查双方当事人对实际履行的合同有无明确约定。在部分案件中,双方当事人会在补充协议、结算协议等文件中作出类似于这样的约定:×月×日签订的建设项目工程总承包合同仅作为备案使用,双方当事人实际履行的为本补充协议,两者不一致的,以本补充协议为准。

2.如果双方未作出上述约定,当双方对实际履行的合同产生争议时,就要仔细比对双方所签多份合同之间的差异,尤其是设计范围、采购标准、施工范围、施工内容、质量标准、工期、计价标准和方法、工程款支付方式及期限、违约责任等主要条款,并结合双方实际履行过程中形成的签证、函件、通知、会议纪要、进度款申报表、结算文件等证据综合判断双方履行的是哪一份合同。

(三)在实际履行的合同难以确定的情况下,以当事人最后签订的合同作为当事人签订合同的最新意思表示

当当事人之间存在多个合同或协议,并且这些合同或协议之间存在冲突或不一致时,最后签订的合同或协议通常会被视为反映了当事人的最新意思表示,并因此具有优先地位。通常后签订的合同变更了当事人之前的意思表示,更大可能被当事人实际履行,故以最后签订的合同作为结算依据具有合理性。

### 依 据

**《民法典》**

第一百三十六条 民事法律行为自成立时生效,但是法律另有规定或者当事人另有约定的除外。

行为人非依法律规定或者未经对方同意,不得擅自变更或者解除民事法律行为。

第一百五十七条 民事法律行为无效、被撤销或者确定不发生效力后,行为人因该行为取得的财产,应当予以返还;不能返还或者没有必要返还的,应当折价补偿。有过错的一方应当赔偿对方由此所受到的损失;各方都有过错的,应当各自承担相应的责任。法律另有规定的,依照其规定。

第七百九十三条第一款 建设工程施工合同无效,但是建设工程经验收合

格的,可以参照合同关于工程价款的约定折价补偿承包人。

### 判 例

## 案例24-1 (2011)民一终字第62号

### 📄 案情介绍

汕头公司、秦浪屿公司在涉案工程招标前就涉案工程由汕头公司承建达成合意。双方经招投标后签订的《建设工程施工合同》,合同价款为79150668元。秦浪屿公司与汕头公司随后签订的《工程总承包补充协议》约定工程价款为1.85亿元,上述两份协议约定的施工范围没有发生变化。双方针对上述两份协议约定的工程价款之间的差价,签订了《建设工程补充施工合同》,并向建设行政主管部门申请,以《建设工程补充施工合同》约定的施工范围为《建设工程施工合同》约定工程外新增加的工程量及配套工程为由,申请直接发包。在履行合同过程中,双方又签订了《工程总承包补充协议(二)》及《工程总承包补充协议(三)》,对《工程总承包补充协议》进行补充约定。双方因依据哪一份合同结算发生争议。

### 📑 各方观点

秦浪屿公司认为,双方应依建设工程施工合同作为结算依据。汕头公司认为,双方应当依实际履行的补充协议作为结算依据。

### 📋 法院裁判要旨

最高人民法院认为:案涉项目经招投标程序确定中标人,《建设工程施工合同》违反《招标投标法》第43条规定,认定无效。《建设工程补充施工合同》、《工程总承包补充协议》、《工程总承包补充协议(二)》及《工程总承包补充协议(三)》有违《建设工程司法解释》(法释〔2004〕14号)(已失效)第21条"当事人就同一建设工程另行订立的建设工程施工合同与经过备案的中标合同实质性内容不一致的,应当以备案的中标合同作为结算工程价款的根据"的规定,也应认定无效。双方当事人虽然通过招投标签订了《建设工程施工合同》,但实际上双方另行签订《工程总承包补充协议》,对合同价款进行了重大变更,并实际予以履行。《建设工程施工合同》约定的价款明显低于涉案工程的合理成本,并非双方当事人的真实意思表示。故应依据实际履行的补充协议作为结算依据。

## 第二十五条 工程总承包项目的垫资和垫资利息

> **第二十五条**
>
> 　　当事人对垫资和垫资利息有约定,承包人请求按照约定返还垫资及其利息的,人民法院应予支持,但是约定的利息计算标准高于垫资时的同类贷款利率或者同期贷款市场报价利率的部分除外。
>
> 　　当事人对垫资没有约定的,按照工程欠款处理。
>
> 　　当事人对垫资利息没有约定,承包人请求支付利息的,人民法院不予支持。

### 工程总承包纠纷的可适用性

　　工程总承包模式可以直接适用本条,垫资是否受法律保护及垫资利息的标准,并不因施工组织实施方式的差异而不同。

### 应　用

**(一) 除政府投资建设的项目外,垫资约定应受到法律保护**

　　建设工程领域的垫资指的是承包人签订合同后,不要求发包人先支付工程款或支付部分工程款,而是利用自有资金先进场进行施工,待工程施工到一定阶段或者施工全部完成后,再由发包人支付承包人垫付的工程款。在我国建筑市场的起步阶段,垫资施工的情况比较普遍,甚至一度形成了市场的交易惯例。一方面,施工单位作为承包人在承揽建设工程的谈判中往往处于弱势地位;另一方面,施工单位有时会以垫资作为承揽到建设工程的市场开拓经营手段,甚至有的自有资金体量不大的中小企业面对竞争压力时,不惜以向银行贷款、对外借款来提供垫资承包建设工程。在风险方面,垫资施工也将资金压力和商业风险转移到了施工单位。中小施工企业的抗风险能力较弱,一旦其资金链断裂,易造成拖欠农民工工资、拖欠下游供应商的应付款、拖欠银行贷款等问题,进而产生大量交织复杂的纠纷。正是出于对上述风险防范的考虑,我国建筑行业主管部门在各类文件中多次对垫资施工作出了否定性评价。1996年国家计划委员会、原建设部和财政部联合发布的《关于严格禁止在工程建设中带资承包的通知》(已失效)第4条中规定,"任何建设单位都不得以要求施工单位带资承包作为招标投标条件,更不得强行要求施工单位将此类内容写入工程承包合同"。另有观点从金融监管政策的角度出发,认为垫资施工具有融资属性,是一种实质上的违法资金拆借,故有关垫资的部分应当认定为无效。

随着垫资施工理论研究的深入和对域外垫资施工经验的借鉴,垫资施工必然导致拖欠工程款问题的观点被逐渐放弃。解决上述问题的关键在于建立完善的市场机制和企业体制成为主流观点,故《建设工程司法解释》(已失效)第6条突破性地从原则上认可了垫资合同的效力。2015年,随着市场环境优化及金融改革的深化,对于企业间借贷行为的认识加深,最高人民法院在《关于审理民间借贷案件适用法律若干问题的规定》(法释〔2015〕18号,已被修改)中认可了企业间为生产、经营需要而开展的民间借贷行为的效力。2020年,最高人民法院颁布的《建设工程司法解释(一)》承继了2004年公布的《建设工程司法解释》中第6条的主要内容。

从上述法律法规的发展历程中,不难看出我国立法者对于垫资施工的态度是逐渐开放的,但是,对于政府部门投资的建设项目,却是逐渐收紧的。建设—移交模式,即BT(Build-Transfer)模式,是基础设施项目建设领域中采用的一种投资建设模式,系指项目发起人通过与投资者签订合同,由投资者负责项目的融资、建设,并在规定时限内将竣工后的项目移交项目发起人,项目发起人根据事先签订的回购协议分期向投资者支付项目总投资及确定的回报。因BT模式可有效分散投资风险,缓解政府资金投资压力,降低建设工期风险,一度在政府投资项目中很受欢迎。但随着隐性债务风险浮出水面,主管部门逐渐发文禁止政府投资项目BT模式的垫资施工,2012年发布的财政部、发展改革委、中国人民银行、原银监会《关于制止地方政府违法违规融资行为的通知》(已废止)对于BT模式进行的所谓"政府和社会资本合作模式项目"予以禁止。随后又在 2019 年发布的《政府投资条例》第 22 条中规定,政府投资项目不得由施工单位垫资建设。

**(二)垫资及垫资利息约定的必要性**

建设工程施工合同是一种特殊的承揽合同,根据《民法典》的定义,承揽合同是承揽人按照定作人的要求完成工作,交付工作成果,定作人支付报酬的合同。从条文文意中可以看出,承揽人垫付承揽工作的必要成本,定作人收到工作成果后按约支付报酬的交易模式为典型,即一般形式。而在建设工程合同中,垫资款与工程价款在内涵上并无区别,区别在于垫资是承包人自愿的,而欠付工程价款则是发包人的违约行为。既然垫资是自愿行为,在承揽工程时承包人主动要求垫资,以达到承接建设工程的目的,在没有对发包人是否负担利息进行约定的情况下,应理解为发包人无须负担承包人垫资的财务成本。根据合同的基本原理,如果承包人垫付的建设资金占用成本要由发包人负担,则发承包双方应当在合同中明确约定。

在传统发承包模式下,建设工程领域常见的约定垫资方式有两种,一种是在建设工程施工合同中约定垫资的相关事项,另一种是发包人和承包人之间单独签订垫资合同。工程总承包模式下,发包人与承包人之间仍需订立建设项目工程总承包合同,如需特别约定垫资和垫资利息,则应当在合同中通过垫资和垫资利息条款加以明确,否则仍应当作为工程欠款。

**(三)垫资利率不应超过垫资时的同类贷款利率或者同期贷款市场报价利率**

关于垫资利息约定以及利率上限,因当事人约定的垫资既不同于企业间资金拆借,又不同于一般的工程欠款,考虑到建筑行业平均利润较低,如果允许垫资利息远远高于行业平均利润,则会变相鼓励建筑企业实质上以提供资金融通为主业,不利于维护建筑行业金融秩序,同时会导致建筑企业以工程合同为名行投资之实,承包商更加关注垫资收益,而非加强项目管理,提高工艺和技术,保证建设工程质量安全,这不利于对社会公共利益和公共产品的保护。另外,本条的利息规定与民间借贷有差异,其原因在于建设工程施工周期较长,完全参照民间借贷关于利率不应超过一年期贷款市场报价利率 4 倍的规定不利于平衡发承包双方的利益。《建设工程司法解释(一)》第 25 条所确立的规则一方面体现了垫资的特殊法律性质,另一方面更有利于平等保护施工合同双方主体的合法权益。工程总承包仅为发承包的一种模式,仍然属于建设工程范畴,垫资的特殊性质和对发承包双方平等保护的必要性并未发生改变,仍应继续适用。

## 依 据

**最高人民法院《关于审理民间借贷案件适用法律若干问题的规定》(法释〔2020〕17号)**

第十条　法人之间、非法人组织之间以及它们相互之间为生产、经营需要订立的民间借贷合同,除存在民法典第一百四十六条、第一百五十三条、第一百五十四条以及本规定第十三条规定的情形外,当事人主张民间借贷合同有效的,人民法院应予支持。

**《政府投资条例》(国务院令第712号)**

第二十二条　政府投资项目所需资金应当按照国家有关规定确保落实到位。

政府投资项目不得由施工单位垫资建设。

## 判 例

### 案例25-1　(2021)甘民终418号

**案情介绍**

2016年,兰州新区医养投资建设发展有限公司(以下简称兰州新区医养公司)将兰州新区中医医院建设项目以工程总承包的方式发包至广东尚荣工程总承包有限公司(以下简称尚荣公司)。后者又将案涉工程转包给白银市白银区第二建筑工程公司(以下简称白银二建)垫资施工,但双方未签订工程总承包合同,对于垫资利息亦未有约定。截至诉讼时,案涉已完工程未进行验收交付,白银二建与兰州新区医养公司、尚荣公司也未进行工程价款结算。诉讼中,白银二建主张应自其进场施工之时计算利息。

**各方观点**

白银二建认为,尚荣公司应支付已完工程价款、误工费及设备租赁费,并支付自2017年1月至2018年6月(垫资期间)的利息。

尚荣公司认为,尚荣公司与白银二建之间未签订施工合同为由,不认可白银二建主张的垫资利息。

### 📋 法院裁判要旨

甘肃省高级人民法院认为:案涉工程系由尚荣公司转包给白银二建垫资施工,但双方未签订工程总承包合同,对于垫资利息亦未有约定。《建设工程司法解释(一)》第25条第3款规定,"当事人对垫资利息没有约定,承包人请求支付利息的,人民法院不予支持",第27条规定,"利息从应付工程价款之日开始计付。当事人对付款时间没有约定或者约定不明的,下列时间视为应付款时间:(一)建设工程已实际交付的,为交付之日;(二)建设工程没有交付的,为提交竣工结算文件之日;(三)建设工程未交付,工程价款也未结算的,为当事人起诉之日"。据此,在白银二建与兰州新区医养公司对案涉工程垫资利息、工程价款付款时间未有约定,且案涉已完工程未进行验收交付,白银二建与兰州新区医养公司、尚荣公司也未进行工程价款结算的情形下,依照上述规定,案涉已完工程价款、误工费及设备租赁费所涉利息,应当从应付款时间即白银二建提起诉讼之日(2018年6月22日)开始计付。

## 案例25-2 (2022)最高法民终226号

### 📋 案情介绍

2015年12月19日,武汉武船重型装备工程有限责任公司(以下简称武船公司)与上海电力建筑工程有限公司(以下简称上海电建公司)作为联合体与建设单位海南东方国信风能有限公司(以下简称东方国信公司)签订了《海南东方风力发电厂技术改造项目制造安装施工工程总承包合同》(以下简称《总承包合同》)。《总承包合同》约定武船公司与上海电建公司的联合体作为总承包方承建东方国信公司技术改造项目的制造安装施工工程,包括风电场项目的建设、安装及验收移交。《总承包合同》约定项目由武船公司垫资建设,其中第11条第3.2款第4项约定:"为保证项目进度,承包方按合同要求需投入资金的,经发包方审核后以承包方实际支付数额作为计息基础。发包方按承包方实际支付工程款的期限按人民银行同期贷款利率上浮20%支付给承包方,相关费用计入合同总价款。"后因东方国信公司欠付工程款,武船公司遂诉至法院。

### 📋 各方观点

武船公司认为,《总承包合同》第11条第3.2款对垫资利息进行了明确约定,武船公司已实际垫资 2 亿元,武船公司提交的利息测算表已明确了垫资利息的计算方式。

东方国信公司认为,《总承包合同》第 11 条第 3.2 款是关于工程款结算的约定,不是关于垫资利息的约定。并且,武船公司主张的垫资利息与工程款逾期利息时间重合,不应再支持垫资利息。

### 法院裁判要旨

最高人民法院认为,案涉《总承包合同》第 11 条第 3.2 款第 4 项对于垫资利息有明确约定,但该合同中"按人民银行同期贷款利率上浮 20%"的约定与《建设工程司法解释(一)》的规定不符,对于高于中国人民银行发布的同期同类贷款利率的部分,不应予以支持。武船公司虽就垫资款利息问题提起上诉,但双方对垫资金额及垫资时间并未达成一致意见,且均认为需要继续核对。故就垫资利息部分,武船公司可待双方核实或经第三方审计后另行主张权利。

## 第二十六条 工程总承包项目工程款利息标准

**第二十六条**

当事人对欠付工程价款利息计付标准有约定的,按照约定处理。没有约定的,按照同期同类贷款利率或者同期贷款市场报价利率计息。

### 工程总承包纠纷的可适用性

工程总承包模式可以直接适用本条,建设工程欠款利息有约定从约定,没有约定时按照法律规定计息的原则,并不因施工组织实施方式不同而有差异。

**应　用**

**(一)支付工程款是发包人的法定义务**

《民法典》第788条开宗明义,建设工程合同中承包人的主要义务是进行工程建设,发包人的主要义务是支付价款,并在第807条重申,"发包人未按照约定支付价款的,承包人可以催告发包人在合理期限内支付价款"。《建筑法》第18条第2款也明确了发包人的付款义务,"发包单位应当按照合同的约定,及时拨付工程款项"。住建部、市场监管总局发布的《建设项目工程总承包合同(示范文本)》"通用合同条件"第2.5.1项也规定,"发包人应按合同约定向承包人及时支付合同价款"。由此可见,按照合同约定及时支付工程款是发包人的法定义务和最基本的合同责任,发包人未能履行付款义务的,应当承担相应的民事责任。

**(二)关于逾期支付工程款利息的约定应尊重合同当事人的意思自治**

虽然出于公共利益的考量,行政主管部门对建设工程合同有特别的规定,但订立建设工程施工合同的本质仍然是民事法律行为。对于民事法律行为而言，意思自治是基本原则，因此，只要发承包人之间关于利率有约定，原则上就应该按该约定执行。但实务中要注意的是，如果该约定过高，会存在司法或仲裁部门参照最高人民法院《关于审理民间借贷案件适用法律若干问题的规定》(2020年第2次修正)第28条进行干预的情形，比如以不超过合同成立时一年期贷款市场报价利率的4倍为限，对超过部分不予支持，也可能被司法或仲裁部门依当事人申请参照违约金过高的处理原则进行调整。

### (三) 合同未约定的工程款利息，发包人逾期支付的，承包人有权请求给付孳息

关于工程款利息的性质，我国理论界主流观点认为《德国民法典》关于孳息的定义较为准确，即因法律关系(物或者权利)所生之收益为孳息。我国台湾地区的"民法"理论师承德国，并在其基础上加以续造，认为因履行迟延所得请求之迟延利息，亦不失为孳息。我国现行法律文本对此观点也并不排斥，《民法典》第321条第2款规定，"法定孳息，当事人有约定的，按照约定取得；没有约定或者约定不明确的，按照交易习惯取得"。故工程款利息应为法定孳息，作为债权人的工程总承包单位应当有权收取孳息，即工程款债权的利息。鉴于大量建设工程合同适用《建设项目工程总承包合同(示范文本)》，其中关于逾期支付工程款利息的约定可以作为确定交易习惯的参考。《建设项目工程总承包合同(示范文本)》"通用合同条件"14.7.2项规定，"除专用合同条件另有约定外，发包人应在颁发最终结清证书后7天内完成支付。发包人逾期支付的，按照贷款市场报价利率(LPR)支付利息；逾期支付超过56天的，按照贷款市场报价利率(LPR)的两倍支付利息"。与此同时，建设工程施工合同中发包人欠付工程总承包单位工程价款时，尤其是在建设工程已经完工、发包人欠付工程价款数额确定的情况下，双方关系已经转化为简单的债权债务关系，与借款合同关系中的债权债务并无本质上的区别，故本条款规定在发包人欠付工程价款的情况下，即使合同中没有欠付工程款利息的约定，承包人也可请求按照同期同类贷款利率或者同期贷款市场报价利率计取逾期付款利息。

综上所述，工程总承包模式下订立的工程总承包合同并未对发承包双方间的特殊承揽关系形成根本性的影响，故本条款关于欠付工程价款的利息规定可以直接适用。

## 第四章 | 价款问题

> **依 据**

**《民法典》**

第三百二十一条 天然孳息,由所有权人取得;既有所有权人又有用益物权人的,由用益物权人取得。当事人另有约定的,按照其约定。

法定孳息,当事人有约定的,按照约定取得;没有约定或者约定不明确的,按照交易习惯取得。

第七百八十八条 建设工程合同是承包人进行工程建设,发包人支付价款的合同。建设工程合同包括工程勘察、设计、施工合同。

**《建筑法》**

第十八条第二款 发包单位应当按照合同的约定,及时拨付工程款项。

**最高人民法院《关于审理民间借贷案件适用法律若干问题的规定》(法释〔2020〕17号)**

第二十八条 借贷双方对逾期利率有约定的,从其约定,但是以不超过合同成立时一年期贷款市场报价利率四倍为限。

未约定逾期利率或者约定不明的,人民法院可以区分不同情况处理:

(一)既未约定借期内利率,也未约定逾期利率,出借人主张借款人自逾期还款之日起参照当时一年期贷款市场报价利率标准计算的利息承担逾期还款违约责任的,人民法院应予支持;

(二)约定了借期内利率但是未约定逾期利率,出借人主张借款人自逾期还款之日起按照借期内利率支付资金占用期间利息的,人民法院应予支持。

> **判 例**

### 案例26-1 (2023)鲁1726民初1223号

**案情介绍**

2019年6月27日,某设计院和某电力公司组成联合体与鄄城某东方光伏农业有限公司(以下简称某东方公司)签订《鄄城乡村振兴田园综合体项目(一、二期)建设工程总承包合同》,由某设计院和某电力公司承包建设该工程。2020年12月20日,各项建设内容均已通过竣工验收并移交某东方公司使用。2022年1月15日,双方就工程结算达成《鄄城项目收尾结算会议纪要》,该纪要中明确约定该项目农旅板块结算金额为 59990000.00 元,养殖板块最终结算金额为 694482174.03 元,项目总结算金额为 754972174.03 元,扣除累计已付金额及质保金后,应付总金额为 24732923.75 元,分 3 次支付,同时按年化率 4.35% 支付对应的利息。因某东方公司迟迟不履行支付义务,某设计院和某电力公司遂诉至法院。

### 各方观点

某设计院、某电力公司认为,其与某东方公司已就工程结算达成了《鄄城项目收尾结算会议纪要》,应当按照会议纪要以年化率 4.35% 支付利息。

某东方公司认为,某设计院和某电力公司提交的会议纪要没有法律效力,要求其支付利息没有依据。

### 法院裁判要旨

法院认为,《鄄城项目收尾结算会议纪要》记载了双方约定按年化率 4.35% 支付对应的利息,该利率并非过高,法院予以支持,利息应自支付欠付工程款之日起计算。利息以 16289794.45 元为基数,自《鄄城项目收尾结算会议纪要》签订之日(2022 年 1 月 15 日)起至实际履行之日止,按年化率 4.35% 计算。

## 第二十七条 工程总承包项目工程款利息起算日

**第二十七条**

利息从应付工程价款之日开始计付。当事人对付款时间没有约定或者约定不明的,下列时间视为应付款时间:

(一)建设工程已实际交付的,为交付之日;

(二)建设工程没有交付的,为提交竣工结算文件之日;

(三)建设工程未交付,工程价款也未结算的,为当事人起诉之日。

### 工程总承包纠纷的可适用性

可以直接适用。

**应 用**

**(一)建设项目工程总承包合同对确定应付工程价款之日有约定的,应当尊重合同当事人的意思表示**

支付工程款是发包人在工程总承包合同中的主要义务,一般而言,何时应当支付工程价款会对发承包双方的资金成本产生很大影响,是发包人和承包人关心的主要问题之一。在建设工程施工合同或补充协议中,发、承包人往往会对工程款及其利息等重要问题进行明确约定,具有约束力,双方应当共同遵守。以《建设项目工程总承包合同(示范文本)》为例,"通用合同条件"第14.3.2项中规定了进度款的支付时间,"除专用合同条件另有约定外,发包人应在进度款支付证书签发后14天内完成支付","通用合同条件"第14.5.2项中规定了结算款的支付时间,"除专用合同条件另有约定外,发包人应在签发竣工付款证书后的 14 天内,完成对承包人的竣工付款"。如合同当事人关于利息的计算标准、起算时间有明确约定,则是双方真实意思的体现,在不违反法律、行政法规效力性强制性规定的情况下,应尊重双方的意思自治,根据合同约定的应付工程价款之日确定工程款利息的起算日期。

**(二)建设项目工程总承包合同对确定应付工程价款之日没有约定或者约定不明的,应通过法律拟制确定应付款时间**

鉴于《建设项目工程总承包合同(示范文本)》"通用合同条件"的规定,发包人在接收使用工程后应当在一定期限内向承包人颁发接收证书,以及承包人提交竣工结算申请书后,发包人应当在一定期限内进行结算审核,并颁发竣工付款证书,否则视为发包人已颁发接收证书、竣工付款证书。因此,工程总承包模式下的工程项目,也有必要拟制确定工程总承包项目应付工程款的时间。《建设工程司法解释(一)》第 27 条确定了承包人已交付工程、承包人未交付但已提交竣工结算文件和工程未交付且价款未结算三种情形,反映出立法者认为该三种情形有特别进行法律拟制的必要,该条规则同样适用于工程总承包模式下的工程项目。具体如下所述。

1. 工程总承包建设项目已交付实际使用的,为交付之日

《建设工程司法解释(一)》第 27 条的规定系参照《民法典》第 628 条的规定,即"买受人应当按照约定的时间支付价款。对支付时间没有约定或者约定不明确的,依据本法第五百一十条的规定仍不能确定的,买受人应当在收到标的物或者提取标的物单证的同时支付"。《建设项目工程总承包合同(示范文本)》"通用合同条件"第 10.4.4 项规定,工程未经验收或验收不合格,发包人擅自使用的,应在转移占有工程后 7 天内向承包人颁发工程接收证书;发包人无正当理由逾期不颁发工程接收证书的,自转移占有后第 15 天起视为已颁发工程接收证书。工程总承包项目同样会发生未经约定的交付程序,但发包人已经使用工程项目的情况。鉴于发包人已就建设工程行使占有、使用、收益等利益,承包人事实上完成了总承包合同中的主要义务,此时仍然要求承包人继续等待结算完成未免过于苛刻,发承包双方的权利义务明显不对等。因此,在工程总承包建设项目已交付实际使用的情况下,应当以交付之日作为应付工程价款的时间。

2. 工程总承包建设项目因发包人原因没有交付实际使用,也没有竣工验收或竣工试验的,为总承包人提交竣工结算文件之日

《建设项目工程总承包合同(示范文本)》"通用合同条件"第14.5.2项规定,"发包人在收到承包人提交竣工结算申请书后28天内未完成审批且未提出异议的,视为发包人认可承包人提交的竣工结算申请单,并自发包人收到承包人提交的竣工结算申请单后第29天起视为已签发竣工付款证书"。该条文一定程度上反映了建设工程总承包工程项目的交易习惯,通常情况下,发包人在施工合同约定的审核结算期限内无正当理由拒绝结算或故意拖延结算,应视为其认可了竣工结算文件,应按照承包人提交的竣工结算文件结算工程价款。形成该倾向性意见,盖因实务中有大量发包人有意无意地拖延审核竣工结算文件,从而达到拖延支付工程价款的案例。以承包人提交竣工结算文件的时间作为工程价款结算的时间,有利于督促发包人及时履行审核工程竣工结算报告的义务,尽快按约支付工程价款,维护承包人的合法权益。

3. 工程总承包建设项目未交付实际使用、未竣工验收、未开展竣工试验,工程价款也未结算的,为当事人起诉之日

该条规则相比《建设工程司法解释(一)》原条文仅针对工程总承包进行了适用性完善。工程总承包建设项目的建设流程更为错综复杂,未竣工移交也未结算的项目,客观上当难以确定一个令发承包人都信服的应付款时间的,则需要通过拟制的方式确定。以起诉时间作为应付款时间,主要考虑起诉为权利人向司法机关正式主张权利的时间点,当事人的起诉时间在起诉状及法院的立案登记表上均有明确记载,操作性很强;如人民法院经过审理最终认定了发包人欠付承包人工程价款的事实,但诉讼期间不计息,则实际上扩大了承包人的损失,降低了发包人的成本,违背了《民法典》所确立的公平原则。

4. 依照本条确定的应付价款之日并非当然适用于建设工程价款优先受偿权的期限计算

《建设工程司法解释(一)》第41条规定,承包人应当在合理期限内行使建设工程价款优先受偿权,但最长不得超过18个月,自发包人应当给付建设工程价款之日起算。法定的建设工程价款优先受偿权的起算点为发包人应当给付建设工程价款之日,与本条所确定的应付价款之日有一定的相似性,但特殊情况下,二者不具有等价性。

法律拟制是个古老的概念,最早可以追溯到古罗马时代,其诞生的意义是为了及时解决法律上的难题、避免法律适用上的困难而出现的符合法律正当性的"以假为真"。立法者在运用这种"以假为真"的立法技术,设定一个虚拟的法律拟制时,其追求的基本价值是公平原则,旨在维护各个民事主体间的利益平衡。以此为视角检视前述问题,不难发现将为计算利息所需而拟制的应付款时间和建设工程价款优先受偿权的起算点一视同仁,将会不当损害承包人优先权的时效利益。以上述第2项规则为例,工程总承包建设项目因发包人原因没有交付实际使用,也没有竣工验收或竣工试验的,应付款时间为总承包人提交竣工结算文件之日,总承包人积极提交竣工结算文件,而发包人表面上不断与总承包人对接审价事宜,甚至还就审价情况进行协商,但实际上是为了达到拖延支付工程款的目的。一旦发包人拖延18个月以上,总承包人诉至法院时,如果机械适用本条文拟制的应付款时间点作为建设工程价款优先受偿权的起算点,则应当判决总承包人逾期主张优先受偿权,不予支持,但这个结论明显不当地减损了总承包人的利益。主要原因在于,总承包人与发包人对接结算事宜是积极履行合同义务、推进建设工程项目的流程,一方当事人善意履行合同,却因法律拟制遭受时效期间上的不利益,这显然不符合立法者创设该法律拟制以及建设工程价款优先受偿权主张期限制度的目的。故,本条文所拟制的应付款时间与建设工程价款优先受偿权的起算点不当然一致,应当视案件事实、兼顾发承包双方的利益平衡而分别确定。

## 判 例

### 案例27-1 (2022)桂0902民初2730号

**案情介绍**

2015年8月19日,两岸公司与南宁市政公司、广西合筑工程设计有限公司(2020年2月28日变更为智海公司)签订《工程总承包合同》,合同约定两岸公司将玉林市玉东新区经开区及周边水环境治理项目—玉林市五彩田园(鹿塘村)樱花种植示范基地项目二期水土保持和绿化工程设计、采购、施工(EPC)总承包工程发包给南宁市政公司和智海公司。《工程总承包合同》第29.7条约定:"竣工结算经有关部门批准后30天内,发包人将结算余款一次性拨付承包人,若未按时支付,发包人每超期一日按应付未付款项的万分之二向承包人支付违约金;若超过180日仍未支付,自181日起,发包人每超期一日按应付未付款项的万分之三向承包人支付违约金。"涉案工程于2015年11月1日开工建设,于2016年10月14日竣工验收合格。2021年6月18日,玉林市玉东新区财政局作出《关于玉林市玉东新区经开区及周边水环境治理项目——玉林市五彩田园(鹿塘村)樱花种植示范基地项目二期水土保持和绿化工程设计、采购、施工(EPC)总承包结算审核价的批复》,认定涉案工程结算审核价为16113478.63元。双方因欠付工程款及利息发生争议。

### 各方观点

南宁市政公司、智海公司认为,两岸公司应向其支付施工工程款3080363.63元及违约金,该违约金根据《工程总承包合同》第29.7条的约定,具体为:(1)以3080363.63元为基数,自2021年7月19日起至2022年1月15日止,按每日万分之二计算的违约金为110893.09元;(2)以3080363.63元为基数,按每日万分之三自2022年1月16日起计算至支付完工程款时止。

两岸公司认为,不应支付利息。

### 法院裁判要旨

法院认为,《建设工程司法解释(一)》(法释〔2020〕25号)第26条规定:"当事人对欠付工程价款利息计付标准有约定的,按照约定处理。没有约定的,按照同期同类贷款利率或者同期贷款市场报价利率计息。"第27条规定:"利息从应付工程价款之日开始计付……"该案中,玉林市玉东新区财政局于2021年6月18日出具了结算审核报告。《工程总承包合同》第二部分第二节专用条款第27.5条约定,工程结算经财政(审计)部门审定并确定承包人付清全部人工工资后支付工程进度款至95%,同时按合同约定扣除未履行合同产生的违约金;剩余5%作为工程质量保修金。保修金在保修期满后14日内退还(无息)。另《工程质量保修书》约定的最长保修期为5年,涉案工程于2016年10月14日通过竣工验收,至2021年10月14日保修期期满。依上述约定,保修金为805674元(16113478.63元×5%),则两岸公司应于2021年7月18日付清工程余款2274689.63元给南宁市政公司和智海公司,并于2021年10月28日付清保修金,但其至今没有支付,已构成违约,故两岸公司应支付违约金给南宁市政公司和智海公司。现南宁市政公司和智海公司主张自2021年7

月19日起算违约金,此诉请符合法律规定,对此法院予以支持。

## 案例27-2 （2023）云2302民初2268号

### 案情介绍

2021年8月1日,原告某公司与被告建设单位云南某公司就某处理15万吨废焦油项目签订《建设项目工程总承包合同》,合同约定原告某公司以工程总承包的方式施工被告建设单位云南某公司的年处理15万吨废焦油项目。2022年4月16日原告某公司(乙方、施工单位)、被告建设单位云南某公司(甲方、建设单位)、楚雄顺兴建设监理有限公司(丙方、监理公司)三方签订《建设工程施工合同终止协议书》,并对协议解除后的义务等进行了约定。因被告建设单位云南某公司与原告某公司无法就案涉已完工程结算达成一致,遂诉至法院。

### 各方观点

原告某公司认为,主张工程款利息起算点应按照《建设工程施工合同终止协议书》中的结算及付款期限约定,认定为2022年4月30日。

被告建设单位云南某公司辩称,某公司在之前的施工协议中未能按约定推进施工进度,在协议终止后未能及时履行退场义务,收到款项后不及时履行支付农民工工资义务,其上述三违约行为均是导致双方合作终止、工程损失的重要且唯一原因。因此,未能进行工程结算及未能结算导致资金占用及相关损失均应当由某公司自行承担。

### 法院裁判要旨

法院认为,依照《建设工程司法解释(一)》第27条的规定,利息从应付工程价款之日开始计付。当事人对付款时间没有约定或者约定不明的,下列时间视为应付款时间:(1)建设工程已实际交付的,为交付之日;(2)建设工程没有交付的,为提交竣工结算文件之日;(3)建设工程未交付,工程价款也未结算的,为当事人起诉之日。该案中,案涉建设工程未交付,工程价款也未结算,起诉时间为2022年8月8日,故自2022年8月8日起,以1382152.72元为本金,按同期全国银行间同业拆借中心发布的一年期贷款市场报价利率计算,由被告支付给原告相应的利息。

# 第五章

# 鉴定问题

本章主要是对建设工程领域发生纠纷时法院审理过程中有关鉴定程序的规定,主要涉及《建设工程司法解释(一)》第28条到第34条在工程总承包模式下的适用问题。核心问题包括是否应当予以鉴定、鉴定的范围确定、法院对鉴定的释明以及鉴定材料的质证。本书认为可以将本鉴定章节划分为三个部分,具体如下所述。

第一部分(第28—30条)主要规定对于当事人申请鉴定的条件审查,是否应允许当事人进行鉴定。当事人约定固定总价,无例外情形下一般不予鉴定。该规定原则上也适用工程总承包模式,但是也需要考虑一方或双方当事人出现改变或未履行合同约定的标准或条件,导致双方当事人之间出现重大利益失衡的例外情形。另外,双方在诉讼前已就工程款达成协议的情况下,一方当事人申请鉴定的,法院不予准许。无论是传统施工总承包模式还是工程总承包模式,均允许发承包双方在竣工阶段达成结算协议,故在工程总承包模式下处理此类纠纷与传统施工总承包模式无异。双方在诉讼前共同委托有关咨询机构或者个人出具咨询意见,诉讼中一方当事人明确表示不认可该咨询意见申请鉴定的,一般应当允许鉴定,但是双方当事人均明确表示接受该咨询意见的除外。

第二部分(第31—32条)主要规定了鉴定具体安排的问题。在鉴定范围问题上,部分案件事实有争议的,一般仅对部分案件有争议的事实作出鉴定,非必要不进行全部鉴定。在有鉴定必要性的案件中的法院释明权以及未鉴定情形下的举证责任分担问题上,对专门性问题有争议的,人民法院应当行使释明权履行释明义务;负有举证责任的当事人,未申请鉴定或者未成功申请鉴定的,应当承担举证不能的法律后果。工程总承包模式往往涉及设计、采购、施工等多个环节,事实情况复杂、证据繁多,如随意启动全部鉴定,时间资金成本、司法资源占用成本过高,适用非必要不进行全部鉴定具有很强的必要性,仅对部分环节或者部分案件事实有争议的,应仅对该争议部分进行鉴定。

第三部分(第33—34条)主要规定了准许鉴定后对于鉴定材料的质证问题。该部分内容包括法院应对委托鉴定的事项、范围、期限进行确认,并组织当事人对争议的鉴定材料进行质证;以及在未经质证的材料作为鉴定依据时,鉴定意见的补救措施及鉴定意见的效力认定。工程总承包模式下工程造价问题相比传统施工总承包模式更为复杂,涉及更多环节,牵涉的主体繁多,工程价款的鉴定所涉及的证据材料卷帙浩繁。在框定鉴定范围的前提下,对鉴定所依据的证据材料进行充分的质证才能确保鉴定意见的准确性,才能使双方当事人信服鉴定结果,避免当事人囿于诉累。

## 第二十八条 约定固定总价的原则上不予鉴定

> **第二十八条**
>
> 当事人约定按照固定价结算工程价款,一方当事人请求对建设工程造价进行鉴定的,人民法院不予支持。

### 工程总承包纠纷的可适用性

本条原则上可以直接适用于工程总承包模式。本条是对于双方当事人约定按照固定价格结算工程款的情形,限制当事人申请工程造价鉴定的规定。双方当事人对固定价格的约定,表明其对风险是预知的,此时工程总承包纠纷中,应当尊重当事人的意思自治。同时,本条也体现了公平原则在建设工程领域的运用,防止出现不正当竞争行为。双方当事人在订立合同时对建设工程的价格风险有预知,对价格变动因素也应当有价格预期,应当尊重当事人意思自治,如允许一方当事人通过造价鉴定方式推翻和对方当事人达成的固定价格协议,则此种情形下对对方当事人存在不公平。

但是,在工程总承包模式中,一方或双方当事人出现改变或未履行合同约定的标准或条件等情形,导致双方当事人之间出现重大利益失衡的除外。如发生发包人要求变更等情形,此时再按照未变更前的固定价结算会导致双方当事人的利益出现失衡,此种情形下不应简单适用本条的规定,而应考虑对变更或调整部分进行鉴定。

## 应 用

**（一）工程总承包模式原则上采用"固定价格"作为计价方式，已经形成行业交易习惯**

1. 有关"固定价格"的规范文件或惯例

1999 年版《建设工程施工合同（示范文本）》确定了固定价格合同的概念，该示范文本通用条款第 23.2 条规定，"合同价款在协议书内约定后，任何一方不得擅自改变。下列三种确定合同价款的方式，双方可在专用条款内约定采用其中一种：（1）固定价格合同。双方在专用条款内约定合同价款包含的风险范围和风险费用的计算方法，在约定的风险范围内合同价款不再调整。风险范围以外的合同价款调整方法。应当在专用条款内约定……"。

《建设工程价款结算暂行办法》第 8 条规定，"发、承包人在签订合同时对于工程价款的约定，可选用下列一种约定方式：（一）固定总价。合同工期较短且工程合同总价较低的工程，可以采用固定总价合同方式。（二）固定单价。双方在合同中约定综合单价包含的风险范围和风险费用的计算方法，在约定的风险范围内综合单价不再调整。风险范围以外的综合单价调整方法，应当在合同中约定……"。

《建筑工程施工发包与承包计价管理办法》第 13 条第 2 款规定，"实行工程量清单计价的建筑工程，鼓励发承包双方采用单价方式确定合同价款"。第 3 款规定，"建设规模较小、技术难度较低、工期较短的建筑工程，发承包双方可以采用总价方式确定合同价款"。

《FIDIC 银皮书 2017 版》第 14 条第 14.1 款合同价格规定，"……通常，设计采购施工（EPC）/交钥匙工程合同是按一个总额价格支付的，很少或没有重新测量。承包商承担由于其设计引起的成本变动的风险……"。

上述办法或者示范文本均对固定价格的形式和一般不调整的原则予以确定，确定了在固定价款合同中，风险范围内的合同价款不再调整。

例如，(2020) 豫 02 民终 3663 号案中，法院认为总价合同以工程量清单计价招标，招标人应对工程量计算错误承担风险。开封市中级人民法院认为，签约合同价属于固定总价，是案涉工程招标工程量的结算依据；合同约定的固定单价是施工中设计变更签证工程量的结算依据。鉴于此，依照《建设工程司法解释(一)》第 28 条的规定,裕富公司提出对工程总造价进行鉴定的申请,不予准许。

2.工程总承包模式习惯采纳"固定总价"作为计价标准

在工程总承包模式中,固定总价作为计价标准,在水利局、中国民用航空局,原铁道部等多个部门出台的管理办法、指导意见中均有体现。根据《房屋建筑和市政基础设施项目工程总承包管理办法》第 16 条第 1 款的规定,"企业投资项目的工程总承包宜采用总价合同,政府投资项目的工程总承包应当合理确定合同价格形式。采用总价合同的,除合同约定可以调整的情形外,合同总价一般不予调整"。《运输机场专业工程总承包管理办法(试行)》第 15 条第 1 款规定,"企业投资项目的工程总承包宜采用总价合同,政府投资项目的工程总承包应当合理确定合同价格形式。采用总价合同的,除合同约定可以调整的情形外,合同总价一般不予调整"。《水利工程建设项目工程总承包管理指导意见(征求意见稿)》第 18 条【合同管理】规定,"工程总承包项目应确定合理的合同价格形式。采用总价合同的,除招标文件或工程总承包合同中约定的价格调整部分外,合同价格不予调整。项目法人和工程总承包单位应在合同中约定工程总承包计量规则、计价方法"。《铁路建设项目工程总承包办法》第 26 条规定,"工程总承包合同总价中包括相关工程费、施工图设计阶段的勘察设计费和总承包风险费,除建设单位对建设标准、建设规模、建设工期作重大调整和不可抗力等原因造成重大损失外,合同总价不予调整。因上述原因需要增加或调减费用的,按工程总承包合同约定的计费原则增加或调减费用,签订补充协议"。

上述办法倾向于鼓励在工程总承包模式中采用总价合同或者固定价格合同,对于总价合同或者固定价格一般不予调整。我们认为原因主要在于:第一,采取固定价格形式,符合发包人控制投资总额的预期;第二,有利于工程总承包模式的推广适用;第三,有利于工程总承包单位提升管理水平、优化设计,提高利润空间;第四,减少发包人和工程总承包单位扯皮纠纷,减少交易精力,集中精力处理建设工程项目具体事宜;第五,有利于总承包人加强管理,减少转包、违法分包、挂靠的概率。

例如,(2020)浙 10 民终 399 号案中,台州市中级人民法院认为,工程价款系双方决定合同是否签订的关键内容,该案工程施工合同通过招投标方式,采用总价承包,除设计方案变更以及物价波动引起的水泥、钢材价格变动可以调整外,其余一律不作调整。被上诉人杭州萧山水利建筑工程有限公司已按合同和招投标文件等约定履行工程建设义务。上诉人以其签订的涉案工程量为87264.38立方米的合同系重大误解为由主张核减工程总价款,依据不足。

实践中,发包人和工程总承包单位约定采用固定价结算工程价款,对资金投入风险和回报具有预期,工程总承包建设项目原则上采用"固定总价"的计价方式,与本条规定的前提条件非常契合。因此,本条原则上可以直接适用于工程总承包模式。

**(二)在工程总承包合同约定按照固定价格计算工程价款的情况下,若未出现超出固定价格对应风险范围或工程量范围的情形,应当按照固定价格结算。一方当事人申请工程造价司法鉴定的,不予准许**

通常而言,在民事程序中,启动司法鉴定程序通常要满足以下条件:首先,需要鉴定的是案件事实认定问题,鉴定程序应当是围绕存在争议的案件事实展开;其次,应为专门性的问题,需对诉讼涉及的专门性问题进行鉴别和判断,对于可以通过法庭调查等程序来予以认定的问题,不可由鉴定程序越俎代庖;最后,需要符合鉴定的必要性及可行性,即只有通过司法鉴定的方式才能实现且鉴定在客观或技术上具有可行性,排除了其他查明的可能性。[①]

为什么在约定固定价格的情况下不予鉴定?我们认为主要是基于以下原因:

1.意思自治原则。双方在工程总承包模式中约定采用工程价款确定的形式固定价格,表明双方对建设施工风险有提前的预知,考虑到价格变动等风险属于双方当事人的意思自治,应当尊重当事人的意思自治。

2.诚实信用原则。诚实信用是民事领域的基本原则。发包人和工程总承包单位约定用固定价格计算工程价款,双方应当依诚实信用原则遵守,按照结算协议约定的数额支付、接收工程价款并就此结清双方的权利义务。若双方达成工程价款结算协议后,一方当事人又申请工程造价司法鉴定,属于对结算协议的推翻、反悔,有违诚实信用原则,故法院不予准许。

---

[①] 陈龙业、宋韦韦:《民事诉讼鉴定程序启动若干问题的理解与适用》,载《人民司法》2013年第15期。

3.提高效率,节约司法资源。根据最高人民法院《关于人民法院民事诉讼中委托鉴定审查工作若干问题的规定》第1条第5项的规定,通过法庭调查、勘验等方法可以查明的事实,人民法院不予委托鉴定。当事人约定采用固定价格结算工程价款,法院可直接在法庭调查阶段通过当事人提供的工程总承包合同、工程签证、结算协议等证据查明工程价款数额,而无须借助工程造价司法鉴定的手段认定工程价款。因此,该规定旨在杜绝司法资源的恶意浪费,防止诉讼当事人滥用鉴定申请权利,拖延时间。

4.不具有鉴定启动必要性。启动司法鉴定的重要条件之一是符合必要性的要求,在约定固定价格的情形下,法院可以通过法庭调查,结合当事人提供的结算协议、工程总承包合同等证据材料查明,无须通过司法鉴定的方式来查明工程总价,因此,启动司法鉴定不具有必要性。

(三)若出现超出固定价格对应风险范围或工程范围的情形,即便工程总承包合同约定按照固定价格计算工程价款,针对发承包双方争议部分,也应当通过工程造价司法鉴定确定争议部分的价款

1."超出固定价格对应风险范围或工程范围的情形"在实践中的表现

(1)超出《发包人要求》的范围。工程总承包单位的施工范围经指示或批准超出了合同约定的发包人要求的范围,而超出部分未包含在原合同约定的固定价格对应的工程范围内的;

(2)发包人提交的基础文件有错误。发包人提供的《发包人要求》、方案/初步设计文件、施工障碍资料等项目基础资料有缺漏,且该缺漏不是工程总承包单位或总承包人依照其承包经验、管理能力或技术水平所能发现、纠正或完善的缺漏,导致施工费用在固定总价的基础上增加的;

(3)在施工过程中,发包人改变《发包人要求》,或发包人在施工过程中提出超出《发包人要求》的规模标准范围的指令,导致施工费用在固定总价的基础上增加的;

(4)其他原因导致超出招标投标及签约时所能预见的风险范围的。

2.对于超出固定价格对应的风险范围或工程范围的情形,即使双方约定以固定价格结算工程款,也应当通过工程造价司法鉴定确定争议部分的价款的主要原因

(1)基于当事人的经验、能力和技术水平不可预见的事项导致突破双方约

定的固定价格所包含的风险范围的,不应苛求当事人负责,此时对双方存在争议部分的工程造价进行鉴定具有合理性;

（2）体现公平原则,在发生超出固定价格对应风险范围或工程范围的情形下,如仍然按照原固定价格结算,必然导致双方之间的利益失衡,在此种情形下允许启动鉴定程序,也是公平原则的体现;

（3）体现诚实信用原则,在发生超出固定价格对应风险或工程范围的情形下,获益的一方应该为其超出合同约定范围内的获益买单,此时进行造价鉴定,本质上也是诚实信用原则的具体体现。

例如,(2021)鲁08民终6124号案中,济宁市中级人民法院认为,即便合同约定了固定总价,但是针对合同约定外的增量工程,仍有鉴定的必要性。允许当事人的鉴定申请,对土建工程劳务分包合同外变更增加的工程量进行司法工程造价鉴定。

## 依 据

**最高人民法院《关于人民法院民事诉讼中委托鉴定审查工作若干问题的规定》（法〔2020〕202号）**

一、对鉴定事项的审查

1.严格审查拟鉴定事项是否属于查明案件事实的专门性问题,有下列情形之一的,人民法院不予委托鉴定：

(1)通过生活常识、经验法则可以推定的事实;

(2)与待证事实无关联的问题;

(3)对证明待证事实无意义的问题;

(4)应当由当事人举证的非专门性问题;

(5)通过法庭调查、勘验等方法可以查明的事实;

(6)对当事人责任划分的认定;

(7)法律适用问题;

(8)测谎;

(9)其他不适宜委托鉴定的情形。

**《建设工程价款结算暂行办法》（财建〔2004〕369号）**

第八条 发、承包人在签订合同时对于工程价款的约定,可选用下列一种约定方式：

（一）固定总价。合同工期较短且工程合同总价较低的工程，可以采用固定总价合同方式。

……

**《建筑工程施工发包与承包计价管理办法》（住建部令第 16 号）**

第十三条第三款　建设规模较小、技术难度较低、工期较短的建筑工程，发承包双方可以采用总价方式确定合同价款。

**《房屋建筑和市政基础设施项目工程总承包管理办法》（建市规〔2019〕12 号）**

第十六条第一款　企业投资项目的工程总承包宜采用总价合同，政府投资项目的工程总承包应当合理确定合同价格形式。采用总价合同的，除合同约定可以调整的情形外，合同总价一般不予调整。

**《运输机场专业工程总承包管理办法（试行）》（民航规〔2021〕2 号）**

第十五条第一款　企业投资项目的工程总承包宜采用总价合同，政府投资项目的工程总承包应当合理确定合同价格形式。采用总价合同的，除合同约定可以调整的情形外，合同总价一般不予调整。

**《水利工程建设项目工程总承包管理指导意见（征求意见稿）》**

（十八）【合同管理】　工程总承包项目应确定合理的合同价格形式。采用总价合同的，除招标文件或工程总承包合同中约定的价格调整部分外，合同价格不予调整。项目法人和工程总承包单位应在合同中约定工程总承包计量规则、计价方法。

**《铁路建设项目工程总承包办法》（铁建设〔2006〕221 号）**

第二十六条　工程总承包合同总价中包括相关工程费、施工图设计阶段的勘察设计费和总承包风险费，除建设单位对建设标准、建设规模、建设工期作重大调整和不可抗力等原因造成重大损失外，合同总价不予调整。因上述原因需要增加或调减费用的，按工程总承包合同约定的计费原则增加或调减费用，签订补充协议。

**《FIDIC 银皮书 2017 版》**

第 14 条第 14.1 款合同价格第 2 项　通常，设计采购施工（EPC）/交钥匙工程合同是按一个总额价格支付的，很少或没有重新测量。承包商承担由于其设计引起的成本变动的风险。总额价格可以包括，用支付货币（可以，但不一定必须包括当地货币)表示的两笔或多笔款额的报价。

> **判 例**

### 案例28-1 (2020)陕民终996号

当事人约定以固定总价结算工程价款,总承包人申请司法鉴定但是未说明鉴定的必要性与理由的,不予支持。

**案情介绍**

2012年5月,陕西神木化学工业有限公司(甲方,以下简称神木化工)以公开招标方式将锅炉烟气脱硫减排综合利用项目采用"设计采购施工(EPC)工程总承包"形式发包给江苏和亿昌环保工程科技有限公司(乙方,以下简称和亿昌公司),并签订《锅炉烟气脱硫减排综合利用项目设计采购施工(EPC)工程总承包合同》,该合同总价为人民币49619200元。2014年7月15日,和亿昌公司向神木化工交工。

**各方观点**

和亿昌公司上诉称,原审法院完全未对案涉工程价款进行鉴定,基本事实未查明。根据双方EPC合同,该案双方的具体工程量应进行决算后确定。现双方从未进行决算,故该案基本事实未查清,原审法院确定的工程价款无任何事实依据。

神木化工答辩称,该案一审法院对案涉工程总价款认定正确。依据《锅炉烟气脱硫减排综合利用项目设计采购施工(EPC)工程总承包合同》,双方约定的合同总价为49619200元;同时依据双方对于变更增加费用及补充合同的约定,合同增加价款为1420800元,即涉案工程总价款为51040000元。案涉工程总价款明确,一审法院经开庭审理对工程总价51040000元的认定无误。

**法院裁决要旨**

该案二审中,涉及关于原审法院对案涉工程价款的认定是否正确的问题。依据双方签订的《锅炉烟气脱硫减排综合利用项目设计采购施工(EPC)工程总承包合同》,双方约定的合同总价为49619200元;同时依据双方对于变更增加费用部分所签订的补充合同的约定,合同增加价款为1420800元。据此,原审法院认定案涉工程总价款为51040000元。和亿昌公司不认可该价款,上诉主张应当对案涉工程造价委托进行司法鉴定。对其该项主张,陕西省高级人民法院认为：第一，和亿昌公司没有提供该案应委托进行司法鉴定的事实和法律依据；第二，在一审及二审审理中和亿昌公司并未提出鉴定申请，而是主张应由神木化工申请鉴定。故和亿昌公司虽不认可一审判决认定的工程价款，但因其未提供充足的证据予以推翻，对其主张不予采信。

## 工程总承包纠纷适用的建议

**（一）工程总承包合同约定固定总价，未超出固定总价包含的风险范围的，应当按照固定总价结算，当事人申请司法鉴定的，不予支持**

工程总承包合同约定以固定总价结算的情况下，应该以不调整为原则，以调整为例外。即便是实际发生的工程量和费用支出与当事人合同原始约定的价格范围内的工程量存在差异，但是该差异未超出固定总价包含的风险范围的，也不应启动鉴定程序来推翻当事人约定的固定总价。应当以能不启动鉴定就不启动鉴定程序为原则。

例如，（2023）苏 13 民终 3870 号案中，宿迁市中级人民法院认为，根据《建设工程司法解释》（已失效）第 22 条规定："当事人约定按照固定价结算工程价款，一方当事人请求对建设工程造价进行鉴定的，不予支持。"来某镇政府主张一审法院未准许其对合同内工程价款进行鉴定属于程序违法，但如上文所述，涉案合同系固定总价合同，故一审法院未准许其鉴定申请符合法律规定。来某镇政府还主张应当对合同内工程是否按照招标文件及施工图纸完成进行鉴定，但涉案工程在施工完毕后已经来某镇政府验收合格并投入使用；对于来某镇政府主张的未施工部分，一、二审也予以了扣减和调整，故来某镇政府的该鉴定主张不予支持，一审不存在程序违法行为。

**（二）即便工程总承包合同约定固定总价，但在履约过程中发生当事人均无法预见的情势变更情形，允许就情势变更情形引发的价款变化启动司法鉴定**

（2023）苏 05 民终 2547 号案中，苏州市中级人民法院认为，即使双方合同中对价格变动的风险负担没有约定或约定不明，主要建筑材料价格发生重大变化，继续依据合同约定结算工程价款会导致显失公平，亦应适用情势变更原则进行调整。

当然在实践中，最高人民法院民事审判第一庭认为适用情势变更原则有严格的条件限制,一般不宜用情势变更原则来调整双方利益,如果导致利益失衡可以审慎适用公平原则进行调整。①

**(三)纵然工程总承包合同约定固定总价,但出于发包人原因导致履约过程超出固定总价涵盖的风险范围或超出《发包人要求》的,针对减少或者超量超价部分,应予司法鉴定**

若出于发包人原因、《发包人要求》缺漏等,建设项目实际支出的费用金额超出了约定的固定总价,将超出固定总价的价款部分通过司法造价鉴定程序予以认定,是符合工程总承包模式的运行规律的,也是公平合理的。具体情形可以包括:(1)发包人改变《发包人要求》,或发包人在施工过程中提出超出《发包人要求》的标准范围的指令,导致施工费用在固定总价的基础上增加的;(2)发包人提供的《发包人要求》、方案/初步设计文件、施工障碍资料等项目基础资料有缺漏,且该缺漏不是工程总承包单位依照其承包经验、管理能力或技术水平所能发现、纠正或完善的缺漏,导致施工费用在固定总价的基础上增加的;(3)出现工程总承包单位非依照其承包经验、管理能力或技术水平在订立合同时所能预见的情势变化,导致施工费用在固定总价的基础上增加的;(4)发包人对引发施工费用在固定总价的基础上增加的前提情形予以书面签认的;(5)固定总价对应的范围是初设图纸,施工图纸增加的工程量超出总承包人的风险范围且非总承包人的原因的;(6)其他基于发包人原因导致施工费用在固定总价的基础上增加的情形。

例如,(2023)辽02民终3797号案,在审理过程中,经被告申请,对(1)因申请人下发"精装改简装"指令导致被申请人减少施工的工程造价进行鉴定。(2)大连东港G03地块精装修过程一标段中被申请人在施工时超领的石材、马赛克、瓷砖、开关、插座、灯具的用量及金额进行鉴定。一审法院依法经大连市中级人民法院摇号委托大连德利工程造价咨询事务所有限责任公司进行鉴定,大连德利工程造价咨询事务所有限责任公司于2022年11月16日出具德利价鉴(2022)22号工程造价鉴定意见书。

---

① 参见最高人民法院民事审判第一庭编著:《最高人民法院新建设工程施工合同司法解释(一)理解与适用》,人民法院出版社2021年版,第287页。

**(四)纵使工程总承包合同约定固定总价,但工程未完成即解除合同的,对已完工程的结算,通常应予司法鉴定**

实践中常见的情况是,在合同约定采用固定总价结算,而工程没有完成的情况下,发包人和总承包人无法以约定的固定价为基础、通过实际已完工程量与约定应完工程量的比例测算方式确定已完工部分价款。这是因为,固定价款是在工程全部完工的前提下综合测算的,实际上拆解出来不同阶段或分部分项工程的单价并不会相同,固定总价针对的是全部完工的完整工程,是根据预估的工程整体造价而得出的均价,内含总承包人利润割让、不平衡报价、不同分部分项工程单独价款之间利益平衡及履行风险此进彼退的价值考量。在未完工情形下,虽然工程量可以确定,但因各个部分的成本不同,如地下基础工程的成本一般要高于地上部分,主体工程的建设成本一般要高于装修工程等,简单按合同固定总价以工程量比例计算已完工程将可能导致对当事人严重不公平,偏离了当事人的合同目的和意思表示,所以固定总价情形下中途解除合同时,已完工程价款通常需要鉴定确定。

例如,(2018)苏民终23号案中,南京市中级人民法院在一审认为,根据双方签订的《建设工程施工合同》的约定,合同价款采用固定价合同方式确定。作为施工方的南通二建,其实现合同目的、获取利益的前提是完成全部工程,但南通二建就涉案工程并未全部施工完毕。根据该案的实际,确定案涉工程价款,只能通过工程造价鉴定部门进行鉴定的方式进行。江苏省高级人民法院二审中认为,鉴于南通二建施工的涉案工程并未完工,其所提交的决算资料亦将未施工的项目予以扣除,鉴定机构依据双方签订的4份施工合同,结合原告提供的决算资料、竣工图等材料,以核定无争议项目、增减争议项目款项的方式对已完工工程造价分别出具了4份鉴定报告书,并未超出合同约定的鉴定范围,鉴定程序合法,鉴定结论可以作为法院认定工程款的参考。

## 第二十九条 达成结算协议的不予鉴定

> **第二十九条**
> 当事人在诉讼前已经对建设工程价款结算达成协议,诉讼中一方当事人申请对工程造价进行鉴定的,人民法院不予准许。

### 工程总承包纠纷的可适用性

工程总承包模式可以直接适用本条。本条是民事程序法中不予准许鉴定的情形,以及民事实体法中诚信原则和意思自治原则在建设工程司法领域的具体运用。其一,本条不允许发承包双方就结算协议确定的工程价款申请鉴定,实质是因为无鉴定必要,符合最高人民法院《关于人民法院民事诉讼中委托鉴定审查工作若干问题的规定》第 1 条第 5 项规定的不予鉴定的情形。其二,工程价款结算协议一经作出即对发承包双方具有约束力,符合双方的真实期待,任何一方无正当理由不得推翻,否则有违诚实信用原则。针对已达成结算协议确认的工程价款事实启动司法鉴定程序,实质上是推翻结算协议,不符合诚实信用原则的要求。其三,工程价款结算协议是发承包双方对于施工合同的履约总结与权利义务安排,体现发承包双方真实意思表示,动辄以司法鉴定成果推翻结算协议的效力,有违意思自治原则。

无论是传统施工总承包模式还是工程总承包模式,均允许发承包双方在竣工阶段达成结算协议,故在工程总承包模式下处理此类纠纷与传统施工总承包模式无异,均可以直接适用本条。

## 应 用

**(一)工程价款结算协议是发承包双方就工程合同履约状况达成的最终合意确认,对发承包双方具有约束力,原则上不应通过司法鉴定程序予以推翻,也是意思自治的应有之义**

《民法典》第 5 条规定,"民事主体从事民事活动,应当遵循自愿原则,按照自己的意思设立、变更、终止民事法律关系"。发承包双方在诉讼前已经就结算工程价款达成协议,是双方当事人的意思表示,此种情形下,按照双方对结算价款的协议约定处理,是对双方当事人意思自治的尊重,也节约了司法资源,更有利于解决争议。

**(二)发承包双方已就工程价款结算达成协议又申请工程造价司法鉴定的,属于申请鉴定事项对证明待证事实无意义的情形,应当不予支持**

《民诉法解释》第 121 条第 1 款规定,"当事人申请鉴定,可以在举证期限届满前提出。申请鉴定的事项与待证事实无关联,或者对证明待证事实无意义的,人民法院不予准许"。

在发包人和工程总承包单位已经就工程价款结算达成协议的情况下,应当视为工程造价没有争议,已经确定;此时工程价款事实已经通过其他途径得以认定,再进行鉴定没有任何意义,也没有必要,反而徒增诉讼成本,浪费司法资源。故对此情形,当事人一方再申请工程造价司法鉴定的,该鉴定申请事项构成"对证明待证事实无意义的"情形,法院应当不予支持。

例如,(2023)内民申 6546 号案中,关于案涉工程造价应当如何认定的问题,内蒙古高级人民法院经审查认为,案涉工程交工验收后,河北建设某公司将《建筑安装工程预(结)算书》报送某石油分公司,某石油分公司先后委托造价咨询机构进行了 3 次审计并形成第一审、第二审、第三审审计报告,双方对第一审、第二审报告签字确认;双方将结算报告送交第三审后,河北建设某公司于 2016 年 11 月 14 日起诉,故双方未对第三审报告形成共同签字确认。《建设工程司法解释(二)》(已失效)第 12 条[①]规定:"当事人在诉讼前已经对建设工程价款结算达成协议,诉讼中一方当事人申请对工程造价进行鉴定的,人民法院

---

① 现为《建设工程司法解释(一)》第 29 条。

不予准许。"河北建设某公司关于应采信乌审旗人民法院委托内蒙古某管理公司作出的工程造价鉴定报告的主张,不符合双方合同约定,亦不符合相关法律规定,原审法院未予采信工程造价鉴定报告并无不当。

又如,(2023)鄂13民终1508号案中,牛××公司将湖北广水牛脊山42MW风电场工程发包给葛××公司施工后发生争议。在二审中,随州市中级人民法院认为,《建设工程司法解释(二)》(已失效)第12条规定:"当事人在诉讼前已经对建设工程价款结算达成协议,诉讼中一方当事人申请对工程造价进行鉴定的,人民法院不予准许。"最高人民法院《关于人民法院民事诉讼中委托鉴定审查工作若干问题的规定》第1条规定,"严格审查拟鉴定事项是否属于查明案件事实的专门性问题,有下列情形之一的,人民法院不予委托鉴定：……(3)对证明待证事实无意义的问题……"。该案中,牛××公司与葛××公司已经就案涉工程项目办理了竣工结算。对竣工结算事宜双方当事人在《总承包合同》中已有约定:"承包方应将发包方已确认的应付承包方的索赔、变更费用的款项和承包方已确认应支付发包方的索赔、变更费用与处罚款项列入竣工结算书。"故案涉《竣工结算书》包含了葛××公司向牛××公司主张的所有项目应付款项以及牛××公司可抗辩或应扣款在内的所有款项。该案所涉工程价款金额特别巨大,双方当事人均为企业法人,对竣工结算行为的法律认知以及结算的法律性质、后果清楚明了,且经第三方工程监理单位见证。故牛××公司上诉主张"《竣工决算书》并非竣工结算协议,《竣工决算书》是被上诉人依据《总承包合同》及其补充协议在竣工后按照施工清单及其所认为的工程款增减方式单方编制提交的合同行为,上诉人仅盖章签收,并没有出具审核意见,更没有承诺付款金额及方式,因而没有形成合意",与客观事实不符,亦无法律依据,依法不能成立。一审法院通过开庭审理已经查明案件事实,可依法作出裁判,再进行鉴定对待证事实已经没有实际意义,且增加诉累。故一审法院启动鉴定程序虽有不妥,但已自行纠正。一审判决之前终止鉴定虽未通知当事人,程序略有瑕疵,但不构成程序严重违法,不影响该案的实体处理。

**(三)发承包双方已就工程价款结算达成协议又申请工程造价司法鉴定的,有违诚信原则,应当不予支持**

根据《民事诉讼法》第13条第1款的规定,"民事诉讼应当遵循诚信原则"。《民法典》第7条规定,"民事主体从事民事活动,应当遵循诚信原则,秉持诚实,恪守承诺"。以上法律规定体现了诚信原则,诚信原则是民法的基本原则。当事人在诉讼前已经达成了工程价款结算协议,应视为双方已认可工程价款结算方式及结算金额,之后一方当事人又申请工程造价鉴定试图否定之前的协议,属于不诚信诉讼行为,在没有证据证明情况下应"禁止反言",本条款是诚信原则在《建设工程司法解释》中具体化的体现。在工程总承包模式下,即便是建设工程中增加了设计和采购项目也不言而喻应当遵循民事诉讼基本规则和原则。

## 依 据

**《民法典》**

第五条　民事主体从事民事活动,应当遵循自愿原则,按照自己的意思设立、变更、终止民事法律关系。

第七条　民事主体从事民事活动,应当遵循诚信原则,秉持诚实,恪守承诺。

第一百四十三条　具备下列条件的民事法律行为有效:

(一)行为人具有相应的民事行为能力;

(二)意思表示真实;

(三)不违反法律、行政法规的强制性规定,不违背公序良俗。

**《民事诉讼法》**

第十三条第一款　民事诉讼应当遵循诚信原则。

**《民诉法解释》(法释〔2022〕11号)**

第一百二十一条第一款　当事人申请鉴定,可以在举证期限届满前提出。申请鉴定的事项与待证事实无关联,或者对证明待证事实无意义的,人民法院不予准许。

**最高人民法院《关于人民法院民事诉讼中委托鉴定审查工作若干问题的规定》(法〔2020〕202号)**

一、对鉴定事项的审查

1.严格审查拟鉴定事项是否属于查明案件事实的专门性问题,有下列情形之一的,人民法院不予委托鉴定:

(1)通过生活常识、经验法则可以推定的事实;

(2) 与待证事实无关联的问题;

(3) 对证明待证事实无意义的问题;

(4) 应当由当事人举证的非专门性问题;

(5) 通过法庭调查、勘验等方法可以查明的事实;

(6) 对当事人责任划分的认定;

(7) 法律适用问题;

(8) 测谎;

(9) 其他不适宜委托鉴定的情形。

……

## 判 例

### 案例 29-1 (2022)陕民终 242 号

当事人在诉讼前对案涉工程造价及付款情况已进行了确认,诉讼中一方当事人申请对工程造价进行鉴定的,人民法院不予准许。

#### 案情介绍

西安绿源公司就临潼区绿源市政工程污水处理厂项目 EPC 工程进行招标,2014 年 12 月 25 日,天津膜天膜公司就临潼区绿源市政工程污水处理厂项目 EPC 工程进行投标,2015 年 1 月 6 日,天津膜天膜公司依据《西安市建设过程中标通知书》中标。2015 年 2 月 2 日,天津膜天膜公司与西安绿源公司签订《临潼区绿源市政工程污水处理厂项目 EPC 工程总承包合同》。合同约定:(1) 发包人为西安绿源公司,承包人为天津膜天膜公司,工程名称为临潼区绿源市政工程污水处理厂项目 EPC 工程总承包(二次招标)。(2) 工程内容为该污水项目的设计、实施、竣工及缺陷修复。(3) 合同总价款为(包干价格)人民币 112211788.26 元。

该案发生纠纷,一审审理中,西安绿源公司申请对涉案工程土建部分造价、工程质量、成套设备安装施工质量以及成套设备造价进行鉴定。由于西安绿源公司承认涉案合同约定造价为固定价,且双方依据涉案《企业询证函-函证账户余额及交易》和《应收账款确认书》,对涉案工程造价及付款情况已经进行了确认,一审法院对西安绿源公司申请对涉案工程造价进行司法鉴定的诉求依法不予准许。因涉案工程未经验收,西安绿源公司即投入实际使用,应视为涉案工程质量合格,故一审法院对西安绿源公司申请对涉案工程质量进行司法鉴定的诉求,依法亦不予准许。以上事实有投标文件、施工合同、《企业询证函－函证账户余额及交易》、《应收账款确认书》、排污许可证、2018年3月8日西安市临潼区人民政府报道及庭审笔录等在卷佐证。

#### 各方观点

西安绿源公司不服一审法院判决进行上诉,其认为一审法院不予准许上诉人的鉴定申请,程序违法。其认为涉案项目为未完工的烂尾项目,即便双方签订的《EPC总承包合同》为固定总价合同,但因天津膜天膜公司中途撤离,至今尚未完全履行其各项合同义务,故涉案项目未完工是不争的事实,因此不能按照合同总价款进行结算。

天津膜天膜公司辩称,一审判决证据充分确凿,适用法律正确,应当予以维持案涉工程早已完工,付款条件已成熟。

#### 法院裁决要旨

该案二审中,陕西省高级人民法院认为,争议焦点之一是原审法院未准许西安绿源公司的鉴定申请,程序是否违法。《建设工程司法解释(二)》(法释〔2018〕20号)第12条规定,"当事人在诉讼前已经对建设工程价款结算达成协议,诉讼中一方当事人申请对工程造价进行鉴定的,人民法院不予准许"。该案合同约定造价为固定价,且双方通过《企业询证函－函证账户余额及交易》、《应收账款确认书》对案涉工程造价及付款情况已进行了确认,故原审法院对西安绿源公司申请造价的鉴定不予准许,并无不当。案涉工程未经验收,西安绿源公司即投入实际使用,应视为工程质量合格。故原审法院对西安绿源公司申请对案涉工程质量进行司法鉴定的诉求不予准许,符合相关司法解释规定,程序并不违法。

## 工程总承包纠纷适用的建议

**(一)发承包双方解除或通过诉讼行为等一致行动解除结算协议的,可申请工程造价司法鉴定确定工程结算价**

需要注意的是,适用本条的前提条件是发包人和工程总承包单位双方在诉讼前,即履行工程总承包合同过程中,就工程价款结算达成了协议。如果诉讼过程中,双方当事人共同申请对工程造价进行鉴定,此种情况下,意味着双方当事人已经解除其诉讼前达成的结算协议,之前达成的协议不予实际履行,依据工程价款结算协议已无法真实反映工程价款金额。此时,当事人双方共同申请进行工程造价鉴定的,人民法院应予准许。

(二)结算协议具有独立性,其效力不受工程总承包合同无效的影响

工程总承包合同无效并不影响结算协议的效力。结算协议虽然与工程总承包合同有着千丝万缕的联系,属于工程总承包合同的衍生协议,但是两个协议在法律效力上却是彼此独立的。实践中,发包人和工程总承包单位在签订工程总承包合同后,因工程施工情况变更、发包人要求变动等原因,原合同并不一定能反映真实情况。双方当事人达成新的结算协议,更加能够反映双方当事人之间达成的最新共识,而新的协议同样具备独立性。因此,即使工程总承包合同被认定为无效合同,结算协议只要满足《民法典》第 143 条的规定,即"具备下列条件的民事法律行为有效:(一)行为人具有相应的民事行为能力;(二)意思表示真实;(三)不违反法律、行政法规的强制性规定,不违背公序良俗",也应视为有效。

(三)若结算协议本身无效或具有可撤销情形而被当事人申请撤销的,当事人仍然有权就工程造价申请司法鉴定予以确认

若当事人达成的结算协议本身无效或者被撤销,本条则不适用。《民法典》第 144 条至第 151 条规定了民事法律行为的无效情形和可撤销情形。在结算协议存在无效或者可撤销情形时,当事人达成的结算协议不属于真正的意思表示,不应当适用本条规定。

## 第三十条 约定受共同委托的第三方造价咨询机构出具的咨询意见约束的不予鉴定

**第三十条**

当事人在诉讼前共同委托有关机构、人员对建设工程造价出具咨询意见,诉讼中一方当事人不认可该咨询意见申请鉴定的,人民法院应予准许,但双方当事人明确表示受该咨询意见约束的除外。

### 工程总承包纠纷的可适用性

本条在工程总承包纠纷案件审理中可直接适用。实践中,当事人因工程造价发生争议,在提起诉讼前,通常双方已经委托第三方造价专业机构对案涉项目进行审价,对于造价机构出具的审价咨询意见,在没有经过各方当事人确认时,并不必然对双方产生约束力,诉讼过程中一方当事人不认可该咨询意见的,可申请司法鉴定确定工程价款,但是如果第三方造价咨询机构的咨询意见已经被双方当事人确认,或者双方共同委托第三方造价机构提供咨询服务时已经明确表示受咨询意见约束,则属于对自身权利的处置,应视为双方当事人已在诉前就工程价款结算达成一致,不应允许再进行鉴定。

本条和《建设工程司法解释(一)》第29条相类似,也是属于民事诉讼法中的基本程序和基本原则在建设工程司法领域的具体体现,即鉴定事项对于证明待证事实没有意义的,不予鉴定。在双方当事人均认可已经出具的造价咨询意见的前提之下,一方面,此时通过当事人认可的真实意思可以确定工程价款这一待证事实,不必要通过工程造价司法鉴定程序予以认定,则鉴定程序对待证事实没有意义,故不应当鉴定;另一方面,既然发承包双方当事人已经对第三方造价咨询意见现实地表明认可,即应当尊重当事人的意思自治,直接确认咨询意见的约束力,同样当事人也应当遵循诚信原则,自觉承受咨询意见的约束力,不得通过申请鉴定的方式企图推翻之前已达成的意思表示。

工程总承包模式下发生纠纷也应当遵守民事诉讼法的相关程序和基本原理规定,遵循诚信原则。因此,工程总承包模式可以直接适用本条。

### 应用

**(一)在一般情况下,当事人一方不认可第三方造价咨询机构出具的咨询意见,申请司法鉴定的,应予准许**

原则上,一方当事人不认可双方约定的第三方造价咨询机构出具的咨询意见,转而向法院申请工程造价司法鉴定的,法院应予准许。之所以如此,是因为发包人和工程总承包单位共同委托有关第三方造价咨询机构、人员出具咨询意见时,咨询意见赖以形成的基础材料都是双方当事人自己提供的。从自身利益出发,发包人或者工程总承包单位不可避免地会对基础材料进行主观上的取舍或选择,导致工程造价咨询意见不能客观、完全地体现争议事实的真实面貌。基于此,允许当事人通过更为规范、公正的司法鉴定程序,保障鉴定材料的合法性、客观性与真实性,进而确保得到一个更接近客观真实的工程造价司法鉴定意见,更能使当事人服判息诉,更能够息事宁人,更能体现公平原则。

需要特别说明的是,当事人自行委托的机构、人员出具的咨询意见类似书证,不属于民事诉讼法定证据分类中的鉴定意见,在理论界也有学者将其称为"诉讼外鉴定"。[①] 书证的证明效力低于鉴定意见,一般情况下,否认书证的证明力仅"反驳"即可,即应满足"真伪不明"的证明标准;但否认"鉴定意见"的证明力需达到"推翻"的地步,即应符合"高度盖然性"的证明标准。

例如,(2022)辽05民终1873号案中,本溪市中级人民法院认为,根据《建设工程司法解释(二)》(已失效)第13条的规定,当事人在诉讼前共同委托有关机构、人员对建设工程造价出具咨询意见,诉讼中一方当事人不认可该咨询意见申请鉴定的,人民法院应予准许,但双方当事人明确表示受该咨询意见约束的除外。该案中,腾龙公司与同鑫公司虽然共同委托了本溪德信工程造价有

---

① 参见曹志勋:《诉讼外鉴定的类型化及其司法审查》,载《法学研究》2022年第2期。

限公司就双方争议的工程内容进行了咨询,该公司也对争议事项以"答复"的形式进行了确认,但是,在"答复"形成之后,双方未继续实施任何相关行为,且针对该咨询合同,双方当事人也并无受该咨询意见约束的意思表示。现同鑫公司就双方争议提起诉讼,其有权对工程造价申请鉴定。故腾龙公司主张应当按照本溪德信工程造价咨询有限公司的"答复"确认双方争议工程量的上诉意见没有事实和法律依据,不予支持。

**(二)在例外情形中,双方当事人明确认可第三方造价咨询机构出具的咨询意见,其中一方当事人又申请工程造价司法鉴定的,不予准许**

由本条规定引申出的"双方当事人明确认可第三方造价咨询机构出具的咨询意见"这一适用情形,与《建设工程司法解释(一)》第 29 条规定的适用情形"当事人在诉讼前已经对建设工程价款结算达成协议"的构造机理,并无二致,其本质都是当事人在诉讼前已经就工程价款达成一致意见,无论该合意的达成是来源于发承包双方的一拍即合,还是来源于发承包双方对第三方给定数据的不谋而合,只要达成合意,即不允许无正当理由轻易推翻,以维护诉讼效率原则、意思自治原则与诚实信用原则。具体而言,本条规范的正当性基础在于以下几个方面。

响应程序法就"鉴定事项对证明待证事实无意义"的鉴定申请持拒绝态度的规定。《民诉法解释》第 121 条第 1 款规定,"当事人申请鉴定,可以在举证期限届满前提出。申请鉴定的事项与待证事实无关联,或者对证明待证事实无意义的,人民法院不予准许"。如果发包人和工程总承包单位已明确表示接受第三方咨询意见结果,应当视为双方均认可咨询意见确认的建设工程造价,此时建设工程造价这一待证事实通过双方的合意表示已经能够确定,再进行鉴定、二次确认没有任何意义。如此一来,当事人一方再申请鉴定,属于"对证明待证事实无意义的"的情形,根据上述规定,法院不予准许。

本条裁处规则也是遵循"诚实信用"的必然要求。根据《民事诉讼法》第 13 条第 1 款的规定,"民事诉讼应当遵循诚信原则"。《民法典》第 7 条规定,"民事主体从事民事活动,应当遵循诚信原则,秉持诚实,恪守承诺"。诚信原则是民法的基本原则。如果双方已明确表示接受第三方咨询意见结果,则意味着双方都认可该咨询意见作为证据具有足够的真实性、合法性、关联性,由此该咨询意见即对认可其的当事人产生无法摆脱的约束力,并由诚实信用原则予以保障。如一方当事人事后再申请鉴定,则有违诉讼诚信原则。①

本条裁处规则也是维护"证据契约"的当然之理。在理论界,有学者将当事人在庭外共同委托鉴定并以鉴定意见作为认定事实依据的约定称为"合意鉴定"。② 从民事诉讼契约化的原理出发,双方当事人在诉讼前达成的合意鉴定,属于当事人在诉前对证据达成的契约,即"私下共同达成以私鉴定方式确定案件事实的合意"③,其对于当事人有更强的约束力,从而在程序上具备更强的证据能力与证据效力。

例如,(2023)新01民终1587号案中,关于工程款数额如何确定的问题,乌鲁木齐市中级人民法院认为,万达投资公司与武汉宝立公司未签订书面建设工程施工合同,双方就案涉工程价款的数额以及最终结算均未进行约定。2018年5月8日,建设综合服务中心(案涉工程的结算审核单位)委托中审工程咨询有限公司新疆分公司出具《乌鲁木齐经开万达广场外供电工程结算审核报告》,委托单位建设综合服务中心、建设单位万达投资公司、施工单位武汉宝立公司、咨询造价单位中审工程咨询有限公司新疆分公司在其中的《建设工程造价咨询审核定案书》上签章。审核定案书后附费用汇总表、预算表、计价表、人材机价差表以及工程现场查勘记录、主材市场询价表,武汉宝立公司在签章时,对核减内容、送审造价与审定造价之间的价差、市场询价、现场查勘情况,审定造价是否存在漏项以及计价标准是否准确等均应是明知的。该审核定案书做出后,武汉宝立公司对造价程序、审定造价金额均未提出异议,也未拒绝签章,并依该《建设工程造价咨询审核定案书》确定的审定造价向万达投资公司主张过权利。万达投资公司对审定造价不持异议,亦依据《建设工程造价咨询审核定案书》向建设综合服务中心主张过权利。故法院认为双方的签章以及据此主张权利的行为,系以其行为表示对审定造价结果的认可,受《建设工程造价咨询审核定案书》的约束,应当认定双方就案涉工程结算数额达成了一致意思表示。一审法院依据《建设工程造价咨询审核定案书》确认万达投资公司应当

---

① 参见最高人民法院民事审判第一庭编著:《最高人民法院新建设工程施工合同司法解释(一)理解与适用》,人民法院出版社2021年版,第302页。
② 参见曹志勋:《诉讼外鉴定的类型化及其司法审查》,载《法学研究》2022年第2期。
③ 占善刚、张一诺:《私鉴定之定性分析——基于新〈民事证据规定〉第41条的展开》,载《证据科学》2020年第6期。

向武汉宝立公司支付的工程款数额为12383244.21元。武汉宝立公司上诉称,《建设工程造价咨询审核定案书》系案外人建设综合服务中心委托出具,武汉宝立公司的签章行为并非对该审核定案书的认可,其申请工程造价鉴定应予准许。对此法院认为,武汉宝立公司如对建设综合服务中心委托出具的《建设工程造价咨询审核定案书》不认可,其可拒绝签章,提出异议。现其在《建设工程造价咨询审核定案书》上签章,且依审定造价数额主张权利后,提出不受《建设工程造价咨询审核定案书》的约束,有违当时双方之间的合意,无事实和法律依据。武汉宝立公司主张其签章系迫于压力,仅是为了配合完成政府审计程序,并非对《建设工程造价咨询审核定案书》的认可,但其并未提交证据予以证明,且即使其签章时不认可审定造价数额,但其向万达投资公司发出的催告函,确以实际行动表达了对该数额的认可。一审法院不准许工程造价鉴定,并无不当。二审中武汉宝立公司提出的工程造价鉴定申请,法院亦不予准许。

## 依 据

**《民法典》**

第七条 民事主体从事民事活动,应当遵循诚信原则,秉持诚实,恪守承诺。

**《民事诉讼法》**

第十三条第一款 民事诉讼应当遵循诚信原则。

**《民诉法解释》(法释〔2022〕11号)**

第一百二十一条第一款 当事人申请鉴定,可以在举证期限届满前提出。申请鉴定的事项与待证事实无关联,或者对证明待证事实无意义的,人民法院不予准许。

**《建设工程价款结算暂行办法》(财建〔2004〕369号)**

第十八条 工程造价咨询机构接受发包人或承包人委托,编审工程竣工结算,应按合同约定和实际履约事项认真办理,出具的竣工结算报告经发、承包双方签字后生效。当事人一方对报告有异议的,可对工程结算中有异议部分,向有关部门申请咨询后协商处理,若不能达成一致的,双方可按合同约定的争议或纠纷解决程序办理。

**最高人民法院《关于民事诉讼证据的若干规定》(法释〔2019〕19号)**

**第四十一条** 对于一方当事人就专门性问题自行委托有关机构或者人员出具的意见,另一方当事人有证据或者理由足以反驳并申请鉴定的,人民法院应予准许。

### 判 例

**案例30－1　（2021）鲁民终84号**

双方当事人已明确表示接受咨询意见结果,一方当事人对报告书提出异议并申请司法鉴定的,于法无据,不予支持。

#### 案情介绍

2016年10月17日,金石公司作为甲方、二十冶公司作为乙方签订沥青扩建合同,约定金石公司将300万吨/年高品质道路沥青扩建项目工程发包给二十冶公司施工建设,工程内容为新建灌区、管廊及装车栈等设备、安装材料的采购及施工,承包方式为工程材料、采购和施工总承包。合同金额暂定价为7500万元(含税),合同价格采用可调价方式确定,价格调整方法为审定的施工图预算加现场签证加变更、扣除乙方让利价格。

2018年7月30日,金石公司、二十冶公司及监理公司、设计公司就沥青扩建合同签署单位工程量验收记录,载明工程质量验收合格;2018年10月30日,上述四方签署工程交工证书,确认工程具备交工条件,同意并完成交工。2019年1月21日,二十冶公司与金石公司对沥青扩建合同项目工程资料进行移交。

2019年12月20日,梅隆公司经金石公司委托,对沥青扩建合同项目工程和酸性安装合同项目工程分别出具了[山东梅隆审字(2019)第599号]和[山东梅隆审字(2019)第542号]工程结算审核报告,确定沥青扩建合同项目审定工程造价为113056147.21元,酸性安装合同项目审定工程造价为2020500.43元,二十冶公司与金石公司均在上述工程造价核定总表中签章确认。

#### 各方观点

在一审程序中,金石公司申请鉴定,一审认为金石公司主张上述审核报告与客观事实不符,不能作为结算依据,但并未提供有效证据证实其主张,金石公司关于对其存在异议部分重新鉴定的申请,一审法院不予准许。金石公司不服一审判决上诉称,一审法院以山东梅隆审字(2019)第599号结算报告书作为结算依据错误。山东梅隆审字(2019)第599号结算报告书是诉讼前委托有关机构出具的咨询意见,不同于人民法院委托鉴定机构出具的鉴定意见,不能作为结算依据。

二十冶公司辩称,双方已经对结算报告书进行盖章确认,属于在诉讼前已经对建设工程价款达成协议不应予以鉴定。

### 📋 法院裁决要旨

该案二审程序中,山东省高级人民法院认为,争议焦点之一,《300万吨/年高品质道路沥青扩建项目报告书》、山东梅隆审字(2019)第599号结算报告书能否作为认定该案工程造价的依据。该案诉讼前,经金石公司委托,梅隆公司对案涉工程项目的工程造价进行审核,作出《300万吨/年高品质道路沥青扩建项目报告书》、山东梅隆审字(2019)第599号结算报告书,审定工程造价为113056147.21元。金石公司、二十冶公司、咨询单位均在工程造价审定总表上签章,对审定结果予以确认。《建设工程司法解释(一)》第30条规定:"当事人在诉讼前共同委托有关机构、人员对建设工程造价出具咨询意见,诉讼中一方当事人不认可该咨询意见申请鉴定的,人民法院应予准许,但双方当事人明确表示受该咨询意见约束的除外。"据此,金石公司、二十冶公司已明确表示接受该咨询意见结果,一审依据《300万吨/年高品质道路沥青扩建项目报告书》、山东梅隆审字(2019)第599号结算报告书确认该案工程造价正确。金石公司对报告书提出异议并申请司法鉴定,于法无据,法院不予支持。

## 工程总承包纠纷适用的建议

(一)咨询意见是一方当事人单方委托作出的,另一方当事人有证据或者理由足以反驳并申请鉴定的,人民法院应予准许

本条设定了前提,当事人在诉讼前"共同委托",但在仅发包人或者仅工程总承包单位一方当事人委托有关机构、个人对工程造价出具咨询意见的情形下,能否适用本条排除工程造价司法鉴定程序的启动?

本书认为,可以有条件地适用本条。一方面,在行业规范中,对于工程造价

机构的委托,并未要求必须是双方共同委托。《建设工程价款结算暂行办法》第 18 条规定,"工程造价咨询机构接受发包人或承包人委托,编审工程竣工结算,应按合同约定和实际履约事项认真办理,出具的竣工结算报告经发、承包双方签字后生效。当事人一方对报告有异议的,可对工程结算中有异议部分,向有关部门申请咨询后协商处理,若不能达成一致的,双方可按合同约定的争议或纠纷解决程序办理"。上述办法规定造价咨询机构可以接受一方委托。无论咨询意见是经单方委托还是双方委托而出具,都允许发承包双方提出异议,并允许纳入发承包双方的修正意见,具有一定的公平性、合理性与科学性,故咨询意见作为民事证据中"书证"的一类,本身就具备一定的证明力,不得仅凭一方当事人"不认可"即轻易推翻。

另一方面,造价咨询单位受委托出具的咨询意见被推翻需要满足一定的条件。在建设工程总承包类纠纷案件中,发包人与工程总承包单位很难认可另一方当事人单方委托机构、人员出具的意见。由于咨询意见是一方当事人单方委托制作的,咨询意见委托之时有可能未掺入另一方当事人的委托意思,形成时有可能未纳入另一方当事人的合理意见,所采用的基础材料也有可能未包含另一方当事人的自存的切实资料,单方委托的咨询意见的真实性、客观性与中立性有所欠缺。根据最高人民法院《关于民事诉讼证据的若干规定》第 41 条的规定,"对于一方当事人就专门性问题自行委托有关机构或者人员出具的意见,另一方当事人有证据或者理由足以反驳并申请鉴定的,人民法院应予准许",若不认可咨询意见的一方当事人有证据反驳咨询意见的证明力并申请工程造价司法鉴定,引起法官的初步怀疑时,法官应当同意该当事人的鉴定申请,以查清造价事实。此处的"反驳"应当是达到使待证事实"真伪不明"的民事证据证明标准。由是观之,在民事证据规定中,对于一方当事人委托出具的意见,另外一方申请鉴定,需要具备"有证据或者理由足以反驳"的前提条件,即强调申请司法鉴定的前提是必须举证证明足以反驳或有正当理由足以反驳诉前咨询意见。[①]

---

[①] 参见最高人民法院民事审判第一庭编著:《最高人民法院新建设工程施工合同司法解释(一)理解与适用》,人民法院出版社 2021 年版,第 306 页。

**(二)即便鉴定意见出于单方委托而产生,若双方当事人均明确表示接受咨询意见结果,一方当事人也不得再申请工程造价司法鉴定**

在"单方委托"情况下,当发包人和工程总承包单位已经明确表示接受一方当事人委托机构、个人作出的咨询意见结果,应当视为双方均认可咨询意见确认的建设工程造价。此时,咨询意见应当作为工程价款最终结算的依据,双方当事人应当遵循诚实信用原则,依照咨询意见确定的内容履行各自应尽的义务。若一方当事人不认可该咨询意见又申请司法鉴定,有违自愿原则与诚信原则,法院应当不予准许。

例如,(2020)鲁04民终3812号案中,提起诉讼之前,万通公司已对侯某亮施工的翠湖天地小区Y9Y10及周边车库的工程单方委托山东弘理建设项目管理有限公司(以下简称弘理公司)进行工程结算审核。2020年5月18日,弘理公司出具结算审核报告。之前侯某亮已在工程造价咨询核定总表上签字。因该报告形成于诉讼期间,且侯某亮对审定工程造价值已签字确认,该报告已涵盖Y9Y10车库的审定值,对该报告的证明力法院予以采信。《建设工程司法解释(二)》第13条规定,当事人在诉讼前共同委托有关机构、人员对建设工程造价出具咨询意见,诉讼中一方当事人不认可该咨询意见申请鉴定的,人民法院应予准许,但双方当事人明确表示受该咨询意见约束的除外。弘理公司出具的报告书系诉讼前委托,诉讼中出具,且侯某亮在报告书出具之前,已在工程造价咨询核对总表上签字,其对该报告书的审定工程造价价值已确认,三方共同确认形成结算文件,该报告书对双方当事人均产生约束力。侯某亮主张对工程造价再进行司法鉴定的请求,无法律依据,法院不予准许。

## 第三十一条 鉴定范围的限制

> **第三十一条**
>
> 当事人对部分案件事实有争议的,仅对有争议的事实进行鉴定,但争议事实范围不能确定,或者双方当事人请求对全部事实鉴定的除外。

### 工程总承包纠纷的可适用性

工程总承包合同的内容丰富庞杂、风险交错纵横,往往同时涉及设计、采购、施工等多个环节,这决定了工程总承包模式下的当事人发生争议的概率较大、涉及事项较广。在当事人对案件事实有争议的情况下,应当仅就争议范围进行鉴定,而不应任意扩大鉴定范围。

如此做法,其正当性在于:(1)突出问题重点,避免模糊法庭调查的主题,导致不能有的放矢地解决纠纷;(2)节省当事人举证质证与辩论的精力,节约有限的司法鉴定资源,将节流出来的精力与资源用于应对主要矛盾,重点解决主要问题;(3)帮助法官聚焦重点,提高审理效率;(4)减少当事人额外支出不必要的鉴定费用,避免产生经济损失;(5)避免法官将依法应当由其辨明的事实、应当由其承担的认定事实的司法职责推诿于鉴定机构实施与承担,以鉴代审。

在上述正当性的维度中,本条对于解决工程总承包模式的纠纷而言尤为重要,应当好好适用。同时,本条也是民事诉讼证据规则在建设工程领域的运用,工程总承包模式下可以直接适用本条规定。

## 应 用

**(一)一般情形下,部分案件事实有争议的,仅对有争议部分的案件事实进行鉴定**

一方面,《建设工程造价鉴定规范》第2.0.3条规定,"鉴定事项指鉴定项目工程造价争议中涉及的问题,通过当事人的举证无法达到高度盖然性证明标准,需要对其进行鉴别、判断并提供鉴定意见的争议项目"。不难看出,需要鉴定的事项属于双方当事人之间具有争议的案件事实,无争议的案件事实无须另行鉴定。[1] 另一方面,最高人民法院民事审判第一庭认为,委托鉴定存在鉴定时间长、鉴定成本高等特点,不必要的鉴定行为本身也会进一步扩大当事人的损失。因此,根据案件事实情况,应当尽量缩小鉴定范围,能够依据现有证据材料认定案件事实的,可以不再委托鉴定。[2] 在非必要情况下,不进行全部鉴定。

本条的原意也是防止实践中法院以鉴代审,随意扩大鉴定范围,徒增当事人的诉讼成本。在工程总承包模式下,往往同时涉及设计、采购、施工等环节,但是在实际的工程纠纷案件中,并未所有环节都存在争议,也并无必要对所有环节均进行鉴定。仅对有争议部分进行鉴定也是工程总承包模式下纠纷处理的应有之义。

**(二)例外情形下,对全部案件事实进行鉴定**

例外情形主要分两种情况。

第一,争议事实范围不能确定。案件审理过程中无法将争议事实从案件整体事实中抽离,无法准确界定争议事实范围,此时只有对整个案件事实进行全部鉴定,才能查清案件事实情况。

第二,双方当事人请求进行全部鉴定。此时属于双方当事人意思自治范畴,如果当事人愿意承担诉讼成本及诉讼风险,人民法院应当充分尊重当事人的意见,按照双方当事人的真实意思对全部案件事实鉴定。

例如,(2023)闽08民终1084号案中,关于该案能否对包干范围内的工程价款进行鉴定的争议,各方持如下观点。某某公司申请对某甲公司承建的九期

---

[1] 参见席飞:《"以鉴代审"的实践反思及其解决路径》,载《中国司法鉴定》2023年第4期。
[2] 参见最高人民法院民事审判第一庭编著:《最高人民法院新建设工程施工合同司法解释(一)理解与适用》,人民法院出版社2021年版,第318页。

旧改 A1 地块的全部工程的价款进行鉴定,某甲公司对此提出强烈异议,主张包干范围内的工程价款不应进行鉴定,并认为该案随意调整鉴定范围属于鉴定程序违法。而某某公司认为,按包干价结算的前提是某甲公司按包干约定完成工程量,某某公司对包干范围内的工程量存在重大争议,法院依申请对包干范围内的工程量进行鉴定,符合法定程序。一审法院认为,《建设工程司法解释(一)》第 28 条规定,对于包干范围内的工程,如果没有发生合同修改或变更等情况导致工程量发生变化时,就应该按照合同约定的包干总价结算工程款。但是,该案在确定仅对包干范围外的增项部分进行鉴定时,某某公司提交了北京某某工程管理有限公司审核出具的工程咨询报告,该报告载明九期旧改 A1 地块 A4#、A5#、A6#工程造价核减金额为 4663898 元。该报告虽系某某公司单方委托形成的,但结合九期旧改指挥部、某某公司就工程量的情况与某甲公司进行交涉的事实,可以证实某甲公司在包干范围内存在未足额完成工程量的情形。因在施工过程中存在工程量的变化,且该案又涉及包干范围内和包干范围外的工程交叉的问题,根据《建设工程司法解释(一)》第 31 条的规定,就包干范围内的工程施工情况进行全面盘点,才更符合客观事实,因此,在尊重包干约定的前提下,应对包干范围内的实际施工量所产生的工程价款进行鉴定。关于该案鉴定程序的问题,某某公司从一开始申请鉴定时的范围即对包干内和包干外的全部工程进行鉴定,某甲公司对包干范围内的鉴定(包括某某公司所列减项)一直持反对态度,该案最终确定鉴定范围为对某甲公司承建的案涉全部工程。在进行鉴定并组织现场勘验时,并不存在需要某甲公司提前准备证据材料的情形,而在后续的鉴定过程中,均给足了某甲公司举证期限,某甲公司主张该案鉴定程序违法的诉请,不予采纳。龙岩市中级人民法院在二审程序中亦认为该鉴定程序合法。

### 依 据

**《民诉法解释》(法释〔2022〕11 号)**

第一百二十一条第一款　当事人申请鉴定,可以在举证期限届满前提出。申请鉴定的事项与待证事实无关联,或者对证明待证事实无意义的,人民法院不予准许。

## 《建设工程造价鉴定规范》(GB/T 51262—2017)

**2.0.3 鉴定事项**

指鉴定项目工程造价争议中涉及的问题,通过当事人的举证无法达到高度盖然性证明标准,需要对其进行鉴别、判断并提供鉴定意见的争议项目。

### 判 例

### 案例 31–1　(2023)新 02 民终 79 号

#### 案情介绍

2020 年 6 月 20 日,克拉玛依市克拉玛依区城市管理局作为发包人,新疆冶建公司作为 EPC 总承包人,共同签订了《建设项目工程总承包合同》。2020 年 7 月 25 日,大连丰达公司作为乙方、分包方,新疆冶建公司作为甲方、承包方,共同签订了《专业(项)分包合同》,由新疆冶建公司将克拉玛依区多项工程全部交由大连丰达公司施工。

根据大连丰达公司申请,一审法院于 2022 年 1 月 27 日依法委托新疆卓捷工程造价咨询有限公司对克拉玛依 217 国道北侧大型公共停车场项目已完工部分进行工程造价鉴定,2022 年 7 月 8 日,该公司出具工程造价鉴定意见书,2023 年 1 月 13 日,出具工程造价鉴定意见书补充鉴定意见书。

#### 各方观点

大连丰达公司上诉称,涉案工程造价鉴定意见书及补充鉴定意见书,鉴定程序违法、鉴定证据采信原则错误、鉴定范围缺失、鉴定机构承接该案能力不足、套取定额错误等诸多违背《建设工程造价鉴定规范》的行为,导致鉴定结果与事实严重相悖,一审法院据此作出的判决错误,依法应予撤销。

新疆冶建公司辩称,不存在鉴定范围不明问题,双方及鉴定机构全程参与鉴定,大连丰达否认鉴定报告的公平性没有任何事实依据。

#### 法院裁决要旨

克拉玛依市中级人民法院认为,一审程序是否违法为该案的一个焦点。大连丰达公司主张以形象进度产值作为涉案结算价款,该案不应启动司法鉴定来确定涉案结算价款。根据《建设工程司法解释(一)》第 31 条"当事人对部分案件事实有争议的,仅对有争议的事实进行鉴定,但争议事实范围不能确定,或者双方当事人请求对全部事实鉴定的除外"之规定,该案双方合同第 5.2 条约定分包最终结算价＝业主方与甲方审定的竣工结算总价×(1－10.2%)－甲供材费用－劳务费用－双方核定费用。若2020年度本项目完成甲方要求的形象进度节点,则分包最终结算价＝业主方与甲方审定的竣工结算总价×(1－9.1%)－甲供材费用－劳务费用－双方核定费用。故大连丰达公司主张的结算价依约应是工程竣工验收后业主与甲方审定价,而该案中其主张的形象进度产值价款86140724元仅为工程施工过程中的进度款,非业主与甲方工程竣工结算价。且若按照大连丰达公司的陈述,双方当事人之间的结算额与大连丰达公司实际完成工程量无关,仅取决于业主与新疆冶建公司之间的竣工结算总价,那么大连丰达公司是没有必要与新疆冶建公司结算的,与其分别在2020年9月、10月、11月和新疆冶建公司确认的工程专业(项)分包结算书,确认金额56258915元及开具56258915元增值税专用发票的事实矛盾。因该案属于未完工程,大连丰达公司与新疆冶建公司未审定结算,所以双方结算条款无法使用,双方亦无法协商一致,故一审法院据查明事实依法启动鉴定确认大连丰达公司已完工工程造价数额并无不当。

大连丰达公司主张涉案鉴定程序违法、鉴定结论错误,不应使用鉴定结论。根据《民事诉讼法》第79条、最高人民法院《关于民事诉讼证据的若干规定》第36条、第40条的规定,经核对《建设工程造价鉴定规范》,对大连丰达公司主张的鉴定程序违法诉请不予采信。对大连丰达公司主张的鉴定机构采信未经质证的证据的诉请,因其未提供有效证据予以证实,故对该主张不予采信。对大连丰达公司主张的鉴定范围缺失、定额套取错误等鉴定争议问题,鉴定机构于一审、二审中针对上述问题作出了合理解释说明,一审判决亦作出回应,经二审法院审查,不存在漏项或者使用标准不当等问题,对其主张不予采信。一审大连丰达公司未主张对于现场剩余物资的处理的诉请,对冬季施工费未提供证据证实,故,一审法院未认定得当。综上,一审法院采信该鉴定意见书及补充意见书并将其作为定案依据并无不当。

## 工程总承包纠纷适用的建议

**(一)适用本条时应注意与《建设工程司法解释(一)》第28条之间的衔接**

在工程总承包模式下,发包人与工程总承包单位之间已通过协议约定,按照固定价结算工程价款。此时,如无一方或双方当事人出现改变或未履行合同约定的标准或条件等情形,导致双方当事人之间出现重大利益失衡,则应不予鉴定。因变更或合同约定的其他可调整情形而致造价有争议时,可以对存在争议部分进行鉴定,但是争议事实的范围不能确定的或者双方当事人申请对全部案件事实进行鉴定的,应予允许。

例如,(2021)闽05民终1941号案中,泉州市中级人民法院认为,因黄某满与杨某超均无建筑施工资质,违反法律禁止性规定,双方签订的《机电安装施工合同》无效。参照合同约定的"施工班组采用包工包料按图施工:总价为11000000.00元",双方确认施工过程中存在工程增减变更情形,但双方对增减项目存在争议。根据《建设工程司法解释(一)》第31条的规定:"当事人对部分案件事实有争议的,仅对有争议的事实进行鉴定,但争议事实范围不能确定,或者双方当事人请求对全部事实鉴定的除外。"该案黄某满与杨某超对工程增减项目存在争议且范围不能确定,一审法院根据杨某超申请,委托具有资质的鉴定机构对杨某超施工的工程造价进行鉴定,符合法律规定。黄某满上诉主张该案不应进行工程造价鉴定的诉请,缺乏依据,不予支持。

**(二)对于一方当事人请求对全部案件事实进行鉴定的应适当处理**

在司法实践中,如果出现一方当事人请求对全部案件事实进行鉴定的情形,是否应当允许?此时应当审慎核查是否符合申请全部事实鉴定的条件。根据《民诉法解释》第121条的规定,"当事人申请鉴定,可以在举证期限届满前提出。申请鉴定的事项与待证事实无关联,或者对证明待证事实无意义的,人民法院不予准许"。如双方当事人仅对部分案件事实有争议,但一方当事人申请对全部案件事实进行鉴定,此时应当重点核查:(1)一方当事人申请鉴定的全部事项是否与待证事实之间均存在关联;(2)一方当事人申请鉴定的全部事项是否对证明待证事实有意义;(3)一方当事人申请鉴定的全部事项是否属于不通过司法鉴定手段就不能查清待证事实、非申请司法鉴定不可的。要避免出现以鉴定代替裁判的情况,如允许一方当事人随意扩大鉴定范围,超出争议范围进行鉴定,不仅会增加鉴定程序的人力、物力、时间成本,也使得审判权难以发挥应有的作用。在双方当事人仅对部分案件存在争议,但一方当事人申请对无争议部分案件事实也进行鉴定时,如法院通过审查双方提供的证据材料,运用逻辑推理、日常生活经验法则判断、法律规范推理、现场勘察、交易习惯推定、结合合同约定等方式就能够查明案件事实,应不予准许。如法院通过审查无法确定争议事实范围,则应准许全部事实的鉴定申请。

例如,(2023)黔01民终239号案中,关于鉴定范围是指具体对哪些事项进行鉴定的争议焦点问题,贵阳市中级人民法院认为,在确定鉴定对象后,即确定是对工程造价还是工程质量进行鉴定之后,还需要进一步明确鉴定范围,比如对于工程造价鉴定,是全面鉴定还是部分鉴定,如果是部分鉴定,应对哪一部分进行鉴定等。《建设工程司法解释(一)》第31条规定,"当事人对部分案件事实有争议的,仅对有争议的事实进行鉴定,但争议事实范围不能确定,或者双方当事人请求对全部事实鉴定的除外"。该条规定的"有争议的事实"即为鉴定范围。对有争议的事实如何确定,原则上首先尊重当事人的意思表示。该条规定"仅对有争议的事实进行鉴定",重心在于非必要、不全部鉴定,不倡导对全部案件事实进行鉴定,其目的在于降低诉讼成本,缩短诉讼时间,避免给当事人造成讼累。当事人不能就鉴定范围达成一致意见的,由申请鉴定一方当事人申请鉴定范围。该案中,范某某最初提交的鉴定申请载明鉴定范围为全案工程,一审法院亦按照该申请委托鉴定机构对全案工程鉴定。2022年6月15日范某某申请调整鉴定范围为"基础工程、零星计时工程和增加零星工程",2022年7月7日鉴定机构现场勘验时亦告知某某公司鉴定范围调整事宜。虽然某某公司嗣后提出反对意见,但是原审法院根据全案情况以及调整申请,将鉴定范围进行变更,并无不当。

## 第三十二条　鉴定申请责任的分配

> **第三十二条**
>
> 　　当事人对工程造价、质量、修复费用等专门性问题有争议,人民法院认为需要鉴定的,应当向负有举证责任的当事人释明。当事人经释明未申请鉴定,虽申请鉴定但未支付鉴定费用或者拒不提供相关材料的,应当承担举证不能的法律后果。
>
> 　　一审诉讼中负有举证责任的当事人未申请鉴定,虽申请鉴定但未支付鉴定费用或者拒不提供相关材料,二审诉讼中申请鉴定,人民法院认为确有必要的,应当依照民事诉讼法第一百七十条第一款第三项的规定处理。

### 工程总承包纠纷的可适用性

　　工程总承包模式可以直接适用本条。本条主要是法官释明权在建设工程领域的具体规定,以及法官释明后当事人出于各种原因未达到鉴定目的产生的后果,以及二审中再申请鉴定的处理。本条规定是指法院应当告知当事人鉴定的必要性,询问其是否申请鉴定[1],在法院告知释明后,当事人仍然不申请鉴定所产生的法律后果,总体上与民事诉讼法及其司法解释的规定保持一致。

　　工程总承包模式下,所涉纠纷案件也应适用本条规定,因此在工程总承包模式下可以直接适用本条的规定,这符合司法解释原意。

---

[1] 参见最高人民法院民事审判第一庭编著:《最高人民法院新建设工程施工合同司法解释(一)理解与适用》,人民法院出版社2021年版,第322页。

## 应 用

**(一) 本条第 1 款第 1 句是法官释明权与释明义务在建设工程领域的具体应用**

本条是建设工程领域司法解释中关于引导当事人举证的具体释明的规定。[①] 根据《民事诉讼法》第 79 条第 2 款的规定,"当事人未申请鉴定,人民法院对专门性问题认为需要鉴定的,应当委托具备资格的鉴定人进行鉴定",以及最高人民法院《关于民事诉讼证据的若干规定》第 30 条规定,"人民法院在审理案件过程中认为待证事实需要通过鉴定意见证明的,应当向当事人释明,并指定提出鉴定申请的期间。符合《最高人民法院关于适用〈中华人民共和国民事诉讼法〉的解释》第九十六条第一款规定情形的,人民法院应当依职权委托鉴定"。民事诉讼法及其司法解释,对民事诉讼领域的司法鉴定问题的法官释明权予以规定。此处的"应当释明",意味着释明对于人民法院来讲,既是权利也是义务。[②] 具体而言,法官有权根据自身心证的状况决定在什么情况下行使释明权,尊重法官根据案件事实查明需要选择何时、选择何种情况予以释明的自由。法官有查清事实的义务职责,释明是协助其查清事实的手段。但是也应当把握释明的尺度,不及时释明或释明不足,不利于查清事实;释明过度,可能会损害另一方的诉讼利益。在工程总承包模式下,同样适用释明权与释明义务的相关规定。

例如,(2018)最高法民申 5607 号案中,关于一审、二审程序中未释明鉴定是否违法的问题,最高人民法院认为,汉中市政府、汉中市旅发委的一审法院未释明对工程价款及质量进行鉴定,汉中市旅发委二审申请鉴定,二审法院未同意鉴定,程序违法的申请再审主张不成立。在一审时,天鼎公司作为原审原告起诉请求汉中市政府、汉中市旅发委、汉台区政府、汉台区旅发委支付拜将坛景区工程款利息。汉中市旅发委提出反诉,请求天鼎公司支付延误工期的合同违约金。一审法院依据双方均认可的汉中市财政局作出的《关于拜将坛景区项目竣工财务决算的批复》,审定天鼎公司承建的拜将坛景区工程造价为

---

[①] 参见阚林、李先伟:《法官释明权及其法律监督》,载《人民检察》2022 年第 17 期。
[②] 参见最高人民法院民事审判第一庭编著:《最高人民法院新建设工程施工合同司法解释(一)理解与适用》,人民法院出版社 2021 年版,第 328 页。

35832723.81元。该案在一审审理期间工程价款是明确的,本诉、反诉中均未涉及工程质量及工程价款存在异议的问题。虽然法律规定一审法院经审理认为就工程造价等问题需要进行鉴定的,应当向负有举证责任的当事人释明,但该案不存在需要法院释明的情形。二审时,汉中市旅发委书面申请造价鉴定。案涉工程竣工验收合格后,汉台区旅发委作为发包人委托汉中四方有限责任会计师事务所进行审计,并最终由汉中市财政局作出《关于拜将坛景区项目竣工财务决算的批复》,且工程价款已实际支付完毕。故二审法院对造价鉴定申请不予准许,并无不当,不存在程序违法的情形。

**(二)本条第1款第2句是"谁主张,谁举证"原则在建设工程纠纷鉴定领域的具体应用**

本条第1款第2句规定了,经法官释明后,当事人仍然未申请鉴定或者未缴费、未提供相关资料的后果。"谁主张,谁举证"是民事诉讼法的基本原理,《民事诉讼法》第67条第1款规定,"当事人对自己提出的主张,有责任提供证据",第68条第1款规定,"当事人对自己提出的主张应当及时提供证据"。当事人对自己提出的相关事实负有举证义务,如果当事人的举证需要通过司法鉴定的方式实现,则应当由负有举证义务的当事人申请进行鉴定。最高人民法院《关于民事诉讼证据的若干规定》第31条规定,"当事人申请鉴定,应当在人民法院指定期间内提出,并预交鉴定费用。逾期不提出申请或者不预交鉴定费用的,视为放弃申请。对需要鉴定的待证事实负有举证责任的当事人,在人民法院指定期间内无正当理由不提出鉴定申请或者不预交鉴定费用,或者拒不提供相关材料,致使待证事实无法查明的,应当承担举证不能的法律后果"。当事人逾期未申请鉴定,或者不预缴鉴定费、不提供鉴定材料导致鉴定程序无法开展的,应当视为其未完成举证义务,应当承担举证不能的后果。工程总承包模式下,如发包人或者工程总承包单位中负有举证责任的一方,申请鉴定但是又不按期缴纳鉴定费或者不提供工程材料,导致工程造价无法鉴定,应当承担举证不能的后果。

本条第1款第2句是民事诉讼证据规则在建设工程领域的具体规定。

**(三)本条第2款是关于一审中负有举证责任的当事人未申请鉴定,在二审中申请鉴定的处理**

对于一审中未申请鉴定或者未成功申请鉴定,在二审程序中申请鉴定的,法院应当对是否有必要鉴定进行审查。不能以一审未予以鉴定，而一概不予以准许。① 如果二审法院认为确有必要进行鉴定，则同意鉴定申请，直接进行二审改判，或者发回一审法院重审。在实践中，如果二审法院径行委托鉴定机构进行鉴定，此种情形下鉴定意见的质证未经过两审程序，不利于当事人审级利益的保护，因此一般情形下会发回重审，由一审法院重审，更利于当事人利益保护。双方当事人均愿意放弃审级利益同意二审法院直接委托鉴定的，二审才能委托鉴定。

例如，(2019)最高法民终 384 号案中，最高人民法院认为，《民事诉讼法》第 64 条第 1 款②规定，"当事人对自己提出的主张，有责任提供证据"。该案中，一建公司向泰斗公司主张工程款，应当就泰斗公司的应付款金额提供证据证明。一审法院综合两方面因素，向一建公司释明是否就已完工程造价申请司法鉴定，在一建公司不申请鉴定的情况下，让其承担不利后果并无不当。现一建公司在二审中提出鉴定申请，根据《建设工程司法解释（二）》第 14 条第 2 款"一审诉讼中负有举证责任的当事人未申请鉴定，虽申请鉴定但未支付鉴定费用或者拒不提供相关材料，二审诉讼中申请鉴定，人民法院认为确有必要的，应当依照民事诉讼法第一百七十条第一款第三项的规定处理"的规定，为进一步查清案件事实，确定工程价款，解决当事人纠纷，该案应发回重审进行工程造价鉴定。发回重审后，一审法院还应对已付工程款数额、进度款报送及支付情况等基本事实予以查明，以明确欠款数额，分清违约责任。故最高人民法院裁定撤销原判决，发回云南省高级人民法院重审。

再如，(2015)民一终字第 22 号案中，路桥建设公司在二审中申请最高人民法院依法委托司法鉴定机构进行工程造价鉴定。关于申请鉴定的期限及逾期后果，根据最高人民法院《关于民事诉讼证据的若干规定》第 25 条（已修改）的规定，一审法院中民事诉讼风险提示书对不按规定申请鉴定的后果作了明确的风险提示，路桥建设公司未向一审法院提出鉴定申请，其在二审中申请鉴定超过了申请鉴定的期限，且委托鉴定的资料须经发承包双方共同确认，而该公

---

① 参见最高人民法院民事审判第一庭编著：《最高人民法院新建设工程施工合同司法解释（一）理解与适用》，人民法院出版社 2021 年版，第 330 页。

② 现行《民事诉讼法》第 67 条第 1 款。

司提交的证明工程造价的证据不为中交第一公司、公路工程公司所认可,并缺乏证明力,故最高人民法院对路桥建设公司的鉴定申请不予准许。

**(四)本条整体上是关于法官释明权及释明义务、举证责任的分配以及不举证的法律后果的规定,均属于建设工程领域中民事诉讼规则的具体运用,工程总承包模式下同样也应当适用**

工程总承包模式下,同时涉及设计、采购、施工等多个环节。也可能存在设计和设备的鉴定问题,并不局限于施工环节。在设计或者设备环节可能涉及的鉴定问题,本条同样适用。在审理过程中同样也需要对鉴定的必要性进行审查。如果通过其他手段和方式能够对案件事实作出认定,则无须进行鉴定。此时,对于无须鉴定的案件,法官亦无释明义务。

例如,(2022)藏民再24号案中,西藏开投公司与电建贵州公司、电建西北勘测院于2019年4月1日签订了《西藏开投昌都能源基地20兆瓦牧光互补复合型光伏项目EPC总承包合同》,约定工程总承包范围。电建贵州公司与山东航禹公司签订《西藏开投昌都能源基地20MW牧光互补复合型光伏发电项目工程分包合同》,约定电建贵州公司将其承建项目中的部分工程内容分包给山东航禹公司。2019年6月,山东航禹公司与四川岳池公司签订案涉《工程分包合同》,约定以固定总价1500万元将山东航禹公司承建案涉工程中的部分工程分包给四川岳池公司。后因山东航禹公司有关四川岳池公司应向其支付保修期内设备毁损的更换、安装、调试费用646344元的请求发生争议。经一审、二审和再审。

山东航禹公司再审称,原一、二审法院以山东航禹公司提交的证据与涉案工程无关联性为由驳回山东航禹公司诉求存在程序违法,依据《建设工程司法解释(二)》(已失效)和《民事诉讼法》的相关规定及四川岳池公司工作人员彭某的录音自述中均可以看出,无论是依据新法还是旧法的规定,当事人对工程造价、质量、修复费用等专门性问题有争议的,人民法院均应当向负有举证责任的当事人释明,但该案未进行释明直接以无关联性为由驳回山东航禹公司的诉求程序违法。西藏自治区高级人民法院再审中,认为鉴于山东航禹公司为证明其上述诉请提交的相关证据已达到高度盖然性的证明标准,且已获得支持,故山东航禹公司就此提出的司法鉴定申请已无必要,不予支持。

## 依 据

**《民事诉讼法》**

第六十七条第一款 当事人对自己提出的主张,有责任提供证据。

第六十八条第一款 当事人对自己提出的主张应当及时提供证据。

第七十九条第二款 当事人未申请鉴定,人民法院对专门性问题认为需要鉴定的,应当委托具备资格的鉴定人进行鉴定。

**最高人民法院《关于民事诉讼证据的若干规定》(法释〔2019〕19号)**

第三十条 人民法院在审理案件过程中认为待证事实需要通过鉴定意见证明的,应当向当事人释明,并指定提出鉴定申请的期间。

符合《最高人民法院关于适用〈中华人民共和国民事诉讼法〉的解释》第九十六条第一款规定情形的,人民法院应当依职权委托鉴定。

第三十一条 当事人申请鉴定,应当在人民法院指定期间内提出,并预交鉴定费用。逾期不提出申请或者不预交鉴定费用的,视为放弃申请。

对需要鉴定的待证事实负有举证责任的当事人,在人民法院指定期间内无正当理由不提出鉴定申请或者不预交鉴定费用,或者拒不提供相关材料,致使待证事实无法查明的,应当承担举证不能的法律后果。

**《民诉法解释》(法释〔2022〕11号)**

第三百九十七条 审查再审申请期间,再审申请人申请人民法院委托鉴定、勘验的,人民法院不予准许。

## 判 例

### 案例32-1 (2021)冀民终82号

**案情介绍**

2011年10月30日,沧州中铁公司作为发包人与承包人海兴津港公司签订《沧州中铁装备制造材料有限公司240m² 烧结机工程总承包合同》,承包方负责沧州中铁240m² 烧结机工程的全部建设工作。总承包合同价格为人民币226300000元。该合同价格已包括了乙方总承包范围内的烧结工程的设计、设备与材料供货、土建施工、设备包装与运输、设备安装、单机调试的费用。

海兴津港公司在履行与沧州中铁公司的总承包合同过程中,将总承包合同中的部分工程交由鞍山七建公司施工。2014年8月18日,黄骅市人民法院经审理出具河北省黄骅市人民法院(2014)黄民初字第3899号民事判决书,鞍山七建公司系海兴津港公司承包的260m$^2$烧结机工程中所有土建工程和配料仓的钢结构工程及180m$^2$烧结机工程中除第一、第二混合室外的所有土建工程的实际施工人。

### 各方观点

鞍山七建公司向一审法院提出依法判令海兴津港公司与沧州中铁公司连带给付其工程价款52418289元及其逾期利息的诉讼请求。

海兴津港公司辩称,就案涉沧州180m$^2$及260m$^2$土建工程及部分钢结构工程已经向鞍山七建公司超额支付工程款,不存在欠付工程款及逾期利息问题。后一审法院驳回了鞍山七建公司全部诉讼请求。

### 法院裁决要旨

河北省高级人民法院认为,关于鞍山七建公司的工程款数额及利息问题。该案中海兴津港公司与沧州中铁公司签订了总承包合同,并在合同履行中将部分工程交由鞍山七建公司施工。但海兴津港公司与鞍山七建公司仅于2011年12月14日签订了一份合同价款为600万元,合同内容为沧州240m$^2$烧结工程混合制料、燃料破碎室等的土建工程、钢结构制作安装。虽然黄骅市人民法院经审理出具河北省黄骅市人民法院(2014)黄民初字第3899号民事判决书,认定:原告鞍山七建公司系被告海兴津港公司承包的260m$^2$烧结机工程中所有土建工程和配料仓的钢结构工程及180m$^2$烧结机工程中除第一、第二混合室外的所有土建工程的实际施工人;但海兴津港公司与鞍山七建公司始终未进行结算。鞍山七建公司要求按照海兴津港公司与沧州中铁公司签订的总承包合同中建安工程款总额1.52055亿元,扣除磁县一建公司与中国华冶科工集团公司两家分包单位的工程款即为其应得工程款的主张没有依据。鞍山七建公司与海兴津港公司均认可已支付工程款4450万元。海兴津港公司主张已经超付,且有过多次对账,但未形成最终结算,并陈述无法形成结算的理由是每次对账到最后计算出数额已超付,但鞍山七建公司最终拒绝签字,鞍山七建公司虽不认可超付的事实,但认可多次对账的事实。该案在实际工程量不能够确定,而工程价款无法确定的情况下,应依法进行鉴定,但原审中法庭多次释明,鞍山七建公司均明确予以拒绝。二审中经询问鞍山七建公司,其仍拒绝鉴定,故该案中因鞍山七建公司举证不能而导致工程款数额无法确定,故原审对于鞍山七建公司主张的工程款及利息不予支持并无不当。未来鞍山七建公司若有新证据可证明工程款数额可另行主张。

## 工程总承包纠纷适用的建议

(一)无论是处理施工总承包纠纷还是处理工程总承包纠纷,面对工程造价司法鉴定申请,法官均应当持审慎态度

工程总承包模式包括设计、采购、施工等多项工作,所产生的争议内容也具有多样化的特征。在适用本条时需要注意的是,为了避免司法资源的浪费,提高审判效率,并非所有争议都需要鉴定,对司法鉴定应采取慎用的态度。除非不鉴定不能查明相关事实,否则不应轻易启动鉴定,防止以鉴定代替法院审查的情况出现。

慎用鉴定需要做好本条与《建设工程司法解释(一)》第28条、第31条之间的衔接。具体体现在:

1.对于工程总承包的造价鉴定问题,工程总承包单位与发包人之间协议约定固定总价的,原则上不予鉴定,当然如果一方或双方当事人出现改变或未履行合同约定的标准或条件等情形,导致双方当事人之间出现重大利益失衡,则应允许鉴定。此部分在本书对《建设工程司法解释(一)》第28条的解读中已做论述,此处不再赘述。

2.对部分案件事实有争议的,仅对有争议的事实进行鉴定,但争议事实范围不能确定,或者双方当事人请求对全部事实鉴定的除外。

(二)司法鉴定的启动必须是"确有必要的"

对于本条第2款中"认为确有必要的"理解体现在以下两个方面:

一是指鉴定对于查清案件相关事实确有必要。在理解上可以参照本条第1款"认为需要鉴定"的规定,也是需要满足第1款的慎用鉴定原则。具体来讲,鉴定对于查清案件相关事实确有必要体现在两个方面:一方面,鉴定事项与足以影响判决结果的待证事实有关联性;另一方面,待证事实是不通过司法鉴定手段就无法查清的事实。

二是指鉴定对于案件处理确有必要。如果当事人在一审时虽然没有申请鉴定,但是不影响二审处理结果,则不属于确有必要。[①]

**(三)再审审查程序不发生鉴定**

同时,需要注意的是,本条不适用再审程序。《民诉法解释》第 397 条规定,"审查再审申请期间,再审申请人申请人民法院委托鉴定、勘验的,人民法院不予准许"。如当事人在再审审查期间提出鉴定,无论是否满足鉴定条件,对于当事人的鉴定申请都不予准许。

**(四)工程总承包模式下其他专门性技术性问题需要鉴定的也应遵守本条规则**

工程总承包项目相对施工总承包除了常规的施工工期、质量、价款争议,还会涉及设计成果是否符合国家标准和合同约定、工程竣工试验竣工后试验是否符合发包人要求或合同约定的功能(性能、产能等)、设备或工艺等是否符合标准及约定等相关专门性问题和技术性问题。在双方有争议无法达成一致的情况下,往往也需要通过诉讼程序委托专业机构给出鉴定意见,此时也应遵守本条的鉴定申请及举证责任分配规则。

---

① 参见最高人民法院民事审判第一庭编著:《最高人民法院新建设工程施工合同司法解释(一)理解与适用》,人民法院出版社 2021 年版,第 330 页。

## 第三十三条 鉴定主要内容及鉴定材料的质证

**第三十三条**

人民法院准许当事人的鉴定申请后,应当根据当事人申请及查明案件事实的需要,确定委托鉴定的事项、范围、鉴定期限等,并组织当事人对争议的鉴定材料进行质证。

### 工程总承包纠纷的可适用性

工程总承包模式可以直接适用本条。本条是司法鉴定的委托及材料质证相关规则在建设工程领域的具体体现。法院为了查明事实允许当事人鉴定申请后,应当首先确定鉴定的事项和范围,以确保鉴定事项范围与待证事实的关联性和必要性。为了提高审判效率,避免一方当事人利用鉴定程序恶意拖延案件审理期限或鉴定单位拖延鉴定,影响案件审理,法庭应同时根据鉴定事项和范围明确合理的鉴定期限。在诉讼审理鉴定过程中,法院应当组织当事人对鉴定材料进行质证,只有质证过的鉴定材料,才能作为鉴定的依据。鉴定材料经过质证,才能确保委托人向鉴定机构提交的鉴定材料的真实性、合法性,从而保障鉴定意见的真实性。工程总承包模式涉及大量的工程会议纪要、签证、函件等鉴定基础材料,只有对基础材料进行充分的质证,才能保障最终鉴定结果的真实性、合法性。工程总承包纠纷也应适用司法鉴定中的本条的相应规定。

### 应 用

(一)本条是对法院准许当事人鉴定后,应确定鉴定事项范围期限及鉴定材料质证的具体规定

适用本条时,应当重点关注以下问题。

1.关于鉴定的委托主体。《人民法院司法鉴定工作暂行规定》第2条规定,"本规定所称司法鉴定,是指在诉讼过程中,为查明案件事实,人民法院依据职权,或者应当事人及其他诉讼参与人的申请,指派或委托具有专门知识人,对专门性问题进行检验、鉴别和评定的活动"。在诉讼中委托进行的司法鉴定,无论是当事人申请的,还是人民法院依职权启动的,委托人均为人民法院。

2.关于鉴定的事项和范围。《人民法院司法鉴定工作暂行规定》第11条规定,"司法鉴定应当采用书面委托形式,提出鉴定目的、要求,提供必要的案情说明材料和鉴定材料"。通常理解,委托鉴定的事项包括鉴定范围、鉴定依据、鉴定期限等。本条款与司法鉴定规定、司法鉴定程序规范保持了一致。

3.关于鉴定的期限。最高人民法院《关于人民法院民事诉讼中委托鉴定审查工作若干问题的规定》第13条规定,"人民法院委托鉴定应当根据鉴定事项的难易程度、鉴定材料准备情况,确定合理的鉴定期限,一般案件鉴定时限不超过30个工作日,重大、疑难、复杂案件鉴定时限不超过60个工作日"。由此可见,鉴定日期不得超出60个工作日,这也是出于保障审判效率的考虑。

4.关于鉴定材料的质证。最高人民法院《关于民事诉讼证据的若干规定》第34条第1款规定,"人民法院应当组织当事人对鉴定材料进行质证。未经质证的材料,不得作为鉴定的根据"。最高人民法院《关于人民法院民事诉讼中委托鉴定审查工作若干问题的规定》第4条第1款也规定,"未经法庭质证的材料(包括补充材料),不得作为鉴定材料",即司法鉴定过程中,当事人应把材料提交给人民法院,人民法院组织诉讼当事人进行证据交换、质证后,再由人民法院提供给鉴定单位,鉴定机构不能从当事人处直接接收材料。[①]

**(二)工程总承包模式的争议更为复杂,纠纷也更常常涉及司法鉴定,本条同样适用于工程总承包模式**

本条是民事诉讼规则中,司法鉴定的委托及材料质证相关规则在建设工程领域的具体体现,也对鉴定材料的质证作出了具体安排。质证该如何理解?《民诉法解释》作出了定义,第104条第1款规定,"人民法院应当组织当事人围绕证据的真实性、合法性以及与待证事实的关联性进行质证,并针对证据有

---

[①] 参见最高人民法院民事审判第一庭编著:《最高人民法院新建设工程施工合同司法解释(一)理解与适用》,人民法院出版社2021年版,第342页。

无证明力和证明力大小进行说明和辩论"。简单理解，即对证据的"真实性""合法性""关联性"进行质证。真实性，即该证据能够反映案件真实情况，提供证据复印件的应当与原件核验一致；合法性，即来源和形式符合法律规定，应确保取得证据的途径合法、证据的形式合法；关联性，即与待证事实相关联，与待证事实不存在关联的证据材料不应当被采纳。工程总承包模式同样适用民事诉讼规则中关于鉴定的基本规则。如设计、设备材料、施工等环节中涉及鉴定，则对于鉴定所依据的证据材料，应当先交由法院经双方当事人的质证，只有对其真实性、合法性、有效性进行质证之后，方可作为鉴定材料的依据。鉴定结论出具后，双方当事人仍然可以就鉴定结论发表质证意见。

## 依 据

**《民诉法解释》（法释〔2022〕11 号）**

第一百零四条第一款　人民法院应当组织当事人围绕证据的真实性、合法性以及与待证事实的关联性进行质证，并针对证据有无证明力和证明力大小进行说明和辩论。

**最高人民法院《关于人民法院民事诉讼中委托鉴定审查工作若干问题的规定》（法〔2020〕202 号）**

4. 未经法庭质证的材料（包括补充材料），不得作为鉴定材料。

……

13. 人民法院委托鉴定应当根据鉴定事项的难易程度、鉴定材料准备情况，确定合理的鉴定期限，一般案件鉴定时限不超过 30 个工作日，重大、疑难、复杂案件鉴定时限不超过 60 个工作日。

……

**最高人民法院《关于民事诉讼证据的若干规定》（法释〔2019〕19 号）**

第三十四条第一款　人民法院应当组织当事人对鉴定材料进行质证。未经质证的材料，不得作为鉴定的根据。

**《人民法院司法鉴定工作暂行规定》（法发〔2001〕23 号）**

第十一条　司法鉴定应当采用书面委托形式，提出鉴定目的、要求，提供必要的案情说明材料和鉴定材料。

> **判 例**

### 案例 33-1　（2021）川 01 民终 7375 号

法院根据当事人的申请,结合双方争议事项,遵循必要性、关联性、鉴定范围最小化等原则合理确定鉴定事项。

#### 案情介绍

2015 年 9 月 11 日,发包人金控公司与承包人中铁十八局第四公司签订"天府国际花园一期"《建设项目工程总承包合同》,将天府国际花园一期项目 1#楼及裙楼、3#楼及裙楼发包给中铁十八局第四公司承建。2015 年 9 月 25 日,中铁十八局第四公司与青城公司签订《建设工程施工合同》,将 1#楼及裙楼、3#楼及裙楼转包给青城公司。2015 年 10 月 23 日青城公司与能全公司签订《劳务大清包施工合同》。

#### 各方观点

能全公司向一审法院提出诉讼请求判令青城公司向能全公司支付劳务费 1931062.50 元及资金利息 720000 元,中铁十八局第四公司、金控公司在欠付工程款范围内承担连带给付责任;青城公司、中铁十八局第四公司、金控公司共同向能全公司赔偿损失 8011994.30 元,能全公司就上述债权对涉案工程享有优先权。在诉讼中,能全公司为证明自己的诉讼请求申请对案涉工程依据《劳务大清包施工合同》完成的 24694.5m² 的修建工程在劳务合同约定单价中的工程价款的比例、2016 年 8 月 26 日至 2018 年 11 月 11 日停工期间能全公司租用架管、脚手架、扣件等产生的租赁费用损失、模板木方的最大使用量及申请人退场后就无法拆除部分申请鉴定,后鉴定公司出具鉴定结果。一审法院判决青城公司在一审判决生效后 10 日内向能全公司支付劳务费及赔偿损失款项合计 2090069.59 元。能全公司不服提起上诉,称鉴定机构的中天银鉴字 2020 第 6002 号的补正鉴定意见没有事实依据,违反了法律规定,主要涉及模方木材损失问题。鉴定机构在中天银 2020 第 6002 号工程造价鉴定意见书中擅自终止能全公司的鉴定请求第 4 项之"申请人退场后无法拆除部分架管、脚手架等材料金额"的鉴定,违反《司法鉴定程序通则》。

青城公司答辩称,一审判决认定事实清楚,适用法律正确,请二审法院维持原判。鉴定机构的资质、执业范围符合本案要求。鉴定程序和鉴定书文本均征询了双方意见操作合规,鉴定意见书的结论客观。能全公司上诉理由不能成立,应予驳回。

### 法院裁决要旨

二审程序中成都市中级人民法院认为,该案焦点之一是关于模板木方损失如何确定的问题。一是对中天银鉴字2020第6002号补正鉴定意见是否应予采信。《建设工程司法解释(二)》(法释〔2018〕20号)(已失效)第15条[①]规定,"人民法院准许当事人的鉴定申请后,应当根据当事人申请及查明案件事实的需要,确定委托鉴定的事项、范围、鉴定期限等,并组织双方当事人对争议的鉴定材料进行质证",即法院根据当事人的申请,结合双方争议事项,遵循必要性、关联性、鉴定范围最小化等原则合理确定鉴定事项。一审法院根据该案实际情况要求鉴定机构对鉴定意见予以补正并无不当。二是模板木方的损失是否应予分摊。一审法院按中天银鉴字2020第6002号补正鉴定意见确定的模板木方周转次数确定模板木方损失并无不当。

## 工程总承包纠纷适用的建议

**(一)注意本条与《建设工程司法解释(一)》第31条规定之间的衔接适用**

鉴定范围即人民法院应确定的有争议的事实范围,属于法院司法审判权的内容,如确定是对工程造价、工程质量进行全面鉴定还是部分鉴定。与《建设工程司法解释(一)》第31条一致,对本条进行适用时也应该始终如一地坚持"非必要不进行全部鉴定"的理念,人民法院进行适用时也应谨慎确定鉴定范围。当事人仅就部分案件事实有争议的,人民法院在确定鉴定范围时,应仅对有争议部分的事实进行鉴定;争议事实范围不能确定,或者双方当事人均请求对全部事实进行鉴定的,人民法院在确定范围时,应对全部事实进行鉴定。

**(二)考虑到工程总承包纠纷的复杂性,通过司法鉴定手段查明争议事实时,可适当突破规范要求,允许适当延长鉴定时间,保障鉴定质量**

工程总承包模式下,工程纠纷案件往往涉及多个环节,多个分包单位,鉴定事项复杂、多样,尤其区别于传统施工总承包模式,会涉及设计成果符合性、设

---

[①] 现为《建设工程司法解释(一)》第33条。

备和工艺的功能性能符合性、发包人要求符合性等方面的鉴定。在法院确定鉴定期限内或者法定期限60个工作日内,因鉴定事项涉及复杂、疑难、特殊的技术问题或者检验过程需要较长时间的,鉴定机构如果认为需要延长鉴定期限的,应当与人民法院协商确定,人民法院可视情况进行延长。

**(三)注意本条与《建设工程司法解释(一)》第34条的衔接适用**

人民法院应组织发包人和工程总承包单位对有争议的鉴定材料进行质证,即当事人应当把鉴定材料递交给人民法院,由法院组织证据交换,质证后,再把经过当事人证据交换、质证,即确定了真实性、合法性的材料,交给鉴定机构。[①] 未经质证的鉴定材料作为鉴定依据的,人民法院应当组织当事人对该部分材料进行质证。如果经质证不能作为鉴定依据,那么已经依据该材料作出的鉴定意见不得作为认定案件事实的依据。

---

[①] 参见最高人民法院民事审判第一庭编著:《最高人民法院新建设工程施工合同司法解释(一)理解与适用》,人民法院出版社2021年版,第343页。

## 第三十四条　鉴定意见的质证

> **第三十四条**
> 人民法院应当组织当事人对鉴定意见进行质证。鉴定人将当事人有争议且未经质证的材料作为鉴定依据的,人民法院应当组织当事人就该部分材料进行质证。经质证认为不能作为鉴定依据的,根据该材料作出的鉴定意见不得作为认定案件事实的依据。

### 工程总承包纠纷的可适用性

工程总承包模式可以直接适用本条。本条规定了鉴定意见应当质证的要求,以及鉴定材料提交程序不规范时,即在鉴定人根据未经质证的鉴定材料出具鉴定意见的情形下,法院应采取的程序上的补救措施及质证后的结果。本条属于鉴定意见及鉴定意见所依据的鉴定材料的质证规则在建设工程领域的具体运用。

在设计、采购、施工或者设计、施工的工程总承包模式下,建设项目的工期长、环节多且证据材料繁冗,对设计或者施工阶段相关争议进行鉴定时,为了保障鉴定意见的中立性与真实性,适用鉴定意见的质证规则尤为重要。当鉴定材料如会议纪要、签证、函件等被确定为出具鉴定意见的基础材料时,应当组织当事人对该部分材料进行质证,以此来确保鉴定意见所依据材料的真实性、合法性、关联性。

## 应 用

**(一) 鉴定意见未经质证或依未质证的材料作出的,丧失合法性基础,不得据以认定案件事实**

《民事诉讼法》第 81 条规定,"当事人对鉴定意见有异议或者人民法院认为鉴定人有必要出庭的,鉴定人应当出庭作证。经人民法院通知,鉴定人拒不出庭作证的,鉴定意见不得作为认定事实的根据;支付鉴定费用的当事人可以要求返还鉴定费用"。《民诉法解释》第 103 条第 1 款规定,"证据应当在法庭上出示,由当事人互相质证。未经当事人质证的证据,不得作为认定案件事实的根据"。结合上述民事诉讼法及其司法解释的规定,案件当事人可以对鉴定意见提出异议和进行质证,人民法院可以根据质证情况决定是否采纳鉴定意见。最高人民法院《关于民事诉讼证据的若干规定》第 34 条第 1 款规定,"人民法院应当组织当事人对鉴定材料进行质证。未经质证的材料,不得作为鉴定的根据"。将上述规定与《建设工程司法解释(一)》第 33 条衔接理解,未经质证的材料作为鉴定材料动摇了鉴定意见作出的合法性基础;未认证真实性、完整性的材料作为鉴定材料降低了鉴定意见作出的准确性。[①] 因此,鉴定意见依照未经质证的鉴定材料作出的,不得作为认定案件事实的依据。

例如,(2022)云 0925 民初 180 号案中,诉讼中,原告上海设计公司向双江拉祜族佤族布朗族傣族自治县人民法院提交鉴定申请,申请对原告上海设计公司交付的工作内容的工作量占合同总量中的比例进行评估。云南邦恒项目管理咨询有限公司于 2023 年 3 月 23 日出具邦恒鉴字 2023 第 3001 号工程造价鉴定意见书。法院依法组织双方当事人对鉴定意见进行了质证,但经法院审核,该鉴定意见中存在部分未经双方质证的材料,根据《建设工程司法解释(一)》第 34 条"人民法院应当组织当事人对鉴定意见进行质证。鉴定人将当事人有争议且未经质证的材料作为鉴定依据的,人民法院应当组织当事人就该部分材料进行质证。经质证认为不能作为鉴定依据的,根据该材料作出的鉴定意见不得作为认定案件事实的依据"之规定,云南邦恒项目管理咨询有限公司

---

① 参见最高人民法院民事审判第一庭编著:《最高人民法院新建设工程施工合同司法解释(一)理解与适用》,人民法院出版社 2021 年版,第 348 页。

作出鉴定意见所依据的附件2(AECOM公司提供资料清单即发送记录)、附件3(博物馆设计图及CAD图纸)、附件5(施工图CAD版)、附件6(云南勐库冰岛茶小镇展示中心设计计算书)、附件7(云南勐库冰岛茶小镇展示中心全专业图纸、结构全景图等)等材料在鉴定前均未进行质证,而在法院将举证责任分配给原告上海设计公司后,原告上海设计公司亦未能提交证据予以证明,故云南邦恒项目管理咨询有限公司将未经质证的材料作为鉴定依据而作出的邦恒鉴字2023第3001号工程造价鉴定意见书,违反了法律规定,因此,不予采信。

**(二)法院补正鉴定材料的质证程序后,鉴定意见是否能够作为认定案件事实的依据取决于鉴定材料的质证结论**

若已经出具的鉴定意见所依据的鉴定材料未经诉讼当事人质证,则法院可以补充对鉴定材料进行质证的程序。经质证程序后,如果人民法院认为部分材料具备真实性、合法性和关联性,能够作为鉴定资料,则不影响对于鉴定意见的采纳;如果人民法院认为该部分材料真实性存疑,或者存在其他情形,不能作为鉴定依据,则对根据该材料作出的相应的鉴定意见不予采纳,该鉴定意见不能作为认定案件事实的根据。

实践中,法院就依照未经质证的鉴定材料作出的鉴定意见开展补充质证程序的,由双方当事人对该部分材料进行质证,根据质证情况,作出是否采纳该部分鉴定意见的结论。

例如,(2022)湘08民终503号案中,针对鉴定意见及工程价款的争议焦点问题,张家界市中级人民法院认为,上诉人强调一审在质证后对有争议的证据材料未进行认定而交由鉴定机构作为鉴定依据,程序违法。根据最高人民法院《关于民事诉讼证据的若干规定》第34条第1款、《建设工程司法解释(一)》第34条相关规定,民事诉讼的质证,是指由诉讼当事人及其代理人就法庭上所出示的证据材料采取询问、辩驳、辨认、质疑、说明等方式,就证据的可采性和证明力等问题让法官产生内心确信的诉讼活动,质证是当事人提出证据和人民法院认定证据之间的一个关键环节,是人民法院审查核实证据最重要、最基本的方式。质证不包括人民法院对证据的认定,这从最高人民法院《关于民事诉讼证据的若干规定》关于"一、当事人举证;二、证据的调查收集和保全;三、举证时限与证据交换;四、质证;五、证据的审核认定;六、其他"的体例安排也可看出。根据前述司法解释,对鉴定材料的认定,不是送交鉴定前的必经程序。而即使未质证,《建设工程司法解释(一)》也就此在程序上予以了补救。一审已经组织质证,也根据双方的争议对相关的鉴定意见作出了评判,部分支持了湘粤公司的异议,上诉人提出的未对证据材料进行认定即交给鉴定机构属于程序违法的意见,二审法院不予采纳。上诉人提出其要求补充鉴定未获一审法院准许,且一审法院将其"补充鉴定"申请置换为"重新鉴定"申请。经查,湘粤公司申请补充鉴定的理由主要是认为鉴定材料不足、鉴定程序违法、涉嫌重复计算。张家界市中级人民法院认为,上述问题经质证后就相关鉴定意见依法予以处理即可,无须补充鉴定。

**(三)本条可适用于工程总承包纠纷**

本条是对鉴定材料质证规则的进一步规定,同时规定了鉴定材料未经质证情形下对鉴定意见的补救及后果。总体上仍然属于民事诉讼证据的规则在建设工程领域的运用,因此在工程总承包模式下也应当适用。

## 依 据

**《民事诉讼法》**

第八十一条 当事人对鉴定意见有异议或者人民法院认为鉴定人有必要出庭的,鉴定人应当出庭作证。经人民法院通知,鉴定人拒不出庭作证的,鉴定意见不得作为认定事实的根据;支付鉴定费用的当事人可以要求返还鉴定费用。

**《民诉法解释》(法释〔2022〕11号)**

第一百零三条第一款 证据应当在法庭上出示,由当事人互相质证。未经当事人质证的证据,不得作为认定案件事实的根据。

**最高人民法院《关于民事诉讼证据的若干规定》(法释〔2019〕19号)**

第三十四条第一款 人民法院应当组织当事人对鉴定材料进行质证。未经质证的材料,不得作为鉴定的根据。

## 判 例

**案例34-1 (2021)川01民终16652号**

对未经质证的鉴定材料可以通过补充质证完善程序。

**案情介绍**

2008年8月26日,中电西南公司(甲方)、建工公司(乙方)签订《建筑工程施工框架协议》,约定中电西南公司将塞内加尔的"达喀尔商务中心"项目的全部工程发包给建工公司承建,承包方式为工程总承包。2008年8月28日,建工公司作为甲方、李某作为乙方签订了《关于"塞内加尔达喀尔中央商务中心"项目个人承包协议书》,其中主要约定:根据建工公司与中电西南公司签订的《框架协议》以及《建工公司管理制度》的规定,由李某对塞内加尔达喀尔中央商务中心项目进行内部风险承包。2013年,李某以中电西南公司为被告、建工公司为第三人向法院提起诉讼,李某以实际施工人的身份要求中电西南公司支付其工程款、代购材料款32346226元。中电西南公司在一审应诉时未提出税费损失的抗辩,一审判决后,中电西南公司向四川省高级人民法院提起上诉,中电西南公司在上诉过程中提出了税费损失的抗辩,二审法院认为中电西南公司在一审中未提出扣减该项损失,其主张亦非二审审理范围,同时中电西南公司亦未提交证据证实其损失金额,故对中电西南公司的该项主张不予支持。2015年12月28日,四川省高级人民法院作出终审判决,判决中电西南公司向李某支付工程款4162653.54元、设备及材料代购款6148354.7元及利息。2019年10月24日,执行法院出具《执行完毕通知书》,载明前述案件中中电西南公司已履行完毕付款义务。截至该案审理终结时,李某仍未能履行开票义务,中电西南公司遂诉至一审法院。

一审法院依法委托四川卓翔税务师事务所对中电西南公司所主张的税费损失进行司法鉴定。

### 各方观点

李某、建工公司均提出鉴定报告依据的鉴定材料未质证,不能作为鉴定依据。对于25号鉴定报告后附的鉴定材料,因其部分材料与26号鉴定报告的材料一致,中电西南公司无异议,对于中电西南公司有异议的部分材料,因不影响对中电西南公司有异议的第四项鉴定意见的认定,故未质证不对结果产生实质性影响。建工公司虽对鉴定意见有异议,但对依据鉴定结论作出的判决结果并未提起上诉。

### 法院裁决要旨

成都市中级人民法院认为,参照《建设工程司法解释(二)》第16条①的规

---

① 现为《建设工程司法解释(一)》第34条。

定,对未经质证的鉴定材料可以通过补充质证完善程序。二审中,法院就两份鉴定报告后附的鉴定材料组织各方进行补充质证,各方针对两份鉴定报告及后附的鉴定材料充分发表了意见。虽然一审委托鉴定中存有程序瑕疵,但通过二审组织双方当事人对相关鉴定材料进行补充质证,充分保障了当事人在诉讼中的权利。经过审查鉴定依据、鉴定人员的鉴定资格,结合双方当事人发表的质证意见,鉴定报告依法应作为该案证据予以采信,一审依据26号鉴定报告确定中电西南公司就第二批货物符合出口退税条件及相应损失金额并无不当。李某对此提出的上诉理由、建工公司提出的反驳意见,缺乏证据支持,且与审理查明的事实不符,不能成立。

## 工程总承包纠纷适用的建议

(一)出现本条规定的"经质证认为不能作为鉴定依据的,根据该材料作出的鉴定意见不得作为认定案件事实的依据"情况时,还应考虑该材料对应的鉴定意见,是否在整体鉴定报告中可拆分

在处理工程总承包模式纠纷案件中,可能同时涉及总包纠纷、施工纠纷、设计纠纷、分包纠纷等,此时适用本条应当注意区分鉴定意见是否可以进行拆分,分为两种情况进行讨论:

1.如果鉴定意见可以拆分,经质证,部分材料不能作为证据材料,则该部分材料所对应的鉴定意见部分不作为认定案件事实的依据;其他可以被采纳作为证据的材料,其所对应的鉴定意见仍然可以作为认定案件事实的依据;

2.如果鉴定意见不可拆分,经质证,部分材料不能作为证据材料,则整体鉴定意见均不能作为认定案件事实的根据。

(二)注意本条与《建设工程司法解释(一)》第33条规定之间的衔接适用

需要注意的是,本条应当注意与《建设工程司法解释(一)》第33条的衔接关系,法院组织质证的前提条件是当事人对司法鉴定机构作出的鉴定意见所依据的基础证据材料有异议。如果当事人对鉴定材料本身无异议,即使鉴定机构依据的鉴定材料未经质证,此时法院也无须组织当事人另行对鉴定意见所依据的鉴定材料进行质证。

# 第六章

# 优先权问题

本章主要对工程总承包合同优先受偿权相关争议的法律适用进行探讨,主要涉及《建设工程司法解释(一)》第35条至第42条,相关内容可以分为五个部分:优先受偿权的主体与顺位、优先受偿权的行使条件、优先受偿权的行使范围、优先受偿权的行使期限与优先受偿权的放弃。

第一部分,优先受偿权的主体与顺位,对应《建设工程司法解释(一)》第35条至第37条。《建设工程司法解释(一)》第35条至第37条在工程总承包合同中可以参照适用:工程总承包商作为与建设单位直接订立合同的承包人,依法享有优先受偿权,而工程总承包项目中的分包人,则不享有优先受偿权;采用工程总承包模式的装饰装修工程的总承包商享有优先受偿权;建设工程采用工程总承包模式不会影响建设工程价款优先受偿权的效力顺位,建设工程价款优先受偿权优于抵押权和其他债权。

第二部分,优先受偿权的行使条件,对应

《建设工程司法解释(一)》第38条至第39条,可以在工程总承包合同中参照适用,工程总承包商请求行使优先受偿权,必须满足工程质量合格的条件。

第三部分,优先受偿权的行使范围,对应《建设工程司法解释(一)》第40条,可以在工程总承包合同中参照适用。第40条第1款"建设工程价款优先受偿的范围",应当结合工程总承包模式的承包范围和价格组成,包含勘察设计费、设备购置费和建安工程费等在内的全部的工程价款。

第四部分,优先受偿权的行使期限,对应《建设工程司法解释(一)》第41条,在工程总承包合同中可以参照适用,工程总承包商应自发包人应当给付建设工程价款之日起18个月内请求行使优先受偿权。

第五部分,优先受偿权的放弃,对应《建设工程司法解释(一)》第42条,在工程总承包合同中可以参照适用,工程总承包商可与发包人约定放弃或者限制建设工程价款优先受偿权,但放弃优先受偿权损害建筑工人利益的,放弃无效。

## 第三十五条 优先受偿的主体

> **第三十五条**
> 与发包人订立建设工程施工合同的承包人,依据民法典第八百零七条的规定请求其承建工程的价款就工程折价或者拍卖的价款优先受偿的,人民法院应予支持。

### 工程总承包纠纷的可适用性

该条对于工程总承包适用,与发包人订立工程总承包合同的工程总承包商享有工程价款优先受偿权。

**应 用**

**(一)工程总承包商作为与建设单位直接订立合同的承包人,其承包范围内的工程价款涉及建筑工人的权益保护,符合建设工程价款优先权制度设立的初衷,应当依法享有优先受偿权**

建设工程价款优先受偿权系我国在建设工程领域的特殊规定,项目工程是建筑工人劳动力物化的成果。工程价款优先受偿权的制度规范旨在对农民工等建筑工人的工资权益予以优先保护,但此项保护并非直接指向建筑工人的工资权益,而是以保护承包人的建设工程价款债权为媒介,间接保护建筑工人的权益。[①] 传统施工总承包模式下,司法裁判意见认为,施工单位工程款享有优先权,设计单位、勘察单位的设计费、勘察费不属于优先受偿权的范围。但建设

---

[①] 参见最高人民法院民法典贯彻实施工作领导小组主编:《中华人民共和国民法典合同编理解与适用》(第 3 册),人民法院出版社 2020 年版,第 2034 页。

工程若采用工程总承包模式(EPC/DB),工程总承包人不仅承接施工工作,还负责设计任务,并且负责大量的设备装置采购工作。针对工程总承包模式中的总承包商是否享有优先受偿权,《最高人民法院新建设工程施工合同司法解释(一)理解与适用》第35条的解读指出:"在上述各种总承包模式中,合同中约定设计费甚至勘察费应属于工程款的范围,而且一般与工程价款同时结算、同时支付。因而承包人可以就相关费用主张优先权。"[①]

**(二)工程总承包项目中的分包人,一般不享有建设工程价款优先受偿权**

工程总承包合同在履行过程中,工程总承包人可能对部分工作内容进行分包。此时分包人虽然直接参与工程建设,但一般情形下并不能享有工程价款优先受偿权。

根据本条司法解释,只有与发包人订立建设工程施工合同的承包人才有权行使建设工程价款优先受偿权。此处"发包人"应仅指项目的建设单位(或基于相关法律关系行使建设单位职能的法定主体),不应随意扩大解释。总承包人依据法律规定及实际施工需要进行合法分包后,分包人是与总承包人而非项目业主产生合同关系。若赋予分包人建设工程价款优先受偿权,会导致总包人或分包人均对同一工程主张折价或拍卖,不仅无法确定同一类型权利的优先顺位,而且将会对工程的施工、利用以及交易安全造成较大的损害。此外,分包人实际完成的工程量有限,在分包人只享有部分工程价款债权的情况下,赋予分包人越过总承包人与发包人就工程折价或者请求人民法院拍卖工程以优先实现分包人应得工程价款的债权,对承包人有失公平且不合理。

因此,分包人不享有工程价款优先受偿权。客观上,因为分包人的工程价款包含在工程总承包人的工程款之内,在赋予了工程总承包人优先受偿权的情况下,法律也无须再对分包人进行优先受偿权的特殊保护。

**(三)工程总承包模式中存在更为复杂的合作实施方式,针对可能存在的借用资质、转包、违法分包等情况,工程总承包模式下的实际施工人是否享有优先受偿权,实践中存在争议**

因为实际施工人并非本条司法解释规定的与发包人订立合同关系的承包

---

① 最高人民法院民事审判第一庭编著:《最高人民法院新建设工程施工合同司法解释(一)理解与适用》,人民法院出版社2021年版,第359页。

人,且实际施工人的产生建立在工程存在转包、违法分包、借用资质等违法情形的基础上,如果赋予违法的实际施工人工程价款优先权的法律保护,会导致对建筑行业的违法行为在客观上予以鼓励的现象发生,所以实际施工人原则上不享有优先受偿权。但在借用资质的情况下,尤其是在发包人同意或者认可挂靠存在的情形下,工程由挂靠人实际组织并进行了建设活动,完成了合同中约定的承包人义务,挂靠人实际实施了被挂靠人与发包人之间订立的合同,有观点认为挂靠人是实际上的承包人,因此应当享有建设工程价款优先受偿权。

就该问题在实践中存在的争议,在本条款【工程总承包纠纷适用的建议】部分展开论述。

## 依 据

### 《民法典》

**第八百零七条** 发包人未按照约定支付价款的,承包人可以催告发包人在合理期限内支付价款。发包人逾期不支付的,除根据建设工程的性质不宜折价、拍卖外,承包人可以与发包人协议将该工程折价,也可以请求人民法院将该工程依法拍卖。建设工程的价款就该工程折价或者拍卖的价款优先受偿。

### 《房屋建筑和市政基础设施项目工程总承包管理办法》(建市规〔2019〕12号)

**第十条第一款** 工程总承包单位应当同时具有与工程规模相适应的工程设计资质和施工资质,或者由具有相应资质的设计单位和施工单位组成联合体。工程总承包单位应当具有相应的项目管理体系和项目管理能力、财务和风险承担能力,以及与发包工程相类似的设计、施工或者工程总承包业绩。

## 判 例

### 案例35-1 (2019)最高法民申6085号

#### 案情介绍

2013年,安徽三建与蓝天公司签订《协议书》,约定由蓝天公司将案涉鼎辉时代城工程项目承包给安徽三建。2014年3月21日,安徽三建与钰隆公司签订《承包合同》,约定由钰隆公司全额承包案涉工程,管理费按工程款1.2%收取。此后,钰隆公司虽然不具有相应的施工资质,但对案涉工程进行了施工。

#### 各方观点

钰隆公司:原判决和一审判决均认定钰隆公司与蓝天公司之间存在直接的

法律关系,直到该案发生诉讼时,各方均没有解除合同。在此情况下,除非钰隆公司提起诉讼,要求蓝天公司以及安徽三建支付工程款,否则工程款尚未到支付时间。依照相关司法解释,钰隆公司对工程款就案涉工程享有优先受偿权。

安徽三建:发包人蓝天公司与实际施工人钰隆公司之间确实形成了事实上的建设工程施工法律关系。钰隆公司并不具备相应的建筑资质,系借用安徽三建资质进行施工。蒋某珍在承揽工程后设立了钰隆公司,然后与安徽三建签订承包合同,钰隆公司才以实际施工人身份介入该案工程。行使优先受偿权的主体仅限于与发包人订立施工合同的承包人,钰隆公司作为实际施工人不享有优先受偿权。

### 法院裁决要旨

在"没有资质的实际施工人借用有资质的建筑施工企业名义的"情况下,实际施工人和建筑施工企业谁是承包人,谁就享有工程价款请求权和优先受偿权。关系到发包人实际利益的是建设工程是否按照合同约定的标准和时间完成并交付到其手中,只要按约交付了建设工程,就未损害发包人的实际利益。但是否享有工程价款请求权和优先受偿权,直接关系到对方当事人的实际利益。事实上,是挂靠人实际组织员工进行了建设活动,完成了合同中约定的承包人义务。所以,挂靠人因为实际施工行为而比被挂靠人更应当从发包人处得到工程款,被挂靠人实际上只是最终从挂靠人处获得管理费。因此,挂靠人比被挂靠人更符合法律关于承包人的规定,比被挂靠人更应当享有工程价款请求权和优先受偿权。挂靠人既是实际施工人,也是实际承包人,而被挂靠人只是名义承包人,认定挂靠人享有工程价款请求权和优先受偿权,更符合法律保护工程价款请求权和设立优先受偿权的目的。在建设工程施工合同关系中,优先受偿权是为了保障工程价款请求权得以实现而设立的,而工程价款请求权又是基于合同关系产生的,所以,应受合同相对性的限制。在发包人同意或者认可挂靠存在的情形下,挂靠人作为没有资质的实际施工人借用有资质的建筑施工企业(被挂靠人)的名义,与发包人订立了建设工程施工合同。挂靠人是实际承包人,被挂靠人是名义承包人,两者与发包人属于同一建设工程施工合同的双方当事人。因此,认定挂靠人享有优先受偿权,并不违反法律和司法解释的规定。

## 案例 35-2 （2019）最高法民申 2852 号

### 📄 案情介绍

鑫科公司与中标人龙腾公司、东泉公司就该案诉争的永安山庄工程签订《建设工程施工合同》，但其后各方当事人并未实际履行该合同，而是由鑫科公司与陈某国签订《永安山庄后期工程施工承包合同》，由陈某国实际进行施工。鑫科公司向兴业列东支行提供抵押的房产和车位即是陈某国所承建的永安山庄后期工程项目 1#楼、3#楼、6#楼、9#楼、11#楼、12#楼、15#楼、17#楼的在建工程。2015 年 11 月 7 日，鑫科公司与陈某国签订《永安山庄后期工程工期确认单》，确认陈某国所承建的工程项目于 2015 年 10 月 31 日完工并交付鑫科公司。

### 💬 各方观点

陈某国：二审法院在认定《永安山庄后期工程施工承包合同》关于竣工以书面通知确认为准约定有效的前提下，却认定双方自行约定的书面竣工日期缺乏合同依据，否定鑫科公司与陈某国双方书面确认的竣工日期和结算日期，简单将备案表的时间认定为工程竣工验收时间的依据，进而作出撤销陈某国的工程款优先受偿权的判决是错误的。

兴业列东支行：永安山庄工程的承包人为东泉公司和龙腾公司，陈某国作为实际施工人不享有建设工程价款的优先受偿权。

### 📋 法院裁决要旨

就涉案工程而言，陈某国为借用资质的实际施工人。优先受偿权作为一种物权性权利，根据《物权法》（已失效）第 5 条"物权的种类及内容，由法律规定"[①]之物权法定原则，享有建设工程价款优先受偿权的主体必须由法律明确规定。而《合同法》（已失效）第 286 条[②]、最高人民法院《关于建设工程价款优先受偿权问题的批复》（已失效）第 1 条均明确限定建设工程价款优先受偿权的主体是建设工程的承包人，而非实际施工人。这也与《建设工程司法解释（二）》（已失效）第 17 条明确规定的建设工程价款优先受偿权的主体为"与

---

① 现为《民法典》第 116 条。
② 现为《民法典》第 807 条。

发包人订立建设工程施工合同的承包人"这一立法精神相契合。陈某国作为实际施工人,并非法定的建设工程价款优先受偿权的主体,不享有建设工程价款优先受偿权。

### 案例 35-3　(2019)最高法民申 2755 号

#### 案情介绍

2014 年 8 月 26 日,伊犁金鑫建筑公司与马某忠签订 3 份责任合同约定,由马某忠承建五金城项目一标段 1#A、1#B 楼,二标段 2#楼、16#地下车库,三标段 3#-15#楼,共 3 个标段项目。2014 年 10 月 27 日,经招投标程序,新疆鑫达房产公司(发包人)与伊犁金鑫建筑公司(承包人)分别签订 3 份施工合同,该 3 份合同约定的内容与上述责任合同的主要内容基本一致。

#### 各方观点

马某忠:马某忠系案涉工程的实际承包人,对工程价款应享有优先受偿权。马某忠实际享有并履行了承包人的各项权利义务,与新疆鑫达房产公司之间形成了事实上的发承包关系。

乌鲁木齐银行伊犁分行:马某忠主张对案涉房产享有优先受偿权的请求不应予以支持。基于无效合同主张优先受偿权不符合立法精神;马某忠亦不具备主张建设工程价款优先受偿权的主体资格;实际施工人可主张的权利并不包括建设工程价款优先受偿权。

#### 法院裁决要旨

案涉施工合同中的建设工程由马某忠施工,马某忠系案涉工程实际施工人。依据《合同法》(已失效)第 286 条[①]及《建设工程司法解释(二)》(已失效)第 17 条的规定,马某忠并非与发包人新疆鑫达房产公司签订建设工程施工合同的承包人。根据上述法律及司法解释的规定,二审法院认为马某忠作为实际施工人不享有建设工程价款优先受偿权,适用法律正确。

---

[①] 现为《民法典》第 116 条。

## 工程总承包纠纷适用的建议

**（一）联合体承接工程总承包项目的，联合体中不负责施工工作的成员方，如何享有和主张优先受偿权**

联合体模式下，联合体成员向发包人承担连带责任，共同承担承包人在建设工程项目中的责任。根据权责对等的原则，亦不应当剥夺联合体成员的优先受偿权。如限制除施工单位外其他联合体成员的优先受偿权，将会造成其他成员参与到联合体中后承担的责任风险增加，但是相应的权益没有改变的不对等局面。

此处的问题在于，联合体成员是否可以单独就其工程总承包合同下的债权向发包人主张优先受偿权。现行法律、司法解释并未对联合体成员能否单独起诉、起诉后应否追加其他联合体成员作为诉讼当事人作出具体规定，司法实践中各级各地法院裁判观点也不统一。

有的裁判观点认为工程总承包联合体成员可单独或以牵头人名义单独诉讼，进而在工程价款可拆分情形下，联合体成员只主张其工作内容部分，或者联合体其他成员明确表示不参与诉讼时，法院仅支持其就工作内容范围内所应得款项主张权利。例如（2022）闽07民终963号案中，永福公司作为联合体牵头方，与案外人新创公司作为联合体成员方与鑫浦公司签订《浦城鑫浦现代农业大棚光伏电站（一期20MWp）项目110KV升压站EPC工程合同》，其就案涉工程折价或者拍卖的价款优先受偿的主张得到了法院支持。但也有裁判观点认为工程总承包联合体成员应当共同进行诉讼。例如（2019）辽01民终8456号案中，沈阳市中级人民法院认为，《建筑法》第27条第1款已明确规定，"共同承包的各方对承包合同的履行承担连带责任"，因此，在规范的联合体承包模式下，如因承包合同产生纠纷，联合体各方应当共同作为原告或被告。

**（二）工程总承包项目中的实际施工人是否享有优先受偿权的争议**

1. 实际施工人不享有工程价款优先受偿权

《建筑法》《民法典》等法律法规均明文禁止转包，不应对实际施工人的违法行为客观上予以鼓励，认定其享有工程价款优先受偿权。最高人民法院对该问题的规定也较为明确，①实际施工人享有建设工程价款优先受偿权会造成司法实践混乱，例如在(2020)最高法民申 2858 号一案中，最高人民法院即认定，原判决未支持实际施工人关于市政府、城管局、环卫处应对工程款的支付承担责任的诉讼请求并无不当……只有与发包人订立建设工程施工合同的承包人，才能依照《合同法》第 286 条规定就工程折价或者拍卖价款优先受偿。吴某生不是与发包人订立建设工程施工合同的承包人，在请求案涉工程的价款时，依法不能对工程折价或者拍卖的价款优先受偿。

部分地方高级人民法院早年间发布且现行有效的地方司法文件仍存在实际施工人满足一定条件时，比如总承包人或转包人怠于行使工程价款优先受偿权时，法院对其提出的建设工程价款优先受偿权予以支持的规定，如浙江省高级人民法院《民事审判第一庭关于审理建设工程施工合同纠纷案件若干疑难问题的解答》第 22 条和安徽省高级人民法院《关于审理建设工程施工合同纠纷案件适用法律问题的指导意见》第 18 条的规定。但随着《建设工程司法解释(一)》的本条款的发布及近几年的司法审判实践发展，建设工程转包和违法分包关系下的实际施工人不享有优先受偿权已基本形成共识。

2. 例外情形——借用资质(挂靠)可能会被认定享有工程价款优先受偿权

实际施工人(挂靠人)借用施工企业(被挂靠人)资质承接工程并施工的，在发包人对借用资质不知情时，因发包人系善意方，发包人与挂靠人亦无建立建设工程施工合同的合意。在此情形下，挂靠人无直接向发包人主张工程价款的权利，附属于该权利的工程价款优先受偿权便当然不应享有。

而在发包人对借用资质事实明知的情形下，因发包人订立施工合同的合意对象为挂靠人，因此其与被挂靠人签订的施工合同无效，而与挂靠人之间成立事实上的施工合同关系。因工程的资金投入，人、材、机的组织均来源于挂靠人，而非被挂靠人，因此，在该情形下，挂靠人享有工程价款优先受偿权，符合法理和常理，例如前述案例 35 – 1(2019)最高法民申 6085 号一案的裁判观点。

---

① 参见最高人民法院民事审判第一庭编著：《最高人民法院新建设工程施工合同司法解释(一)理解与适用》，人民法院出版社 2021 年版，第 363 页。

## 第三十六条 优先受偿权的顺位

> **第三十六条**
>
> 承包人根据民法典第八百零七条规定享有的建设工程价款优先受偿权优于抵押权和其他债权。

### 工程总承包纠纷的可适用性

建设工程采用工程总承包模式不会影响建设工程价款优先受偿权的效力顺位,工程总承包合同纠纷可直接适用本条款。

### 应 用

本条依据原最高人民法院《关于建设工程价款优先受偿权问题的批复》(已失效)第1条的规定,人民法院在审理房地产纠纷案件和办理执行案件中,应当依照《合同法》第286条[①]的规定,认定建筑工程的承包人的优先受偿权优于抵押权和其他债权。

现行法律法规对于工程总承包人的工程价款优先受偿权的效力顺位,并未有特别规定。工程总承包模式同样作为一种工程组织实施方式,虽然在管理、协调、效率等方面有其独特之处,但在工程价款受偿的优先级上,工程总承包人并不会因该工程建设组织实施方式的特殊性而有差异。法律不会因为工程建设采用了工程总承包模式,就给予总承包人合同价款额外的权益保障或限制。

但同时,工程总承包商的建设工程价款优先受偿权的权利顺位要低于商品

---

① 现为《民法典》第807条。

房消费者的房屋交付请求权或价款返还请求权,即商品房消费者的房屋交付请求权或价款返还请求权优先于工程价款优先受偿权。该规定最早出现在2002年6月27日最高人民法院发布的《关于建设工程价款优先受偿权问题的批复》(法释〔2002〕16号,已失效)中,2023年4月20日最高人民法院发布的《关于商品房消费者权利保护问题的批复》(法释〔2023〕1号)再次明确了这一规定。上述规定反映了立法者对弱势群体权利的倾斜保护。司法实践中,有关建筑领域的各个主体保护优先顺序确定为:商品房消费者的房屋交付请求权或价款返还请求权＞建设工程价款优先受偿权＞抵押权＞其他普通债权。

### 依 据

**《民法典》**

第八百零七条  发包人未按照约定支付价款的,承包人可以催告发包人在合理期限内支付价款。发包人逾期不支付的,除根据建设工程的性质不宜折价、拍卖外,承包人可以与发包人协议将该工程折价,也可以请求人民法院将该工程依法拍卖。建设工程的价款就该工程折价或者拍卖的价款优先受偿。

**最高人民法院《关于商品房消费者权利保护问题的批复》(法释〔2023〕1号)**

二、商品房消费者以居住为目的购买房屋并已支付全部价款,主张其房屋交付请求权优先于建设工程价款优先受偿权、抵押权以及其他债权的,人民法院应当予以支持。

只支付了部分价款的商品房消费者,在一审法庭辩论终结前已实际支付剩余价款的,可以适用前款规定。

三、在房屋不能交付且无实际交付可能的情况下,商品房消费者主张价款返还请求权优先于建设工程价款优先受偿权、抵押权以及其他债权的,人民法院应当予以支持。

**重庆市高级人民法院《关于对最高人民法院〈关于建设工程价款优先受偿权问题的批复〉应如何理解的意见》(渝高法〔2003〕48号)**

你院关于审理购房消费者办理土地使用权证、房屋产权证历史遗留问题有关案件的情况汇报收悉,案件中大量出现购房消费者与抵押权人利益冲突的情况,即同一房屋既存在消费者获得房屋的请求权又存在抵押权人的优先受偿权。因对最高人民法院《关于建设工程价款优先受偿权问题的批复》(法释

〔2002〕16号）的理解不一致，出现了不同意见。经我院审判委员会研究认为，从该批复第一条、第二条的文义理解，应按购房消费者、承包人、抵押权人的顺序享有优先权，故购房消费者与抵押权人利益出现冲突时，人民法院应优先保护购房消费者的利益。

### 判 例

#### 案例36-1　（2021）最高法执复48号

**案情简介**

华强公司依据判决对新拓公司开发建设的"领先国际"城项目中的中央空调安装工程享有优先受偿权，向辽宁省高级人民法院申请要求参与对新拓公司的分配，并要求优先受偿。但辽宁省高级人民法院已裁定将案涉"领先国际"城项目大部分执行标的物抵债给申请执行人盛金公司。

**当事人观点**

华强公司：华强公司的案涉建设工程价款优先受偿权一直合法有效存续，其于辽宁省高级人民法院作出案涉财产抵债裁定之前，已向辽宁省高级人民法院提出参与分配且优先受偿申请。辽宁省高级人民法院理应对被执行标的物拍卖所得价款依法作出分配方案，并在分配方案中确认清偿顺序，保护华强公司优先受偿之法定权利。

**法院裁判要旨**

华强公司对"领先国际"城项目中的中央空调安装工程享有优先受偿权，清偿顺序上依法应当优先于盛金公司享有的抵押权。该案涉及多个债权人对同一被执行人申请执行，在华强公司执行依据依法有效的情况下，为保护华强公司的优先受偿权，执行法院在处置财产时，应当制作分配方案，确定华强公司在该处置财产中享有优先债权的范围及其优先顺位。

#### 案例36-2　（2023）琼民终628号

**案情简介**

就建工公司与琼海置业建设工程施工合同纠纷，法院判决建工公司以工程款为限，对琼海置业的案涉项目工程享有建设工程价款优先受偿权。后建工公司申请执行，但邢某某对执行标的物提出异议，法院作出中止执行裁定，建工公司遂起诉。邢某某主张725房系其本人购买,1321房系为其朋友王某龙购买,1920房系为其哥哥购买,邢某某表示若只能选择保留一套房屋,则会产生纠纷,无法选择保留哪一套房屋。

### 各方观点

建工公司:该案只能适用最高人民法院《关于人民法院办理执行异议和复议案件若干问题的规定》第29条的规定,而不能适用第28条的规定。

邢某某:因邢某某符合最高人民法院《关于人民法院办理执行异议和复议案件若干问题的规定》第28条的规定,故其对725房享有足以排除强制执行的民事权益。

### 法院裁决要旨

首先,在建工公司对执行标的享有建设工程价款优先受偿权的情形下,邢某某作为案外人对案涉725房、1321房、1920房享有的权益,如要对抗已被生效判决确认的建设工程价款优先受偿权的优先地位,必须符合最高人民法院《关于商品房消费者权利保护问题的批复》第2条的规定。一审判决认定该案可以选择适用最高人民法院《关于人民法院办理执行异议和复议案件若干问题的规定》第28条不当,法院予以纠正。其次,判断消费者购买房屋是否系用于满足家庭基本居住生活需要应根据消费者购买房屋的具体用途来确定,如果消费者购买房屋的具体用途是用于家庭基本居住,那么可根据房屋的面积确定该房屋是否属于满足家庭基本居住生活需要的范畴之内。邢某某主张其购买的3套房产中,有一套房产系为自己家庭购买,另外两套房产系代他人购买。在725房已确定作为解决邢某某基本居住权的情况下,其购买的另外两套房屋便不再享有商品房消费者物权期待权,仅享有不动产买受人的普通物权期待权。就该案所涉的实体权利优先权顺序排位,依次为商品房消费者物权期待权→建设工程价款优先受偿权→不动产买受人的普通物权期待权,邢某某就1321房、1920房不能对抗建工公司享有的建设工程价款优先受偿权,不享有足以排除强制执行的民事权益。

## 工程总承包纠纷适用的建议

关于建设工程价款优先受偿权的优先级问题,最高人民法院最早在2002

年 6 月 27 日施行的《关于建设工程价款优先受偿权问题的批复》(已失效)中作出了相关规定。随着《民法典》的制定和实施,司法解释也做出整合和调整,对最高人民法院《关于建设工程价款优先受偿权问题的批复》予以废止,相关内容调整后纳入了新的司法解释。《建设工程司法解释(一)》第 36 条明确规定,承包人根据《民法典》第 807 条规定享有的建设工程价款优先受偿权优于抵押权和其他债权。但承包人在行使建设工程价款优先受偿权时须注意下列特殊情况。

(一)建设工程价款优先受偿权劣后于特定情形下商品房消费者的交房请求权或价款返还请求权

2023 年 4 月 20 日,最高人民法院发布实施了《关于商品房消费者权利保护问题的批复》。该批复继承了最高人民法院《关于建设工程价款优先受偿权问题的批复》(已失效)中关于建设工程价款优先受偿权与商品房消费者权利的先后顺位的规定,并在原有规定的基础上进行了调整。

1. 以居住为目的购买房屋并已支付全部价款的商品房消费者享有的房屋交付请求权优先于建设工程价款优先受偿权

商品房消费者的房屋交付请求权优先于建设工程价款优先受偿权,需要满足两个条件:

其一,以"居住"为目的购买商品房。实际上,从使用"消费者"这一概念来看,法律予以优先保护的仅是为生活消费需要购买商品房的购房者,而商品房所具备的生活消费特性也就是"居住"。如果是以投资之类的目的而购买商品房,将不符合法律优先保护的本意。

其二,必须是已经支付了全部价款。对于已经支付了部分房款、尚未支付完毕的,只要在一审法庭辩论终结前支付完剩余房款,其权利仍然优先于建设工程价款优先受偿权。

2. 在房屋不能交付且无实际交付可能的情况下,商品房消费者享有的价款返还请求权优先于建设工程价款优先受偿权

在房屋不能交付且已经没有交付的可能性时,解除购房合同并要求返还购房款便成了商品房消费者的唯一救济渠道。除要求属于"商品房消费者"之外,证明与认定"无实际交付可能"是主张价款返还请求权优先于建设工程价款优先受偿权的关键。

## (二) 建设工程价款优先受偿权在破产程序中的清偿顺位

承包人如不享有建设工程价款优先受偿权,则根据《企业破产法》的规定,只能作为普通债权进行申报,而在普通债权之前,需要优先清偿各类有财产担保的债权、破产费用、共益债务以及工资、税款等,此时承包人的工程款普通债权很可能将无法收回。如果承包人享有建设工程价款优先受偿权,则根据《建设工程司法解释(一)》第 36 条的规定,建设工程价款优先受偿权优先于抵押权和其他债权,也就是说,即便在破产程序中,对特定财产享有担保的权利人,例如对发包人的在建工程享有抵押权等的权利人,其清偿顺序也应当劣后于享有建设工程价款优先受偿权的工程款债权人,而破产费用、共益债务及破产企业所欠的职工工资、税款等,当然也都劣后于享有建设工程价款优先受偿权的工程款债权,这对于保障承包人的工程款债权的实现具有重大意义。

《民法典》第 807 条和《建设工程司法解释(一)》第 35 条、第 36 条规定了承包人对建设工程折价或拍卖的价款具有的优先受偿权,优先于抵押权和其他债权。当发包人进入破产程序后,建设工程价款的债权人亦可根据上述规定在破产程序中主张优先受偿权。但在操作上需要注意以下问题:一是需要明确主张自己享有建设工程价款优先受偿权。最高人民法院在(2020)最高法民申 2592 号案中即认定:"当事人未明确主张自己享有建设工程价款优先受偿权的情况下,其所主张的权利仅能视为普通债权。本案中,顺达公司 2017 年 1 月 3 日申报案涉工程债权,但并未明确主张建设工程价款优先受偿权,故其申报债权的行为只能视为其主张普通债权的行为,不能产生法定优先权的效果。"二是应先向破产管理人申报债权并主张工程价款优先受偿权。《全国法院民商事审判工作会议纪要》第 110 条第 3 款规定:"人民法院受理破产申请后,债权人新提起的要求债务人清偿的民事诉讼,人民法院不予受理,同时告知债权人应当向管理人申报债权。债权人申报债权后,对管理人编制的债权表记载有异议的,可以根据《企业破产法》第 58 条的规定提起债权确认之诉。"因此,在法院受理发包人的破产申请后,总承包人应当先依前置程序向发包人的管理人申报该笔工程款债权并主张工程价款优先受偿权,在对发包人的管理人核查确认债权持有异议后,再依法提起破产债权确认诉讼,主张建设工程价款优先受偿权。

**(三)先抵押工地后建工程,工程价款优先受偿权不及于土地价值**

实践中不乏开发商拿地后为回笼资金,先将国有建设用地使用权抵押给金融机构,之后又在该土地上新建房产,工程总承包人和抵押权人分别享有建筑物的优先受偿权和土地的抵押权。依据《民法典》第356条、第357条的规定,建设用地使用权转让的,附着于该土地上的建筑物、构筑物等一并处分,建筑物、构筑物等转让的,其所占用范围内的建设用地使用权一并处分。因此,即便房地分属不同权利人,在处置程序中,也应遵循一并处分的原则,以使受让人取得完整的土地使用权。但《民法典》"房地一体"的规定应当理解为针对处置环节,而不能将建筑物与土地使用权理解为同一财产。《民法典》第807条虽然规定了承包人可就建设工程折价或者拍卖的价款优先受偿,但建设工程的价款是施工人投入或者物化到建设工程中的价值体现,法律保护建设工程价款优先受偿权的主要目的是优先保护建设工程劳动者的工资及其他劳动报酬,维护劳动者的合法权益,而劳动者投入建设工程中的价值及材料成本并未转化到该工程占用范围内的土地使用权中。正如最高人民法院在(2019)最高法执监470号案中认为上海市第二中级人民法院基于"房地一体"原则对涉案在建工程及其占用范围内的土地使用权进行整体拍卖,符合法律规定,但也应当对权利人分别进行保护。以涉案房地产应一并处置为由,认定承包人享有的工程款优先受偿权及于涉案土地使用权缺乏法律依据。

简言之,实务中若有土地先抵押后建工程的情形,此时总承包人享有的工程款优先受偿权并不及于建设工程占用范围内的土地使用权,在对涉案房地产进行整体拍卖后,应当对涉案在建工程和土地使用权的价值分别确定,建设工程价款优先受偿权人应当仅就建设工程的拍卖价款优先受偿。

## 第三十七条 装饰装修价款的优先受偿权

> **第三十七条**
>
> 装饰装修工程具备折价或者拍卖条件,装饰装修工程的承包人请求工程价款就该装饰装修工程折价或者拍卖的价款优先受偿的,人民法院应予支持。

### 工程总承包纠纷的可适用性

工程总承包模式的装饰装修工程项目可以直接适用本条。

**应 用**

根据住建部于2018年发布的《建筑装饰装修工程质量验收标准》(GB 50210-2018),建筑装饰装修指的是为保护建筑物的主体结构、完善建筑物的使用功能和美化建筑物,采用装饰装修材料或饰物,对建筑物的内外表面及空间进行的各种处理过程。通常包括抹灰、外墙防水、门窗、吊顶、轻质隔墙、饰面板、饰面砖、幕墙、涂饰、裱糊与软包、细部等工程内容。

工程总承包项目不仅涵盖了主体结构的建设,而且通常会将装饰装修工程的相关内容也一并纳入其中,交由总承包人进行设计和施工。这种一体化的承包方式,确保了工程的连贯性和协调性,提高了整体项目的执行效率。由于装饰装修工程是总承包项目的一部分,总承包人在完成其承包任务时,自然也包括了对装饰装修工程的执行。基于这一逻辑,总承包人就其承包的装饰装修工程享有相应的建设工程价款优先受偿权,这既是对总承包人权益的合理保护,也是确保工程项目顺利推进的重要保障。

实践中,诸如大型酒店、商场的翻新改造项目等单独发包的装饰装修工程也会倾向于采取如设计施工一体化等工程总承包模式,早在2006年,原建设部《关于印发〈建筑智能化工程设计与施工资质标准〉等四个设计与施工资质标准的通知》(建市〔2006〕40号,已失效)提出,为了减轻企业负担,推进专业工程总承包发展,加强对建筑市场的监管,结合有关专业工程的具体情况规定了建筑装饰装修的设计与施工一体化资质。建筑装饰装修的设计与施工一体化资质虽然在2015年基于国家深化行政审批制度改革工作要求中被取消,但是建筑装饰装修工程采用工程总承包模式发包的市场需求仍客观存在,针对装饰装修工程的总承包人是否享有优先受偿权的问题也可直接适用本条司法解释。但对于本条款的"装饰装修工程具备折价或者拍卖条件"的理解及应用则是司法实践中的难点,后面【工程总承包纠纷适用的建议】部分将对此进行简要分析。

　　此外,应注意到的是,本条款除对装饰装修工程承包人行使优先受偿权进行一般性规定外,未对装饰装修工程优先受偿权的行使期限、优先受偿范围作特殊性规定,基于体系解释的角度,应认为关于建设工程优先受偿权行使期限、优先受偿范围的规定适用于装饰装修工程优先受偿权。

### 依　据

**《湖南省高级人民法院关于审理建设工程施工合同纠纷案件若干问题的解答》(湘高法〔2022〕102号)**

　　十九、如何理解《最高人民法院关于审理建设工程施工合同纠纷案件适用法律若干问题的解释(一)》第三十七条装饰装修工程承包人主张优先权应具备的折价或者拍卖条件?

　　装饰装修的承包人就建设工程价款主张优先受偿权应具备折价或者拍卖条件,应理解为装饰装修的承包人就建设工程价款主张优先受偿权的同时应举证证明案涉装饰装修工程可单独评估且与其他工程一并拍卖。

### 判　例

**案例37-1　(2022)川1825民初284号**

**案情简介**

　　2018年,被告二郎山旅游公司就天全慈朗湖酒店装修工程(EPC)设计施工总承包工程进行招标。经过招投标程序后，原告洪业装饰中标。二郎山旅游公司向洪业装饰发出中标通知书，双方订立《慈朗湖酒店装修工程（EPC）设计—施工总承包合同》。合同签订后，洪业装饰按合同约定对案涉项目开展设计、施工、采购工作。2019年1月18日，案涉项目竣工验收合格。天全县财政评审中心对案涉装修工程招标控制价进行评审，二郎山旅游公司委托华审公司对案涉工程进行竣工结算造价审核，因洪业装饰对审核结果有异议，遂起诉。

### 各方观点

洪业装饰：根据《民法典》第807条及《建设工程司法解释（一）》第37条、第38条的规定，洪业装饰作为承包人有权要求确认其在二郎山旅游公司欠付款项范围内对该项目的建设工程价款享有优先受偿权。

二郎山旅游公司：优先受偿权不应在该案中处理，应在执行阶段处理。

### 法院裁决要旨

依据《建设工程司法解释（一）》第37条的规定，洪业装饰要求在二郎山旅游公司未付工程款范围内对案涉工程的拍卖、变卖所得价款享有优先受偿权，符合法律规定。洪业装饰要求逾期付款利息也享有优先受偿权，不符合法律规定。

## 案例37-2　（2022）粤0112民初29779号

### 案情简介

2021年，锦程公司（发包人）与电白一建（承包人施工方）、华南创图设计有限公司（承包人设计方）签订《中核创新技术产业研究院（广州）分院（筹）产业基地项目设计施工（EPC）总承包》。电白一建于2021年9月7日发出工程款申请单，其中施工单位申报意见载明"A2栋19层室内装修及安装工程量，8月现场施工进度已完成70%"。2021年10月18日，电白一建向锦程公司发送律师函，载明电白一建已经进场施工两个多月，装修项目完成工程量总造价已达1038284.08元，要求锦程公司与电白一建结算已完成工程量款项等内容。

### 各方观点

电白一建：锦程公司拒绝向电白一建支付工程款以及另行分包的行为已构成根本违约，有权就其所主张的工程款对中核创新技术产业研究院（广州）分院（筹）产业基地项目设计施工（EPC）总承包项目的折价或拍卖、变卖价款享有优先受偿权。

锦程公司：电白一建应当向该物业权利人广州市黄埔区萝岗街萝岗社区经济联合社、出租人广州至泰投资有限责任公司以及其他相关场地占用人主张相关案涉款项。

### 法院裁决要旨

依据《建设工程司法解释（一）》第37条、第39条的规定，电白一建的装修工程虽然未全部竣工，但是锦程公司并未对已完成工程质量提出异议，故推定工程质量合格，故电白一建可就其主张的工程款对中核创新技术产业研究院（广州）分院（筹）产业基地项目设计施工（EPC）总承包项目的折价或拍卖、变卖价款享有优先受偿权。

## 工程总承包纠纷适用的建议

装饰装修工程附着于建筑物系其固有属性，因此装饰装修工程通常无法单独折价、拍卖。司法实践中，存在部分判决因装饰装修工程已与主体工程构成添附、无法单独分割，就认定该装饰装修工程不具备折价或拍卖条件，因而承包人不享有优先受偿权的情形。这实则是将装饰装修工程单独折价、拍卖视作承包人行使优先受偿权的前置条件，这种理解将导致单独的装饰装修工程的承包人几乎无法实际享有优先受偿权，相关司法解释规定将失去适用空间。此外，还有部分法院会忽略对"装饰装修工程具备折价或拍卖条件"的认定，在审查合同关系、优先受偿权的行权期限后不考虑操作性，直接判决承包人对该装饰装修工程折价或者拍卖的价款享有优先受偿权，此类判决看似确定了承包人享有优先受偿权，但判决书在执行过程中会面临装饰装修项目无法折价或拍卖的情形，导致无法强制执行。

《建设工程司法解释（一）》并未对装饰装修工程具备哪些条件可以被折价或拍卖作出明确规定，导致在实务中，对这一条件的理解、举证、认定存在一定的难度和争议。结合相关法律法规及司法实践，笔者建议对"装饰装修工程具备折价或拍卖条件"这一条件可做如下理解：

首先,审查装饰装修工程所依附的建筑物是否属于"不宜折价或拍卖"的建筑物。装饰装修工程一旦完工,即依附于建筑物,通常不能单独折价,也不能单独拍卖,只能同建筑物整体处分。因此,其装饰装修工程所依附的建筑物属于"不宜折价或拍卖"的,装饰装修工程的承包人不享有优先受偿权。司法实践中以下两类的建筑物会被认定为属于不宜折价或拍卖:一类是法律规定具有特殊社会性质的建筑物,比如具有公益性质的建筑,如国家机关办公楼、城市及乡村的社会公益设施、军事设施、机场、车站等。另一类是没有法定建设手续或质量不合格的建筑物,比如未办理建设工程规划许可证的违法建筑、工程质量不合格且无法修复的建设工程。

其次,审查装饰装修工程发包人是否为建筑物所有权人。因为依附于建筑物的装饰装修工程,通常应当与建筑物一并折价或拍卖,如果装饰装修工程的发包人不是建筑物所有权人,仅因装饰装修工程价款未按照合同约定支付便要求对建设工程整体进行处分,那么承包人请求折价或拍卖时就侵害了建筑物所有权人的合法权益,如此做法不利于维护各方的合法利益。

最后,审查装饰装修工程是否可以单独评估,其所依附的整体工程是否可一并折价或拍卖,如该项目整体工程因欠付总承包单位工程款或其他因素而被申请拍卖,则这种情况下装饰装修工程的承包人可申请对装饰装修工程单独评估并就该部分价款优先受偿。

综上所述,依据本条款的规定精神,法院应先对案涉装饰装修工程是否具备折价或拍卖条件作出判断,并应按照《人民法院民事裁判文书制作规范》第三部分关于"裁判主文内容必须明确、具体、便于执行"的要求,明确优先受偿权的范围是针对装饰装修工程,而非就整体工程或装饰装修工程承包人承包范围以外的工程拍卖或折价的价款优先受偿。

## 第三十八条 建设工程质量合格的可主张优先受偿权

> **第三十八条**
>
> 建设工程质量合格,承包人请求其承建工程的价款就工程折价或者拍卖的价款优先受偿的,人民法院应予支持。

### 工程总承包纠纷的可适用性

本条原则上也适用于工程总承包模式。无论是工程总承包还是施工总承包模式,承包人请求行使工程价款的优先受偿权,必须首先要满足工程质量合格的要求,如工程质量不合格,则承包人不享有工程价款的请求权基础,也就谈不上享有优先受偿权。但在工程总承包模式下,工程质量合格的内涵,可能还涉及工程总承包的《发包人要求》。

### 应用

无论是传统施工总承包项目,还是工程总承包项目,工程价款优先受偿权的行使前提均是承包人有权要求发包人支付工程款。而发包人支付工程款的对价基础是建设项目质量合格。因此,建设项目质量合格是承包人行使工程价款优先受偿权的必要条件,是理所应当之义。

在施工总承包模式中,工程质量标准一般主要指承包人完工移交的建设项目在安全承载、结构稳固方面能满足国家规定的强制性标准与设计文件载明的要求,因此判定传统施工建设项目的质量状况是否合格通常是通过竣工验收程序检验建设项目质量是否合格。司法审判实践中对于未中途解除合同的工程项目,通常结合中间过程验收程序、分部分项验收程序、单体工程验收程序、隐蔽工程验收程序、进场材料/进场设备的检验签收程序形成的过程验收记录或工程确认单来评判建设项目质量是否合格。

工程总承包建设项目的质量标准除要求工程实体本身满足安全承载、结构稳固的国家强制规定或设计文件特别规定的建筑质量标准外,根据双方约定有时还会要求涉及项目运转时的功能、性能、产能、效能满足《发包人要求》设定的参数标准。工程总承包的《发包人要求》,往往需要通过历经一段合理期间的通电、联动、投料试运行程序去观察、检验总承包人完工移交的建设项目以及安装完成的装置设备是否满足《发包人要求》,而启动通电、联动、投料试运行程序的必备前提是建设项目已经依照设计文件的要求全部完工,应当安装的设备装置已经全部安装调试完毕,对于一些冶金、化工等工业类项目,往往是在竣工试验、竣工后试验满足《发包人要求》后才进行竣工验收的。因此,仅凭借项目完工之前形成的过程验收记录、分部分项验收记录、单体工程验收记录、隐蔽工程验收记录、进场材料设备清点检验记录不能评判建设项目是否满足《发包人要求》设定的功能目的、性能参数、产能目标与效能标准,进而满足合同约定的质量标准。但是并不意味着工程总承包项目的质量没有符合《发包人要求》的,承包商就没有价款请求权及优先受偿权。如果建设工程质量符合国家验收标准,但没有完全达到《发包人要求》的产能、性能目标,发承包双方之间能够通过减少价款、承包商承担违约责任等方式实现发包人投资建设生产效益时,发包人还是有义务支付相应工程价款的,承包商应当就该部分工程价款享有优先受偿权。尤其是竣工后试验阶段发现项目不能满足或实现《发包人要求》的,此时按照建设程序,已经完成并通过了竣工验收,承包人有权以质量合格为由主张价款及优先受偿权,但是就其未满足《发包人要求》的违约行为,发包人有权要求承包人承担违约责任,如导致发包人合同目的无法实现,发包人有权解除合同并要求返还已付工程款。

### 依 据

**《民法典》**

**第八百零七条** 发包人未按照约定支付价款的,承包人可以催告发包人在合理期限内支付价款。发包人逾期不支付的,除根据建设工程的性质不宜折价、拍卖外,承包人可以与发包人协议将该工程折价,也可以请求人民法院将该工程依法拍卖。建设工程的价款就该工程折价或者拍卖的价款优先受偿。

### 判 例

**案例 38-1　(2016)皖 11 民终 1150 号**

#### 案情介绍

2013 年 4 月,凌志公司作为承包人承包了某垃圾填埋场 EPC 工程,合同约定工程费用 880 万元;渗滤液处理站日处理能力为 300 吨,净出水率不低于 70%,出水不低于 210 吨,水质达到规范标准。2015 年 3 月,该工程通过了竣工验收和环保验收。工程投入运行后,该工程的处理能力以及水质未达到合同约定标准,凌志公司为解决水质问题增加投入了 231 万元。之后,合同双方就工程款结算以及工程处理能力以及水质不达标的责任承担问题未能达成一致,滁州市环卫中心向法院提起诉讼,要求凌志公司承担质量不符合合同约定标准的赔偿责任;凌志公司提起反诉,要求支付工程款。

#### 各方观点

凌志公司:案涉工程已经通过环保验收,说明凌志公司提供的相关设备及工程在原水水质符合环评及合同约定的情况下能够达到合同目的,相关设备及工程是合格产品及合格工程,滁州市环卫中心应当支付工程款。

滁州市环卫中心:凌志公司承担的是设计、施工、运营总承包,凌志公司获取合同约定的固定价的前提就是完成项目改造设计、施工并符合合同约定的质量标准。但是,凌志公司完成的工程情况根本达不到合同约定的日出水量及质量要求,应当承担违约责任。

#### 法院裁决要旨

案涉项目通过了验收,凌志公司有权获得工程款;但因凌志公司处理规模未达双方 EPC 合同约定的处理规模,双方合同中亦约定了因该违约行为的出现凌志公司应向滁州市环卫中心所承担的多项违约责任,据此判决:(1)凌志公司赔偿滁州市环卫中心 5280000 元。(2)滁州市环卫中心支付凌志公司工程款 7236745 元。

**案例 38-2　(2023)鲁 16 民终 1265 号**

#### 案情介绍

发包人博硕公司与承包人金宇公司签订《建设工程施工合同》,由金宇公司承建某高级中学项目的施工,合同约定了相应的质量标准。金宇公司施工完毕后,上述工程未满足合同约定的质量标准,出现了质量问题,博硕公司通知其修缮,但金宇公司未采取处理措施。后发包人以工程质量不符合要求为由向法院提起诉讼,要求承包人支付维修费用 2356536.89 元;承包人提起反诉,要求支付工程款 3446244.43 元。

### 各方观点

金宇公司:(1)案涉工程已经完工且交付,存在质量问题是因为建设单位安排不当和使用不当所造成的,该方面的损失不应当由金宇公司承担。(2)建设单位存在欠付工程款的事实,该部分款项应当由博硕公司予以支付且金宇公司享有优先受偿权。

博硕公司:金宇公司作为案涉工程的承包人,其主要义务是交付合格工程,对工程质量负责,但案涉工程出现了质量问题,说明其违背其最基本的合同义务,由此产生的责任应当由金宇公司承担。

### 法院裁决要旨

(1)当事人一方不履行合同义务或者履行合同义务不符合约定的,应当承担继续履行、采取补救措施或者赔偿损失等违约责任。承包人施工质量不符合约定且拒绝采取措施修缮,故支持原告发包人要求承包人支付修缮费用的诉讼请求。(2)承包人已完成施工,经鉴定,案涉工程造价合计 614 万元,发包人已经支付 270 万元,尚欠 344 万元应当予以支付;案涉工程系用于教育事业,属于以公益为目的建设的教育设施,不宜进行折价、拍卖。但为保护工程价款权利人的合法权益,确认承包人在该案中享有优先受偿的权利,对其行使该权利的方式、时间、条件应加以限制,即涉案工程只有在学校具备终止、清算条件或处于闲置状态、被转让时,承包人方可行使建设工程优先受偿权。

## 工程总承包纠纷适用的建议

需要特别关注的是,在工程总承包模式下,本条"工程质量"的内涵会涉及与《发包人要求》的关系。如前所述,工程总承包项目在工程验收、质量合格的内涵及验收程序上与传统施工总承包项目存在差异。在施工总承包模式下并不存在《发包人要求》,承包人的主要义务是按图施工,因而施工合同质量是否合格的内涵,主要表现为在工程竣工验收和备案阶段,考察承包人是否已经按照设计文件完成施工且施工的内容是否满足合同约定的质量验收标准及规范的要求。而对于工程总承包项目,承包人需要完成设计和施工的融合,其合同义务不仅仅是施工,在竣工验收阶段,不仅要考察承包人的工程实体是否满足国家验收标准,验收流程上可能还需要考察是否达到了发包人的合同目的,尤其是针对存在生产性指标的项目或者试运行的项目。在传统的竣工验收阶段,并不能完成对工程质量是否满足《发包人要求》或者实现发包人合同目的的判断。因此,《建设工程司法解释(一)》第 38 条如在工程总承包模式下适用时,实践中还需要结合项目性质和双方合同约定,考虑到"工程质量"与《发包人要求》的关系,以实现发包人的合同目的。

另外需要注意的是,结合《民法典》第 807 条的规定,优先权的隐含前提是"发包人应向承包人支付工程价款",即只有发包人存在应付、欠付工程款,逾期支付工程款的情形时,承包人才可能享有优先受偿权。如果工程质量合格,且发包人应当支付工程款,则承包人对相应的工程款享有优先权是应有之义。退一步讲,如果工程总承包项目的质量达到了国家验收标准,但是没满足《发包人要求》或合同目的,则法院从司法裁判的角度,或判决发包人支付部分价款(减少价款),或判决发包人支付工程款但由承包人承担违约责任,但只要判决发包人应当支付价款的,则根据《民法典》第 807 条的规定,对该部分价款承包人应当享有优先权。例如案例 38-1 中,法院虽判决承包人承担违约责任,但也判决发包人支付相应工程款。案例 38-2 中的处理方式也是类似,法院判决承包人承担质量不符合合同约定的修复费用,同时判决发包人支付工程款,且承包人对该部分工程款享有对应的优先受偿权。

## 第三十九条 未竣工的建设工程质量合格的可主张优先受偿权

**第三十九条**

未竣工的建设工程质量合格,承包人请求其承建工程的价款就其承建工程部分折价或者拍卖的价款优先受偿的,人民法院应予支持。

### 工程总承包纠纷的可适用性

类似于第 38 条,本条原则上也适用于工程总承包模式。本条与第 38 条不同的是,对于未竣工的建设工程,如承包人不再继续施工,此时可能对判断工程质量是否合格及是否满足《发包人要求》发生争议,在此情况下主要应评判未竣工的工程质量是否符合国家强制性标准,是否对发包人有使用价值,如该部工程符合国家强制性标准且具备价值,则可以进行折价或拍卖,并且承包人对该部分价款享有优先受偿权。

### 应用

法律对工程价款优先受偿权制度规定的基本精神,重在强调工程质量合格的前提条件,这在实务中主要体现在工程完工后要经过竣工验收合格(《建设工程司法解释(一)》第 38 条的规定)。实践中还会因发承包双方产生纠纷、发包人投资计划调整、不可抗力、建设手续不齐备等,导致项目在建设过程中解除合同或终止建设,这时工程不具备竣工验收条件,但承包人已完工程根据施工过程中分部分项、隐蔽工程等环节验收合格或经鉴定已完工程质量合格的,则承包人有权对其已完工程享有对价,有权主张已完工程价款及优先受偿权。

对于工程总承包项目来讲,应当考虑工程质量合格的内涵和价款支付与是否满足《发包人要求》之间的关联,但在工程未竣工、承包人中途退场的情况下,认定工程总承包项目是否符合《发包人要求》或是否实现发包人的合同目的存在以下障碍:(1)不同于传统施工总承包项目,对于工程总承包项目来讲,尤其是生产型项目,过程验收记录、分部分项验收记录、单体工程验收记录、隐蔽工程验收记录等验收文件并不能认定已完工程能够满足发包人要求或实现发包人合同目的;(2)在工程总承包建设项目未竣工的情况下,对于生产型项目,依照合同约定启动通电、联动或投料一系列试验程序的前提条件也不具备,客观上不具备考察项目是否满足《发包人要求》的前提;(3)因承包人中途退场,无法判断是否满足《发包人要求》,对于已完工程如何进行结算,也存在较大争议。但是,从优先受偿权的立法目的来讲,其主要在于保障建筑工人利益;因而对于工程总承包项目,如果仅因项目未竣工、无法判断是否实现《发包人要求》或发包人的合同目的而完全否认优先受偿权,则有违公平原则,且在此情况下也无法保障建筑工人的利益,不符合优先受偿权的立法目的,所以如果承包人有证据证明已完工程质量合格,则其有权获得相应价款及优先受偿权。

需要说明的是承包人中途与发包人解除合同并提起诉讼主张工程价款优先受偿权的,发包人从投资建设角度通常并不会停止建设,而会委托其他施工单位或工程总承包单位完成后续项目建设,那么承包人主张的工程价款优先受偿权,在所涉项目具备折价拍卖条件,但其已完工程和后续建设项目界面无法划分、无法拆分折价拍卖时,则需要对整体工程进行折价拍卖,但承包人仅能对其已完的部分工程对应的价款优先受偿,而不能对后续施工单位继续施工的部分主张优先受偿,否则将损害后续施工单位的工程价款优先受偿权及其他权利人的利益。

### 依 据

**《民法典》**

**第八百零七条** 发包人未按照约定支付价款的,承包人可以催告发包人在合理期限内支付价款。发包人逾期不支付的,除根据建设工程的性质不宜折价、拍卖外,承包人可以与发包人协议将该工程折价,也可以请求人民法院将该工程依法拍卖。建设工程的价款就该工程折价或者拍卖的价款优先受偿。

## 判 例

### 案例 39-1 (2021)最高法民终 717 号

#### 案情介绍

2012 年,上海佳程公司与四建公司签订《上海佳程广场项目工程总承包协议》,并对四建公司的承包范围、合同工期、价款、工程质量等作出了约定。2013 年至 2015 年,四建公司多次函发上海佳程公司就施工图纸、工程款支付等问题进行沟通。2015 年 4 月 17 日,双方就工程款支付进行会议协商,形成备忘录载明:"资金问题:欠资部分 5038 万元,按四个节点进行支付……前期欠资部分按银行同期贷款一年期基准利率计息。按上述原则形成会议纪要。2015 年所发生工程款按合同正常支付,工程款支付比例按原合同执行。"2015 年 7 月 21 日,四建公司、设计单位、监理单位对案涉工程出具分项、分部工程质量验收证明书,并同时盖章出具符合设计规范质量合格意见。

因上海佳程公司仍延期支付工程款,四建公司于 2016 年 2 月 22 日向上海佳程公司发出停工告知函称:我司已无法继续承担资金垫资、农民工工资支付压力,遥遥无期的竣工日期及回笼资金,迫使我司决定自 2016 年 2 月 7 日正式停止施工,特此告知。之后,双方就停工、复工事宜进行协商,但未能就复工达成一致。此后四建公司起诉要求解除合同,并要求上海佳程公司支付工程款约 4.8 亿元,同时要求确认其具有优先受偿权。

#### 各方观点

四建公司:案涉工程因上海佳程公司而停工,至今已经 5 年,根据各方确认的已完工程验收合格的意见,上海佳程公司应当支付工程款,且四建公司享有优先受偿权。

上海佳程公司:不同意解除合同,项目主体工程已经完工,虽有迟延支付工程款现象,但并未构成根本违约,希望继续履行合同。

#### 法院裁决要旨

《合同法》(已失效)第 286 条[①]规定,建设工程的价款就该工程折价或者拍卖的价款优先受偿。根据《建设工程司法解释(一)》的规定,未竣工的建设工

---

[①] 现为《民法典》第 807 条。

程质量合格,承包人请求其承建工程的价款就其承建工程部分折价或拍卖的价款优先受偿的,人民法院应予支持。涉案工程虽未全面竣工,但已就分部、分项部分进行了验收且质量合格,四建公司主张其对已完工程价款享有优先受偿权,于法有据。

## 案例39-2　(2017)最高法民终762号

### 📄 案情介绍

2012年9月20日,中铁建设集团、海源公司签订施工合同,合同价款暂定1.6亿元人民币。合同签订后,中铁建设集团依约履行合同义务,海源公司也支付了部分工程进度款。2014年11月27日,多方原因致中铁建设集团停工,2015年5月7日双方签订竣工结算协议,约定"双方不再就本工程的工期、质量等涉及本工程的一切合同因素提出任何索赔与费用主张"。

之后,双方就复工以及工程款支付、结算问题进行多次协商,并签订有关补充协议。2015年12月,经友好协商,双方就案涉项目的复工达成补充协议,但2016年2月26日,双方就补充协议的履行及效力发生争议,项目再次停工。2016年8月,中铁建设集团向法院提起诉讼,要求解除施工合同,并支付工程款6355万元并主张工程价款优先受偿权。

### 📄 各方观点

中铁建设集团:海源公司延期支付工程款,导致案涉项目停工超过半年,其行为已构成根本违约,中铁建设集团有权解除合同。且该案证据足以证明已完工程质量合格,海源公司应当支付工程款,中铁建设集团有权就该部分工程款优先受偿。

海源公司:中铁建设集团施工的项目至今未达到竣工验收标准,在没有证据证明案涉工程质量合格的情况下,中铁建设集团无权要求支付工程款。

### 📄 法院裁决要旨

双方结算协议明确互不对工程工期、质量向对方主张责任,该约定是双方对自身权利的处分,不违反法律、行政法规的强制性规定,应予尊重,故海源公司以中铁建设集团的施工工程质量不合格为由拒付工程款的主张不能成立。因海源公司作为发包人逾期支付工程款,因此中铁建设集团在欠付工程款的范围内就建设工程价款享有优先受偿权,具有事实依据和法律依据。海源公司关于案涉工程并未竣工,中铁建设集团缺乏行使优先权的前提条件的理由并无相应的法律依据,法院不予支持。

## 工程总承包纠纷适用的建议

本条适用的难点在于,工程总承包模式下的未竣工的项目,应如何认定质量合格从而确定承包人的工程款。对于一般的施工项目来讲,如果已完工程质量合格,可以参照合同约定的计价标准或者当地的定额标准计取已完工程价款;但对于未竣工的工程总承包项目来讲,即便是已完工程符合国家标准,但由于发包人的合同目的未实现,已完工程如何折价、承包人应得的工程款数额如何计算较难有统一的评判标准,尚需要结合合同的履约情况来予以考量。尤其是工程总承包项目一般采用固定总价的价格形式,因而在中途退场的情况下,已完工程价款的计取将会存在一定的困难。因此实践中较为妥当的方式是在合同中明确约定合同解除、承包人中途退场的情形下,对于已完工程款的结算方式,以免进入诉讼阶段产生较大的争议。

另外需要关注的是,如果是发包人原因导致合同解除,根据违约者不受益的原则,此种情况下应作出不利于发包人的处理方式,如果已完工程的质量满足一般性标准(如国家标准),即便发包人抗辩已完工程不符合《发包人要求》或无法确认是否符合《发包人要求》,也应当赋予承包人工程款请求权,进而承包人可就该部分价款行使优先受偿权。

## 第四十条 优先受偿权的行使范围

> **第四十条**
>
> 　　承包人建设工程价款优先受偿的范围依照国务院有关行政主管部门关于建设工程价款范围的规定确定。
>
> 　　承包人就逾期支付建设工程价款的利息、违约金、损害赔偿金等主张优先受偿的,人民法院不予支持。

### 工程总承包纠纷的可适用性

　　本条原则上可以直接适用于工程总承包模式,但针对本条第 1 款"建设工程价款范围"的理解应当区别传统施工总承包的"建设工程价款范围",结合工程总承包模式的承包范围和价格组成,工程总承包合同的"建设工程价款范围"可以包含勘察设计费、设备购置费和建安工程费等全部的工程价款。

### 应用

　　本条将建设工程价款优先受偿权的范围界定为"依照国务院有关行政主管部门关于建设工程价款范围的规定确定"。2013 年发布的住建部、财政部《关于印发〈建筑安装工程费用项目组成〉的通知》第 1 条第 1 款规定:"建筑安装工程费用项目按费用构成要素组成划分为人工费、材料费、施工机具使用费、企业管理费、利润、规费和税金……"但前述文件是针对施工阶段对于工程价款的界定,即只规定了施工阶段的工程价款。而工程总承包模式包含了设计、采购和施工阶段(部分项目还会包含勘察阶段),目前国务院有关行政主管部门尚无关于建设项目工程总承包费用项目组成的规定,但结合《房屋建筑和市政基础设施项目工程总承包管理办法》规定的工程总承包模式及实践来看,工程总承包费用至少应当包括设计费和建安工程费,根据不同的模式还可能包括勘察费、设备采购费等。

中国建设工程造价管理协会发布的《建设项目工程总承包计价规范》第4.1.1条规定,"建设项目工程总承包费用由工程费用和工程总承包其他费组成"。第4.1.2条规定,"工程费用包括建设项目总投资中的下列费用:1 建筑工程费;2 设备购置费;3 安装工程费"。第4.1.3条规定,"工程总承包其他费包括建设项目总投资中工程建设其他费中的下列部分费用:1 勘察费:详细勘察费、施工勘察费;2 设计费:初步设计费、施工图设计费、专项设计费;3 工程总承包管理费;4 研究试验费;5 临时用地及占道使用补偿费;6 场地准备及临时设施费;7 检验检测及试运转费;8 系统集成费;9 工程保险费;10 其他专项费"。

如果认为工程总承包模式下,承包人仅对建安费用享有优先权,也不符合工程总承包的特点及实践情况。例如,国内工程总承包项目最早在化工、工业类项目中使用,此类项目的核心目的在于实现《发包人要求》以及在性能、功能、产能、效能方面的参数标准满足使用需求,而实现该目的的关键在于总承包人设计建造、购入安装的装置设备、配套设施在投入生产试验或实际使用时是否达到发包人设定的性能标准与功能目的。因此工程总承包建设项目中的系统装置、配套设施、功能设备,如烟气脱硫装置、净化过滤系统、萃取提纯设备、废渣处理装置、除尘冷却系统、石油化工生产等装置在项目建设当中起着关键的作用,其生产购买价格也在工程总承包工程价款中占据很大一部分比例,部分项目的设备采购金额甚至会达到工程总承包合同价款的60%—70%。因此,如果认为设备费等费用不在优先权的范围内,则承包人的优先权对应的价款只占到合同额的很小部分,与承包人实际为工程付出的劳动成果、资金投入等不相匹配。同时,《最高人民法院关于建设工程施工合同司法解释(一)理解与适用》也指出,《民法典》第791条第1款规定,"发包人可以与总承包人订立建设工程合同,也可以分别与勘察人、设计人、施工人订立勘察、设计、施工承包合同。发包人不得将应当由一个承包人完成的建设工程支解成若干部分发包给数个承包人",这表明,同一承包人可以承担工程建设的勘察、设计与施工全部任务。实务中存在的总承包模式包括:(1)设计采购施工总承包或交钥匙总承包……(2)设计+施工总承包……在上述各种总承包模式中,合同中约定设计费甚至勘察费应属于工程款的范围,而且一般与工程价款同时结算、同时支付。因而承包人可以就相关费用主张优先权。

本条第 2 款可在工程总承包模式中直接适用,利息、违约金、损害赔偿金等不属于承包人在工程项目上的投入,并没有直接物化到工程之上,而是针对发包人延期支付价款等违约行为,承包商享有索赔或追究违约金的权利,但其不应当属于优先受偿的工程价款范围。

## 依　据

### 《民法典》

**第八百零七条**　发包人未按照约定支付价款的,承包人可以催告发包人在合理期限内支付价款。发包人逾期不支付的,除根据建设工程的性质不宜折价、拍卖外,承包人可以与发包人协议将该工程折价,也可以请求人民法院将该工程依法拍卖。建设工程的价款就该工程折价或者拍卖的价款优先受偿。

## 判　例

### 案例 40-1　(2019)新民初 15 号

#### 案情介绍

2011 年 6 月 17 日,发包人首钢伊犁公司与承包人京诚瑞信公司、中冶京诚公司签订《总承包合同》,合同价款含税人民币 55880 万元,由承包人包干使用。其中设备费为 28903 万元(含税),包括该工程范围内所需的设备和材料的供应。建安费为 26527 万元(含税),包括该工程范围内的工程施工、设备安装与调试、冷负荷试车、配合热负荷试车及试运行(含设计变更费用、总承包管理费、技术服务费用、规费、各种特种设备及专项工程检验检测试验费、联合试运转费、培训费、预备费、安全文明施工措施费、其他特殊施工措施费、设备及材料的仓储保管费、风险金等)。设计费为 450 万元(含税),包括该工程范围内的非标设计、初步设计、工厂设计(含技术专利费)。

因在履约过程中发包人首钢伊犁公司欠付工程款,案涉项目于 2012 年 12 月停工;截至停工时,设计工作已经基本完成,设备均已采购,建安工程基本完工。

此后,因各方未对复工事宜达成一致,京诚瑞信公司、中冶京诚公司提起诉讼,请求首钢伊犁公司支付欠付的工程款,并就已完工程价款享有优先受偿权。

### 各方观点

首钢伊犁公司:工程价款中包含的设计费、设备款不属于在建工程的固定资产,无法行使优先受偿权。

京诚瑞信公司、中冶京诚公司:该案建设项目因首钢伊犁公司而停工,京诚瑞信公司、中冶京诚公司在停工前完成全部设计工作,建安工程基本完工,全部设备均已订购,绝大部分设备生产完成,前述设计费、建安费、设备费均属于工程款组成部分,应享有优先权。

### 法院裁判要旨

该案双方签订的《总承包合同》在性质上属于建设工程施工合同,合同履行过程中产生的设计费、建筑安装费、设备费均是工程价款的组成部分,京诚瑞信公司、中冶京诚公司对全部工程价款均应享有优先受偿权,法院对首钢伊犁公司的抗辩理由不予支持。

## 案例40-2 （2017）最高法民终894号

### 案情介绍

2014年9月,电建公司与光大公司签订光伏发电工程承包合同,约定:电建公司总承包光大公司一期10MWp设施农业光伏发电项目;总承包范围包括工程设计、设备采购、建筑、安装、调试等;总承包价格为86683587.64元,其中设计费1400000元和咨询费2619000元为最高暂定价格,结算以实际发生不超过最高限价为准,其他费用82664587.64元为固定总价。合同签订后,电建公司开始施工。

2014年11月10日,双方签订工程总承包合同,约定电建公司总承包光大公司66KV线路工程范围内的工程设计、采购、施工、调试、工程移交试生产和性能保证;光大公司负责施工过程中的对外协调工作;合同总价款为12565170元。

2016年6月24日,赤峰电网出具通知书,载明:66KV清泉山变是光大公司所属光伏发电升压站,该站通过66KV清新线接入66KV新地变。经研究决定,定于2016年6月29日10:00将66KV清新线及66KV清泉山变投入运行。2016年10月28日,10MWp光伏发电项目正式投入运营。

之后,因光大公司未支付工程款,电建公司向法院提起诉讼,要求光大公司支付工程款106087757.64元,并确认优先受偿权。

### 各方观点

电建公司:案涉项目已经投入使用,且正常并网发电,光大公司应当按约定支付工程款。根据法律规定,电建公司对案涉项目享有优先受偿权。

光大公司:电建公司的部分工程款诉请尚未达到支付条件,该部分款项不应当支付,也不享有优先权。

### 法院裁判要旨

根据双方的合同约定,10MWp光伏发电项目工程价款为82664587.64元(合同约定的总价)+1400000元(设计费)+997380元(咨询费)+6839000元(新增安装费)=91900967.64元。双方线路工程承包合同约定工程价款为12565170元。因此,光大公司应支付电建公司工程价款为91900967.64元+12565170元=104466137.64元。电建公司作为涉案工程承包人,主张对涉案工程享有优先受偿权的请求符合法律规定,应当予以支持。

## 工程总承包纠纷适用的建议

对于工程总承包合同中的勘察费、设计费是否享有优先权,审判实务中存在不同的观点,有观点认为如果勘察费、设计费能够在工程总承包合同中区分,则该部分费用不应当享有优先权,例如(2022)鲁02民终7702号案件中法院认为:关于优先受偿的范围,《建设工程司法解释(一)》第40条规定:"承包人建设工程价款优先受偿的范围依照国务院有关行政主管部门关于建设工程价款范围的规定确定。承包人就逾期支付建设工程价款的利息、违约金、损害赔偿金等主张优先受偿的,人民法院不予支持。"梦客豪思公司主张的工程款本金6179918.19元(7092734.36元-设计费912816.17元)享有优先权。梦客豪思公司对设计费912816.17元、利息846598.78元不享有优先受偿的权利。但在前述案例40-1和案例40-2中,设计费同样能够在工程总承包合同中区分,但在两例案件中法院都支持了设计费的优先权;尤其是案例40-2中,还涉及部分咨询费用,法院也支持了该部分款项的优先权。由此可见,实践中对于工程总承包合同中所涉的勘察、设计费等费用是否享有优先权,存在一定的争议。从提高司法审判效率,节约司法资源,减少不必要的案件审理过程出发,对于工程总承包合同鉴定区分勘察设计、采购、施工的不同范围价款,能更好保护建设工程领域承包人及农民工的合法利益,笔者倾向于承包人有权就工程总承包合同下的勘察费、设计费、设备费、建安费等工程总承包费用一并主张优先受偿权。

因此,为使得本条更好地适用于工程总承包项目,建议可将本条第1款调整为"承包人建设工程价款优先受偿的范围依照发承包双方关于工程价款范围的约定确定"。对于施工合同来讲,合同中关于工程价款的约定一般就是建安工程费;而对于工程总承包合同来讲,如果合同中关于工程价款的约定包括了设计费、建安费及设备购置费等与工程相关的费用,则承包人对前述费用均应当享有优先受偿权。

## 第四十一条 优先受偿权的行使期限

**第四十一条**

承包人应当在合理期限内行使建设工程价款优先受偿权,但最长不得超过十八个月,自发包人应当给付建设工程价款之日起算。

### 工程总承包纠纷的可适用性

本条款可在工程总承包模式下直接适用。承包人享有并行使价款优先受偿权的基础在于承包人对发包人享有工程款债权,无论是施工总承包还是工程总承包,均应在发包人应当给付建设工程价款之日起算优先受偿权的行使期限,并不因工程组织实施方式不同而有差异。

### 应 用

原《合同法》(已失效)第286条规定,发包人未按照约定支付价款的,承包人可以催告发包人在合理期限内支付价款。发包人逾期不支付的,除按照建设工程的性质不宜折价、拍卖的以外,承包人可以与发包人协议将该工程折价,也可以申请人民法院将该工程依法拍卖。建设工程的价款就该工程折价或者拍卖的价款优先受偿。《民法典》第807条沿用了该规定。虽然原《合同法》设立了建设工程价款优先受偿权制度,但没有对承包人行使优先受偿权的期限进行明确的规定。而优先受偿权的顺位优先于抵押权,如不合理限制,容易影响其他权利人的利益,在工程总承包案件中同样如此。

最高人民法院2002年颁布的《关于建设工程价款优先受偿权问题的批复》(已失效)第4条规定:"建设工程承包人行使优先权的期限为六个月,自建设工程竣工之日或者建设工程合同约定的竣工之日起计算。"但在工程实务中,工程竣工结算通常在竣工验收之后,例如《建设工程施工合同(示范文本)》(GF-2017-0201)"通用合同条件"第 14.1 款规定:"除专用合同条款另有约定外,承包人应在工程竣工验收合格后 28 天内向发包人和监理人提交竣工结算申请单……"而且,大型项目或政府投资项目竣工结算周期超过 6 个月是常态,如从竣工验收之日开始计算优先受偿权的行使期限且限定在 6 个月内,容易将法律赋予承包人的优先受偿权的权利架空。因此,最高人民法院在 2018 年颁布《建设工程司法解释(二)》(已失效)时,将起算时间调整为应当支付工程价款之日,《建设工程司法解释(一)》继续沿用了该规定,但对行使期限从 6 个月调整为了 18 个月。

本条规定的"应当给付建设工程价款之日"应该理解为结算款的付款到期之日。建筑工程价款优先受偿权具有担保物权的特征,就担保物权的附从性而言,其成因与主债权即工程款债权支付同步。建设工程施工合同具有特殊性,承包人履行合同的义务是将劳动和建筑材料物化在建筑产品中,其享有优先受偿权的前提是完成或部分完成合同约定的建设工程成果,即该优先权的行使必须首先能够在债务人的财产上实现特定化。因此,应以其优先权行为即建造行为合法依约结束并享有工程价款债权之时起,认定建设工程价款优先受偿权成立。[①]

对于"应当给付建设工程价款之日"的认定,在发承包双方就工程结算金额达成一致的前提下,双方可以根据合同约定确定付款时间。例如根据《建设项目工程总承包合同(示范文本)》"通用合同条件"第 14.5.2 项中规定:"除专用合同条件另有约定外,发包人应在签发竣工付款证书后的 14 天内,完成对承包人的竣工付款……"该规定的前提是发包人已经签发了竣工付款证书,即竣工结算已经完成。但很多时候,当事人双方经历了多年磋商后,仍无法达成结算协议,此时合同约定的结算周期(如《建设项目工程总承包合同(示范文本)》"通用合同条件"第 14.5.2 项规定的发包人收到结算文件后 28 天)和以此为基础的付款期限已被远远超过,此时是否能够以结算未完成,付款之日未到为

---

① 参见最高人民法院民事审判第一庭编著:《最高人民法院新建设工程施工合同司法解释(一)理解与适用》,人民法院出版社 2021 年版,第 422 页。

由,认定优先受偿权行使期限未超期,司法实践中存在不同的意见。一种意见认为竣工结算的完成是优先受偿权起算的前提(如案例41-1),另一种意见认为优先受偿权的起算按照合同约定的应付款时间计算,与竣工结算金额是否确定无关(如案例41-2)。对于双方未能达成结算协议的情形,根据《建设工程司法解释(一)》第27条的规定,此时应付款时间有可能被认定为工程交付之日或者提交竣工结算文件之日。而实践中,双方在工程结算阶段,有时会花费超过18个月进行对账结算,这将导致主张优先受偿权超期。《建设工程司法解释(一)》第27条虽然保障了承包人获得利息的权利,但是可能会使优先受偿权的行使期限"提前",这不符合优先受偿权制度的立法本意和目的,所以不应简单以《建设工程司法解释(一)》第27条的规定来认定优先受偿权的起算时间。但因不同法院审理案件对司法解释理解上的差异,为了避免适用《建设工程司法解释(一)》第27条来认定优先受偿权的起算时间,承包人要对此加强关注并采取相应风险管理措施,避免相关争议导致其丧失优先受偿权。

某些情形下,发包人可能会结合自己财务状况,在签订结算协议时约定较长的履行期限,或者因资金不足通过签订补充协议的方式延长付款期限。在此情形下,优先受偿权起算日期是否顺着补充协议修改的应付工程款之日相应后延,存在不同意见,对此,我们倾向认为在合同约定的付款期限到期前,如双方基于友好沟通、长期合作、其他利益考虑等通过补充协议方式变更延长付款期限,应同时允许调整优先受偿权的起算时间。对于超过约定的付款期限后,双方达成补充协议重新确认付款期限的,一种观点认为优先受偿权起算时间应该按原来约定的付款期限起算,因为原来的付款期限到期时,优先受偿权期限已经依法起算,当事人此后的补充协议变更的付款期限不能起到变更依法已经起算的优先受偿权行使期限的作用;另一种观点认为原则上也应以补充协议变更后的付款日期作为优先受偿权起算时间,如果不允许相应推迟优先受偿权的起算日期,则承包人为了取得优先权就无法接受延长付款期限的协议,会引发不必要或其本不想的诉讼案件,不利于纠纷处理。但需要关注的是,如果承包人与发包人串通,通过延长付款期限的方式,试图重新取得已经丧失的优先受偿权,或者其他损害贷款银行的利益、侵害其他债权人的合法权利,根据《民法典》第154条的规定,优先受偿权起算时间不应按调整后的期限起算。

## 依 据

**《民法典》**

**第八百零七条** 发包人未按照约定支付价款的,承包人可以催告发包人在合理期限内支付价款。发包人逾期不支付的,除根据建设工程的性质不宜折价、拍卖外,承包人可以与发包人协议将该工程折价,也可以请求人民法院将该工程依法拍卖。建设工程的价款就该工程折价或者拍卖的价款优先受偿。

## 判 例

### 案例41-1 (2020)最高法民申447号

**案情简介**

2012年9月6日,天纬渝盛公司与欧枫公司签订《建设工程施工合同》,约定天纬渝盛公司承建天籁谷(国际)旅游度假区工程一期一组团工程。2012年9月26日,天纬渝盛公司与欧枫公司签订《补充协议(一)》,其中第6条第8项约定,该项目竣工验收合格后3个月内,并在乙方向甲方提交齐全部竣工决算资料的前提下办理结算付清全部工程款。

2014年4月8日,案涉工程实际竣工,2014年11月28日,天纬渝盛公司编制竣工结算资料,载明工程总造价82545177.25元。2015年1月22日,天纬渝盛公司函告欧枫公司,要求欧枫公司于2015年1月30日前尽快组织竣工验收,尽快审核竣工结算。2015年1月27日,案涉工程经五方主体验收合格。2015年5月25日,天纬渝盛公司将天籁谷A、B户型,商业区1-6区,接交单位工程竣工资料3套、竣工图18本,分包单位资料16本,移交欧枫公司。2015年6月4日,天纬渝盛公司将天籁谷商业1-6区图纸竣工图一套,共7本移交欧枫公司。

**各方观点**

天纬渝盛公司:《建设工程司法解释(二)》(已失效)第22条规定:"承包人行使建设工程价款优先受偿权的期限为六个月,自发包人应当给付建设工程价款之日起算。"从该条文义理解,"应当给付工程价款之日"可理解为"约定给付之日"或"实际给付之日"两个日期。虽然案涉合同约定了结算日期,但欧枫公司一直怠于结算,双方在一审诉讼中通过司法鉴定才确定工程价款,故应当以确定工程款数额后起算优先受偿权的期限。

欧枫公司:《建设工程司法解释》(已失效)第 18 条规定,当事人对付款时间没有约定或约定不明的,建设工程已实际交付的,以交付之日为付款时间;没有交付的,以提交竣工结算文件时为付款时间。案涉工程于 2015 年 1 月 27 日竣工验收合格,天纬渝盛公司已于 2015 年 6 月 4 日提交了所有结算文件,无论以何种依据计算,其优先受偿权行使期限均已超过。

### 📋 法院裁判要旨

该案中,案涉工程已经竣工验收,欧枫公司应当支付的工程款为工程结算款。双方在工程验收合格后明确约定了案涉工程款的支付时间,而工程款金额是否最终确定与约定支付工程款的时间不具有关联性。欧枫公司应按《补充协议(一)》的约定于 2015 年 9 月 3 日前办理完结算并结清工程款,即应付工程款之日至迟为 2015 年 9 月 3 日。天纬渝盛公司于 2016 年 8 月 31 日提起该案诉讼主张优先受偿权,根据司法解释的规定,天纬渝盛公司的该项诉请已超过欧枫公司应付工程款之日起 6 个月的期间,不应具有优先受偿权。

## 案例 41-2　(2020)最高法民终 62 号

### 📝 案情简介

2015 年 3 月,深南建设公司与中建八局公司签订了《总承包文件》,约定由中建八局公司对"深特广场一期"永旺商城项目总承包工程进行施工。合同第九项"付款"第二阶段第 1 条中约定,结算完成后 90 天内深南建设公司支付至中建八局公司结算金额的 95%,其余尾款作为质保金。

2017 年 9 月 11 日,深南建设公司与中建八局公司签订了《总承包结算文件》,确认涉案工程中建八局公司承建部分结算造价为 357160650 元。后,双方又签订了最终结算账目表,确认全部涉案工程结算造价为 440159072 元。两个结算文件之间的差额 82998422 元为甲指分包的四项工程造价。2018 年 4 月 9 日,深南建设公司发函至中建八局公司,称"……我司承诺,所欠付工程款于 2018 年 9 月底前支付至结算额的 97.5%,并按合同约定支付延期付款利息。若我单位至 2018 年 9 月底前仍不能按合同约定支付贵单位工程款,我单位愿按合同约定承担相应违约责任"。2018 年 7 月 25 日,中建八局公司发函至深南建设公司,称"……贵单位也于 2018 年 4 月 9 日向我单位发送……的承诺函,贵单位承诺于2018年9月底之前连本带利支付工程款至97.5%……,否则我单位将通过法律等手段保障我单位权益"。

### 各方观点

深南建设公司:(1)诉争工程于2016年12月22日竣工,根据最高人民法院《关于建设工程价款优先受偿权问题的批复》,中建八局公司2018年12月4日起诉,已经丧失优先权。(2)按照双方在《总承包结算文件》中的约定,应给付建设工程价款的日期是2017年12月12日,也已经丧失优先权。(3)中建八局公司在起诉前曾7次向深南建设公司发送《关于深特广场一期(永旺商城)项目工程款催收事宜的函件》(以下简称催款函),其在催款函中从未主张过建设工程价款优先受偿权,双方也没有协商一致的文件对应付工程价款之日进行变更,且中建八局公司在2018年9月底前仍发了两次催款函催要工程款。

中建八局公司:根据《建设工程司法解释(二)》(已失效)第22条、第26条的规定,该案应自发包人应当给付建设工程价款之日起算优先受偿权,深南建设公司主张竣工日期作为应付工程价款之日,不具法律依据。2018年4月9日,深南建设公司发函,及2018年7月25日中建八局公司回函,证明双方对应付款时间重新做了约定(2018年9月底前),故中建八局公司于2018年12月4日起诉时享有优先受偿权。

### 法院裁判要旨

该案中,涉案工程已经竣工验收,中建八局公司作为总承包方对涉案工程中实际施工部分的工程价款享有优先受偿权。该案中,双方于2017年9月11日签订了《总承包结算文件》,后双方通过函件形式协商一致将应付工程价款之日变更至2018年9月底,中建八局公司于2018年12月4日起诉主张建设工程价款优先受偿权,其行使优先受偿权期限并未超过6个月。虽然深南建设公司主张涉案工程竣工日期为2016年12月22日,中建八局公司行使建设工程价款优先受偿权已经超过6个月的法定期间,但其上述主张无法律依据,不能成立。最后,深南建设公司自签订《总承包结算文件》后,长期未支付剩余工程款,且数额巨大,基于公平原则中建八局公司享有优先受偿权的主张亦应得到支持。

## 案例 41-3 （2022）川 01 民终 67 号

### 案情简介

2012年8月4日，中科盈公司作为发包方与承包方国泰公司订立《建设工程施工合同》，约定国泰公司承包修建"成阿工业园——藏羌风情街项目"。

2015年11月17日，双方在（2015）成民初字第2297号案件中达成调解：（1）解除《建设工程施工合同》；（2）中科盈公司确认应向国泰公司支付工程款、退还履约保证金并赔偿损失等，上述费用合计34969056元，该款项应分两笔支付，其中中科盈公司应于2015年11月30日前一次性支付17000000元，余款17969056元应于2015年12月31日前一次性付清。

2015年11月28日，中科盈公司与国泰公司达成《付款时间的变更协议》，将2297号调解书确认的付款期限调整为2016年10月1日。因中科盈公司未履行付款义务，国泰公司于2016年10月21日向人民法院申请执行，并于2017年2月9日，向执行法院主张优先受偿权。

2020年12月14日，一审法院受理了中科盈公司破产清算申请。2021年9月2日，破产管理人对国泰公司申报的债权初步审查确认金额本金34969056元，诉讼费55911.32元，债权性质为普通债权。管理人对国泰公司申报的建设工程价优先受偿权以及利息、迟延履行利息、执行费未予认定。

### 各方观点

中科盈公司：合同签订时间是2012年8月24日，应当适用最高人民法院《关于建设工程价款优先受偿权问题的批复》（法释〔2002〕16号）第4条规定，行使优先受偿权的期限应自合同解除之日2015年11月17日起算。

即便按照《建设工程司法解释（二）》（已失效）第22条的规定，中科盈公司应当于2015年11月30日给付建设工程价款为2297号调解书载明的第一笔款，于2015年12月31日给付余款。当事人在2297号调解书作出后重新约定还款期限为2016年10月1日，并据此主张优先受偿权，实质是为了规避"建设工程价款优先受偿权的期限为六个月"的法定除斥期间，依法不应予以保护。

国泰公司：优先受偿权起算时间应按照变更后的应付款之日2016年10月1日起计算。

### 法院裁判要旨

建设工程价款优先受偿权属于法定权利,对于建设工程承包人的此项权利,其实质在于保护建筑工人的利益。鉴于此项权利的行使将影响到抵押权人等其他第三人的合法权益,因此其作为法定权利,显然不能等同于可由民事主体协商、处分的其他一般财产性权利。双方基于案涉工程的停工情况,自愿达成调解协议并确定最终付款时间后,建设工程价款优先受偿权的起算时间应视为已经固定明确。双方在以房抵债无法履行后又自行重新约定应付款期限的行为,若认定能够产生起算时间变更或顺延的法律后果,明显缺乏相应的法律、行政法规支撑,亦与法律设定建设工程价款优先受偿权的立法初衷相悖,法院依法不予支持。

## 工程总承包纠纷适用的建议

在工程总承包项目中,关于优先受偿权的起算时间需要关注竣工结算与竣工后试验的关系,尤其是工业、能源、基础设施类工程总承包项目,在竣工验收后还需要进行竣工后试验程序,以验证是否符合发包人要求。此时承包商的合同义务虽然并没有履行完毕,但根据《建设项目工程总承包合同(示范文本)》"通用合同条件"规定,承包人在工程竣工验收后,申请结算;竣工后试验由发包人在接收工程后合理时间内组织,如工程未能通过竣工后试验,承包人向发包人承担相应的违约责任。所以,通常竣工后试验与工程结算属于并行的两项工作,并不存在必然的先后关系。如果未能通过竣工后试验,承包人需要承担相应的违约责任。因此工程是否完成竣工后试验程序,并不一定影响优先受偿权的起算时间;如果工程已经竣工结算完成、发包人产生了应付工程款义务,则应当开始起算优先受偿权的起点。

可能存在的例外情形是,在工程总承包合同中,发承包双方作出了特别的约定,将工程结算置于竣工后试验完成后,此类工程通常是由承包商负责竣工后试验,即工程未完成竣工后试验时,工程总承包商的合同义务并没有完成,因此也未达到合同结算的时点,此时,发包人不产生相应的支付义务,工程价款优先权的行使期限也并未开始起算。

## 第四十二条 优先受偿权放弃的效力

> **第四十二条**
> 
> 发包人与承包人约定放弃或者限制建设工程价款优先受偿权,损害建筑工人利益,发包人根据该约定主张承包人不享有建设工程价款优先受偿权的,人民法院不予支持。

### 工程总承包纠纷的可适用性

本条款可在工程总承包模式下直接适用。建设工程总承包人可与发包人约定放弃或者限制建设工程价款优先受偿权,但放弃或限制优先受偿权的约定损害建筑工人利益的,放弃或限制的约定无效。

### 应用

建设工程价款优先受偿权的性质属于当事人的私权,根据民法基本原理,在不违反法律及公序良俗时,民事主体可以依私法自治原则自由处分其权利,故工程总承包人可以放弃或根据约定限制其享有的优先受偿权。实践中,虽然发包人处于强势地位,但如果工程总承包人基于理性评估认为放弃或限制优先受偿权不影响其交易安全时,其放弃或限制的行为属于其真实意思表示,此时法律不应加以干预。

建设工程领域通常是一个"买方市场",发包人与承包人相比,尤其是招标投标及签约阶段,其处于明显优势地位。实践中,承包人为了承揽建设工程,会做出较大的让步。发包人作为项目建设单位,通常需要向金融机构融资,金融机构作为资金出借方,为了确保其出借资金的安全,在要求将项目土地使用权或建设工程为其出借资金设定抵押的同时,往往会要求将承包人放弃工程价款优先受偿权作为贷款的条件,以确保其抵押权在权利顺位上取得优先性。

司法实践中,承包人放弃或者限制工程价款优先受偿权的情形主要有以下三种:一是发包人与承包人在建设工程总承包合同中约定放弃;二是在建设工程总承包合同之外,发包人、承包人、金融机构三方另行订立补充协议时约定承包人自愿放弃工程价款优先受偿权;三是承包人单方向为其承建的工程提供融资的金融机构出具承诺函等文书,承诺放弃优先受偿权。同时,承包人为了降低自身风险,通常也会要求将贷款资金全部用于其承建的建设工程,作为其放弃优先受偿权的附加条件。

承包人虽然可以放弃或者限制其工程价款优先受偿权,但却会造成其责任财产减少,有可能会因无法及时足额偿付建筑工人的工资而损害建筑工人的工资权益,使《民法典》第807条保护建筑工人生存权益的目的受到实质影响,故此,又需要对该种放弃或者限制权利的行为予以规制,实现各方主体的利益平衡,因此,承包人放弃或限制优先受偿权损害建筑工人利益时,该种处分行为应为无效。

### 依 据

**《民法典》**

**第八百零七条** 发包人未按照约定支付价款的,承包人可以催告发包人在合理期限内支付价款。发包人逾期不支付的,除根据建设工程的性质不宜折价、拍卖外,承包人可以与发包人协议将该工程折价,也可以请求人民法院将该工程依法拍卖。建设工程的价款就该工程折价或者拍卖的价款优先受偿。

**最高人民法院《关于审理建设工程施工合同纠纷案件适用法律问题的解释(一)》(法释〔2020〕25号)**

**第三十六条** 承包人根据民法典第八百零七条规定享有的建设工程价款优先受偿权优于抵押权和其他债权。

### 判 例

**案例42-1 (2019)最高法民终978号**

**案情介绍**

工行薛城支行系案涉嘉豪国际公寓工程项目在建工程抵押权人,作为案涉项目承建单位的南通二建向工行薛城支行出具承诺函,其中载明,"我单位已知山东浙商联合实业股份有限公司'嘉豪国际公寓'项目建设资金来源已全部落实,我单位自愿放弃本项目工程款优先受偿权",南通二建及其法人代表在承诺函上盖章确认。随后工行薛城支行依约向浙商公司发放了贷款。由于贷款到期后,浙商公司未按期归还借款,工行薛城支行向人民法院提起诉讼。

### 各方观点

南通二建:其出具承诺书,实际上是在住房开发贷款中应房地产借款合同和抵押合同当事人的要求,向贷款人和抵押权人承诺放弃工程价款优先受偿,但从未向发包人作出过放弃工程价款优先受偿权的意思表示,其是附条件放弃工程款的优先受偿顺位,且放弃优先受偿顺位的条件未成就。

工行薛城支行:南通二建出具的承诺函,加盖有单位公章和法定代表人的签名章,系南通二建的真实意思表示,不违反法律、行政法规的强制性规定,应合法有效,"17号调解书"第2.5条内容(南通二建对其施工工程项目进行评估、拍卖,折价所得价款享有优先受偿权)损害了工行薛城支行的合法权益,其有权申请撤销。

### 法院裁决要旨

承诺函是南通二建针对特定抵押权人工行薛城支行作出的,故其承诺放弃工程价款优先受偿权的意思表示,是对工程价款优先受偿权的相对放弃而非绝对放弃,因该种权利放弃的意思表示不及于浙商公司的其他债权人,而且此种放弃的意思表示仅应视为对法律规定工程价款优先于抵押权受偿顺位的一种放弃,而非法定权利本身的放弃。从承诺函的内容看,南通二建放弃该项目工程款优先受偿权是因已知项目建设资金来源已全部落实。南通二建主张其向工行薛城支行出具承诺函放弃其对案涉工程价款优先于工行薛城支行抵押权的受偿顺位是一种附条件的放弃,理由成立。后在案涉《建设工程施工合同》《房地产借款合同》实际履行过程中,工行薛城支行将1.38亿元贷款进行了一次性发放,其中仅向南通二建发放500万元。据此,南通二建认为工行薛城支行贷款并未全部用于南通二建承建的嘉豪国际公寓项目,故其主张承诺函中放弃工程价款优先受偿权所附条件未成就,具有一定合理性。

## 工程总承包纠纷适用的建议

当深入探讨工程总承包纠纷中的核心议题时,工程总承包人放弃工程价款优先受偿权的问题无疑是其中一个值得重点关注的难点。在复杂的工程总承包模式下,工程价款优先受偿权作为总承包人的一项重要权益,其放弃是否有效不仅影响工程项目的融资,而且直接关系到纠纷解决的走向和各方利益的平衡。

### (一)联合体牵头人提出"放弃工程价款优先受偿权"

当联合体牵头人作出放弃联合体其他参与方的工程价款优先受偿权的意思表示时,应当区分情况予以分析判断。

1.合同是否授权允许联合体牵头人代表整个联合体或联合体其他方作出有关放弃重大权利事项的意思表示。若《工程总承包合同》《联合体协议》等合同约定联合体牵头人有权代表整个联合体作出包括优先权在内的有关放弃重大权利事项的意思表示,那么联合体牵头人提出的"放弃工程价款优先受偿权"约束联合体其他成员,包括设计单位或设备供应单位,视同联合体其他成员一并提出放弃工程价款优先受偿权。但是,该放弃是否有效同样受到不得损害建筑工人利益的限制。

2.考虑到优先受偿权的放弃属于合同权利主体的重大事项,此情况下对联合牵头人的"授权"应是书面的且明确指向有权代表联合体其他成员方放弃或限制优先受偿权,如合同未授权允许联合体牵头人代表整个联合体作出有关放弃重大权利事项的意思表示时,联合体牵头人放弃工程价款优先受偿权的权利主张可能侵犯其他联合体成员的利益,会削弱设计单位或设计单位等其他联合体成员行使设计费或建安费等价款债权的实现效果,故该放弃表示或承诺对联合体其他成员没有约束效力。

### (二)工程总承包人附条件放弃或者相对放弃建设工程价款优先受偿权

在司法实践中,在承包人为了帮助发包人获得银行贷款的情况下,承包人向发包人的贷款银行出具放弃优先受偿权的承诺时,可以贷款银行的贷款按约用于其承建的工程项目为条件,如果银行在向发包人放款时并未遵守贷款用途或金额的约定,法院会认为承包人放弃优先受偿权的承诺未生效,承包人仍可以抗辩银行的抵押权,继续向发包人主张工程价款优先受偿权,如前述(2019)最高法民终 978 号案例。

当承包人放弃优先受偿权是针对特定抵押权人作出的承诺时,其承诺是对工程价款优先受偿权的相对放弃并非绝对放弃,其效力不应及于发包人的其他债权人,此种放弃的意思表示仅应视为对工程价款优先于特定抵押权人受偿顺位的一种放弃,而并非法定权利本身的放弃。

**(三)"损害建筑工人利益"的判断标准**

最高人民法院对《建设工程司法解释(一)》第 42 条的解读指出,"在判断承包人放弃或者限制建设工程价款优先受偿权是否损害建筑工人的利益时,要看承包人这一行为是否影响其整体的清偿能力,要将承包人整体的资产负债情况以及现金流情况是否因此恶化到影响建筑工人工资支付的程度作为主要的考虑因素"。从该表述看,认定放弃行为"损害建筑工人利益"的标准较为严格,需考察承包人整体的清偿能力,即资产负债情况和现金流情况的恶化程度,并不局限于所争议的工程项目,不能仅以放弃优先受偿权所涉项目的工人工资存在欠付作为判断标准。此理解具有一定的合理性,就单项工程项目而言,工程价款中包含相当比例的人工费(建筑工人工资),放弃工程价款之上的优先受偿权,必然影响该项目建筑工人利益,且各方往往在工程价款未获全部清偿以及发包方的责任财产不足以清偿全部债务时才会对优先受偿权发生争议,如果仅以所争议工程项目的农民工工资支付情况来评价放弃行为是否损害建筑工人利益,意味着大部分进入司法程序的放弃行为将被认定为无效,偏离立法初衷。

但司法实践中,各地各级法院对"损害建筑工人利益"的认定判断标准,尺度并不统一,如下所述。

1. 承包人进入破产程序的,直接认定放弃优先权的行为损害工人权益。在(2019)最高法民终 1951 号案件中,法院认为,"承包人进入破产清算程序以上事实足以说明,在本案中,若还允许承包人基于意思自治放弃建设工程价款优先受偿权,必然使其整体清偿能力恶化影响正常支付建筑工人工资,从而导致侵犯建筑工人利益"。

2. 发包人进入破产程序的,欠付工程款即损害工人权益。在(2019)甘 04

民终 1286 号案件中，法院认为，"案涉工程为在建工程，现发包人处于破产清算状态，承包人的工程款并未支付，其放弃建设工程价款优先受偿权，则会侵害建筑工人的利益"。

3. 证明欠付建筑工人工资即可。在(2023)鲁 02 民终 5842 号案中，承包人提交案涉项目劳务投诉明细以及群众信访登记表，证明涉案工程存在大量未支付的劳务费用，法院认为承包人"已提交证据证明案涉工程存在欠付建筑工人工资的情况，故该公司主张的工程价款优先受偿权成立"。

4. 承包人因放弃行为而获得工程款支付，并未损害建筑工人利益。在(2019)粤民终 1956 号案件中，法院认为，在承包人向某银行出具放弃优先受偿权声明书之后，某银行如约发放了贷款，而发包人也将该笔贷款用于支付承包人的部分工程进度款，可见承包人出具的放弃优先受偿权声明书并无损害到建筑工人利益，而是有益于建筑工人工资的发放。

5. 基于承包人放弃优先权而获得了有效的工程款支付担保，认定不损害建筑工人利益。在(2022)最高法民终 233 号案件中，法院认为，"承包人向某担保公司承诺放弃建设工程价款优先受偿权，目的在于获取某担保公司为案涉项目建设贷款提供担保，以保障项目建设获得必要的资金支持，而这对承包人自身以及建筑工人均是有利的。从后果上看，承包人的放弃行为也不会损害建筑工人利益"。

综上所述，总承包人应在作出放弃建设工程价款优先受偿权行为之前评估风险、慎重决策，并采取相应风险管理措施，比如对放弃行为设置条件、尽可能选择相对放弃而不是绝对放弃、要求发包人同时提供工程款支付担保等。此外，关于承包人放弃建设工程价款优先受偿权行为的效力问题，《建设工程司法解释(一)》第 42 条并非唯一的判断依据。作为民事法律行为的一种，总承包人放弃建设工程价款优先受偿权的行为受民事法律行为一般理论和规范的约束，如确实存在《民法典》规定的欺诈、胁迫、格式合同等违反总承包人真实意愿之情形，总承包人一方应注意收集证据并及时主张权利，以维护自身合法权益。

同时，近年来随着农民工利益保护制度的加强，承包人放弃建设工程价款优先受偿权的效力判定也会变得更加复杂。2016 年国务院办公厅专门发布了《关于全面治理拖欠农民工工资问题的意见》，要求建设单位应按照工程承包合同约定的比例或施工总承包企业提供的人工费用数额,将应付工程款中的人工费单独拨付到施工总承包企业开设的农民工工资(劳务费)专用账户。2019年国务院发布《保障农民工工资支付条例》,其中第29条第1、2款规定,"建设单位应当按照合同约定及时拨付工程款,并将人工费用及时足额拨付至农民工工资专用账户,加强对施工总承包单位按时足额支付农民工工资的监督。因建设单位未按照合同约定及时拨付工程款导致农民工工资拖欠的,建设单位应当以未结清的工程款为限先行垫付被拖欠的农民工工资"。在此农民工工资利益保护新法背景下,总承包人放弃工程价款优先受偿权是否损害建筑工人利益还应结合农民工工资保证金缴纳情况、农民工工资"分账按月支付"执行情况、农民工工资专用账户内的资金状况等进行综合分析。

# 第七章

# 实际施工人问题

本章主要对工程总承包项目实际施工人有关问题的法律适用进行探讨,主要涉及《建设工程司法解释(一)》第43条、第44条。核心问题为实际施工人如何突破合同相对性直接向发包人主张权利,根据主张权利的法律依据,可分为两种路径。

第一种路径,实际施工人仍可依据《建设工程司法解释(一)》第43条的特殊规定向发包人主张权利。但鉴于当前司法实践情况的变化,应对实际施工人进行限缩性理解,工程总承包中可受《建设工程司法解释(一)》第43条保护的实际施工人,应当仅仅是实际投入人员、资金、机械的实施施工业务的施工单位。实际承担采购、设计的参建单位,不应为《建设工程司法解释(一)》第43条所指的实际施工人。

第二种路径,实际施工人可依据《建设工程司法解释(一)》第44条关于代位权的规定,向发包人主张权利。

## 第四十三条 实际施工人直接向发包人主张权利

**第四十三条**

实际施工人以转包人、违法分包人为被告起诉的,人民法院应当依法受理。

实际施工人以发包人为被告主张权利的,人民法院应当追加转包人或者违法分包人为本案第三人,在查明发包人欠付转包人或者违法分包人建设工程价款的数额后,判决发包人在欠付建设工程价款范围内对实际施工人承担责任。

### 工程总承包纠纷的可适用性

本条款可适用于工程总承包项目,但应对实际施工人的外延进行限缩性理解。

**应 用**

**(一)实际施工人概念的提出及目的**

自改革开放以来,我国建筑行业得以长足发展,建筑行业从业人员数量众多,特别是吸纳了数量众多的建筑工人,彼时的行业特征有:首先,满足法定资质的建筑企业较少或资质较低;其次,建筑企业为降低经营成本,通常会将承揽的项目,直接组织与其没有劳动合同关系的建筑工人来实施,或者通过违法分包、转包等方式来转嫁成本和风险;再次,在建筑业蓬勃发展的同时,与之匹配的法制,特别是对建筑工人利益保护相关的法制建设尚未健全;最后,建筑市场未建立信用体系,导致串标围标、转包、违法分包、层层转包、资质借用等乱象层

· 367 ·

出不穷。这些原因导致建筑工人的利益受到严重威胁和损害,每年年底之时,虽有不同层级的建管部门出台各类文件以加强监管,但仍不时有因讨薪产生的恶性事件发生。为此,最高人民法院在 2004 年 10 月 25 日公布的《建设工程司法解释》(已失效)中,首次提出了实际施工人的概念,以期指导审判实践,以更好地保护建筑工人的权益。此后,该概念在与施工合同纠纷有关的司法解释中,得以继续沿用至今(见表 7-1)。

表 7-1 最高人民法院关于实际施工人规定内容的演变

| 序号 | 法律规范 | 具体条文 | 生效日期 |
| --- | --- | --- | --- |
| 1 | 最高人民法院《关于审理建设工程施工合同纠纷案件适用法律问题的解释》 | 第二十六条 实际施工人以转包人、违法分包人为被告起诉的,人民法院应当依法受理。实际施工人以发包人为被告主张权利的,人民法院可以追加转包人或者违法分包人为本案当事人。发包人只在欠付工程价款范围内对实际施工人承担责任。 | 2005-1-1(已废止) |
| 2 | 最高人民法院《关于审理建设工程施工合同纠纷案件适用法律问题的解释(二)》 | 第二十四条 实际施工人以发包人为被告主张权利的,人民法院应当追加转包人或者违法分包人为本案第三人,在查明发包人欠付转包人或者违法分包人建设工程价款的数额后,判决发包人在欠付建设工程价款范围内对实际施工人承担责任。 | 2019-2-1(已废止) |
| 3 | 最高人民法院《关于审理建设工程施工合同纠纷案件适用法律问题的解释(一)》 | 第四十三条 实际施工人以转包人、违法分包人为被告起诉的,人民法院应当依法受理。实际施工人以发包人为被告主张权利的,人民法院应当追加转包人或者违法分包人为本案第三人,在查明发包人欠付转包人或者违法分包人建设工程价款的数额后,判决发包人在欠付建设工程价款范围内对实际施工人承担责任。 | 2021-1-1 |

**(二)实际施工人在以往审判实践中的争议**

2005 年 1 月 1 日施行的《建设工程司法解释》(已失效)规定,"实际施工人以转包人、违法分包人为被告起诉的,人民法院应当依法受理。实际施工人以发包人为被告主张权利的,人民法院可以追加转包人或者违法分包人为本案当事人"。以此为例,从最高人民法院司法解释的字面意思来看,实际施工人可以理解为违法分包、转包情况下,实际投入资金、材料、设备、人员实施具体项目建设的主体。但审判实践中,为更好保护建筑工人权益,实际施工人的范围往往扩展至转包的承包人、违法分包的承包人、借用资质的承包人等,甚至是只要实际参与了项目实施且合同无效的专业承包单位、劳务分包单位、班组、含安装的材料商等,都有被视为实际施工人并进行保护的可能。另外,司法解释中的发包人,除被理解为项目的建设单位外,也有可理解为与实际施工人无直接合同关系的其他承包人。最终结果是,大量的涉工程类案件原告突破司法解释关于实际施工人和发包方原有的边界,以实际施工人自居,将上一手的发包人,甚至将项目的建设方、第一手承包人、第二手承包人等,一一作为被告提起诉讼,导致建设单位在内的各实际参建方或名义参建方,不停地接到法院传票,被动地参与案件诉讼。特别是与实际施工人之间不存在合同关系的主体如建设单位等,当出现争议的时候,法院为查明事实真相,有时要求他们承担的举证责任较重。这些做法,显然不合理地增加了各方责任,徒然损耗了各方精力,诉累无比。

同时,因司法解释中关于实际施工人的规定,突破了合同相对性这一基本原理,致使审判实践中的法律适用也陷入混乱,例如建设单位和总承包人约定的争议解决方式是仲裁,而总承包人与实际施工人约定的争议解决方案是经有管辖权的法院诉讼解决,此时实际施工人起诉总承包人并要求建设单位承担欠付款范围内的支付责任的,往往就会让案件的管辖陷入争议。

**(三)实际施工人的外延当下应作限缩性理解**

司法解释关于实际施工人的规定,有其积极意义,但在当下,笔者认为实际施工人的外延应做限缩性理解。

**1. 司法解释突破合同相对性对建筑工人进行特殊的保护,突破了合同相对性原理,是不得已而为之**

合同相对性原则指的是依法成立的合同仅能约束合同当事人,具体表现为合同主体的相对性、合同内容的相对性和合同责任的相对性。《民法典》施行后,合同的相对性原则已经得到强调,如《民法典》第 465 条第 2 款规定:"依法成立的合同,仅对当事人具有法律约束力,但是法律另有规定的除外。"相较于原《合同法》第 8 条第 1 款中"依法成立的合同,对当事人具有法律约束力"的规定,增加了一个"仅"字,表述上明显更为清晰、有力,表明了立法者对突破合同相对性更为审慎的态度。

司法解释关于实际施工人的规定,是特定情况下对合同相对性原理的重大突破,如前所述,会给司法实践带来混乱。在更强调合同相对性的当下,实际上已经愈加突兀而不合理,故从此角度出发,应当对实际施工人的外延做限缩理解。

2. 以《保障农民工工资支付条例》为代表的现行法律法规,已经对建筑工人的权益提供了立体式、全方位的保护,足以解决原有建筑工人被拖欠工资的突出矛盾

为了根治农民工工资拖欠现象,国家一直在不断努力完善法律制度。2020年5月1日施行的《保障农民工工资支付条例》是此过程中的标志性事件。该条例的施行,从根本上扭转了农民工工资的拖欠现象。该条例第19条第2款规定,"用人单位允许个人、不具备合法经营资格或者未取得相应资质的单位以用人单位的名义对外经营,导致拖欠所招用农民工工资的,由用人单位清偿,并可以依法进行追偿"。第30条规定,"分包单位对所招用农民工的实名制管理和工资支付负直接责任。施工总承包单位对分包单位劳动用工和工资发放等情况进行监督。分包单位拖欠农民工工资的,由施工总承包单位先行清偿,再依法进行追偿。工程建设项目转包,拖欠农民工工资的,由施工总承包单位先行清偿,再依法进行追偿"。该条例建立的农民工工资"分账按月"支付制度,通过农民工工资专用账户,将经审核后的农民工工资按月通过专用账户支付,很大程度上有效解决了农民工工薪拖欠问题,该条例颁布实施之后,可谓从源头上解决了建筑工人工资拖欠问题。在此高压之下,建筑工人被拖欠工资的问题,现在发生的已经较少,即使有发生,在监管部门介入下,一般都会很快得以解决。

3. 实际施工人的概念尚未取消,但对其进行限缩理解已经是大势所趋

2021年1月1日起施行的《建设工程司法解释(一)》第43条沿用了实际施工人的原有规定,同时第44条新增了实际施工人可以依法行使代位权以保护自己权益的规定。从体例安排来看,最高人民法院的司法解释没有摒弃以突破合同相对性来保护实际施工人权益这一原有方式,但同时规定了实际施工人的权益保护的替代方案,这可以理解为对原有方式的某种弱化以及对实践中产生的混乱进行某种程度的纠正。然而,《建设工程司法解释(一)》颁布实施后,司法实践对于该条是否包括多层转包和违法分包关系中的实际施工人仍未有定论。

2022年1月7日,最高人民法院民事审判第一庭就第43条中的"实际施工人"是否包含借用资质及多层转包和违法分包关系中的实际施工人,以问答的方式进行了说明。最高人民法院民事审判第一庭法官会议讨论认为:可以依据《建设工程司法解释(一)》第43条的规定突破合同相对性原则请求发包人在欠付工程款范围内承担责任的实际施工人不包括借用资质及多层转包和违法分包关系中的实际施工人。最高人民法院民事审判第一庭的主要理由为:本条解释涉及三方当事人、两个法律关系。首先,一是发包人与承包人之间的建设工程施工合同关系;二是承包人与实际施工人之间的转包或者违法分包关系。原则上,当事人应当依据各自的法律关系,请求各自的债务人承担责任。其次,本条解释为保护农民工等建筑工人的利益,突破合同相对性的特别规则,允许实际施工人请求发包人在欠付工程款范围内承担责任,故对该条解释的适用应当从严把握。

笔者认为,突破合同相对性原则对实际施工人进行保护是特定情况下的权宜之计,现法制日益健全,建筑工人权益已可以得到多方位保护,拖欠工人工资这一问题已非重要的社会问题,兼之该保护方式在实践过程中产生的负面影响较多较大,对实际施工人进行限缩理解是大势所趋。

## 依 据

**《民法典》**

第四百六十五条第二款 依法成立的合同,仅对当事人具有法律约束力,但是法律另有规定的除外。

**《建筑法》**

第二十九条第一款 建筑工程总承包单位可以将承包工程中的部分工程发包给具有相应资质条件的分包单位;但是,除总承包合同中约定的分包外,必须经建设单位认可。施工总承包的,建筑工程主体结构的施工必须由总承包单位自行完成。

**《保障农民工工资支付条例》(国务院令第724号)**

第十九条 用人单位将工作任务发包给个人或者不具备合法经营资格的单位,导致拖欠所招用农民工工资的,依照有关法律规定执行。

用人单位允许个人、不具备合法经营资格或者未取得相应资质的单位以用人单位的名义对外经营,导致拖欠所招用农民工工资的,由用人单位清偿,并可以依法进行追偿。

第三十条　分包单位对所招用农民工的实名制管理和工资支付负直接责任。

施工总承包单位对分包单位劳动用工和工资发放等情况进行监督。

分包单位拖欠农民工工资的,由施工总承包单位先行清偿,再依法进行追偿。

工程建设项目转包,拖欠农民工工资的,由施工总承包单位先行清偿,再依法进行追偿。

### 判　例

#### 案例 43-1　(2023)豫 0825 民初 3676 号

**案情介绍**

郑大体院与水权公司、水建公司、城乡设计公司自愿的联合体签订合同,将河南太极拳学院(郑州大学体育学院温县实训基地)建设项目一期 EPC 工程总承包项目发包给联合体。后朱某土作为发包方(甲方)与胡某应作为承包方(乙方)签订了一份《建筑水电安装工程承包协议书》,约定由胡某应承包水电安装工程。后胡某应起诉,要求水建公司、朱某土支付工程款,郑大体院在欠付工程款范围内承担连带责任。

**各方观点**

胡某应:郑大体院应在欠付工程款的范围内承担支付工程款的责任。

郑大体院:胡某应没有提供其工程经验收合格的证明,其不得要求水建公司、朱某土支付工程价款,更不能要求郑大体院承担付款责任。

**法院裁决要旨**

该案项目工程存在违法层层转包、分包的现象,胡某应从朱某土处承包的工程项目,与水建公司不存在合同关系,水建公司没有支付胡某应价款的义务,胡某应不属于向发包人主张权利的实际施工人。综上,胡某应要求郑大体院在欠付工程价款范围内承担支付工程款的责任,没有依据,法院不予支持。

## 案例43-2 (2022)鲁08民终5684号

### 📋 案情介绍

2018年4月11日,被告济三煤矿作为发包人与作为承包人的被告通用公司签订了《建设工程总承包合同》。2018年4月,被告通用公司作为总承包方(甲方)与作为分包方的被告鲁泰公司(乙方)签订了《建设工程施工安装工程合同》,将济三煤矿储装运系统技术改造工程EPC施工、安装分包给被告鲁泰公司。2018年10月11日,被告显通公司向被告鲁泰公司出具法人授权委托书,授权原告闵某华作为显通公司的合法代理人,代表该公司全权处理济三煤矿储装运系统技术改造项目的合同谈判、合同签署、接收进度款、施工管理及工程结算等事宜。2018年10月17日,被告显通公司作为甲方与作为乙方的原告闵某华签订了安装工程合作协议书,2018年10月17日,被告鲁泰公司作为发包单位(甲方)与作为承包单位的被告显通公司(乙方)签订了分包合同。后闵某华起诉,要求显通公司、鲁泰公司、通用公司共同支付工程款,济三煤矿在欠付工程款范围内承担连带责任。

### 📋 各方观点

闵某华:案涉证据可以表示闵某华是案涉工程的实际施工人,并且根据《山东高院关于审理建设工程施工合同纠纷案件若干问题的解答》第1条的规定,实际施工人是被认定为无效合同中实际完成施工建设的主体,另外,依据2011年山东省高级人民法院《关于印发〈全省民事审判工作会议纪要〉的通知》中第三部分关于建设工程施工合同纠纷案件中的第6条对实际施工人的诉讼地位的规定,已经明确《建设工程司法解释》(已失效)规定的实际施工人是包括转包、违法分包、挂靠三种情形下的实际施工人的,其可以要求发包人在欠付工程款的范围内承担责任。

济三煤矿:可以依据《建设工程司法解释(一)》第43条的规定突破合同相对性原则请求发包人在欠付工程款范围内承担责任的实际施工人,不包括借用资质及多层转包和违法分包关系中的实际施工人。

### 📋 法院裁决要旨

济三煤矿系案涉工程总承包合同的发包人。可以突破合同相对性原则请求发包人在欠付工程款范围内承担责任的实际施工人不包括借用资质及多层转包和违法分包关系中的实际施工人,该案中,闵某华系借用资质的实际施工人,其要求济三煤矿作为发包人承担责任,没有事实和法律依据,法院不予支持。

## 工程总承包纠纷适用的建议

工程总承包中的实际施工人的认定,有其特殊性,实践中应依据实际施工人的本质特点进行认定。

与施工总承包不同,工程总承包的承包范围之内,不仅仅包含施工,典型的还包含了设计和采购,但实际的发承包模式较为复杂。从承包人角度上讲可以分为:设计单位作为总承包人单独承接工程总承包项目、施工单位作为总承包人单独承接工程总承包项目、设计单位与施工单位组成联合体作为总承包人承接工程总承包项目三种类型。

以设计单位作为总承包人单独承接工程总承包项目,承包范围包含设计、采购、施工的模式为例(《房屋建筑和市政基础设施项目工程总承包管理办法》实施后,大部分的工程总承包项目的总承包人为联合体),除与传统施工总承包模式相同的挂靠及多层转包、多层违法分包等不应适用本条突破合同相对性要求发包人承担责任的情形外,工程总承包模式下的两种情形:一是工程总承包单位将施工业务依法分包给具有相应施工资质的施工单位,施工单位或其专业分包单位再转包或违法分包给实际施工人的;二是工程总承包单位将设计业务转包或违法分包给设计单位或依法分包给具有相应资质的设计单位,设计单位再转包或违法分包设计业务的,是否可以适用本条裁判规则也值得探讨。

如前所述,实际施工人为《建设工程司法解释(一)》第43条保护的前提条件是存在转包、违法分包之情形,且排除多层转包、违法分包情形下的实际施工人,亦不包括借用资质情形下的实际施工人。另外,依据一般理解,实际施工人制度保护的是建筑工人的利益,故实际施工人顾名思义还应是实际投入人员、资金、机械的实施施工业务的主体,而不包括实施采购、设计业务的主体,且一般不应包含班组。

## 第四十四条 代位权诉讼

> **第四十四条**
>
> 实际施工人依据民法典第五百三十五条规定,以转包人或者违法分包人怠于向发包人行使到期债权或者与该债权有关的从权利,影响其到期债权实现,提起代位权诉讼的,人民法院应予支持。

### 工程总承包纠纷的可适用性

本条款可适用于工程总承包项目。

### 应　用

代位权诉讼,简言之,就是指当债务人未能履行其对债权人的债务时,债权人得以代替债务人向次债务人主张权利的一种法律救济方式。

在建筑行业中,实际施工人与转包人、违法分包人所签订的合同,因违反法律法规的禁止性规定而归于无效,但在转包人或违法分包人怠于向其债务人行使债权或与该债权有关的从权利,且这种行为影响了实际施工人到期债权实现之时,实际施工人仍可依据《民法典》的规定,向人民法院提起代位权诉讼。

依据《民法典》第 535 条的规定,债权人提起代位权诉讼,应满足几个条件:债务人怠于行使其债权或者与该债权有关的从权利,因此影响债权人债权的实现;债务人的债权非专属于债务人自身;债权人对债务人的债权合法且已经到期。对于实际施工人而言,需要着重注意的是虽其与转包人、违法分包人所签订的合同,因违反《建筑法》等的强制性规定而归于无效,但只要实际施工人所完成的工程质量合格,其对转包人、违法分包人的缔约过失之债,也应是代位权的客体之一。

根据《民法典》第 118 条第 2 款的规定,债权是因合同、侵权行为、无因管理、不当得利以及法律的其他规定,权利人请求特定义务人为或者不为一定行为的权利。从《民法典》第 535 条的规定来看,立法者并未对代位权制度所保护的债权,基于发生原因进行区分,该条款所指的债权,不但应包括合同之债、侵权之债等,也应包括因合同无效而产生的缔约过失之债。

《民法典》规定,无效的民事法律行为自始没有法律约束力。合同因违反强制性规定而无效,尽管其不产生约定的权利义务关系,但仍因法律规定而产生债权债务关系。例如,依据《民法典》第 157 条、最高人民法院《关于适用〈中华人民共和国民法典〉合同编通则若干问题的解释》第 24 条,当合同被认定为无效,行为人因合同而取得的财产应当予以返还。在某些情况下,直接返还财产可能不现实或没有必要,此时就涉及折价补偿的问题。实际施工人为工程所提供的人、材、机、管理、资金等,均已经物化到工程本身,不存在由转包人、违反转包人返还财产的现实可能,为此《民法典》第 793 条规定,建设工程施工合同无效但建设工程经验收合格或修复后经验收合格的,承包人仍可以参照合同关于工程价款的约定,要求转包人或违法分包人给予折价补偿。实际施工人因此取得的债权为法定之债,也应在代位权制度的保护范围之内。

## 依 据

**《民法典》**

第五百三十五条 因债务人怠于行使其债权或者与该债权有关的从权利,影响债权人的到期债权实现的,债权人可以向人民法院请求以自己的名义代位行使债务人对相对人的权利,但是该权利专属于债务人自身的除外。

代位权的行使范围以债权人的到期债权为限。债权人行使代位权的必要费用,由债务人负担。

相对人对债务人的抗辩,可以向债权人主张。

**最高人民法院《关于适用〈中华人民共和国民法典〉合同编通则若干问题的解释》(法释〔2023〕13 号)**

第三十三条 债务人不履行其对债权人的到期债务,又不以诉讼或者仲裁方式向相对人主张其享有的债权或者与该债权有关的从权利,致使债权人的到期债权未能实现的,人民法院可以认定为民法典第五百三十五条规定的"债务人怠于行使其债权或者与该债权有关的从权利,影响债权人的到期债权实现"。

第三十四条 下列权利,人民法院可以认定为民法典第五百三十五条第一款规定的专属于债务人自身的权利:

(一)抚养费、赡养费或者扶养费请求权;

(二)人身损害赔偿请求权;

(三)劳动报酬请求权,但是超过债务人及其所扶养家属的生活必需费用的部分除外;

(四)请求支付基本养老保险金、失业保险金、最低生活保障金等保障当事人基本生活的权利;

(五)其他专属于债务人自身的权利。

### 判 例

#### 案例44-1 (2022)辽0502民初1951号

**案情介绍**

2015年4月,本钢板材下设发电厂(发包人)与东大能源(承包人)签订《本钢发电厂高压车间燃煤锅炉脱硫改造工程总承包合同》,约定由东大能源以工程总承包方式承担本钢发电厂高压车间燃煤锅炉脱硫改造工程,该工程是包括脱硫系统设备成套供货及安装调试工程的工程设计、土建施工、设备供货、系统编程、安装调试及考核验收等内容的总承包工程。2015年7月,夏某(乙方)与东大能源(甲方)签订《合作协议》,约定夏某为"本钢发电厂高压车间燃煤锅炉脱硫改造工程"的实际施工主体。项目实际投入运营并由相关部门出具单位工程交工验收证书后,东大能源未按约向夏某返还质保金。夏某遂以本钢板材为被告,提起代位权诉讼,要求本钢板材返还质保金及相应利息。

**各方观点**

夏某:夏某作为案涉项目实际施工人,已经实际完成案涉工程,并已实际完成交工验收工作,且案涉项目质保期已满,本钢板材作为发包单位应按约返还质保金。

本钢板材:夏某并非该案适格主体,案涉《本钢发电厂高压车间燃煤锅炉脱硫改造工程总承包合同》系本钢板材与东大能源签订,本钢板材与夏某之间无合同关系,根据合同相对性,夏某无权向本钢板材主张权利。

### 📋 法院裁决要旨

该案中,第一,本钢板材下设发电厂与东大能源之间存在发承包关系,且案涉工程已经完工并投入使用,合同约定的质保期已经届满,质保金退还条件已满足;第二,夏某与东大能源之间存在合作关系,依据《合作协议》约定,东大能源负有向夏某返还质保金的义务;第三,东大能源在质保期满后未能及时向本钢板材主张返还质保金;第四,该案质保金并非专属于债务人的权利。故该案债权债务符合《民法典》第535条关于代位权的规定,夏某有权向该案发包人本钢板材主张质保金。

## 工程总承包纠纷适用的建议

实际施工人依法行使代位权的,是否可依法主张建设工程价款优先受偿权的争议?

依据《民法典》第535条之规定,实际施工人行使代位权向债务人的相对人提起诉讼的,应当满足四个基本条件:一是实际施工人对债务人有合法的债权存在;二是实际施工人对债务人的债权及债务人对其相对人的债权已经到期;三是债务人怠于行使其对相对人的债权或债权的从权利,并因此影响实际施工人债权的实现;四是债务人对其相对人的债权,并非专属于其自身的债权。如债务人是与发包人签订建设工程施工合同的承包人,依法享有《民法典》第807条规定的建设工程价款优先受偿权,则实际施工人在行使代位权之时,是否可以代位行使债务人享有的建设工程价款优先受偿权,在实务中有较大争议,争议的核心在于建设工程价款优先受偿权是否为专属于债务人自身的权利。

关于建设工程价款优先受偿权是否为专属于承包人之权利,争议已久,一种观点持肯定态度,如最高人民法院民事审判第一庭编写的《最高人民法院新建设工程施工合同司法解释(一)理解与适用》(2021年版)一书中就明确认为

"实际施工人无权代位行使优先受偿权"[1]。一种观点则持否定态度,如(2020)最高法民再231号判决书中,明确"不能因为建设工程价款中可能包含建筑工人工资,就得出其属于合同法第七十三条第一款规定的'专属于债务人自身的债权'的结论"。

各地高级人民法院的司法文件对工程价款优先受偿权是否具有人身属性,认识也参差不齐,见表7-2。

表7-2 各地高级人民法院关于工程价款优先受偿权的规定

| 文件施行年份 | 文件名称 | 文件内容 |
| --- | --- | --- |
| 2022 | 湖南省高级人民法院《关于审理建设工程施工合同纠纷案件若干问题的解答》 | 二十、建设工程价款债权转让,建设工程价款优先受偿权是否随之转让?<br>建设工程价款优先受偿权所设立的立法本意系解决拖欠工程款问题,以推动承包人价款债权的实现,具有从属性,不具有人身属性,故承包人将建设工程价款债权转让的,建设工程价款优先受偿权随之转让。 |
| 2020 | 陕西省高级人民法院《关于审理建设工程施工合同纠纷案件若干问题的解答》 | 16.工程款债权的受让人主张对建设工程价款优先受偿权一并受让,如何处理?<br>建设工程价款优先受偿权依附于工程款债权,属于从属性权利,承包人将建设工程价款债权转让的,建设工程价款优先受偿权随之转让。 |
| 2020 | 山东省高级人民法院民一庭《关于审理建设工程施工合同纠纷案件若干问题的解答》 | 12.工程款债权的受让人主张对建设工程价款优先受偿权一并受让,如何处理?<br>建设工程价款优先受偿权依附于工程款债权,属于从属性权利,承包人将建设工程价款债权转让的,建设工程价款优先受偿权随之转让。 |
| 2022 | 重庆市高级人民法院、四川省高级人民法院《关于审理建设工程施工合同纠纷案件若干问题的解答》 | 十七、建设工程价款债权转让后,受让人是否享有优先受偿权?<br>答:建设工程价款优先受偿权属于法定优先权,行使主体应限定为与发包人形成建设工程施工合同关系的承包人,建设工程价款债权转让后,受让人主张对建设工程享有优先受偿权的,人民法院不予支持。 |

---

[1] 最高人民法院民事审判第一庭编著:《最高人民法院新建设工程施工合同司法解释(一)理解与适用》,人民法院出版社2021年版,第456页。

续表

| 文件施行年份 | 文件名称 | 文件内容 |
| --- | --- | --- |
| 2010 | 江苏省高级人民法院《建设工程施工合同案件审理指南》 | (二)建设工程价款优先受偿权<br>……<br>建设工程款优先受偿权属于法定抵押权,担保的是工程款债权,主债权转让的,担保物权应一并转让。根据法律条文的表述并不能确定工程款优先受偿权具有人身专属性,故工程款债权转让给他人的,优先受偿权应随之转让。 |
| 2018 | 河北省高级人民法院《建设工程施工合同案件审理指南》 | 33.建设工程施工合同无效、但建设工程质量合格,承包人主张建设工程价款就该工程折价或拍卖的价款优先受偿的,人民法院应予以支持;分包人或实际施工人在总包人或非法转包人怠于主张工程价款时,主张建设工程价款就该工程折价或拍卖的价款优先受偿的,人民法院应予支持。<br>37.建设工程价款优先受偿权与建设工程价款请求权具有人身依附性,承包人将建设工程价款债权转让,建设工程价款的优先受偿权消灭。 |

笔者认为,工程价款优先受偿权,虽具有一定的人身属性,但并非《民法典》第535条中所指的专属于债务人的权利,实际施工人在行使代位权之时,可以一并提出享有该优先权利,理由如下。

1.对《民法典》第535条中从权利的界定,虽有一定争议,但通常认为此处的从权利应包含工程价款优先受偿权。对于行使代位权的客体所包含的范围,一直有一定争议,但渐有扩张理解之势。最高人民法院民事审判第二庭、研究室编著的《民法典合同编通则司法解释理解与适用》一书中关于《建设工程司法解释(一)》第33条的阐述中,就有"行使代位权客体的适度扩张"之意。甚至有人认为,《民法典》第535条使用的是"与该债权有关的从权利"而非"债权的从权利"的表述,也就是说,客体范围包括但不限于"狭义之债的从权利","广义之债的从权利"也被囊括其中。不仅担保物权可以作为代位权的客体,而且基于合同产生的解除权等形成权也可以作为代位权的客体。[①] 关于工程价款优先受偿权,最高人民法院民法典贯彻实施工作领导小组主编的《中华人民共和国民法典合同编理解与适用》(第1册)一书更直接地认为"从权利是附属于主债权的权利,如

---

[①] 参见龙俊:《民法典中的债之保全体系》,载《比较法研究》2020年第4期。

担保物权中抵押权、质权、保证以及附属于主债权的利息、建设工程价款优先受偿权等"①。笔者认为,工程价款优先受偿权属于"与该债权有关的从权利"。

2. 实际施工人通过代位权行使建设工程价款优先受偿权,与《民法典》关于工程价款优先受偿权享有主体的规定并不矛盾。《民法典》第807条规定,承包人享有建设工程价款优先受偿权,该权利的享有主体为承包人。《建设工程司法解释(一)》第35条对此进一步明确为"与发包人订立建设工程施工合同的承包人",故实践中有很多人认为实际施工人不能享有工程价款优先受偿权,理由在于实际施工人与发包人之间并不存在合同关系。笔者认为,如果实际施工人以《建设工程司法解释(一)》第43条之规定,突破合同相对性向发包人主张权利并要求享有工程价款优先受偿权,确实有悖于现有法律规定。然而,《建设工程司法解释(一)》第44条虽冠以实际施工人的名义,但其主张权利的依据是《民法典》第535条,与其"实际施工人"这个特定的身份无关。简言之,只要承包人的其他债权人可以代位行使承包人的工程价款优先受偿权,则实际施工人显然也可以行使。债权发生的原因并不影响代位权的行使,"合同之债、侵权之债、不当得利之债、无因管理之债、担保人追偿之债等均可成为代位权的基础"②。在债权人这个角度上,实际施工人与其他债权人应拥有一样的权利。

3. 从现有法律规定来看,并不能得出优先权专属于债务人自身权利的结论。实践中持此观点的案例颇多,如在(2021)最高法民终958号案件中,最高人民法院认为"建设工程款债权转让后,中建七局享有的建设工程价款优先受偿权可以随之转让予中建海峡公司,理由如下:第一,建设工程价款优先受偿权为法定优先权,功能是担保工程款优先支付,系工程款债权的从权利,不专属于承包人自身,可以随建设工程价款债权一并转让"。就专属于债务人自身权利的范围,最高人民法院《关于适用〈中华人民共和国民法典〉合同编通则若干问题的解释》第34条用"分项列举+兜底"的方式对此作出了进一步的解释。从该条文来看,工程价款优先受偿权并未明确列举在内,笔者认为,工程价款优先受偿权也非该条款"(五)其他专属于债务人自身的权利"之列,这从最高人民

---

① 最高人民法院民法典贯彻实施工作领导小组主编:《中华人民共和国民法典合同编理解与适用》(第1册),人民法院出版社2020年版,第502页。

② 最高人民法院民法典贯彻实施工作领导小组主编:《中华人民共和国民法典合同编理解与适用》(第1册),人民法院出版社2020年版,第500页。

法院《关于适用〈中华人民共和国合同法〉若干问题的解释(一)》[已废止,以下简称《合同法司法解释(一)》]第 12 条关于何为专属于债务人自身的权利的表述到《民法典》合同编关于该问题的表述的对比中即可看出。《合同法司法解释(一)》第 12 条在总结当时审判实践经验的基础上规定,"合同法第七十三条第一款规定的专属于债务人自身的债权,是指基于扶养关系、抚养关系、赡养关系、继承关系产生的给付请求权和劳动报酬、退休金、养老金、抚恤金、安置费、人寿保险、人身伤害赔偿请求权等权利",而最高人民法院《关于适用〈中华人民共和国民法典〉合同编通则若干问题的解释》第 34 条删除了抚恤金、安置费和因继承关系产生的给付请求权,将"退休金、养老金、人寿保险"的权利修改为"请求支付基本养老保险金、失业保险金、最低生活保障金等保障当事人基本生活的权利",强调"保障当事人基本生活的权利"。同样的道理,将"劳动报酬"调整限缩为"劳动报酬请求权,但是超过债务人及其所扶养家属的生活必需费用的部分除外"。

一般认为,《民法典》赋予承包人工程价款优先受偿权,其目的在于通过保障承包人债权的实现,以保障建筑工人的生存权益,所以工程价款优先受偿权优先于抵押权和其他债权。假设债权人的债权为无担保的一般债权,如允许其对债务人的工程价款优先受偿权行使代位权,则将损害建筑工人、顺位优先于债权人的其他债权人的权益,也显然有悖于《民法典》设立工程价款优先受偿权的立法目的,但在不损害建筑工人及其他债权人合法权益的情况下,应当允许债权人对债务人的工程价款优先受偿权行使代位权,以保障代位权制度设立目的的实现。故笔者认为,实际施工人作为债权人的一种类型,抛开其身份的特殊性不说,作为债权人应可以通过行使代位权取得承包人的工程价款优先受偿权,但其界限应是不损害建筑工人的权益,以免变相鼓励违法分包、转包,也不得损害其他债权人的权益。前述(2021)最高法民终 958 号案件中,法院在认为部分作出的"《最高人民法院关于审理建设工程施工合同纠纷案件适用法律问题的解释(二)》第十七条虽然规定由承包人主张优先受偿权,但是并不能得出建设工程价款优先受偿权具有人身专属性。故建设工程价款债权转让的,建设工程价款优先受偿权随之转让并不违反法律规定。第二,本案建设工程价款优先受偿权与工程款债权的一并转让,既不增加兴基伟业公司的负担,也不损害兴基伟业公司其他债权人的利益"的表述,实际上即持该观点。

# 编 后 语

2023年10月6日，正值国庆节假期，建纬南宁分所主任袁海兵向建纬研究院朱树英院长报告，希望启动《建设工程司法解释（一）》对工程总承包合同纠纷案件审理适用性的研究，朱树英院长觉得这个提议很好，当即安排袁海兵主任对接建纬上海总所副主任韩如波律师，由此开启了《实事求是解难题：建工司法解释对工程总承包合同纠纷适用指引》的全面编写工作。

工程总承包模式下，国家层面先后出台了《房屋建筑和市政基础设施项目工程总承包管理办法》和《建设项目工程总承包合同（示范文本）》（GF－2020－0216）规范工程总承包市场。但对于工程总承包合同纠纷案件的司法审判，目前尚没有具体的法律法规和相应司法解释，实践中各级法院对于工程总承包合同的效力、招标投标、价款、质量、工期、鉴定、实际施工人、优先权等争议问题往往参照《建设工程司法解释（一）》，但《建设工程司法解释（一）》起草当时国家建筑业主要的施工组织方式是施工总承包，由此，《建设工程司法解释（一）》是否能适用于工程总承包合同纠纷案件的审理是个值得研究的课题。

本书的编写凝聚了建纬全国多地分所的专业合力。尤其建纬南宁分所主任袁海兵提出编写建议时，已经组织建纬南宁分所合伙人编写了初稿，在此基础上成立编写工作组，在朱树英院长的指导下，组织建纬上海总所副主任韩如波、建纬上海总所高级合伙人顾增平、建纬南宁分所主任袁海兵和湛栩鹍律师、建纬南京分所主任孙宁连、建纬虹桥分所主任徐寅哲、建纬杭州分所管理合伙人黄克海等二十余位律师共同投入书稿创作，并于2023年10月29日在桂林召开专著编写启动会。编写过程中，团队结合"新能源EPC项目招投标无效案""试运行期间性能不达标减价案"等典型案例，深入剖析司法实践中"参照适用"与"创新裁量"的冲突，最终形成兼具理论深度与实务指导性的研究成果。历经2024年4月扬州初审会、9月昆明终审会的反复打磨，书稿于2024年10月交付法律出版社，经编辑团队严谨校审后终得付梓。

参与本书编写作者共23人，他们是（按姓氏拼音顺序）：陈子睿、甘鹏鑫、顾增平、韩如波、宦祖希、黄克海、蒋峰、李妃、梁志远、罗明峰、吕尚、沙蕊、孙宁连、唐亮、汪铭、汪世芳、熊应然、徐寅哲、杨启之、袁海兵、湛栩鸥、郑冠红、朱树英，感谢这些合伙人和律师在繁忙的日常工作中，利用业余时间尤其是节假日加班加点投入本书编写之中！对本书汇总、校对、编排工作的实习律师李雪茹和实习生张力文表示感谢！对法律出版社编辑及审核校对各位老师给予的指导和支持深表感谢！

由于工程总承包模式的复杂性，工程总承包合同纠纷的裁判在司法实践中尚没有统一明确的法律规则，加之编写组人员自身经验能力及理解所限，难免有存在疏漏与不足，唯愿此书能为行业法治化进程提供一砖一瓦，更盼读者不吝指正，共同推动建设工程法律实务研究的精进与革新。

2025年3月